江西省"十四五"普通高等教育本科省级规划建设教材

数字经济学

DIGITAL ECONOMICS

李练军　潘求丰　谌种华　▣主　编
郭江华　胡书清　杨石美　▣副主编

U0360497

清华大学出版社
北京

内 容 简 介

本书为适应新时代发展需求而编写,共分为六篇十三章,内容广泛且深入细致。总论篇介绍了数字经济的基本概念和研究方法;基础篇讨论了数据要素价值化、新平台及数字经济基础设施建设;数字产业化篇和产业数字化篇分别分析了数字产品制造业、服务业、应用业及农业、工业和服务业的数字化进程;数字治理安全篇探讨了社会治理数字化和法治治理体系;政策篇则详细解读了国内外数字经济政策。

作为一本"四新"交叉融合的图书,本书特别适合作为新文科专业的教材,也可作为新工科、新农科、新医科专业的选用教材,还可用作研究生或教师的参考用书。

图书在版编目(CIP)数据

数字经济学/李练军,潘求丰,谌种华主编.-- 北京:清华大学出版社,2025.2. -- ISBN 978-7-302-68293-6

Ⅰ.F062.5

中国国家版本馆 CIP 数据核字第 20255Y0W52 号

责任编辑:郭丽娜
封面设计:曹 来
责任校对:袁 芳
责任印制:丛怀宇

出版发行:清华大学出版社
   网 址:https://www.tup.com.cn,https://www.wqxuetang.com
   地 址:北京清华大学学研大厦 A 座   邮 编:100084
   社 总 机:010-83470000   邮 购:010-62786544
   投稿与读者服务:010-62776969,c-service@tup.tsinghua.edu.cn
   质量反馈:010-62772015,zhiliang@tup.tsinghua.edu.cn
   课件下载:https://www.tup.com.cn,010-83470410
印 装 者:天津安泰印刷有限公司
经 销:全国新华书店
开 本:185mm×260mm   印 张:20.75   字 数:499 千字
版 次:2025 年 2 月第 1 版   印 次:2025 年 2 月第 1 次印刷
定 价:59.00 元

产品编号:105426-01

前　言

这是一个数字经济(digital economy)的时代。在数字经济奔涌发展的长河中,本书是一滴微不足道的小水珠。无论是学生要学好"数字经济学",还是老师要讲授好这门课程,抑或是编者想编写好一本教材,预先了解一下数字经济发展的来龙去脉,都是颇有裨益的。数据及数字经济的以下基本现实,尤其值得关注。

数据是数字时代的"石油"。在人类历史发展进程中,农业经济长期处于主导地位,有形物质是财富的主要形态,接受教育只是少数人的专利,知识、信息、数据长期得不到人们的充分认识,"知识产业"(knowledge industry)、"知识经济"(knowledge economy)的概念(分别在 1962 年、1996 年由 Fritz Machlup 和 OECD 提出)直到 20 世纪中叶以后才出现,并被人们看作一种重要的生产要素。如果说 100 年前石油是现代社会最重要的大宗商品,那么 100 年后正如英国《经济学人》(the Economist)封面文章《世界上最宝贵的资源》(the World's Most Valuable Resource)所指出,数据是数字时代的石油,已成为所有科技创新和经济发展的重要驱动力。数字时代,数据成为继土地、劳动力、资本和技术之后的第五个生产要素,也是构成数字经济的关键组成部分。

数字经济是第五次技术革命的成果。人类社会的发展历经原始经济、农业经济、工业经济、知识经济后,开始进入数字经济时代。重大技术变革推动着人类社会的发展与进步,并伴随着相应技术——经济范式的产生。人类历史上共出现五次技术革命,并带来五种范式,它们分别是工业革命及机械化范式、蒸汽动力革命及蒸汽动力和铁路范式、电工革命及电气和重型工程范式、石油革命及福特制大规模生产范式、信息革命及数字经济范式。数字经济的经济形态和发展模式与传统的工农业经济有显著的差异,随着大数据、互联网、5G、云计算、人工智能等技术的广泛应用,以网络购物、扫码支付、数字货币、无人商店、快递机器人、电子商务为代表的数字化产品和服务走进千家万户,以数据为核心的生产要素、以数字技术为驱动力的数字经济给人类生产、生活和生态带来了全面深刻的影响。

全球数字经济呈现蓬勃发展态势。数字经济最早由著名经济学家唐·泰普斯科特(Don Tapscott)在 1996 年出版的《数字经济：网络智能时代的希望和危险》(*the Digital Economy*：*Promise and Peril in the Age of Networked Intelligence*)一书中提出，随后尼古拉斯·尼葛洛庞帝(Nicholas Negroponte)出版的《数字化生存》(*Being Digital*)在全球各地引起了强烈的反响，1997 年日本通产省使用"数字经济"一词总结了数字经济的四个特征，而美国商务部于 1998 年发布的《兴起的数字经济》(*the Emerging Digital Economy*)使这一概念广为人知。自兹以降，数字技术与经济活动不断融合，数字经济"逆势上扬"，成为各国经济稳定增长的重要抓手。《全球数字经济白皮书(2023)》报告显示，2022 年全球 51 个主要经济体的数字经济规模为 41.4 万亿美元，比上年增长 7.4％，占 GDP 的比重达 46.1％；产业数字化持续成为数字经济发展的主引擎，占比达到 85.3％，而数字产业化只占 14.7％；第一、第二、第三产业数字经济占行业增加值的比重分别为9.1％、24.7％、45.7％；美国蝉联世界第一，达到 17.2 万亿美元，中国位居第二，达到 7.5 万亿美元，德国位居第三，达到 2.9 万亿美元，日本、英国、法国均超过 1 万亿美元。

中国数字经济发展位居世界前列。中国高位推进数字经济发展，取得了丰硕的成果。习近平总书记指出："数字经济发展速度之快、辐射范围之广、影响程度之深前所未有，正在成为重组全球要素资源、重塑全球经济结构、改变全球竞争格局的关键力量。"党的二十大报告指出，要加快发展数字经济，促进数字经济和实体经济深度融合，打造具有国际竞争力的数字产业集群。2024 年政府工作报告指出，深入推进数字经济创新发展，积极推进数字产业化、产业数字化，我们要以广泛深刻的数字变革，赋能经济发展、丰富人民生活、提升社会治理现代化水平。《中国数字经济发展研究报告(2023)》显示，2022 年中国数字经济规模达到 50.2 亿元，同比名义增长 10.3％，连续 11 年超过 GDP 增速，占 GDP 的比重达到41.5％；数字产业化规模与产业数字化规模分别达到 9.2 万亿元和 41.0 万亿元，占数字经济的比重分别为 18.3％和 81.7％，数字经济的二八比例结构较为稳定；第三、第二、第一产业数字经济渗透率分别为 44.7％、24.0％和 10.5％，形成服务业和工业数字化共同驱动发展的格局。

数字经济具有新经济形态的独特性。作为一种全新的经济形态，数字经济虽与知识经济、网络经济、信息经济一脉相承，但存在显著的区别。信息经济强调信息技术相关产业对经济增长的影响，知识经济强调知识作为要素在经济发展中的作用，网络经济强调互联网对资源分配、生产和消费的网络化改造，数字经济则强调数据要素和数字技术对整个经济领域的数字化改造。与其他经济形态相比，数字经济更能反映未来经济的实质性特征，数字经济具有极为显著的规模经济、范围经济、长尾效应、交易成本递减以及"创造性毁灭"等特点；数字经济是以数据为核心的知识经济、智能化经济，突破了物理世界的时空限制，具有个体异质性、整体结构性、结构复杂性和动态演化性；数字经济呈现出数据化(数据成为重要战略资源)、产消合一化(个体参与生产和消费)、平台化("产品免费＋流量付费"双边市场模式)、分享化("使用而不占有"新消费理念)、智能化(人工智能新时代)等"五化"趋势。

数字经济呼唤新的经济理论阐释。理论源于现象和实践，又能对实践产生重要的指导作用。与蓬勃发展的数字经济相比，数字经济学相关的理论发展明显滞后，已成为经济学发展的理论洼地。传统经济学理论无法有效解释数字经济时代产生的新问题、新现象，消费者理论、厂商理论、均衡理论、要素分配理论、产业组织理论等面临挑战，以理性经济人为假设的新古典经济学在解释数字经济理论问题上力不从心。特别是在全球视野下，数字经济中的梅特卡夫定律、摩尔定律、交叉网络外部性、生态圈竞争等对市场竞争策略提出了新要求，同时带来了负外部性、数字鸿沟、数字贸易摩擦、数字产业垄断、数字技术风险、数据安全与侵权、隐私保护等诸多新问题。在数字经济条件下，"看得见的手"配置资源的能力增强，用边际收益递减规律分析数字信息产品失效，无形资本投资将颠覆经济增长逻辑。大数据与数字经济的发展将会挑战信息不充分假设、资源稀缺性假设，必然引发劳动价值理论、交易成本理论、信用理论、定价理论、产权理论、市场结构理论、资源基础理论、垄断竞争理论，引发变革，并引起计量经济学、宏观经济学的重构。

经济学被称为"社会科学皇冠上璀璨的明珠"，但由于经济学研究对象的复杂性、信息和数据的获得及行为反应的滞后性，经济学家往往被认为是"马后炮"。那么，在数字经济条件下，大数据技术是否能提高经济学家的解释能力和预测准确性？与现有经济理论一般遵循抽象和简约化原则不同，经济学家应该遵循什么发展路径，才能让经济理论与大数据方法相匹配？智能机器人实现了对人类体力劳动和脑力劳动的部分替代，大数据和人工智能能否主导科技发展、经济运行与制度变革？

要回答以上及其他类似的问题，需要学习"数字经济学"。作为数字经济高速发展中的一门新兴学科，数字经济学有一个由学科交叉到交叉学科的演进过程，充分借助了人工智能、大数据、云计算、统计学、计算机科学、法学、管理学、理论经济和应用经济学等多个学科的交叉融合。要编写一本适应新时代发展需要的教材，编者必须系统地考察数字经济理论基础、数字基础设施构建与演化、数字信用体系建设与规范、数据要素市场培育和治理、数字经济时代的垄断与竞争，为培养新文科数字经济人才队伍提供充足的养分。出于以上考虑，本书主要由以下六篇十三章组成。

第一篇为总论篇，包括"第一章　导论"，主要讨论数字经济的概念、分类、特征、理论基础、研究框架、研究方法、国内外数字经济发展概况等基础知识，为后续学习数字经济学做知识准备。

第二篇为基础篇，包括"第二章　数据要素价值化""第三章　新平台""第四章　数字经济基础设施建设"，主要讨论生产、生产要素、数据要素价值的实现与数据要素市场；平台、平台经济、新技术赋能新平台、平台的问题与治理；网络基础设施建设、算力基础设施建设与新技术基础设施建设，为进一步深入学习数字经济学提供技术支持。

第三篇为数字产业化篇，包括"第五章　数字产品制造业及服务业""第六章　数字技术应用业"，主要讨论数字产品制造业与数字产品服务业、传统的数字技术应用业与新兴的数字技术应用业，分析了数字产业化的发展现状、特点及趋势。

第四篇为产业数字化篇，包括"第七章　农业数字化""第八章　工业数字化""第九章服务业数字化"，主要讨论农业数字化概念、相关技术、发展现状与未来发展趋势；工业数字化的概念、核心技术与应用、驱动因素与实现路径；数字金融、数字贸易与数字物流，考察了数据技术在传统产业中的应用与革新。

第五篇为数字治理安全篇，包括"第十章　社会治理数字化""第十一章　数字经济法治治理体系"，主要讨论社会治理数字化概念、建设内容、特征、协同治理理论、治理数字化体系与典型实践案例；数字经济法治治理的内涵与外延、网络安全治理体系、数据安全治理体系与安全风险防控体系，考察了数字化治理框架与安全体系构建路径。

第六篇为政策篇，包括"第十二章　国内数字经济发展政策""第十三章　全球数字经济发展政策现状与启示”,主要讨论中国数字经济政策体系、重点政策与政策启示;欧洲、美洲、亚洲国家和地区主要数字经济发展政策及全球数字经济监管新动向,全面了解世界各主要经济体的数字经济发展政策。

为使本书呈现的知识更全面、前沿与实用,编者参考了近些年出版的二十多本教材,查阅了近年发表的近百篇高质量学术论文,召开了多次教材编写会议,认真研讨,反复斟酌,力求做到精益求精。与现有教材相比,本书突出体现以下几个特点。一是系统性。遵循“技术—应用—治理—政策”的逻辑主线,充分体现本书内容上的完整性,全面系统地阐述了数字经济学的核心内容。二是时代性。匹配数字技术日新月异的变化,按照“理论—实践—方法”的编写思路,本书编写内容使用最新的统计数据、最新的研究成果、最新的经典案例,尽可能贴近现代经济生活。三是一致性。虽然本书编写涉及多位成员,撰写过程中既有“一人负责多章”,也有“多人负责一章”,但为了确保“内容—形式”的一致性,使本书标准、规范,编者在编写过程中统一设置本章导读、学习目标、本章小结、巩固与提升等模块,使学习路径与层级更为清晰。

本书经过编写成员长期讨论研究、密切分工、协调配合、共同撰写,最终顺利地展现在读者面前。各章节具体分工如下:前言由李练军撰写;第一章由杨石美、徐昂共同撰写;第二章由吕飞撰写;第三章由李任青撰写;第四章由龚文辉撰写;第五章由徐颖慧撰写;第六章由汪钰斌撰写;第七章由谌种华撰写;第八章由潘求丰撰写;第九章由郭江华、吕飞、涂玉婷共同撰写;第十章由胡书清撰写;第十一章由王庭琪撰写;第十二章由张璐撰写;第十三章由舒雯撰写。为了提高本书质量,李练军负责审核第三至六章,潘求丰负责审核第九、十二、十三章,郭江华负责审核第七、十、十一章,谌种华负责审核第一、二、八章,最后由李练军对终稿进行统筹审定。

由于编者水平有限,科技迅猛发展,知识的更新换代不断加快,书中难免存在一些不足之处,敬请读者批评、指正!

李练军

2024 年 6 月于共青之城南湖之滨

目 录

第四篇 产业数字化篇

第一篇

总 论 篇

产线的自动化、智能化水平,降低生产成本,提高产品质量和竞争力。在当今的数字化时代,技术进步对经济发展产生了深远的影响,尤其是数字经济的发展。

1. 企业创新发展和新兴产业的崛起

技术进步推动了各行各业的创新和发展,促进了企业的数字化转型和创新业务模式的出现,不断提高生产效率和市场竞争力。技术进步为新兴产业的发展提供了有力支撑,如云计算、大数据、人工智能、物联网等技术不断创新,为数字经济的新业务领域提供了机遇和挑战。

2. 技术进步推动数字经济发展

技术进步推动了生产和服务的数字化,提高了生产效率和创新能力,推动了数字经济的快速发展;技术进步推动了社会信息化的快速发展,智能手机、智能物联网设备、智能家居等产品和服务不断涌现,拉动了数字经济的增长;技术进步推动了跨境电子商务的发展和全球数字贸易的壮大,加速了数字经济的全球化进程。

可见,技术进步对数字经济的发展起到了至关重要的推动作用,不断创新的技术将为数字经济带来更多的机遇和挑战,影响着全球经济的格局和发展方向。

(二)政策支持是数字经济发展的重要因素

各国政府都在积极推动数字经济的发展,制定了一系列支持数字经济发展的政策和措施,包括税收优惠、财政补贴、基础设施建设等。这些政策和措施为数字经济的快速发展提供了良好的环境和发展机遇。

1. 政策支持促进数字经济新兴产业

培育数字经济新兴产业,政策支持可以为数字经济新兴产业提供必要的资金、税收和其他优惠政策,促进新产业的发展,培养出更多优质的科技企业和产业集群。政策促进数字经济的发展和创新,政策支持可以刺激企业和创新者在数字经济领域内进行研究和开发,提高数字经济的生产力和创新力,增强数字经济的核心竞争力。

2. 政策支持优化经济生态环境和数据保护

首先,政策支持可以加强数字经济生态环境建设,引导各方面资源的合理配置,促进数字生态和创新生态的融合和发展。其次,政策支持可以加强数字经济中的数据安全和隐私保护,建立健全法律框架和监管机制,保障数字经济的可持续发展和健康发展。最后,政策支持可以加强数字经济的国际合作,推动数字经济全球化进程,促进数字经济和实体经济的融合,优化全球经济结构和服务贸易体系。

总而言之,政策支持是数字经济发展的重要因素之一,在数字经济运行过程中具有不可替代的作用。政策支持的优化,有助于营造稳定、公平和开放的营商环境,进一步加快数字经济的发展和创新,增强经济的核心竞争力和可持续发展能力。

(三)市场需求是数字经济发展的重要背景

随着人们生活水平的提高和消费观念的转变,人们对数字化、智能化、绿色化产品的需求也在不断增加。数字经济的发展可以满足人们对于高质量、高效、便捷的数字化产品和服务的需求,推动经济结构的优化和升级。

1. 用户体验和企业数字化的需求背景

对用户体验而言,随着消费者对便捷、个性化、智能化的需求不断增长,数字经济得以迅速发展。数字技术的广泛应用,给人们带来更好的用户体验,满足了人们日益增长的个性化需求。对企业数字化而言,企业为了提高运营效率、优化管理体系、拓展市场份额,需要采取数字化技术和工具进行转型升级,市场需求推动了企业的数字化转型。

2. 数据分析、跨境及在线商务需求的背景

随着大数据、人工智能等技术的不断发展,市场对数据分析和预测的需求日益增长,数字经济提供了更多智能化的数据分析工具和服务,满足了市场对数据需求的不断扩大;随着全球化的加剧,跨境交流需求日益增长,数字经济提供了更多便利的数字化产品和服务,满足了不同地区、不同国家之间的信息、商品和服务交流的需求;随着消费者购物行为的变化,线上购物和电子商务的需求不断增长,数字经济给人们提供了便捷、安全的在线购物体验,满足了消费者的在线购物需求。

总而言之,市场需求是数字经济发展的重要背景,市场需求的变化和多样化不断塑造和促进数字经济的创新和发展,数字经济应该密切关注市场需求的变化,灵活调整产品和服务策略,满足市场需求,推动数字经济的可持续发展。

三、数字经济的发展意义

数字经济的发展不仅对中国式现代化建设具有重要作用,而且对中国经济发展、治理体系、创业就业和物价稳定也具有重要的意义。

(一)数字经济为中国式现代化建设提供新平台

数字经济作为数字时代人类经济社会发展态势和人们生产生活方式发生变革的主要推动力量,正在为我国经济社会的高质量发展提供新动能。

1. 数字经济为我国经济高质量发展提供了新机遇

数字经济具有高创新性、强渗透性、广覆盖性的特征,能够有力推动传统产业数字化、智能化、绿色化转型升级,加快数字中国建设,为我国经济的高质量发展注入新动能。

2. 数字经济为我国区域协调发展提供了新动力

数字经济的发展可以促进区域间产业链、供应链、价值链的重组,形成新的产业集群和产业链布局,推动区域间形成更加紧密的产业链分工和产业协作关系,从而为我国区域协调发展提供新动力。

3. 数字经济还能推动产业协同发展,促进区域间产业链的重组和升级

数字技术可以促进区域间产业链的整合和优化,形成更加紧密的产业链分工和产业协作关系,推动区域间形成更加紧密的产业链合作关系。

总之,数字经济为我国经济的高质量发展提供了新的机遇和动力,通过推动传统产业数字化转型升级、产业协同发展和促进创新创业,为我国经济的高质量发展注入了新动能。

(二)数字经济为中国经济发展提供新机遇

1. 推动产业数字化转型和消费升级

数字经济的发展为传统产业提供了数字化转型的机会,可通过数字化技术提高生产效率、降低成本、提高产品质量和竞争力,推动产业升级和转型。数字经济的发展为消费者提供了更加便捷、高效、个性化的消费体验,促进了消费升级,推动了经济增长。

2. 创新商业模式,推动经济全球化

数字经济的发展带来了新的商业模式和商业机会,如"互联网+"、共享经济、跨境电商等,为创业者提供了更多的创业机会和资源。数字经济的发展可以促进经济增长,提高经济质量和效益,为我国的经济发展注入新的动力和活力。数字经济的发展为经济全球化提供了新的动力和机遇,通过互联网技术和跨境贸易等方式,促进了国际贸易和投资的发展,推动了全球经济的增长和繁荣。

3. 促进创新创业,推动绿色发展

数字经济的发展为创新创业提供了更多的机会和资源,为创业者提供了更加便捷、高效、低成本的市场和平台,激发了创新创业的活力和潜力。数字经济的发展可以促进绿色发展,通过数字化技术提高能源利用效率、减少环境污染、推动可持续发展。

4. 促进经济结构优化,促进区域经济发展

数字经济的发展可以促进经济结构的优化,推动传统产业向数字化、智能化、绿色化方向转型升级,提高经济发展的质量和效益。数字经济的发展可以促进区域经济的发展,通过利用数字技术和互联网平台等方式,促进区域间的经济合作和交流,推动区域经济的协同发展。

5. 推动数字经济与实体经济融合

数字经济的发展可以推动数字经济与实体经济的深度融合,通过数字化技术提高传统产业的创新能力和竞争力,促进产业升级和转型。

总之,数字经济的发展为中国经济发展提供了新的动力和机遇,有助于实现推动经济结构优化、促进数字经济与实体经济融合、促进区域经济发展等目标。但是,我们也需要注意数字经济发展的挑战和风险,加强数字安全、数据保护和隐私保护等方面的建设,促进数字经济的健康、可持续发展。同时,我们也需关注数字经济的创新能力和潜力,加强数字技术的研发和应用,推动数字经济的创新发展。

(三)数字经济为中国就业创业提供路径

1. 创造更多就业机会,提高就业质量

数字经济的发展创造了大量的新兴产业和就业岗位,也可以提高就业质量,提供更加稳定、高薪、体面的工作机会,吸引更多的人才加入数字领域。例如,互联网、电子商务、人工智能等为求职者提供了更多的就业机会。与此同时,数字经济的发展为创业者提供了更多的创业机会和资源,如数据、技术、资金等,有助于激发创业活力,促进创新发展。

2. 推动就业结构优化

数字经济的发展可以促进传统产业和新兴产业的融合发展,提高就业的多样性和灵活性,进而丰富就业体系和就业结构。

3. 提升职业技能和推动创新教育

数字经济的发展需要高素质的人才,可以通过教育培训等方式提升求职者的职业技能水平,为数字经济的发展提供人才支持。数字经济的发展需要创新创业教育的支持,通过创新创业教育可以培养更多的创新型人才,为数字经济的发展提供人才储备。

4. 促进就业市场信息化和政策数字化

数字经济的发展可以促进就业市场信息化,提高求职者和企业的信息获取能力和交流效率,降低信息不对称带来的就业风险。数字经济的发展可以推动就业政策数字化,提高政策制定和执行的效率和透明度,为求职者和企业提供更加便捷和高效的服务。

5. 促进就业市场开放和创业生态建设

数字经济的发展可以促进就业市场的开放,吸引更多的外资和国际人才进入中国市场,为中国的就业市场注入新的活力和动力。数字经济的发展可以促进创业生态的建设,为创业者提供更加完善的创业环境和资源支持,激发创业活力,推动创新发展。

(四) 数字经济为中国治理体系和治理能力提供新思路

1. 提高治理效率,促进信息公开透明

数字化技术可以提高治理过程中的自动化和智能化水平,减少人力成本,提高治理效率和质量。数字技术可以促进信息的公开性,增强治理的公正性和透明度,提高公众对治理的信任度和满意度。

2. 推动治理创新,防范化解风险

数字化技术可以推动治理创新,探索新的治理模式和方法,提高治理的有效性和适应性。数字化技术可以增强风险防范能力,提高对各种风险的识别、预警和应对能力,保障社会稳定和安全。

3. 加强国际合作

发展数字经济,也需要加强国际合作,共同应对全球性的挑战和问题,推动全球治理体系和治理能力的完善和发展。

4. 推动公共服务数字化和法治化建设

数字技术可以推动公共服务数字化,提高公共服务的便利性和效率,满足人民群众日益增长的需求。数字技术可应用于法治建设领域,推动法律信息的公开化,增强司法的公正性和透明度,提高法治建设的水平和质量。

总之,数字经济的发展为我国治理体系和治理能力建设提供了重要的支撑力和推动力,有助于实现推动治理创新、增强风险防范能力、促进公共服务数字化、促进法治建设等目标。

(五) 数字经济为中国物价稳定保驾护航

1. 促进商品信息透明和成本降价

数字技术可以促进商品流通和信息透明,减少信息不对称和价格波动,降低市场风险和不确定性;数字技术可以降低交易成本和流通成本,提高交易效率和透明度,减少市场摩擦和波动;数字技术可以提高生产效率,降低生产成本,提高产品质量和竞争力,从而稳定物价水平。

2. 推动消费升级和协同发展

数字经济的发展可以推动消费升级和需求增长,促进消费市场的繁荣和稳定,从而稳定物价水平。数字技术可以优化供应链,提高供应链的透明度和效率,促进供应链的协同发展,从而降低物价波动和风险。

3. 推动价格机制改革和绿色发展

数字经济的发展可以推动价格机制改革,促进市场机制的完善和市场化程度的提高,从而更好地反映市场供求关系和市场价格波动。数字经济的发展还可促进绿色经济的发展,通过数字化技术推动绿色生产、绿色消费、绿色金融等,促进可持续发展和环境保护,从而稳定物价水平。

4. 促进货币数字化和产业数字化转型

数字经济的发展促进了货币数字化和数字货币的发展,数字货币可以更好地反映市场供求关系和市场价格波动,从而稳定物价水平。同时,数字货币的发展也可以降低交易成本和流通成本,提高交易效率和透明度。数字经济的发展推动了产业数字化转型,通过数字化技术可以提高传统产业的创新能力和竞争力,促进产业升级和转型。这有助于提高生产效率、降低生产成本、优化资源配置等,从而稳定物价水平。

第二节 数字经济的分类及特征

数字经济涉及面广,包含领域众多。为此,本小节将详细介绍数字经济的分类;在总结数字经济的特点、性能的基础上,提炼出数字经济的主要特征。

一、数字经济的分类

参照《数字经济及其核心产业统计分类(2021)》标准,本书将数字经济分为五大类别,具体包括数字产品制造业、数字产品服务业、数字技术应用业、数字要素驱动业和数字化效率提升业。

(一)数字产品制造业

数字产品制造业主要包括六大部分,即计算机制造、通讯及雷达设备制造、数字媒体设备制造、智能设备制造、电子元器件及设备制造和其他数字产品制造业,具体内容见表 1-1。

表 1-1 数字产品制造业分类

大类	中类	小类	大类	中类	小类
数字产品制造业	计算机制造	计算机整机制造	数字产品制造业	数字媒体设备制造	广播电视节目制作及发射设备制造
		计算机零部件制造			广播电视接收设备制造
		计算机外围设备制造			广播电视专用配件制造
		工业控制计算机及系统制造			专业音响设备制造
		信息安全设备制造			应用电视设备及其他广播电视设备制造
		其他计算机制造			
	通讯及雷达设备制造	通信系统设备制造			电视机制造
		通信终端设备制造			音响设备制造
		雷达及配套设备制造			影视录放设备制造

续表

大类	中类	小类	大类	中类	小类
数字产品制造业	智能设备制造	工业机器人制造	数字产品制造业	电子元器件及设备制造	半导体照明器件制造
		特殊作业机器人制造			光电子器件制造
		智能照明器具制造			电阻电容电感元件制造
		可穿戴智能设备制造			电子电路制造
		智能车载设备制造			敏感元件及传感器制造
		智能无人飞行器制造			电声器件及零件制造
		服务消费机器人制造			电子专用材料制造
		其他智能消费设备制造			其他元器件及设备制造
	电子元器件及设备制造	半导体器件专用设备制造		其他数字产品制造业	记录媒介复制
		电子元器件与机电组件设备制造			电子游戏游艺设备制造
		电力电子元器件制造			信息化学品制造
		光伏设备及元器件制造			计算器及货币专用设备制造
		电气信号设备装置制造			增材制造装备制造
		电子真空器件制造			专用电线、电缆制造
		半导体分立器件制造			光纤制造
		集成电路制造			光缆制造
		显示器件制造			工业自动控制系统装置制造

(二)数字产品服务业

数字产品服务业包括五大部分,分别为数字产品批发、数字产品零售、数字产品租赁、数字产品维修和其他数字产品服务业,具体内容见表1-2。

表1-2　数字产品服务业分类

大类	中类	小类	大类	中类	小类
数字产品服务业	数字产品批发	计算机、软件及辅助设备批发	数字产品服务业	数字产品租赁	计算机及通信设备经营租赁
		通信设备批发			音像制品出租
		广播影视设备批发		数字产品维修	计算机和辅助设备修理
	数字产品零售	计算机、软件及辅助设备零售			通信设备修理
		通信设备零售		其他数字产品服务业	指其他未列明数字产品服务业
		音像制品、电子和数字出版物零售			

（三）数字技术应用业

数字技术应用业主要包括五大部分，分别是软件开发，电信、广播电视和卫星传输服务，互联网相关服务，信息技术服务，以及其他数字技术应用业，具体内容见表 1-3。

表 1-3 数字技术应用业分类

大类	中类	小类	大类	中类	小类
数字技术应用业	软件开发	基础软件开发	数字技术应用业	信息技术服务	集成电路设计
		支撑软件开发			信息系统集成服务
		应用软件开发			物联网技术服务
		其他软件开发			运行维护服务
	电信、广播电视和卫星传输服务	电信			信息处理和存储支持服务
		广播电视传输服务			信息技术咨询服务
		卫星传输服务			地理遥感信息及测绘地理信息服务
	互联网相关服务	互联网接入及相关服务			动漫、游戏及其他数字内容服务
		互联网搜索服务			其他信息技术服务业
		互联网游戏服务		其他数字技术应用业	三维(3D)打印技术推广服务
		互联网资讯服务			其他未列明数字技术应用业
		互联网安全服务			
		互联网数据服务			
		其他互联网相关服务			

（四）数字要素驱动业

数字要素驱动业主要包括七大部分，分别是互联网平台、互联网批发零售、互联网金融、数字内容与媒体、信息基础设施建设、数据资源与产权交易和其他数字要素驱动业，具体内容见表 1-4。

表 1-4 数字要素驱动业分类

大类	中类	小类	大类	中类	小类
数字要素驱动业	互联网平台	互联网生产服务平台	数字要素驱动业	互联网金融	网络借贷服务
		互联网生活服务平台			非金融机构支付服务
		互联网科技创新平台			金融信息服务
		互联网公共服务平台		数字内容与媒体	广播
		其他互联网平台			电视
	互联网批发零售	互联网批发			影视节目制作
		互联网零售			广播电视集成播控

续表

大类	中类	小类	大类	中类	小类
数字要素驱动业	数字内容与媒体	电影和广播电视节目发行	数字要素驱动业	信息基础设施建设	算力基础设施建设
		电影放映			其他信息基础设施建设
		录音制作		数据资源与产权交易	对数据资源与数字产权的交易活动
		数字内容出版			
		数字广告		其他数字要素驱动业	供应链管理服务
	信息基础设施建设	网络基础设施建设			安全系统监控服务
		新技术基础设施建设			数字技术研究和试验发展

(五)数字化效率提升业

数字化效率提升业主要包括九部分,分别为智慧农业、智能制造、智能交通、智慧物流、数字金融、数字商贸、数字社会、数字政府和其他数字化效率提升业,具体内容见表1-5。

表1-5 数字化效率提升业分类

大类	中类	小类	大类	中类	小类
数字化效率提升业	智慧农业	数字化设施种植	数字化效率提升业	数字金融	银行金融服务
		数字林业			数字资本市场服务
		自动化养殖			互联网保险
		新技术育种			其他数字金融
		其他智慧农业		数字商贸	数字化批发
	智能制造	数字化通用、专用设备制造			数字化零售
		数字化运输设备制造			数字化住宿
		数字化电气机械、器材和仪器仪表制造			数字化餐饮
		其他智能制造			数字化租赁
	智能交通	智能铁路运输			数字化商务服务
		智能道路运输		数字社会	智慧教育
		智能水上运输			智慧医疗
		智能航空运输			数字化社会工作
		其他智能交通		数字政府	行政办公自动化
	智慧物流	智慧仓储			网上税务办理
		智慧配送			互联网海关服务
					网上社会保障服务
					其他数字政府

续表

大类	中 类	小 类	大类	中 类	小 类
数字化效率提升业	其他数字化效率提升业	数字采矿	数字化效率提升业	其他数字化效率提升业	专业技术服务业数字化
		智能化电力、热力、燃气及水生产和供应			数字化水利、环境和市政设施管理
		数字化建筑业			互联网居民生活服务
		互联网房地产业			互联网文体娱乐业

二、数字经济的特征

数字经济是指以数字技术为基础,通过数字化、网络化和智能化的方式进行生产、交流、交易和创新的经济形态。它具有以下几个特征。

(一) 数字化

数字经济以数字技术为基础,通过数字化的方式处理和传输信息。数字化加速了信息的获取和流动。数字经济的数字化是指将经济活动中的信息、数据和流程转化为数字形式,以便更高效地处理、传输和存储。

1. 数字化的信息处理

数字经济通过将各种信息转化为数字形式,使得信息可以以电子方式存储、处理和传输。例如,将纸质文件转化为电子文档,将实物产品的信息记录在数据库中。这样可以提高信息的可访问性和可搜索性,方便人们获取和利用信息。

2. 数字化的交流和交易

数字经济通过互联网和电子通信技术,实现了信息的即时传递和全球范围内的交流。人们可以通过电子邮件、社交媒体、在线聊天等方式进行沟通和合作。同时,数字经济也促进了电子商务的发展,人们可以通过在线平台进行商品和服务的交易。数字经济借助数字技术和自动化设备,实现了生产和服务的数字化。例如,工业生产中的自动化生产线、数字化设计和仿真技术,以及服务行业中的在线预订、智能客服等。数字化的生产和服务可以提高效率、降低成本,并提供更加个性化和定制化的产品和服务。

3. 数字化的数据管理

数字经济依赖于大数据的收集、分析和应用。通过数字化的方式,可以收集和存储大量的数据,包括用户行为数据、市场数据、生产数据等。这些数据可以通过数据分析和挖掘,提供商业洞察和决策支持,帮助企业做出更准确的决策。数字经济催生了各种在线市场和平台,为供需双方提供了便利和机会。例如,电商平台如亚马逊、淘宝,共享经济平台如 Uber、Airbnb 等。

4. 数字化的支付和金融

数字经济推动了支付和金融领域的数字化转型。人们可以通过电子支付方式(如支付宝、微信支付等)进行线上交易,而不用再使用现金。同时,数字经济也促进了金融科技的发展,如在线银行、区块链等。数字化的支付和数字金融提供了更便捷、快速和安全的交易方式。

总的来说,数字经济的数字化是通过将信息、交流、交易、生产、服务、数据管理、市场、支付、金融、营销等方面转化为数字形式,利用数字技术和互联网实现更高效、便捷、个性化和全球化的经济活动。

(二)网络化

数字经济依赖于互联网和网络技术,实现了信息的全球化和即时性。网络化使得人们可以随时随地进行交流、交易和合作,打破了地理和时间的限制。数字经济的网络化是指利用互联网和其他网络技术,将经济活动中的各个环节连接起来,实现信息、数据和价值的流动和共享。

1. 网络化的信息传递和网络化的交易和支付

数字经济的网络化,使得信息可以通过互联网和其他网络渠道进行即时传递。人们可以通过电子邮件、即时通信工具、社交媒体等方式进行沟通和信息交流。同时,企业和机构也可以通过网络渠道向消费者传递产品和服务的信息,进行广告和宣传。网络化的交易不受地域限制,买家和卖家可以在全球范围内进行交易。同时,网络化的支付方式如电子支付、移动支付等,让人们的支付行为更为便捷和安全。

2. 网络化的生产和供应链

数字经济的网络化,使生产和供应链的各个环节可以通过网络连接起来。企业可以通过网络与供应商、合作伙伴进行协作和信息共享,实现供应链的高效运作。同时,数字化的生产技术如 3D 打印、物联网等,也可以通过网络进行远程控制和监控。数字经济的网络化促进了数据的共享和分析。企业和机构可以通过网络共享数据,进行合作和共同分析,从而获得更准确的商业洞察和决策参考。同时,网络化的数据分析工具和技术也可以帮助企业和机构对海量数据进行挖掘和分析,发现潜在的商机和趋势。

3. 网络化的市场和平台

数字经济的网络化催生了各种在线市场和平台,并促进了企业和机构之间的合作和创新。通过网络,企业可以与合作伙伴、供应商、客户等进行远程协作和创新。同时,数字化的工具和平台如云计算、协同办公软件等,也为企业提供了更便捷和高效的合作方式和创新环境。

(三)智能化

数字经济借助人工智能、大数据和机器学习等技术,实现了智能化的生产和服务。智能化使生产过程更加高效和精确,可以提供个性化和定制化的产品和服务。数字经济的智能化是指利用人工智能、大数据分析、机器学习等技术,赋予经济活动智能化的能力。

1. 数字经济的智能化

利用大数据分析技术,对海量的数据进行挖掘和分析,从中提取有价值的信息。通过智能化的数据分析,企业和机构可以更准确地了解市场趋势和消费者需求,优化产品和服务,做出更明智的决策。数字经济的智能化通过分析用户的行为和偏好,可以实现个性化的推荐服务。例如,在电商平台上,智能化的推荐系统可以根据用户的购买历史、浏览记录等,向其推荐相关的商品和服务,提升用户体验和购买转化率。

2. 智能化的自动化

数字经济的智能化利用人工智能技术,实现经济活动的自动化。例如,在生产制造领域,智能化的机器人和自动化系统可以替代人工完成重复、烦琐的工作,提高生产效率和质量。数字经济的智能化通过自然语言处理技术,实现智能客服。智能客服可以通过语音识别和自动回复,为客户提供快速、准确的服务响应,提升客户满意度和智能化的风险管理;数字经济的智能化利用机器学习和预测模型,对风险进行智能化管理。通过分析大量的数据和模式识别,智能化的风险管理系统可以快速识别潜在的风险和威胁,并采取相应的措施进行预防和应对。

3. 智能化的供应链管理

数字经济的智能化通过物联网、大数据分析和人工智能技术,实现供应链的智能化管理。智能化的供应链管理系统可以实时监测物流和库存情况,预测需求和供应的变化,优化供应链的运作效率和成本控制。

4. 智能化的金融服务

数字经济的智能化改变了传统的金融服务模式。通过人工智能和大数据分析,智能化的金融服务可以提供更精准的风险评估、个性化的投资建议和智能化的支付服务。智能化的金融服务不仅提升了金融机构的效率和盈利能力,也为个人和企业提供了更便捷和个性化的金融服务体验。

智能化的数字经济可以提升效率、降低成本、改善用户体验,并为企业和机构带来更多的商机和竞争优势。

(四) 创新驱动

数字经济以创新为核心驱动力,通过技术创新和商业模式创新,不断推动经济的发展和转型。数字技术的快速发展和应用,为新兴产业和新业态的出现提供了机会。

1. 技术创新

数字经济的创新驱动依赖于技术的不断进步和创新。例如,人工智能、大数据分析、物联网、区块链等新兴技术的应用和发展,为数字经济提供了新的增长点和商机。技术创新不仅改变了传统产业的生产方式和商业模式,也催生了新的数字经济领域和新兴产业。

2. 商业模式创新

数字经济的创新驱动包括商业模式的创新。通过重新设计和优化商业模式,企业和机构可以更好地适应数字经济的发展趋势和用户需求。例如,近年兴起的共享经济模式,通过在线平台和社交网络的连接,实现资源的共享和利用,改变了传统产业的运作方式和市场格局。

3. 用户需求驱动

数字经济的创新驱动,还需要紧密关注用户需求和体验。通过深入了解用户的需求和行为,不断优化产品和服务,提供更符合用户期望的创新解决方案。创新用户需求驱动,可以帮助企业和机构更好地满足市场需求,提升用户体验,从而推动数字经济的发展。

4. 跨界合作与开放创新

数字经济的创新驱动,还需要跨界合作和开放创新的理念。通过不同行业、不同领域的合作与交流,可以促进知识和技术的跨界融合,创造出更具创新性和竞争力的解决方案。同时,开放创新也能够吸引更多的创新者和创业者参与到数字经济的发展中,共同推动创新的发展。

总体来说,数字经济的创新驱动是通过技术创新、商业模式创新、生态系统创新、用户需求驱动、跨界合作与开放创新等手段,推动数字经济的发展和增长。这种创新驱动不仅改变了传统产业的运作方式和市场格局,也催生了新的数字经济领域和新兴产业,为经济发展带来了新的动力和机遇。

(五) 跨境融合

数字经济促进了不同行业之间的融合和交叉,打破了传统行业的边界。数字技术的应用使得不同行业可以相互借鉴和合作,创造出新的商业模式和产业链。数字经济的发展离不开数据的收集、存储、分析和应用。跨境融合可以促进不同国家和地区之间的数据流动,实现数据的共享和互通。这有助于提高数据的价值和利用效率,推动数字经济的发展。

1. 跨境电商和跨境支付

数字经济的跨境融合包括跨境电商和跨境支付。通过电子商务平台和在线市场,消费者可以跨越国界购买商品和服务。跨境电商的发展促进了国际贸易的便利化和增长,为不同国家和地区的企业提供了更广阔的市场机会。数字经济的跨境融合还需要解决跨境支付的问题。不同国家和地区之间的支付体系和货币体系存在差异,跨境支付的成本和风险较高。因此,推动跨境支付的便利化和安全性是数字经济跨境融合的重要方面。

2. 跨境合作与创新

数字经济的跨境融合也包括跨境合作与创新。不同国家和地区的企业可以通过合作共享资源和技术,实现优势互补,推动创新的发展。跨境合作与创新可以促进数字经济的国际化和全球化,并且跨境融合需要建立跨境数据治理机制,以确保数据的安全和隐私保护。不同国家和地区之间的数据流动涉及数据安全、隐私保护、数据主权等问题,需要建立相应的法律法规和标准,以确保数据的合法、安全和可信。

3. 跨境数字化合作和跨境政策协调

数字经济的跨境融合还包括跨境数字化合作和跨境政策协调。不同国家和地区可以通过共同开展数字化合作项目,推动数字技术的应用和创新。例如,共同建设数字化贸易平台、推动数字化金融服务、合作开展人工智能研究等,都是跨境数字化合作的具体形式。数字经济的跨境融合需要各国政府之间的政策协调和合作。不同国家和地区的数字经济发展水平和政策环境存在差异,需要通过政策协调来促进跨境融合。例如,制定统一的跨境电商政策、推动数字支付的互联互通等,都是跨境政策协调的重要内容。

第三节 数字经济的理论基础

数字经济是一门内涵丰富的新兴学科,本小节从经济增长理论、产业组织理论、消费者理论、交易成本理论和信息经济理论等对数字经济涉及的理论基础进行介绍。

一、经济增长理论

（一）经济增长理论简介

经济增长理论是研究一个经济体在一定时期（通常为一年或一个季度）内生产性要素（如劳动力和资本）增加或减少所引起的国民生产总值或人均国民收入增加或减少的经济理论。它主要关注经济增长的来源、经济增长的可持续性、经济增长与经济发展的关系等问题。经济增长理论的发展可以追溯到古典经济学派，他们认为经济增长主要源于劳动生产率的提高和技术进步。然而，现代经济增长理论则更加复杂，涉及许多因素，如人口、资源、技术、制度、教育、创新、国际贸易等。下面列出主要的经济增长理论。

1. 哈罗德—多玛模型

哈罗德—多玛模型认为经济增长主要取决于资本和劳动力等生产要素的投入，而技术进步和制度创新等因素对经济增长的影响较小。

2. 新古典增长理论

新古典增长理论认为经济增长主要源于生产要素的边际生产率递增，即技术进步和创新的推动。同时，该理论也强调了制度、教育和创新等因素对经济增长的重要性。

3. 索洛余值法

索洛余值法通过将经济增长分解为技术进步和人口增长等因素的影响，从而对经济增长进行量化分析。

4. 内生经济增长理论

内生经济增长理论将技术、人力资本、制度等因素视为经济增长的内生因素，认为这些因素对经济增长具有决定性的作用。

总之，经济增长理论是一个不断发展和演变的领域，涉及许多因素和观点。不同的理论对于经济增长的解释力和适用性也存在差异，因此在实际应用中需要根据具体情况进行选择和评估。

（二）经济增长理论对数字经济的影响

经济增长理论对数字经济具有多方面的影响，为数字经济的发展提供了理论基础、政策指导，对数字经济的发展意义重大。

1. 为数字经济提供了理论基础和政策指导

经济增长理论强调了生产要素的增加或减少对国民生产总值或人均国民收入的影响，这为数字经济提供了重要的理论支持。数字经济作为一种新型的经济形态，需要遵循经济增长理论的基本原则，通过增加生产要素的投入和提高生产要素的利用效率来促进经济增长。

2. 为数字经济提供了新的发展思路和模式

数字经济作为一种新型的经济形态，需要不断创新和发展，以适应不断变化的市场需求和竞争环境。经济增长理论强调了技术创新和制度创新的重要性，这为数字经济提供了新的发展思路和模式。数字经济可以通过技术创新和制度创新来提高生产效率、降低成本、增加效益，从而促进经济增长。

3. 为数字经济的监管提供了指导原则

数字经济作为一种新型的经济形态,需要加强监管和规范,以确保其健康、有序地发展。经济增长理论强调了市场机制和政府干预的平衡,这为数字经济的监管提供了重要的指导原则。政府可以通过制定相关政策和法规,加强对数字经济的监管,促进数字经济的健康发展。

4. 为研究数字经济与经济增长的关系提供了重要的理论基础

经济增长理论强调了经济增长与经济发展的关系,这为研究数字经济与经济增长的关系提供了重要的理论基础。数字经济作为一种新型的经济形态,需要深入研究其与经济增长的关系,以便更好地促进经济增长和经济发展。

5. 为研究数字经济对就业的影响提供了重要的思路和方法

数字经济的发展对就业产生了深刻的影响,经济增长理论为研究数字经济对就业的影响提供了重要的思路和方法。数字经济可以通过提高生产效率、降低成本、增加效益等方式促进就业,同时需要关注数字经济的就业结构、就业质量等方面的问题,以便更好地促进数字经济的健康发展。

6. 为数字经济与实体经济的融合发展提供了重要的思路和方法

数字经济与实体经济融合发展是数字经济发展的重要方向之一,经济增长理论为数字经济与实体经济的融合发展提供了重要的思路和方法。数字经济的发展需要与实体经济相结合,通过技术创新和产业升级等方式,促进数字经济的可持续发展和转型升级。

二、产业组织理论

(一)产业组织理论简介

产业组织理论是经济学的一个分支,主要研究特定产业内的市场结构、市场行为和市场绩效,以及它们对企业决策和产业发展的影响。该理论通过实证研究方法,评估市场结构和竞争行为的效果,并探讨产业内的政策干预效果。产业组织理论关注的问题包括市场的垄断和竞争关系、技术创新和生产效率等。该理论旨在为政策制定者提供决策依据,以促进产业健康发展。

(二)产业组织理论对数字经济的影响

产业组织理论为数字经济提供了重要的理论基础、发展思路和监管原则,也为数字经济的发展提供了重要的思路和方法。

1. 市场结构分析

数字经济领域的市场结构是产业组织理论关注的重要方面。通过分析数字经济的市场结构,可以了解市场中的竞争程度、市场份额分布、价格行为等,从而为政策制定者提供决策依据。

2. 竞争行为研究

产业组织理论关注数字经济的竞争行为,包括技术创新、商业模式创新、数据利用等。这些竞争行为会对数字经济的绩效和市场竞争力产生重要影响,因此产业组织理论可以为数字经济领域的政策制定和监管提供参考。

3. 产业政策制定

产业组织理论为数字经济领域的产业政策制定提供了重要的思路和方法。促进数字经济的健康发展是政策制定者应考虑的问题,具体包括市场竞争平衡、创新协调发展、消费者权益保护、数字经济可持续发展等方面。

4. 产业组织结构优化

产业组织理论有助于优化数字经济领域产业组织结构,提高市场效率,促进产业健康发展。这可以通过加强市场竞争、促进技术创新、推动产业融合等方式实现。

5. 数字经济发展模式创新

产业组织理论可以为数字经济领域提供新的发展模式和创新思路。例如,通过推动数字化转型、发展数字经济新业态、探索新的商业模式等方式,促进数字经济的快速发展和转型升级。

6. 数字经济的监管和治理

产业组织理论可以为数字经济的监管和治理提供理论支持和政策建议。这包括如何制定合理的监管政策、如何保护消费者权益、如何促进数字经济的可持续发展等。

三、消费者理论

(一) 消费者理论简介

消费者理论是现代西方经济学中的一个基本理论,主要研究消费者行为如何根据自身需求和偏好进行商品和服务的选择,以达到自身效用最大化。消费者理论的主要内涵包括以下几个方面。

1. 需求和偏好的满足

消费者理论强调消费者的需求和偏好,即消费者对商品和服务的偏好和需求,以及这些偏好和需求的满足程度。消费者会根据自己的需求和偏好来选择商品和服务的数量和质量,以达到自身效用最大化。

2. 预算约束和效用最大化

消费者理论认为消费者的预算约束是有限的,因此消费者需要在有限的预算内选择商品和服务的数量和质量,并根据自身的预算约束和偏好来选择商品和服务的组合,以达到自身效用最大化。

3. 价格和收入的影响

消费者理论认为价格和收入是影响消费者选择的重要因素。价格会影响消费者的购买决策,而收入则会影响消费者的购买能力和消费水平。消费者会根据价格和收入的变化来调整自己的购买决策,以达到自身效用最大化。

4. 跨期选择和风险

消费者理论还考虑了跨期选择和风险对消费者行为的影响。消费者可能会将一部分收入存入银行以备不时之需,或者通过投资等方式将一部分收入转化为未来的收益。此外,消费者还面临着风险,如市场风险、自然风险等,这些因素也会影响消费者的购买决策。

总之,消费者理论是一个重要的经济学理论,它研究消费者的需求、偏好、预算约束、价格和收入的影响、跨期选择和风险等因素,为经济政策的制定和实施提供重要的理论基础和实践指导。

（二）消费者理论对数字经济的影响

产业组织理论对数字经济具有多方面的影响,具体体现在竞争行为、市场结构、产业组织结构及产业政策的制定和优化、数字经济发展模式的创新和监管等。数字经济需积极创新和探索,以满足市场需求和适应市场环境,实现可持续发展。

1. 消费者行为研究

数字经济领域的消费者行为是消费者理论关注的重要方面。通过研究数字经济的消费者行为,可以了解消费者的需求、偏好、购买决策、消费习惯等,从而为数字经济领域的政策制定和监管提供参考。

2. 数字经济的市场均衡

消费者理论关注数字经济的市场均衡,即消费者需求和供给之间的平衡。因此,消费者理论可以为数字经济领域的政策制定和监管提供参考,以实现市场均衡和可持续发展。

3. 数字消费的引导和保护

消费者理论可以为数字经济的消费行为提供引导和保护。政策制定者可以通过制定合理的消费政策、加强消费者教育、保护消费者权益等方式,促进数字经济的健康发展,同时能够提高消费者的消费水平和消费质量。

4. 数字消费的个性化与定制化

消费者理论强调消费者的个性化需求和定制化服务。在数字经济领域,消费者可以根据自己的需求和偏好选择不同的商品和服务,实现个性化消费。数字经济的发展也为消费者提供了更多的选择和定制化服务,以满足消费者的个性化需求。

5. 消费者权益保护

消费者理论强调保护消费者权益的重要性。在数字经济领域,消费者需要更加关注自己的权益,了解自己的权利和义务,同时政策制定者和企业需要共同努力,加强消费者权益保护,促进数字经济的健康发展。

6. 数字消费的透明度和公平性

在数字经济快速发展的背景下,消费者需要获取更多的有效信息来做出合理的决策,并且消费者需要获取公平合理的商品和服务。消费者理论重点强调信息的透明、公开和交易的公平,有利于数字经济的健康发展。

7. 消费者行为变化与数字经济的适应性

随着数字经济的发展,消费者的行为也在发生变化。消费者理论可以帮助我们理解这些变化,并为企业和政策制定者提供适应这些变化的思路和方法。

四、交易成本理论

（一）交易成本理论简介

交易成本理论是一种经济学理论,它关注市场交易和解决交易中的争议所需付出的成本,以及这些成本对经济活动和经济行为的影响。交易成本包括谈判、签约、监督和执行合同等过程中的所有成本,如信息收集成本、谈判成本、实施成本和不确定性等。交易成本理论认为,不同的市场结构有不同的交易成本,市场机制的有效运作取决于相对较小的交易成本。因此,交易成本理论对于理解市场结构和经济效率的关系具有重要意义。

(二)交易成本理论对数字经济的影响

交易成本理论对数字经济的影响是多方面的,包括研究市场结构和经济效率的关系、保护消费者权益、促进数字经济的可持续发展等。

1. 数字经济的市场结构

在数字经济中,市场结构和交易成本密切相关。数字经济的市场结构通常具有高度竞争性和开放性,但也存在一些垄断竞争、寡头垄断等不完全竞争的情况。交易成本理论可以帮助我们理解这些市场结构的特点,并分析它们对数字经济的效率和稳定性产生的影响。

2. 数字经济的创新和创业

交易成本理论强调,市场机制的有效运作需要较低的交易成本,这对于数字经济的创新和创业具有重要意义。在数字经济中,创新和创业需要更快速、更灵活的市场反应和交易机制,交易成本理论可以帮助我们更好地理解这些需求,并提供相应的解决方案。

3. 数字经济的风险和不确定性

在数字经济中,由于信息的不确定性和复杂性,交易成本可能会增加。在数字经济中尽管互联网和信息技术降低了信息检索的部分成本,但随着信息量的爆炸性增长,有效信息的筛选和匹配成本却可能上升。企业需要投入更多资源来识别和验证交易对象的信息,确保交易的真实性和可靠性。

4. 数字经济的效率和可持续性

交易成本理论可以帮助我们理解数字经济的效率和可持续性。在数字经济中,交易成本的高低直接影响到市场交易的效率和规模,进而影响到数字经济的整体发展。因此,降低数字经济的交易成本,可以提高市场交易的效率,促进数字经济的可持续发展。

5. 数字经济的政策制定和监管

交易成本理论为数字经济政策制定和监管提供了理论依据。政府和企业需要关注数字经济的交易成本,制定合理的政策,促进数字经济的健康发展。同时,交易成本理论也可以帮助我们更好地理解数字经济的风险和不确定性,制定相应的风险管理策略,以降低数字经济的交易成本和风险。

五、信息经济理论

(一)信息经济理论简介

信息经济理论是指研究信息经济领域基础理论和重大实践问题,以信息经济为主线,以信息产业、信息资源、信息技术、信息网络、信息贸易等为研究内容,运用经济学原理分析信息经济的运行规律,探索信息经济发展规律和趋势的理论体系。它有助于人们更好地认识和理解信息经济时代的特征和规律,为制定信息经济发展战略和政策提供理论依据。同时,信息经济理论也可以为信息技术和信息产业的创新发展提供指导,促进经济增长和社会进步。

（二）信息经济理论对数字经济的影响

信息经济理论对数字经济有着深远的影响，有助于我们更好地理解数字经济的运行规律和发展趋势，并为数字经济的政策制定和监管提供理论依据，促进数字经济的健康发展。

1. 数字经济的市场结构和竞争环境

信息经济理论可以帮助我们理解数字经济的市场结构和竞争环境，为数字经济政策的制定提供理论依据。

2. 数字经济的效率和可持续性

信息经济理论强调信息产业和信息技术的快速发展对数字经济的推动作用，有助于我们更好地理解数字经济的效率和可持续性。

3. 数字经济的创新和发展

信息经济理论强调信息技术和信息资源的开发利用对数字经济的促进作用，为数字经济创新和发展提供了指导。

4. 数字经济的就业和收入分配

随着数字经济的发展，越来越多的人开始从事与数字经济相关的职业，如数据科学家、软件工程师、数据分析师等。同时，数字经济的收入分配也成为一个重要的问题，需要关注数字经济的公平性和可持续性。

5. 数字经济的社会影响

信息经济理论可以帮助我们更好地理解数字经济对社会的影响，包括数字鸿沟、隐私保护、网络安全等问题。这些问题需要我们采取有效的措施加以解决，以促进数字经济的可持续发展和社会公平。

6. 数字经济对传统产业的改造升级

数字经济的发展为传统产业提供了新的发展机遇和挑战。数字技术可以帮助传统产业实现数字化转型和升级，提高生产效率和市场竞争力。

第四节　数字经济学研究的框架和方法

数字经济是目前最有热度的话题之一，本书尝试对数字经济学进行理论研究。数字经济学的研究方法非常丰富，本书从不同角度分析和解决具体的经济现象和经济问题。

一、数字经济学研究框架

数字经济已成为当下最大的热点研究对象之一，国内外学者围绕这一主题开展了大量的探究和思考，从不同的视角对数字经济进行解读和介绍，目前对数字经济学还未形成统一的理论框架体系，本书尝试对数字经济学的结构进行梳理，以期为广大学者提供借鉴和参考。本书主要包括六篇，由十三章组成，见图1-1。

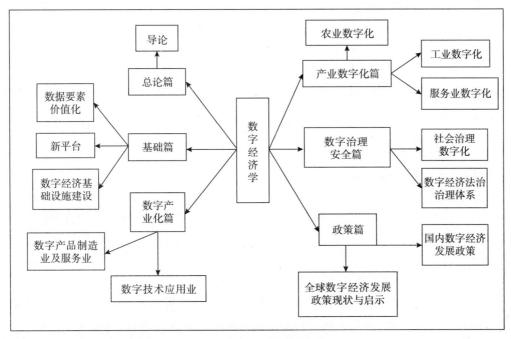

图 1-1 数字经济学研究框架图

二、数字经济的研究方法

(一)归纳法和演绎法

1. 归纳法和演绎法简介

归纳法和演绎法是两种基本的推理方法,广泛应用在科学研究和分析中。归纳法是一种从个别事实中概括出一般原理的推理方法。它通过收集一系列具体的个别事实,并从中发现它们所共有的特征或规律,从而得出一般性的结论。归纳法通常用于探索和发现新的原理或理论。演绎法则是从一般原理或原则出发,推导出特定情况下的结论或结果。它通过将一般原理应用于特定情况,来验证或解释特定事实或现象。演绎法通常用于验证或支持已经存在的原理或理论。

2. 归纳法和演绎法在数字经济中的应用

在分析数字经济的案例时,可以结合使用归纳法和演绎法,以更全面地理解和解释数字经济的现象和趋势。例如,可以通过收集和分析大量的微观数据,归纳出数字经济的某些特征和规律,再将这些规律应用于更广泛的宏观数据,以验证或解释这些规律在更大范围内的适用性。

(二)案例分析法

1. 案例分析法简介

案例分析方法是一种基于具体案例的研究方法,它通过对具体的案例进行深入调查和分析,探究现象或问题的本质和规律,为决策和行动提供依据和参考。案例分析方法是一种基于具体案例的研究方法,它需要结合实际情况和数据,采用多种方法和技术,深入挖掘现象或问题的本质和规律,为决策和行动提供依据和参考。

2. 案例分析法在数字经济中的应用

案例分析方法经常运用于数字经济领域的研究,重点运用在数字经济的发展趋势、运行规律以及潜在问题等方面,以便为监督管理和制定政策提供参考和意见。在数字经济案例分析中,可以采用实地调查、数据挖掘和分析、案例比较分析、综合分析等方法,深入挖掘数字经济的内在规律和趋势。

(三)微宏观结合方法

1. 微宏观结合方法简介

微宏观结合的方法是一种跨学科的研究方法,它将微观层面的数据分析和宏观层面的政策分析相结合,以更全面地理解和解决复杂的问题。微宏观结合法注重结合数据驱动和理论指导,倡导研究人员基于不同视角,结合有效数据,运用合理的方法探究数字经济领域的复杂问题,此方法有助于提高研究内容的准确性和可靠性。

2. 微宏观结合方法在数字经济中的应用

在数字经济领域,微宏观结合的方法可用于分析数字经济的运行规律、发展趋势和潜在问题。这种方法将微观层面的数据分析和宏观层面的政策分析相结合,通过综合运用不同的理论、方法和技术,深入挖掘数字经济的内在规律和趋势,为数字经济的研究和发展提供新的思路和方法。

(四)大数据分析方法

1. 大数据分析方法简介

大数据分析方法是一种基于大数据技术的研究方法,它通过对海量数据进行分析和挖掘,以发现数据背后的规律和趋势,为决策和行动提供依据和参考。大数据分析方法强调数据驱动和理论指导的结合,鼓励研究者从多个角度出发,综合运用不同的技术和方法,探究数字经济领域的重点和难点问题。

2. 大数据分析方法在数字经济中的应用

大数据分析方法也面临着数据安全、隐私保护、算法效率等问题,需要采取相应的技术和措施来应对。大数据分析方法可以有效应用于分析数字经济的运行规律、发展趋势和潜在问题。大数据分析方法通过综合运用数据挖掘、机器学习、可视化等技术,对海量数据进行分析和挖掘,以发现数字经济的潜在规律和趋势,为数字经济的研究和发展提供新的思路和方法。

(五)定量研究方法

1. 定量研究方法简介

定量研究方法是一种通过收集数据和统计指标,对某一现象或问题进行定量分析、预测和验证的研究方法。它通过量化指标来描述现象或问题的规模、结构、趋势、影响等方面,从而为研究提供更准确、客观和量化的证据。定量研究方法通常采用问卷调查、数据收集、实验研究、统计分析等方法,以获取数字经济的有关数据和信息,并进行定量分析和预测。定量研究方法有助于更好地理解和把握数字经济的运行规律和发展趋势,为政策制定和监管提供依据。

2. 定量研究方法在数字经济中的应用

定量研究方法在数字经济研究中具有重要的作用。通过定量分析,我们可以更准确地了解数字经济的规模、结构、趋势和影响,为政策制定和监管提供依据。同时,定量研究方法也可以帮助我们发现数字经济的潜在问题和挑战,为政策制定和监管提供参考和改进的方向。此外,定量研究方法还可以通过数据挖掘和分析,发现数字经济的潜在规律和趋势,为数字经济的研究和发展提供新的思路和方法。因此,在数字经济研究中,定量研究方法是一种非常重要的研究方法。

(六)跨学科研究方法

1. 跨学科研究方法简介

跨学科研究方法是指将不同学科的理论、方法和技术相结合,以解决复杂问题和挑战的研究方法。跨学科研究方法的核心是跨学科性和开放性,即鼓励研究者从多个学科的角度出发,综合运用不同的理论、方法和技术,以探索和解决数字经济领域的复杂问题和挑战。跨学科研究方法强调研究者的合作和交流,鼓励不同学科之间的知识分享和合作创新,以推动数字经济研究的深入和发展。在数字经济领域,跨学科研究方法可以更好地综合不同学科的优势,为数字经济的研究提供更全面和深入的视角。

2. 跨学科研究方法在数字经济中的应用

跨学科研究方法在数字经济领域的应用,可以结合不同学科的理论和方法,如经济学中的市场结构和竞争策略、计算机科学中的数据挖掘和分析技术、统计学中的统计方法和预测模型、社会学中的消费者行为和社会网络分析等。

第五节　国内外数字经济发展概况

随着数字技术的快速发展,数字经济已经成为全球经济增长的重要驱动力。各国也越来越重视数字经济在经济发展中的重要地位。美国加大人工智能的研发与应用,推进智能制造产业发展,强化网络空间安全战略;德国大力推进人工智能的发展与应用,提升数字经济竞争力;英国加强数字经济顶层设计和立法保障,着力推进政府数字化转型,提升政府数字服务效能;俄罗斯基于顶层设计、相关法律法规和数字技术发展等方面大力发展数字经济;日本为促进实体经济转型升级,不断加强人工智能等新一代信息通信技术的发展,并强化数字技术在其他产业中的应用;印度高度重视物联网与人工智能等新兴技术的发展,加强数据保护;我国在创新、协调、绿色、开放、共享的新发展理念指导下,推进数字产业化、产业数字化,促进数字经济和实体经济深度融合,以实现经济高质量发展。

一、国外数字经济发展概况

《全球数字经济发展指数报告(TIMG 2023)》显示,2013 年以来,全球数字经济发展整体呈现上升趋势,主要由数字市场发展和数字基础设施建设所推动,特别是在 2018 年之后,各国在数字经济方面的发展较快。从数字技术、数字基础设施、数字市场和数字治理四个方面来看,2021 年数字经济总体规模最高的国家分别为美国、新加坡和英国,中国排在第八位。从数字技术方面来看,2021 年,美国、芬兰、瑞士位列全球前三;从数字市场方面来看,美国、中国、英国全球排名前三;从数字基础设施方面来看,美国、新加坡、中国排名前三;从数字治理方面来看,全球排名前三的分别是新加坡、芬兰、丹麦。中国在数字市场和数字基础设施领域优势较大,排名分别位列第二和第三。然而,与发达国家相比,中国在数字技术和数字治理方面还存在一定差距,排名分别为第十五和第四十一。

从区域来看,2021 年数字经济发展水平较高的三大地区为北美、西欧以及东亚和太平洋地区,非洲地区的数字经济发展较为落后。从国别来看,美国、新加坡、英国是 2021 年数字经济指数排名最高的国家,并且在具体的数字经济竞争优势上存在差异。就中国而言,2021 年,中国在数字市场方面具有竞争优势,但在数字技术、数字治理方面与美国、新加坡等国家相比,还有很大的进步空间①。

一般来说,一个国家数字经济国际合作参与度与其数字经济发展水平呈正相关关系,但也存在数字经济发展与国际合作不匹配的情况。当前,欧盟、美国、英国等是数字经济国际合作的主要参与方和规则制定者。一些数字经济发展靠后的国家为提升本国数字经济发展水平,也在努力加强数字经济国际合作。

(一)数字经济加速全球经济复苏

当前,世界局势复杂多变,经济增长动能不足,不稳定、不确定因素增多。在此背景下,新一轮科技革命和产业变革给各国经济的高质量发展带来了重要战略机遇,数字经济布局持续完善,发展势头较为强劲,逐渐成为推动各国经济复苏的重要力量和新生动能。2022 年,各国数字经济增长较快,产业数字化逐渐成为数字经济发展的主引擎。第三产业数字化转型最为活跃,第二产业数字化转型持续发力。

(1)总量方面。全球数字经济规模持续扩张,各主要国家纷纷把数字经济作为应对新型冠状病毒感染肺炎疫情冲击、提升经济发展能力的重要手段,加快发展人工智能、半导体、电子商务、电子政务等,全球数字经济迎来新一轮发展热潮,数字经济发展活力持续释放。

(2)占比方面。数字经济成为全球经济发展的重要支撑。传统基础设施、生产现场、劳动力、资金、土地等是支撑传统经济增长的主要动力来源。当前,全球范围内传统生产经营方式正在发生深刻变革。数字化基础设施、智能机器人、智能化生产线、数据要素等逐渐成为经济发展的主要动力来源,数字经济在国民经济中的地位稳步提升。

(3)增速方面。数字经济成为全球经济增长的活力所在,数字经济发展创新活跃,新模式、新业态持续涌现,持续为全球经济平稳回升注入动力,有效支撑全球经济持续复苏。

(4)结构方面。产业数字化依然是全球数字经济发展的主导力量,数字技术加速向传统产业渗透。全球主要经济体数字产业化规模占数字经济的比重,以及产业数字化规模占数字经济比重,基本呈二八比例结构。

(5)产业渗透方面。全球第一、第二、第三产业数字经济持续渗透。受行业属性等因素影响,从全球看,数字技术在传统产业的应用率先在第三产业爆发,数字化效果最显著,在第二产业的应用效果有待持续释放,在第一产业的应用受到自然条件、土地资源等因素限制,

---

① 《全球数字经济发展指数报告(TIMG 2023)》。

仍需探索更加有效的数字化解决方案。

（二）全球数字经济多极化格局进一步演进

从整体来看,中国、美国、欧洲等基于市场、技术、规则等方面的优势,持续加大数字经济发展力度,数字经济规模持续扩大,新兴国家数字经济发展进一步加速,全球数字经济多极化格局进一步演进。其中,中国数字经济规模仅次于美国,拥有全球最大的数字市场,数字经济顶层设计日益完善,数据资源领先全球,数字产业创新活跃,数字中国建设成效显著;美国数字经济稳居世界第一位,产业规模、产业链完整度、数字技术研发实力和数字企业全球竞争力等方面位居世界前列;欧盟具有优秀的科技和创新资源,数字治理全球领先。具体来说,全球数字经济多极化格局包含以下几方面。

（1）规模方面。2022年美国数字经济规模为17.2万亿美元,蝉联世界第一;中国为7.5万亿美元,位居第二。

（2）占比方面。英国、德国、美国的数字经济占GDP的比重位列全球前三位,占比均超过65%,韩国、日本、爱尔兰、法国等国的数字经济占GDP的比重也超过各国平均水平,新加坡、中国、芬兰、墨西哥、沙特阿拉伯等国的数字经济占GDP的比重介于30%~45%。

（3）增速方面。沙特阿拉伯、挪威、俄罗斯的数字经济增速均在20%以上,位列全球前三。另外,美国、新加坡、以色列、巴西、越南、墨西哥、印度尼西亚、罗马尼亚、马来西亚、土耳其、澳大利亚和中国等国的数字经济增速也超过10%。

（4）产业渗透方面。经济发展水平较高的国家,产业数字化转型起步早。技术应用强,发展成效明显,在第一产业数字化方面,英国第一产业数字经济渗透率最高,超过30%。此外,美国、中国、俄罗斯、德国、法国、日本、韩国、沙特阿拉伯、新西兰、新加坡、爱尔兰、芬兰、丹麦、挪威等国的第一产业的数字经济渗透率均高于各国平均水平。在第二产业数字化方面,德国、韩国数字经济渗透率超过40%。此外,美国、日本、英国、法国、爱尔兰、新加坡等国的第二产业的数字经济渗透水平超过各国平均水平。在第三产业数字化方面,英国、德国等国的第三产业的数字经济发展遥遥领先,第三产业的数字经济渗透率超过70%。此外,美国、日本、法国等国的第三产业的数字经济渗透水平高于各国平均水平。

（三）数字经济重点领域发展成效显著

各国加快建设网络基础设施、算力基础设施等数字基础设施,逐渐形成5G融合应用生态,加大人工智能创新和应用力度,不断推进数字技术产业发展,加快工业、医疗等代表领域数字技术应用,推进数字技术与实体经济深度融合。

1. 加快数字基础设施建设,夯实数字经济发展基石

宽带网络发展水平进一步提升,固定宽带网速提升迅速。截至2023年9月,全球固定宽带网络下载和上传速度的中位数分别为85.31Mb/s和39.19Mb/s。网络覆盖范围持续扩大,随着各国宽带网络体系化部署日益完善,2015—2022年,全球固定宽带用户数由8.3亿人提升至14亿人,年均复合增长7.6%。此外,2023年,全球15~24岁的年轻人中有79%使用互联网,城市互联网用户占比为81%,是农村地区的1.6倍。

移动网络代际演进,进一步提升对经济的贡献程度。随着4G、5G移动互联网时代的到来,移动物联网也随之迅速发展,服务对象从人与人通信拓展到人与物、物与物并行,并与经

济社会各领域深度融合,从而引发生产生活方式的深刻变革。2013—2022年,在各国持续推动下,全球移动连接数已从66.8亿增长到86.3亿。2G占全球移动网络连接比重由2013年的67.89%下降到2022年的11.38%。4G占全球移动网络连接比重由2013年的3.19%提升至2022年的59.8%。各国5G技术发展和商业部署持续加快,截至2023年年底,全球已部署的5G网络覆盖近一半的人口,已超过260个5G网络。

全球数字经济的高速发展离不开算力的有效支撑。数据中心作为高性能算力的核心载体,逐步凸显产业赋能价值。目前,全球数据中心总数持续缩减,大型数据中心是未来建设的重点。2022年全球数据中心数量缩减至43万个,同比下降1.7%。大型数据中心发展迅速,中美两国在超大规模数据中心建设方面持续发力,预计到2025年年底,全球超大规模数据中心数量将增至1875台。随着数字化转型、终端数字化消费等多样化算力需求的场景持续增多,以及生成式人工智能技术和服务对计算能力提出更高要求,算力需求将进一步增长,未来6年新增的较大规模数据中心平均容量将达到现有规模的2倍,大型数据中心有巨大的发展潜力。

2. 数字技术产业稳步发展,释放巨大发展潜力

5G商用发展迅速,基本遍布全球。截至2023年9月,全球102个国家/地区已有277家网络运营商宣称开始提供5G业务,其中,大洋洲9家、非洲29家、美洲47家、亚洲82家、欧洲102家。分国家/地区看,中国已建成全球规模最大的5G独立组网网络,5G基站数和用户数均位列全球第一。美国运营商利用低频网络实现了近98%的网络覆盖,网络速率提升幅度较大,用户增长迅速。欧洲大多数国家利用低频段和DSS技术迅速扩大5G网络人口覆盖率,但整体上网络部署进度和性能相对落后。印度于2022年10月开启5G商用,运营商加紧部署网络,月新建5G基站2万余个,网络速率水平较高,但用户规模较小。

从产业规模来看,全球人工智能产业规模快速增长,2023年全球人工智能产业规模高速增长,预计未来增速将逐渐放缓。2023年全球人工智能市场收入达5132亿美元,同比增长20.7%。其中,软件在市场中持续占据主导地位,其市场份额占比近90%。2023年市场规模为4488亿美元,同比增长20.4%。从区域来看,美洲地区市场规模最大,2023年达2886亿美元,占AI软件市场的64.3%。亚太地区市场规模较小,2023年为550亿美元。

3. 数字技术与实体经济深度融合,进入发展新蓝海

预计未来10～15年,以数字技术的变革及其与经济社会各领域融合创新为主要驱动的第四次工业革命将席卷全球,工业乃至实体经济各个产业将经历深刻的数字化转型。据IDC预测,到2026年,数字产品、服务和体验将为全球企业2000强增加超过40%的总收入。

二、国内数字经济发展概况

发展数字经济已成为推动中国式现代化的重要驱动力量。中国对数字经济的研究还处于起步阶段,不同背景的专家学者、政府官员或企业从业人员等对数字经济的理解还存在一定的差异。当前,中国普遍采用的数字经济定义及测算方法与其他国家还有一定的差别,在数字经济的统计口径上,跟美国就有很大的不同。目前,中国最主流的数字经济GDP测算方式,源于中国通信院和信息化百人会。这种方法主要是将数字经济分为数字产业化和产业数字化两部分,能够满足中国当前经济系统分析的需要,对中国数字经济的发展有一定的指导作用。

（一）数字经济进一步实现量的合理增长

我国的数字经济已实现更高质量发展。2022年,我国数字经济规模达到50.2万亿元,同比名义增长10.3%,已连续11年显著高于同期GDP名义增速。数字经济占GDP比重达41.5%,相当于第二产业占国民经济的比重。数字经济已成为带动经济增长的核心动力,产业数字化开始成为数字经济增长的主引擎。

数字经济发展活力持续释放。近年来,在经济新的下行压力背景下,政府和企业纷纷把发展数字经济作为培育经济增长新动能、抢抓发展新机遇的重要路径手段。2022年,我国数字经济规模达到50.2万亿元,数字经济进一步向做强、做优、做大的方向迈进。

数字经济发展维持高位运行。2022年,我国对新型冠状病毒感染疫情的防控取得重大胜利,经济发展环境得到改善,国内生产总值同比名义增长5.3%。在此背景下,我国数字经济同比名义增长10.3%,高于GDP名义增速4.98个百分点,更加凸显数字经济作为国民经济的重要支柱地位。

（二）数字经济结构优化促进质的有效提升

数字产业化方面,2022年,我国数字产业化规模为9.2万亿元,同比名义增长10.3%,占GDP比重为7.6%,占数字经济比重为18.3%。数字产业化向强基础、重创新、筑优势方向转变,同时互联网、大数据、人工智能等数字技术更加突出赋能作用,与实体经济融合走深向实。

产业数字化方面,2022年,我国产业数字化规模为41万亿元,同比名义增长10.3%,占GDP比重为33.9%,占数字经济比重为81.7%,数字经济的二八比例结构较为稳定,其中第一、第二、第三产业数字经济渗透率分别为10.5%、24%和44.7%,同比分别提升0.4、1.2和1.6个百分点。第二产业渗透率增幅与生产渗透率增幅差距进一步缩小,形成服务业和工业数字化共同驱动的发展格局。产业数字化探索更加丰富多样,更加凸显产业数字化对数字经济增长的主引擎作用。

（三）数字经济全要素生产率进一步提升

总体来看,我国数字经济全要素生产率从2012年的1.66上升至2022年的1.75,数字经济生产率水平和同比增幅都显著高于整体国民经济生产效率,对国民经济生产效率提升起到支撑和拉动作用。分产业来看,第一产业数字经济全要素生产率小幅上升,第二产业数字经济全要素生产率10年间整体呈现先升后降态势,第三产业数字经济全要素生产率大幅提升,成为驱动数字经济全要素生产率增长的关键力量。

2012—2022年,我国数字经济生产效率持续提升,成为改善整体经济效益的重要支撑。从总体来看,我国数字经济全要素生产率从2012年的1.66上升至2022年的1.75,提升了0.09。同期,国民经济全要素生产率由1.29提升至1.35,仅提升了0.06。数字经济全要素生产率对国民经济生产效率起到支撑和拉动作用。分三个产业来看,第一产业数字经济全要素生产率平稳发展,由1.03上升至1.04,提升幅度较小。第二产业数字经济全要素生产率受疫情影响较大,10年间整体呈现先升后降态势,由2012年的1.65上升至2018年的

1.69,随后持续下降至 2022 年的 1.54。第三产业数字经济全要素生产率快速提升,由 2012 年的 1.70 上升至 2022 年的 1.90,提升幅度最大。

三、中国发展数字经济的优劣势

习近平总书记在《求是》(2022 年第 2 期)杂志上发表的《不断做强做优做大我国数字经济》中指出:"数字经济正在成为重组全球要素资源、重塑全球经济结构、改变全球竞争格局的关键力量",要"推动实体经济和数字经济融合发展"。我国发展数字经济,不仅要充分利用自身发展数字经济的优势,也要清醒地认识到推进数字经济发展过程中还存在的不足之处。

(一)我国发展数字经济的优势

我国发展数字经济有四个方面的优势。一是制度优势。我国坚持中国共产党的领导,实行民主集中制,坚持人民当家做主和全面依法治国。数字经济的发展需要对社会经济系统做全方位的变革,只有在中国共产党的领导下,才有可能完成这一使命。人民当家做主和民主集中制与推动数字经济建设的理念具有高度的一致性,有利于数字经济的发展。二是政策优势。我国政府把发展数字经济上升为国家战略。随着数字经济的相关政策不断完善,数字经济的战略目标和实施步骤也越来越清晰。三是基础设施优势。新基站的推进和5G 的提前布局都有利于我国的数字经济基础设施建设。四是市场优势。我国不仅是数据大国、人口大国,也是市场大国、应用场景大国,拥有最齐全的产业配套,这些优势的结合为我国数字经济的发展提供了广阔前景。

(二)我国发展数字经济的劣势

我国发展数字经济也存在一定的劣势。一是与美国等发达国家相比,我国数字经济的核心产业,如工业软件、区块链、云计算、工业互联网、金融科技、搜索引擎等领域还有不小差距,"卡脖子"技术严重威胁我国数字经济的长远发展。二是我国不同地区的数字营商环境参差不齐,有待进一步优化。三是多角度、全方位的数字信用体系建设明显不足,亟待完善。四是数字经济治理体系较为薄弱,我国在数据治理、数字市场竞争治理、算法治理、网络生态治理体系等方面还存在一定的不足。五是数字化转型人才不足,例如,缺乏重大原创性成果,缺乏掌握数字技术和产业技术的复合型人才等。

数字技术的进步为我国发展数字经济提供了广阔空间,主要表现在以下几个方面。一是世界经济秩序的数字化重构。我国发展数字经济最大的机遇就是世界经济秩序的数字化重构,这种重构就是习近平总书记所讲的"百年未有之大变局"的重要体现。在全球经济秩序重构的过程中,我国有机会成为行业领头者。二是数据要素的全球市场化配置。数据是发展数字经济的重要生产要素。我国在全球率先提出了数据要素的市场化配置、激活数据要素市场,这将有利于我国吸引全球数据资产,尤其是与产业集群相关的数据资产,从而形成我国数字经济发展的新优势。三是数字化生产关系的重塑机遇。数字生产力需要数字化生产关系来匹配,当今世界的生产关系主要是适应工业经济的需要而建立起来的。近年来,数字生产力快速发展,现有的生产关系与数字生产力的矛盾日益突出,亟待变革。我国在这一变革过程中具有一定的领先性,因而也将面临发展数字经济的新机遇。当前,我国已进入数字经济时代,为营造良好的数字经济发展环境,迅速弥补我国在数字技术上的短板,需要大力开展新基建,做好信息基础设施、创新基础设施、融合基础设施建设。

本章小结

　　本章首先介绍了数字经济和数字经济学的概念、发展背景及研究意义;其次介绍了数字经济的五大分类和重要特征;再次介绍了数字经济的五大理论基础;然后介绍了数字经济的研究框架和数字经济的五个研究方法;最后介绍了国内外数字经济的发展概况。

巩固与提升

　　1. 数字经济的内涵是什么?
　　2. 结合数字经济的分类谈谈数字经济的特征。
　　3. 简述数字经济的研究方法。
　　4. 简述数字经济在国内外的研究现状。

第二篇

基础篇

第二章　数据要素价值化

📖 **本章导读**

2023年3月，中共中央、国务院印发了《党和国家机构改革方案》，提出组建国家数据局，负责协调推进数据基础制度建设，统筹数据资源整合共享和开发利用，统筹推进数字中国、数字经济、数字社会规划和建设等。同年10月25日，国家数据局正式挂牌。组建国家数据局，是以习近平同志为核心的党中央从全局和战略高度做出的重大决策。这一决策为充分发挥数据的基础资源作用和创新引擎作用，不断做强做优做大数字经济，促进数字经济和实体经济深度融合，为构建新发展格局、建设现代化经济体系、构筑国家竞争新优势提供了有力支撑。

🎯 **学习目标**

通过学习，了解数字经济时代生产要素的种类；理解数据要素在社会生产中通过三次价值释放实现价值；掌握数据要素市场的概念、流通形式和建设目标；了解数据要素市场培育存在的障碍和破解思路，理解数据要素市场建设"四位一体"的格局和"三分原则"的实施路径。

第一节　生产概述

在经济学中，生产是具有普遍意义的经济活动。企业的生产活动是投入经济资源并生产出产品，即投入和产出之间的技术关系。生产技术在不同的产业和企业之间存在很大的差异，但都具有将投入转化为产出的共同特征，不管是何种类型的生产，技术则是投入和产出的"连接点"。以农业生产为例，农业经营者使用农业机械进行播种、施肥、收割等各环节的生产操作，最终生产出农产品。在上述生产过程中，种子、机械、肥料以及各个环节投入的劳动力统称为生产要素。在经济学发展过程中，对生产要素的构成理论有二元论、三元论和四元论。二元论认为生产要素包括土地和劳动力，三元论在二元论的基础上引入了资本要素，四元论在三元论的基础上加上了企业家才能。主流的经济理论采用四元论，将生产要素划分为四种类型，即劳动力、资本、土地和企业家才能。

一、生产要素四元论

（一）劳动力

劳动力是指劳动者在生产过程中以体力和脑力提供的各种服务。由于每个劳动者在生产过程中提供的服务存在差异，为消除差异化的劳动对理论研究的不利影响，经济学中对劳动进行"标准化"处理，统一以"标准化"劳动者在单位时间内提供的服务为计量单位，并在此基础上对简单劳动进行相加得到复杂劳动。标准化劳动者劳动力的价格表现为工资率。

（二）资本

在生产过程中投入的货币资金或者相关的物品，如厂房、机器设备、燃料等称为资本。在生产过程中，资本的实物形态虽然保持不变，但以不断折旧的方式为生产服务。为方便理论研究，经济学通常假设生产过程中的资本是从专门的资本租赁公司获得，厂房、机器设备、燃料以及货币资金等作为中间投入品在生产过程中逐步消耗完毕。资本的价格定义为租用价格而不是资本品本身的价格。

随着生产的逐步推进，非熟练劳动者通过教育培训逐步掌握了生产所需的技能、经验和知识，从而变为熟练劳动者。教育培训非熟练劳动者投入的经费，也可以用于购买厂房、机器设备、燃料等物质，但其被用于对非熟练劳动者的教育培训，以将其转变为熟练劳动者为目的，提高了技术水平和生产能力。教育培训的费用与其他方式的投资有着相同之处，即通过节省当前消费的方式提高了未来的生产效率。对劳动者的教育培训也是一种资本的积累，称为人力资本。人力资本是为了提高劳动者的劳动技能而投入的一种资本。与物质资本相比，人力资本的作用更大，其核心作用在于提升劳动者的质量。教育投资是人力资本的主要部分。

（三）土地

土地在经济学上是一个广义概念，除了土地，河流、矿藏等在经济学上均属于土地的范畴外，森林、草原、沼泽等生态系统的多样性也属于土地的范畴，经济学意义上的土地泛指一切自然资源。由于自然资源在生产中也是以不断折旧的方式为生产服务，这一特点与资本相同，故而经济学家提出了"自然资本"的概念。为方便理论研究，经济学中假设生产过程中使用的土地均为租赁获得，土地价格即地租，是租赁土地的价格。

（四）企业家才能

企业家才能是指企业家组建和经营管理企业的才能。不同的企业家在经营管理企业和发现市场机会方面的能力有所差异，各种生产要素也需要借助企业家的调度方能生产出有形或者无形的产品，前者如日用品、实物等，后者如金融、旅游、医疗服务等。企业家在生产过程中提供企业家才能，获得利润。

二、技术与生产函数

（一）技术

生产技术反映了生产过程中投入的各种生产要素和最大产量之间的关系。在要素投入确定的情况下，更高的最大产量对应着更为先进的技术。经济学中用生产函数反映企业的技术状况，不同的生产技术对应着不同的生产函数，一定时期内某个特定的生产函数则对应着该时期特定不变的生产技术,生产函数是经济学家对生产活动的总结。

（二）生产函数

生产函数表示在技术水平不变的条件下,企业投入的生产要素和生产的最大产量之间的关系。在投入相同生产要素的情况下,产出越多,则表明技术越先进。对于给定的生产函数,生产技术是固定不变的,最大产量也是唯一的,也就是企业在既定要素投入时,有效使用生产技术的产量。通常用以下的形式表示生产函数:

$$Q = f(N, L, K, E, \cdots) \tag{2-1}$$

式中,Q 表示最大产量;N 表示土地;L 表示劳动力;K 表示资本;E 表示企业家才能。

为简化分析,通常采用包含劳动力和资本的两种生产函数,简化的生产函数可以表示为如下形式:

$$Q = f(L, K) \tag{2-2}$$

由于生产技术特征和生产规律的差异,经济学中把生产分为短期生产和长期生产。短期生产是指生产者不能调整全部生产要素的投入量,至少有一种生产要素的投入数量保持固定不变。长期生产则是生产者可以调整全部生产要素的投入量,不存在保持固定不变的要素投入。可见,短期生产的要素投入有不变要素投入和可变要素投入之分,而长期生产则可以通过调整要素投入数量来调整生产规模以及进入或退出某个行业。

第二节　数字经济时代的生产要素

数字经济时代对生产要素理论产生的影响主要体现在内涵和外延两方面,数字经济延伸了生产要素四元论中的要素概念,同时将更多的要素引入生产要素理论。数字经济时代的主要生产要素包括数据要素、数字技术、劳动者和算法。

一、数据要素

（一）数据要素的特点

1. 数据要素提升企业经营管理战略

数字经济的核心生产要素是数字化信息和经数字化知识处理后的数据,数据要素在生产中的价值在于对不确定的生产活动提供关键信息。经济活动昼夜不停,每个环节都会产生海量的数据,通过采集、传输数据,并进行数字化的计算、存储与分析形成信息,在此基础上进一步总结提炼,就形成了知识。经数据处理分析后的信息和知识就可以广泛应用于经济生产的相关领域,参与生产业务及生产管理与决策。数据要素对于企业经营管理的作用已经从传统的辅助作用一跃成为战略作用。随着数字技术的不断成熟和完善,企业获取和分析数据的能力不断增强,数据要素对于企业销售业绩创造、资产组合管理、创新能力建设、生产效率提高和产业效率升级等方面的作用尤为突出。

2. 数据要素创造新的产品和业态

在数字经济时代,数字信息和数字知识是创造财富的重要生产要素。已经获得的数据、信息和知识等数据要素不再具有稀缺性,存在无限的供给弹性。数字经济时代的这项重要生产要素还使新的产品和业态应运而生。在产品设计方面,企业对产品的数据管理能够在产品数据化的基础上自动进行产品设计,通过对产品的知识管理能基于产品数据化自动生成生产文档,前者提升了产品的设计效率,后者则对产品的制造效率进行质的提升。在产品制造方面,企业通过采集生产过程中的数据并进行分析,一是能够获得生产过程中所需要的信息,并精确掌控生产过程,实现精准制造,有效利用资源并降低成本;二是可以利用数据对人工智能进行训练,通过机器学习,优化生产过程和分析洞察未来的生产趋势;三是通过对程序性操作的智能化运营,降低人工失误造成的业务差错,提升业务成效;四是可以通过实时数据监测业务流程,及时发现异常,排除隐患;五是通过数据挖掘优化流程,充实价值链,减少冗余环节。在销售方面,企业通过对消费者数据的分析精准刻画消费者形象,进而对消费者需求与企业产品进行精确匹配,减少消费者搜寻成本,提升消费者福利;通过对消费者价格敏感程度的数据分析,有效实施精准定价,提升企业销售收入和利润。

3. 数据要素改变企业要素投入模式

数据要素的应用建立在企业获取市场信息的能力之上,特别是增强了企业对即时信息的捕捉能力,故而能在一定范围内缓解传统生产模式中的信息不完全,更能明显缓解信息不对称。但因为信息的爆炸式增长,企业不得不投入巨大的成本从海量信息中筛选对其有价值的部分,如何高效地获取信息成为企业业务提升的关键。为应对信息过载问题,企业需要通过算法建立数据模型,智能化甄别和筛选数据,保障信息的高效供给。数据要素在生产中的作用不仅体现在对现有生产要素的优化,还体现在对现有要素的替代,使投入要素的倍增效用变得明显,以提升产量,降低成本。

(二) 中国数据要素发展现状

1. 数据产量保持快速增长态势

根据国家数据局发布的《数字中国发展报告(2023年)》,2023年全国数据生产总量达32.85ZB,同比增长22.44%。截至2023年年底,全国数据存储总量为1.73ZB。数据交易市场中场外数据交易处于主导地位,场内数据交易规模呈现快速增长态势。金融、互联网、通信、制造业等领域的数据需求较大,且交易量增长较快。

2. 数据流量规模持续增长

2023年移动互联网接入总流量为0.27ZB,同比增长15.2%;月户均移动互联网接入流量达16.85GB/(户·月),同比增长10.9%(见图2-1)。数据跨境流动基础设施不断升级。

2023年,我国通向其他国家的国际互联网带宽达到93.1Tb/s,比2022年增长19%(见图2-2),位居全球第七。其中,我国与美国间的国际互联网带宽最大,达到19075.7Gb/s,其次为越南、新加坡、日本、菲律宾等。

3. 数据要素市场化改革步伐加快

各地区、各部门积极开展公共数据授权运营、数据资源登记、企业数据资产入表等探索实践,加快推动数据要素价值化过程。截至2023年年底,全国已有数十个省市上线公共数据运营平台,有二十多个省市成立了专门的数据交易机构。广东、山东、江苏、浙江的数据交易机构数量位居全国前列。上海数据交易所上线数据产品登记大厅,开展数据产品登记试

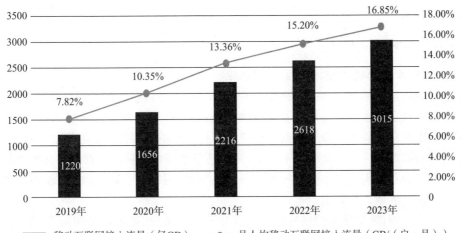

图 2-1　2019—2023 年移动互联网流量及月户均(DOU)流量

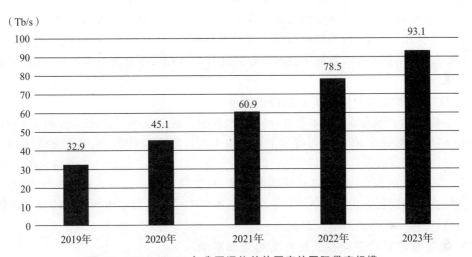

图 2-2　2019—2023 年我国通往其他国家的国际带宽规模

运行工作。福建大数据交易所交易平台初步实现与省公共数据开发服务平台互联互通,同步公共数据目录 400 多个,数据项 1 万多个,孵化公共数据产品 50 余款。

基于数据要素对生产的重大影响,互联网平台、电信运营商等掌握了互联网和信息技术的公司通过收集和占有数据资源,积累了丰富的数据资源。数据资源扩大社会生产、提高劳动生产率,同时导致数据资源的垄断,一定程度上抑制了数据要素在生产活动中贡献其应有的力量。这一问题需要引入公共物品理论进行优化。

与具有私人物品属性的生产要素不同,数据要素在一定程度上具有非竞争性和非排他性,从而具有公共物品的属性。从数据开发和利用的角度来看,作为公共物品的数据要素对社会贡献的价值随着数据共享程度的提高而同步提升。因此,数据要素的掌控者应当在保证数据安全及数据提供者隐私的情况下,主动向社会公众开放数据资源,进行数据运营,提供数据的共享。

二、数字技术

(一) 数字技术的特点

1. 数字技术作为通用技术提高生产效率

目前通用的互联网技术和人工智能技术等数字技术是数字经济时代提高生产效率的重要生产要素。数字技术符合通用技术共有的普遍适用性、动态演进性和创新互补性三大特点。普遍适用性意味着大多数行业都能够被数字技术影响和促进。动态演进性反映了技术相对于时间的动态变化而带来的成本下降，是经济学中规模经济理论在数字技术中的应用。创新互补性是指在应用过程中数字技术创新发展与数字技术自身进步的相辅相成关系，是经济学中外在经济理论的应用。

作为一项创新，数字技术的发展过程可以分为发明阶段、可行性证明阶段、增长阶段和成熟阶段等四个阶段。发明阶段主要在实验室进行，对特定的数字技术进行小范围的证明和应用；可行性证明阶段主要针对特定数字技术的商业可行性进行研究，以挖掘其潜在的商业价值；增长阶段的数字技术已经在相关产业和服务领域得到广泛运用，甚至在技术体系中起到了主导作用；成熟阶段的特定的数字技术增长缓慢，利润下降，与此同时，新的数字技术出现，既定的数字技术在与新数字技术共存和融合的过程可能会进一步发展，也有可能逐步消失。

2. 数字技术作为发明方法驱动经济增长

数字技术除了作为通用技术存在，还作为"发明方法的发明"(invention of a method of invention，IMI)而存在，机器学习等人工智能技术就是典型的IMI。机器学习既作为解决分类问题和回归问题的工具，又对其他技术的研发及后续的系统创新产生了持久的影响。通过机器学习衍生的深度学习、神经网络等技术，科学研究可以涉及人类认知无法达到的领域。相关技术和创新方法对经济和社会的长远影响不仅仅局限于生产组织的便利和管理效率的提高，更多体现在经济增长方面。

3. 数字技术对经济存在正反两面的外部影响

除了通过生产技术发生作用，数字技术还会通过外部性来影响经济。与传统外部性理论相似，数字技术的外部性同样体现在外部经济和外部不经济两个方面。外部经济可以从纵向和横向两个方面产生。数字技术对经济纵向的外部性是数字技术在应用过程中外溢到上下游产业链之中，从而提升上下游相关产业的生产效率和经济效益。对经济横向的外部性主要是基于劳动力、资本等生产要素在行业之间的流动而附带的技术流动。数字技术的外部不经济则与数字技术的公共物品属性相关，由于数字技术外溢到其他企业和上下游产业链，受到外部经济利益的企业和行业安于"搭便车"的现状，在技术创新方面的内生动力不足和投资缺失，一方面影响了所在的行业和产业的发展，导致产业或行业进入规模不经济的阶段；另一方面又会削弱数字技术的创新互补性，从而削弱了数字技术进步带来的正面效应，导致外在不经济的发生。

数字技术对经济和社会的负面影响还体现在"创造性破坏"方面，无论是作为创新，还是作为IMI，数字技术带来全新的技术产品、市场结构和商业模式的同时，在创新的过程中不可避免地破坏了现有的产品、市场和商业结构。这种破坏既可以发生在行业内部，也可以发生在不同行业之间。行业内部的破坏如数码摄影技术取代胶卷，1975年柯达工程师史蒂文·萨森(Steven Sasson)推出全球第一款数码相机,随着数字技术的不断进步,摄影摄像摆脱了对胶卷的依赖,使胶卷及相关的市场失去赖以生存的空间,柯达也因此退出了市场。数码相机的退市也与此类似,智能手机的迅速发展使小型数码相机的市场极度萎缩,导致尼康不得不停止无锡子公司尼康光学仪器(中国)有限公司的经营活动。行业间破坏的例子也有很多,如智能手机使人们在排队结账时减少了对口香糖的需求,使口香糖的销量下滑。高铁的蓬勃发展使方便面这一"春运神器"风光不再。外卖的流行更是削弱了方便面作为"熬夜学习加班伴侣"的功能。共享电动车解决了出行"最后一公里"的困难,同时整治了车辆非法运营的难题。

(二)中国数字技术发展现状

1. 数字技术领域保持较高的创新热度

国内有效发明专利增速位列前三的信息技术管理方法、计算机技术和基础通信程序领域,2023年同比分别增长59.4%、39.3%和30.8%,远高于行业平均增长水平。2023年集成电路产量为3514.4亿块,同比增长8.4%(见图2-3)。芯片设计整体水平不断提升,基于X86、ARM、RISC-V、LoongArch和SW64等的软硬件生态不断丰富。

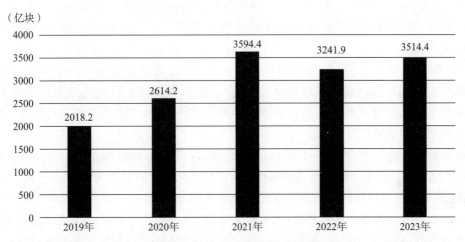

图 2-3　2019—2023 年集成电路产量

2. 关键核心技术发展迅速

先进计算、人工智能、5G/6G等关键技术创新能力不断突破。高性能计算持续处于全球第一梯队。截至2023年11月,中国和美国在超级计算机TOP500榜单上占据了大部分位置,其中美国共有161台超算上榜,中国有104台超算上榜。人工智能技术创新势头迅猛。智能芯片、通用大模型等创新成果加速涌现。生成式人工智能大模型发展迅速,应用场景不断拓展。人形机器人进入提速发展阶段,专利累计申请数量增长较快。人工智能核心企业数量超过了4500家。

3. 前沿技术不断取得突破

量子计算机、新型显示、3D打印、脑机接口等技术研发进度不断加快。我国超导量子计算机产业链基本形成,第三代自主超导量子计算机"本源悟空"搭载的硬件、芯片、操作系统及应用软件的自主研发进程加快。量子信息技术正处于从实验室研发向产业化应用的过渡阶段。2023 年,服务机器人产量 783.3 万套,同比增长 23.3%;3D 打印设备产量 278.9 万台,同比增长 36.2%。

4. 数字技术创新生态持续优化

我国已成为全球开源生态的重要贡献力量,源代码贡献量已经达到世界第二。软件企业积极运用开源软件进行协作开发。开源开发者数量已超过 800 万,总量和年新增数量均位居全球第二。各地区加快建设数字技术创新联合体。据不完全统计,国内已成立 40 余家数字技术创新联合体,涉及人工智能、智能制造、数字交通、数字医疗等重点领域,其中江苏、北京、四川等地均出台了推进组建创新联合体的具体政策。

三、劳动者

(一) 数字经济时代对劳动者的新要求

与传统的经济模式相比,在高度创新的数字经济背景下,数字技术、数据信息和数据知识高速更新迭代。数字经济对劳动者在数字技术和数字创新方面有着更为严格的要求,且产业数字化和数字产业化对劳动者的要素——禀赋要求存在差异。对产业数字化的劳动者而言,他们从事的是数据应用工作,需要熟练掌握数字赋能行业的数据、模型、方法和知识等数字技能,充分利用上述数字技能从事数字化劳动,数字出行、数字金融、电子商务等行业即属于此例。数字产业化劳动者从事的工作更加多样和复杂,包括数据采集、数据传输、数据计算、数据存储、数据分析和数据保护等,这类更为复杂的劳动需要劳动者在从事数字产品生产的过程中掌握更多的技能,还需要掌握数字产品生产过程各个环节所需要的数字专门技能。数字经济对劳动者的教育水平和学习能力有较高的要求,人力资本的特点更为明显。

根据劳动者从事数字经济不同岗位的需求,经济合作与发展组织(Organization for Economic Co-operation and Development,OECD)将所需要的技能分为以下三类。一是普通技能,诸如计算机网络的使用以及常见软件的运用,这类技能属于劳动者在工作中所需要的基础技能。劳动者掌握此类技能,就可以从事数据标注、电商客服、外卖配送等基础工作。二是业务技能,诸如程序编写、网站设计、电子商务平台的应用、数据分析和云计算等,这类技能具有数字产品和服务开发的属性。劳动者掌握此类技能,就可以从事网络工程师、架构师、数据分析师等需要数据分析能力的工作。三是专业技能,诸如在复杂信息处理基础之上的企业内部沟通及与企业客户沟通等,这类技能需要掌握特定的数字技能或能够运用专业的平台,劳动者掌握此类技能之后,从事的则是算法工程师、首席数据官、高级架构师等需要高级数字技术和知识应用管理能力的工作。

(二) 劳动者在数字经济时代面临的新挑战

在人工智能为核心,数据与算法为支柱的智能经济阶段,智能分析后的数据成为劳动者高效工作和决策的基础。智能化装备和智能化机器大幅度提升了工作效率,实现了劳动过程的自动化。数字技术和信息技术的融合形成了劳动的数字化转型。

劳动的数字化转型有利于生产的自动化,但也可能导致简单的低技能劳动被取代,故而劳动数字化对劳动力市场的影响有较大的争议。

　　一种观点认为劳动的数字化转型可能导致劳动者普遍失业,因为劳动力的数字化转型意味着资本在一系列工作中可以取代劳动力,即替代效应的发生。替代效应降低了劳动力的需求,工业革命和农业机械化使大量的劳动力被取代,在快速自动化的今天,工业机器人和机器设备取代了部分生产工人的工作,会计、销售、物流等工作的部分环节也被专业软件和人工智能所取代,这意味着劳动的数字化转型可能造成某些类型的劳动力可能会受到较大的影响,如果原来的劳动力没有掌握新技能的意愿和能力,劳动力的就业机会就会减少。当劳动的数字化转型扩展到其他类型职业时,这一现象将更为突出。

　　另一种观点则认为劳动的数字化转型能够提高劳动生产率。因为一方面新技术的运用能够更灵活地将工作任务分配给劳动力,增加了生产过程中非自动化环节的劳动力需求,提高了劳动力的生产效率,也就是说劳动数字化转型的生产率效应能够增加劳动力的需求,从而促进就业。另一方面,劳动数字化产生的自动化和人工智能的持续发展会创造新的职业类型,从而创造新的就业机会,而对现有劳动力的数字化培训则可以活跃劳动力市场。劳动数字化对劳动力需求的净影响取决于替代效应和生产率效应的大小。

四、算法

(一) 算法的特点和效益

　　算法是在数字化数据基础上的逻辑推理和计算,是完成数据处理工作的逻辑步骤。作为处理数据关系的程序,算法本质上也是一种数据。生成算法所需的成本巨大,但生成后的算法在一定的时间范围和业务范围内可以无限次使用。从经济学的角度看,开发生成算法的固定成本非常大,而使用算法的边际成本仅限于机器设备的损耗和能源的消耗,非常接近于零。对创造算法的企业而言,生成后的算法可以实现无限供给;而对运用算法进行生产的企业而言,几乎没有边际成本。对创造算法的企业来说,它们的利益应当以著作权保护的方式进行维护,而从社会公共价值的角度来看,算法的准公共物品的属性又决定了它应当通过开放共享的方式为社会服务,这就为算法和代码的开源提供了理论支持。作为一种发展机制,算法和代码的开源共享为其无限供给和持续改进提供了保障,这一点在人工智能领域已经得到了印证。人工智能领域的算法被视为一种公共产品,主流算法基本都是开源的,通过技术极客(Geek)参与开源代码的更新是算法创新的重要源头,算法在此基础上不断地被应用,在应用的基础上加以改进。

　　算法的开源合作在经济上也能获得回报,安卓系统在手机端的迅速普及便是得益于谷歌等开源企业。技术极客(Geek)基于安卓系统开发的应用程序(App)将安卓系统及应用程序全面推广,形成广泛的网络效应,而谷歌也借此成为移动操作系统(operating system,OS)和移动应用(App)的头部企业,获得良好的经济效益和社会效益。

(二) 算法存在的缺陷

　　作为生产要素的算法也存在缺陷,一是数据的可获得性问题,尽管算法的代码是开源的,但这只是生成算法的第一步。要想获取高效率算法,还需要使用大量数据对算法进行训练,而这些训练数据大部分都被政府掌握,或者被互联网头部企业垄断,并没有成为公共产品,从事人工智能的中小型公司在获取数据方面的难度依然很大,这在一定程度上阻碍了算法的改进与更新。二是最优化问题无法实现。算法具有强烈的异质性,即便是通过自我改进和外部优化也无法避免这一问题。由此,每一个算法都具有独特的优点及适用的领域,故而不存在适用于所有领域、解决所有问题的最优算法。另外,算法还可能被企业利用以排除、限制竞争,从事法律禁止的垄断行为。

第三节　数据要素价值的实现

数据要素市场通过技术创新和深化分工这两个方面对生产函数进行改进,以多样、创新的方式在社会生产中创造更大的价值,通过数据支撑业务贯通、数据推动数智决策和数据流通对外赋能这三次价值释放,在社会生产中实现其价值。

一、数据要素对生产函数的影响

数据要素采用量化符号的方式对客观事实进行存储和传输,改变人们对客观世界的理解和认知。数据要素具有客观性特征,本身没有固定的意义。因使用者的目的不同,数据要素可以适用于多个主体,并能满足异质性需求。机械化、电气化和信息化的三次革命成就了现代工业企业,数据要素及相应的数字化生产活动为企业组织能力带来新的发展,并重新定义产业组织,引发第四次工业革命。数据要素生产企业的技术应用和业务流程应用,也改变了企业之间原有的合作关系和沟通方式,这也是数据要素价值的体现,数据要素是生产中的催化剂,在技术创新和深化分工方面对生产函数进行改进。

(一)技术创新

技术作为生产函数的底层逻辑支撑,是生产要素和产品之间的中介,其工具属性和研发过程深层次地影响现实的生产活动。技术创新带来生产力水平的实质性飞跃,但因为人类主观能力的约束,技术迭代的速度和创新成果的应用总是被限制在一定的范围内,很难广泛嵌入社会生活的方方面面。不同领域的技术创新形成了独立的"信息孤岛"。

数据要素驱动下的技术创新对"信息孤岛"进行了直接连接,计算机程序可以在自动运行的情况下根据机器记忆进行数据挖掘的简单重复劳动,无需人工干预。自动开展数据挖掘的积极意义在于数据处理不会受到劳动力主观因素的影响。数据挖掘过程中需要的简单调整可以在算法模型的范围内自动进行,无需人工介入。计算机程序在程序允许的范围内进行的连续运算加快了技术迭代的速度,为生产的自动化和智能化奠定了技术基础和认知基础。在数字经济时代,在生产活动中广泛应用的人工智能除了可以替代部分劳动力的工作,还成为主导技术发展方向的重要工具,因为人工智能是基于大数据技术的算法模型,在信息的智能化搜索与挖掘方面具有无可替代的优势,在满足企业对信息处理的需求方面,人工智能能够更有效地捕捉到被忽略的事物。通过人工智能获得数量和质量更胜一筹的信息,企业和个人能够从海量的信息中解脱出来,提高认知水平。算法模型能够进行事物之间关系的推断,打破了信息约束,为资源错配的纠正、技术创新提供支持。

数据要素为"信息孤岛"架设起了自由流通的桥梁,加大了知识共享面和创新传播面。数字空间每个节点的相互连接打破了"创新孤岛",使"单一创新"变得互联互通,以往生产过程中被忽略的部分因"信息孤岛"的联通而进入经济活动。由于网络力量的汇聚,分布式网络设计打破了中心节点对数据流通的阻碍,有价值的创意得到了整合,创意到创新的推进过程加快。企业和个人可以在线获取与创新有关的技术数据,并进行个性化解读,再根据应用场景的需要进行修正,此后便可以进入生产测试过程,帮助企业探索过往尚未涉足的领域。数据要素驱动的技术创新为上述过程提供了充足的条件和便利,有效地降低了试错成本,缩短了成果转化周期。同时,创新成果的受益者也能够通过上述渠道快速反馈结果,从需求端引导数字技术回应现实需求和解决问题。数据技术创新和社会经济效率的提高相辅相成,同步发展。

数据要素在驱动技术创新方面也面临负面影响。信息量的指数级增长可能导致信息冗余和过载,从而增加个人或者企业集中注意力的难度,特别是向关键领域快速聚焦的难度。信息更迭速度的加快和信息筛选方式的不匹配则会使信息得不到及时处理而丧失应用价值,也有可能会因为信息的筛选和处理方式不够准确,加大认知偏差,从而错过发展机遇。故需要加大计算机对信息筛选的精准度,强化各个环节的协调与联动,以免注意力受到信息冗余的冲击。

(二) 深化分工

数字技术将人们从简单烦琐的单一劳动中解脱出来,投身经济价值更高的抽象劳动。在新的模式下,社会劳动力结构发生了转变,在生产过程中,人的创造性思维更多地应用于企业的长远规划和应对生产过程中突发的状况,计算机和机器则按照预先设定的程序安排日常的生产性活动。生产从以往的单一结构到如今的人机协作,企业除了需要专业人员对计算机和机器系统进行建设和维护,更需要业务专家作为黏结剂,有机融合业务和技术协调发展。

由于人的简单劳动被数据要素驱动的智能化生产所取代,人类在生产中的劳动内容被进一步地细化。技术进步丰富了知识体系,大多数人能够掌握的只是海量知识中的一小部分,知识的碎片化和生产技术体系的日益丰富加深了对分工和协作的需求。作为个体参与分工的基础,比较优势也在数字技术的促进下更加丰富和完善。数字技术促进了企业之间的数字化互动交流与协作,增加了跨行业交互,企业自身可以集中资源对其熟悉的领域进行深耕,对于不擅长的业务,可以通过外包的方式选择最适合的合作对象,双方均可构建各自差异化的比较优势,分工与协作也因专业化技能的禀赋而更具有经济性,也大大提高决策效率。数字技术深化分工的原因除了经济性,还有普惠性,因为网络世界的分工规则更加透明。

二、数据要素价值实现的途径

数据要素的价值在于以多样、创新的方式投入社会生产,并创造更大的价值,信息技术的发展和产业应用的深入为进一步厘清数据要素的价值提供了条件,数据要素作为生产要素在社会生产中有三次价值释放。

(一) 一次价值:数据支撑业务贯通

数据要素投入生产的一次价值释放是通过支撑企业和政府的业务运转、进行业务沟通的方式实现的。各业务系统实际产生的数据通过计算机进行读写和贯通,实现业务管理和运营的标准化和自动化,支撑业务系统的正常运转。这一过程中的数据集中产生、单一存储,管理工作也以增加、删除、查改、合并等常规的数据库管理为主。此阶段的数据多集中于局部业务领域,主要用于业务运转和贯通。虽然数据的分析整合程度和开发利用程度尚未深入,但这是实现数字化转型的第一步,也是提高内部管理效率的重要一步。例如,20 世纪末谷歌(Google)通过大数据和排序算法构建了精准高效的搜索引擎,带来丰厚的利润,20 年前我国电子政务工程实现高效运转的数字化业务,"两网、一站、四库、十二金"[①]极大地提高了公共服务水平,"最多跑一次""一网通办""一网统管""一网协同"为数字政府的建设奠定了基础。

在数据价值一次释放阶段,政府和企业等主体持有的数据种类单一、计算要求简单、技术门槛不高,这一阶段的核心工作内容是建设各类业务系统,并进行业务数字化,这一阶段的关键是明确数字化方向,制造企业可以通过建设管理信息系统,完备物流、资金流的信息,推动业务流程的有序运转。随着业务系统的不断完善,业务数据不断积累。业务数据的积累为挖掘数据要素的生产价值提供了必要条件。

(二) 二次价值:数据推动数智决策

数据要素投入生产的二次价值释放是通过深层次加工分析数据,对生产经营和服务管理环节精准智能决策的方式实现的。通过数据挖掘、人工智能等技术对数据进行智能化的自动采集、传输和处理,揭示数据背后的深层次规律,形成决定企业竞争力的数据要素,对决策与经营分析实现全局优化。数据要素二次价值释放的关键在于搭建指导企业运行并进行预测的决策系统,以独特的视角形成决策方案,化解经营风险。

如海尔公司早在 2012 年就引入的技术工具栈,通过分析业务流程和经营管理的数据,实现人力资源模块的优化管理和生产业务模块的智能决策。银行系统的信用评分体系也是如此,通过整合企业的经营数据对客户贷款的风险进行评估,优化融资方案,提升资金配置效率和企业资金的利用效率。数据要素能够通过智能化决策来优化生产要素的配置,达到提升生产效率的目的,实现类似于技术进步的效果。数据要素的投入可以全面提升生产效率,这意味着同等投入下的更多产出,或者同等产出时的更少投入,实现产出跃迁,产业优化。

数据要素二次价值释放建立在对大量数据进行分析和运用的基础之上,决策者运用数据呈现的关键信息进行决策分析,能够消除经营主体因认知误差、主观偏见等原因带来的决策误差,做到智慧决策,而关键数据信息的提供对企业数据挖掘能力提出了更高的要求。同时,二次价值释放让企业充分利用数据挖掘的结果对业务进行智能化分析、预测和决策,也是对一次价值释放的直接回馈。

---

① "两网"是指政务内网和政务外网;"一站"是指政府门户网站;"四库"即建立人口、法人单位、空间地理和自然资源、宏观经济等四个基础数据库;"十二金"是面向政府办公业务建立的 12 个重点信息应用系统,按"2523"分为四个层次,第一个"2"是指政府办公业务资源系统和提供宏观决策支持的金宏工程;"5"是指涉及金融系统的金财、金税、金卡、金审和金关工程;第二个"2"是指关系到国家稳定和社会稳定的金盾工程、金保工程;"3"是指具有专业性质但对国家民生具有重要意义的金农、金水、金质工程。

（三）三次价值：数据流通对外赋能

数据要素投入生产的三次价值释放是通过优质数据汇聚于新的业务场景，通过多方合作共赢的方式实现的。随着数字政府和数字企业的转型，政府希望多部门的数据共享，以提升政务管理水平和更好地实现公共服务的职能，企业希望通过挖掘政府和其他企业的数据来更好地做出决策判断。各部门自己提供的数据已经无法满足需求，需要不同来源的优质数据汇聚在一起，共同提高智能化水平，共同实现互惠互利，由此产生了数据流通需求。数据流通需求的满足可以带来数据价值的变现，开发新的业务增长点，且不会带来额外的成本。

数据可以对经济生活中的各类事项予以赋能。在宏观经济层面，市场监督管理部门关于企业主体的数据、供电部门的用电数据、银行或其他金融部门的金融数据、人力资源和社会保障部门的劳动力数据体现了社会价值；在微观经济层面，法院或仲裁机构关于市场纠纷的处理数据、在线销售平台的消费数据、物流部门的流通数据为企业生产提供了更为科学的参考，在宏观上也为政府部门决策提供了依据。数据要素的业务价值、经济价值和社会价值在多元场景中得到应用，这也是数据要素市场发展的动力来源。数据要素投入生产的三次价值释放还受制于组织自身的条件，人才、技术、资金不足的企业不具备有效分析提供数据的能力，无法向外界提供数据，也缺乏利用外部引入的数据进行智能化分析决策的能力，因而数据要素贯通业务和促进智能决策的价值释放不足。

业界对数据要素的关注也在逐步深入，"十三五"时期更多强调组织应当发挥数据的"钻石矿"价值，"十四五"时期的视角则上升到外部经济层面，强调组织和外部相互的数据交换，即"数据要素市场化配置"。在数据要素投入生产的三次价值释放过程中，优化数据要素配置，打破数据要素壁垒的要求日益凸显。保障数据安全的数据要素流通技术成为焦点，数据安全流通技术成为数据要素价值释放的关键和瓶颈，成为数据要素市场建设的技术重点。以隐私计算为代表的数据流通技术为需求方安全地获得和分析数据提供了技术支持。

第四节　数据要素市场

数据要素市场是形成、建立和完善数字价值化的重要场所，建立数据要素市场是实现数据要素市场化和数据要素效益最大化的必经之路。通过数据开放、共享和交易的形式建立数据要素市场，通过"三分原则"的实施路径实现数据要素市场建设"四位一体"的格局。

一、数据要素市场与建设目标

（一）数据要素市场的概念

数据要素市场是数据要素交换或流通的市场。数字价值化在数据要素市场中形成、建立和完善，数据要素市场是坚持社会主义经济制度，完善社会主义市场经济体制的重要内容。建立统一开放、竞争有序的数据要素市场，是深化数据要素市场化配置的前提和基础。深化数据要素配置的市场化改革，清除阻碍数据要素自由流动的壁垒，促进数据要素按照市场规则自主有序流动,则是实现数据要素效益最大化的必经之路。形成数据要素价格决定合理优化、数据流通井然有序、数字资源配置高效的数据要素市场,有利于激发数据要素的创造力,推动数字经济在质量和效率方面的变革。在国家政策引领、地方积极推进、企业创新发展、关键技术支持等多方努力之下,我国数据市场在探索和创新中发展。根据国家工业信息安全发展研究中心发布的《"十五五"时期数字经济发展十大趋势研判》,2022 年,我国数据要素市场规模达到 1018.8 亿元,且将以 29% 左右的复合增长率持续增长,预计到 2025 年年底将超过 2000 亿元,2030 年年底将超过 7800 亿元。

(二)数据要素市场主要流通形式

按照数据要素在市场主体之间的流向,数据要素在市场主体之间的流通有开放、共享、交易三种方式。

1. 以公共数据为主的数据开放

在数据开放流通方式下,数据要素由供给者免费提供。由于数据要素的供给者不能通过提供数据要素获得收益,故而开放流通的数据主要是公共数据。公共数据是由管理公共事务职能的组织或者其他组织在法律法规授权范围内履行职责或者提供服务的过程中收集整理的各类数据。这些数据在去除个人隐私、商业秘密和国家机密之后,具有了公共物品的属性,这类数据要素应当由国家或全民所有,由政府或其他公共管理机构行使管理和开放数据要素的职能,通过面向社会开放的方式赋予回馈社会的价值。

近年来,我国各级政府都在积极推进建设公共数据开放平台,根据国家信息中心 2024 年 4 月 8 日公布的数据,政务外网已覆盖中央、省、市、县四级全部行政区域,连接中央部门及相关机构 225 家,地方政务部门及相关机构达到 51.85 万家,乡镇街道接入率达到 99.4% 以上。全国 31 个省(区、市)和 95% 的地市已建设政务云。省级政务云平均计算能力 27 万核,承载政务应用 1000 余个。打通公安、民政、卫健、教育等部门的 1000 余个数据接口,为 1000 余个业务系统提供数据调用服务,累计调用 140 亿次,为各级政务部门开展纵横联动的业务应用提供了坚实基础。虽然公共数据开放平台已成为各级政府进行数据开放的主要手段,但数据开放平台的效果还存在地区差异,部分平台数据容量较小,更新频率不高。

2. 以政府参与为主的数据共享

在数据共享流通方式下,数据要素的供需双方相互提供数据,具体可以分为政府间数据共享、政企数据共享和企业间数据共享三种形式。

我国政府间数据共享交换平台在持续推进中不断完善,公安部的自然人信息、教育部的高等教育学历学位信息、国家市场监督管理总局的企业信息、民政部的婚姻登记信息是数据共享的典型示例。

政企数据共享也已取得了良好的效果。2019 年起,美团与辽宁、天津等地共享数据对餐饮安全进行监管;2021 年,美团与上海通过"城市美好生活数字体征系统"实时数据共享,政府协助美团优化交通方案,美团为政府提供吃、住、行、娱、购、游等方面的数据,协助政府出台城市治理方案。

企业间数据共享主要是同一产业链的上下游企业以供需合作为引导,相互协商提供数据。由于涉及企业经营的商业机密,企业间数据共享的公开资料较少,数据要素开发和共享的方式不太详尽。

3. 以市场需求为主的数据交易

在数据交易流通方式下,数据要素的供给者提供数据,需求者支付相关费用。作为数据流通的主要形式,数据交易可以满足供需双方的个性化、多样化需求,提升数据资源流动效率,加速数据要素价值释放。数据交易对提高市场主体积极性,加快数据要素市场的建立有着重要的意义。

点对点交易是数据交易的传统模式。数据要素的需求者和供给者通过交易平台协商进行数据要素的转移。这些点对点交易的数据既可以源于需求者,如银行为了控制信用风险向征信机构采购的用户信用评价信息;也可以源于供给者,如数据企业对金融信息、法院判决、AI 标注等渠道获得的数据汇总处理后所得。许多数据供给企业已经在行业内建立了特色数据产品,并与需求者形成了稳定的数据要素供需关系,交易规模也相当可观。

点对点交易虽然能够满足需求者的个性化、多样化的需求,但存在规范程度不高、对接渠道不畅、交易效率低下、监管效率缺乏等问题,因此难以进行大规模推广,更难以通过充分流动发挥数据要素三次价值。在全国统一大市场的背景之下,点对点交易难以实现数据要素市场化配置,需要建立集中式、规范化的数据交易机构。交易机构从技术支持和完善规则入手,通过数据可信流通平台探索数据要素市场的立足点。如北京国际大数据交易所依托区块链、测试沙盒等技术构建数据交易系统,深圳数据交易有限公司依托技术开源发起的国内首个自主可控隐私计算开源社区,贵阳大数据交易所 2022 年 8 月发布的交易规则以确认数据和交易主体是否具备交易条件。

(三)数据要素市场建设目标

要素配置的市场化是我国经济体制改革的重点,作为一类新型的生产要素,数据要素的市场化配置是高质量发展的重要环节。数据要素市场化建设是形成以市场为根本的资源要素体系,实现数据要素的市场配置,高效贯通生产、分配、流通、消费各个环节。数据要素市场化是驱动数字经济创新发展的重要抓手。根据国务院《"十四五"数字经济发展规划》,到2025 年,要实现数据资源体系基本建成,利用数据资源推动研发、生产、流通、服务、消费全价值链协同;数据要素市场化建设成效显现,数据确权、定价、交易有序开展,探索建立与数据要素价值和贡献相适应的收入分配机制,激发市场主体创新活力;加快构建数据要素市场规则,培育市场主体、完善治理体系,促进数据要素市场流通;鼓励市场主体探索数据资产定价机制,推动形成数据资产目录,逐步完善数据定价体系;规范数据交易管理,培育规范的数据交易平台和市场主体,建立健全数据资产评估、登记结算、交易撮合、争议仲裁等市场运营体系,提升数据交易效率;严厉打击数据黑市交易,营造安全有序的市场环境。

二、我国数据要素市场发展的特点

数据作为生产要素,在促进生产方面存在非常重要的价值,数据支持业务贯通的一次价值和促进数智决策的二次价值已经得到一定程度的释放。基于数据驱动的互联网、电信企业在数字化转型方面的成就为其他企业释放要素价值提供了重要经验借鉴。当前还存在数据要素分配不均、集中于少数主体的问题,需要通过数据市场化流通发挥数据要素的普惠效应。由于数据要素具有规模效应,数据汇聚和融合的规模越大,数据要素的价值越高,自有数据与外来数据充分融合,才能实现数据要素价值的最大化。在一次、二次价值释放的基础上,需要重点关注数据要素对政策实践和产业布局的外部价值。数据要素市场是数据要素交换或流通的场所,以数据供需双方为主体,以数据产品或数据服务为交换和流通的对象,以完备的制度和复杂的技术体系为支撑,是促进数据要素有序流动,优化配置和发挥价值的关键。

(一)数据要素市场政策布局不断细化深入

自 2019 年党的十九届四中全会首次将数据列为生产要素以来,中央多项政策文件都围绕于数据要素市场建设谋篇布局。在 2020 年《关于构建更加完善的要素市场化配置体制机制的意见》首次提出"培育数据要素市场"之后,2021 年《要素市场化配置综合改革试点总体方案》聚焦数据采集、开放、交易、使用、保护的生命周期,从数据开放共享、数据流通交易、数据开发利用和数据安全保护四个方面探索数据要素流通规则。

2021 年出台的《"十四五"数字经济发展规划》从两方面促进数据要素市场的发展。一是扩大数据要素市场规模,通过提高数据要素供给质量,建立数据要素开发机制,采用数据要素服务产业的方式鼓励市场挖掘数据要素的价值,实现统一标准体系下完整贯通的数据链,促进数据要素与技术的深度融合。二是开展数据要素市场的培育试点,通过数据要素确权与定价服务来探索规则和机制,建立规范的数据要素市场主体和数据要素交易凭条,建立有序的市场环境,完善数据要素市场的运营体系。

2022 年 12 月,《中共中央 国务院关于构建数据基础制度更好发挥数据要素作用的意见》提出,探索建立数据产权制度,推动数据产权结构性分置和有序流通,结合数据要素特性,强化高质量数据要素供给;在国家数据分类分级保护制度下,推进数据分类分级确权授权使用和市场化流通交易,健全数据要素权益保护制度,逐步形成具有中国特色的数据产权制度体系;完善和规范数据流通规则,构建促进使用和流通、场内场外相结合的交易制度体系,规范引导场外交易,培育壮大场内交易;有序发展数据跨境流通和交易,建立数据来源可确认、使用范围可界定、流通过程可追溯、安全风险可防范的数据可信流通体系;顺应数字产业化、产业数字化发展趋势,充分发挥市场在资源配置中的决定性作用,更好地发挥政府的作用。完善数据要素市场化配置机制,扩大数据要素市场化配置范围和按价值贡献参与分配渠道。完善数据要素收益的再分配调节机制,让全体人民更好地共享数字经济发展成果;把安全贯穿数据治理全过程,构建政府、企业、社会多方协同的治理模式,创新政府治理方式,明确各方主体责任和义务,完善行业自律机制,规范市场发展秩序,形成有效市场和有为政府相结合的数据要素治理格局。数据要素市场的顶层设计对各环节提出了细致的目标和要求,为数据要素的有序流动和合理集聚以及促进数据价值转化指明了方向。

(二)数据要素市场供需对接向多行业扩展

目前数据要素市场的主体相对较为集中。数据需求者主要是金融机构、零售企业等,他们通过数据要素优化业务。数据供给者主要是各级政府、网络运营商、大型国有企业和大型互联网公司,这些数据供给者汇集了经济社会海量的行业和用户数据,通过开放数据接口,出售数据产品,以数据服务的形式满足数据需求者的需要。供需数据要素的头部企业在多个行业内部以及跨行业开展数据流通实践,通过深度的数据融合应用对各类业务的数据供需实施对接。

在政务数据要素市场,各地区各部门依托政务大数据平台,围绕经济运行、城市治理、交通运输、环境保护、生态文明等场景开展跨场景、多行业的数据分析运用,在市场监管、产业发展、社会救助、应急处突等领域开展政务大数据综合应用,实现精准施策、科学指挥。

在工业数据要素市场,随着数字化转型和产品升级的需要,工业数据在设备管理、供应链协同、全流程场景应用等方面发挥较大的作用,企业内部及上下游之间的合作对数据平台和数字化工具的依赖也在不断增强。

在互联网数据要素市场,通过技术手段对数据进行分析,从海量的用户行为数据中分析用户的行为路径,建立数据指标体系和用户模型并进行用户分层,有针对性地提供产品信息和个性化服务,提升用户体验,以精准营销的方式促进业务增长,打造数据驱动业务的新模式。

在医疗数据要素市场,利用人工智能手段高效地对原始数据进行清洗、归一,通过编码对诊断名称、检查项目、治疗用药等字段进行标准化数据处理,最终形成高质量的医疗数据资源。这些数据资源既能为提高医疗水平、促进药物研究提供重要的参考,又能为临床辅助决策、医保支付和医院管理提供决策支持,还能为疾病防控提供监测预警信息。

在金融数据要素市场,金融机构通过多种方式在信贷、理财等业务过程中采集海量的企业、个人金融数据和外部数据,在保证"数据可用不可见"的前提下,通过数据流通释放数据价值。

在科学数据要素市场,基础研究、应用研究、试验开发产生的数据存在高度的利用价值,前沿科技领域的数据更是关系到国家安全与重大利益。国家发布的政策已经明确规定一些数据应及时接入国家统一政务网络和数据交换平台,面向社会开放共享。

三、数据要素市场培育障碍与破解思路

我国数据要素市场的探索还处于起步阶段,培育基础还不扎实,构成数据要素市场基础的产权制度、价格机制、技术支撑和流动规则还不完全,需要通过试点应用积累经验,在理论研究的基础上完善制度设计,寻找解决问题的最优方案。

(一)建立产权制度界定权利归属

1. 存在的问题

数据要素权属界定不明。数据权属问题是关于数据要素的所有权、使用权及收益权等权利,是数据要素市场主体的权利和义务所指向的对象。其中,所有权是核心,使用权、收益权及其他权利都围绕所有权展开。数据权属的界定是培育数据要素市场的前提,但这一问题并没有在理论上达成共识,因为相较于其他生产要素,数据要素的权属问题相对复杂。传统生产要素具有清晰明确的客体,且存在排他性和竞争性,可以通过评估、登记等机制有效地将其划分给明确、独立的主体,但数据要素虚拟物品的属性和非排他性、非竞争性的特点,使现代产权制度的核心功能无法与其兼容。同时,数据要素的主体多元、权利多样、场景多变,这些特点导致数据要素权属的主体关联交织,客体难以分割,与传统生产要素主体确定、客体固定的特点相悖。

由于数据要素权属问题未能在理论上达成一致,我国法律尚未对其做出清晰的规定。现有的法律法规,如《中华人民共和国网络安全法》《中华人民共和国数据安全法》《中华人民

共和国个人信息保护法》,更多地从保护和监管数据要素的角度出发,对数据要素的利用进行规范;《中华人民共和国反不正当竞争法》对于数据要素的竞争性利益已经确立,但对于数据要素的所有权还没有明确的规定,与此相关的使用权、收益权等其他权利也较少涉及。由于数据要素的权属问题在法律上没有达成共识,市场主体容易频繁陷入法律纠纷。

2. 探索破解思路

针对数据要素权属方面存在的问题,应当结合实际情况,形成中国特色的数据要素归属顶层设计。《中共中央 国务院关于构建数据基础制度更好发挥数据要素作用的意见》指出,要探索数据产权结构性分置制度,建立公共数据、企业数据、个人数据的分类分级确权授权制度。根据数据来源和数据生成特征,分别界定数据生产、流通、使用过程中各参与方享有的合法权利,建立数据资源持有权、数据加工使用权、数据产品经营权等分置的产权运行机制。由于数据要素在种类、内容和流转形式方面的独特特点,还需要对数据要素"分类分级确权"和"产权分置"进行制度优化。

一是要在明确数据要素分类分级标准的基础上实施确权和授权使用机制。现有的法律及制度框架已经明确提出了"分类分级"的要求,但更多地停留在概念层面,缺乏操作性。金融行业的《金融数据安全分级指南》明确了子类和细分项目的类型以及安全等级的划分,其他行业的分类分级还不具备实际操作性,数据要素主体的权利尚未得到覆盖。目前采集个人数据的授权过程只有"同意"和"拒绝"两个选项,不能进行"最小必要授权"和"附条件授权"等不同等级的授权模式。这种授权模式无法在众多行业和多元场景中落地应用。未来需要细化标准,探索依据不同数据主体、不同数据来源、不同应用场景的数据采集和授权使用机制。

二是在明确具体场景的基础上建立产权分置的有效机制。在非流通场景中,数据要素的占有权和使用权通常掌握在相同的主体手中,但通过经营的方式获得收益的权利应当经过进一步授权方可行使,而在流通的场景中,占有权、使用权、收益权可以通过授权的方式进行分置,实践中还需要探索如何就具体业务和技术场景进行分主体、分环节、分步骤进行产权分置,确定权利归属,明确授权和行权的具体规则以及可能产生的维权的法律依据。

三是基于数据要素特点进行权利确认方式的探索。数据要素权利的确认是以权利主体获得权利声明的方式加以表现,可以采用依托数据交易所等第三方机构进行数据要素权利主体的备案登记,探索数据要素持有者、加工者、使用者、经营者等主体登记的技术手段和法律法规,使数据要素的产权分置及权利保护既有法律保障,又有技术支持。根据数据要素市场"一事一议"的交易方式,相关机构还需探索数据要素权利转让的合同示范文本,规范化约束市场主体的义务,保障权利的实施。中国信息通信研究院云计算与大数据研究所《数据交易合同示范文本》针对传统数据集、API接口交付和新兴隐私计算融合结果交付的权利和义务给出了模板,为数据要素交易提供了指引。

(二) 发挥市场作用进行估值定价

1. 存在的问题

数据要素估值和定价的规则缺失。数据要素的估值和定价是一组既有联系又有区别的概念。数据要素估值以数据要素的需求者和供给者为立足点,他们根据数据要素的特点对数据要素进行价值评估,而数据要素定价的立足点则是市场行为,讨论的是数据要素最终以什么价格成交。数据要素的定价是以数据要素的估值为基础,以市场需求为导向,通过市场机制进行价格匹配的过程。

由于数据要素自身的特点,难以形成具有统一衡量标准的价格体系。目前常见的方式是采用卖方定价和协议定价的方式对数据要素进行定价。卖方定价是数据要素的供给者根据自身提供的数据要素质量、获得数据要素的成本以及数据要素需求的效用对数据要素进行定价。这种模式主动权在数据要素的供给者,缺乏供需双方的市场互动,难以发挥市场的作用机制。协议定价通过供需双方的沟通和博弈发挥了市场机制的作用,却是以报价和议价过程中消耗的大量时间为成本,降低了交易效率,限制了交易规模,无法进行标准化交易。如果能够形成数据要素估值的统一规则,数据要素的定价就可以遵循价值决定价格、供需影响价格的市场逻辑来确定,交易双方也有了确定衡量价格的统一标准。

数据要素估值规则的缺失也导致会计报表面临挑战。在数据要素能够准确估值的情况下,数据要素就能够作为数据资产,与其他的生产要素具有统一的核算标准,准确计入会计报表。但由于数据资产的价值不能通过统一口径进行量化,数据要素的价值又分别在降低生产成本,增加业务收入和提高利润等方面同时予以体现,从而造成重复计量。现有的会计核算方法不能准确地对数据要素进行估值定价,更难以将其列入会计报表。

2. 探索破解思路

针对数据要素自身的特点,需要结合具体场景,发挥市场的作用,科学探索数据要素估值模型和方法,发现数据要素价格形成机制,解决数据要素估值和定价的难题。政府要在数据要素估值和定价过程中发挥作用,做好监督和调控工作。

一是挖掘数据要素估值定价的理论依据。由于数据要素的具体价值随着应用场景的变化而变化,对特定场景下数据价值的衡量成为攻关的重点和难点。在特定的应用场景中,作为流通对象的数据要素通常具有清晰的应用目标,可以通过货币法和非货币法结合的方式,分析影响数据要素价值的因素,并在此基础上完成数据价值评估的指标体系和模型:采用货币法计算数据要素的直接和间接经济价值;采用非货币法修正数据要素质量、数据要素风险和数据要素效用等因素对数据要素价值的影响,以更准确地对数据要素进行估值。

二是开展数据要素估值定价的试点工作。建立数据要素估值的专业评估机构,在数据要素价值评估指标体系和模型的基础上开展金融、互联网等数字经济头部领域的要素流通试点,在试点的过程中,根据数据要素交易的具体场景逐步完善数据要素估值指标体系和模型,形成数据要素估值和定价的示范案例。在此基础上,进一步推动数据要素资产进入会计报表的试点工作,并进行推广。

三是加强数据要素估值定价的监督管理。价格机制是市场的重要信号,数据要素价值监管体系是完善数据要素交易市场的重要保障。针对价格机制的噪声,如价格歧视、价格与价值严重偏离等问题,需要建立科学规范的数据要素定价监测机制进行风险预警、有效监管与合理调控。由于当前数据要素市场还不成熟,缺乏足够的交易数据,数据要素估值定价的监督机制尚未形成,在未来成熟的数据要素交易市场中,可通过评估数据要素基础价格增值、异质性数据要素的价值和数据要素风险溢价等价值影响因素,建立科学统一的监测模型,为数据要素估值定价的监管提供合理的依据,为规范调控数据要素市场提供理论支撑。

（三）鼓励积极探索完善流通规则

1. 存在的问题

数据要素市场规则体系存在缺陷。现有的《中华人民共和国网络安全法》《中华人民共和国数据安全法》《中华人民共和国个人信息保护法》等法律法规已经在数据要素的规范利用和交易主体的安全隐私保护方面做出了原则性规定，但在数据要素市场的准入、交易过程中的权利和义务，以及交易监管方面仍然存在空白。如《中华人民共和国数据安全法》第三十三条规定："从事数据交易中介服务的机构提供服务，应当要求数据提供方说明数据来源，审核交易双方的身份，并留存审核、交易记录。"却未涉及双方在交易过程中的权利和义务。法律是交易规则的边界，法律法规的不完善增加了数据要素市场交易主体的顾虑。由于法律法规对数据流通行为缺乏统一的规定，数据要素市场主体难以对数据要素流通的风险进行评估，也无法对交易过程中的责任判断形成确定的预期，这些问题影响了数据要素流通方案的实施，增加了市场主体的顾虑。

由于我国数据要素资源化和资产化的过程尚在进行，数据要素在权属界定、分类分级、估值定价等方面没有形成系统框架，也没有数据要素流通的配套规则，数据要素作为资产或者商品进行流通的理论基础处于空白阶段，数据要素流通的激励机制和权益保护机制缺少配套的规则体系。由于数据要素市场缺乏信任建立规则的指引，无法形成完整的权益保障机制，导致各方参与数据要素市场交易时望而却步。

2. 探索破解思路

面对数据要素市场规则体系的缺陷和市场主体存在的顾虑，顶层设计时，需要鼓励市场主体进行积极的探索，并以此作为研究监管机制和权益保障机制的实践基础，制定规则。

一是确定法律监管的界限。在制定数据交易市场规则的过程中，应当明确法律监管的界限，对现有的行政法规和规范性法律文件进行梳理、清理和规范，同时建立容错机制，在一定范围内对数据要素市场主体的探索行为免责，通过为市场主体提供稳定预期的方式，激发他们的创新动力。

二是进行市场规则的探索。当前，各地正在围绕建立数据要素市场进行先行先试，对于进行探索的地方及行业应当予以鼓励。北京市朝阳区实行的"对企业上年度数据交易总金额达到 500 万元以上且企业上年度营业收入实现正增长的，按照年度实际数据交易总额的 10％给予补贴"的方案首次开启了政府对数据要素交易主体的补贴，应当增加这一类经济补贴，激发数据要素主体的交易热情。

三是借鉴传统成熟的经验。传统生产要素市场的模式无法兼顾数据要素交易的独特属性，但这些市场模式在鼓励交易主体参与、维护市场秩序方面存在共同的属性，无论是传统要素市场还是数据要素市场，其交易基础和交易行为的认定均通过登记的方式实现，传统要素市场的交易磋商、资信评级等服务体系均可以作为数据要素市场交易登记、流通监管、流转服务的借鉴经验。

四是探索市场体系的多层次。除了各地区各部门的自发探索，我国发展数据要素市场还需要借鉴传统要素市场的发展思路，采用场内和场外相结合的方式进行发展。通过发挥市场主体在不同层次、不同场景中的作用，探索数据要素市场的建设体系并建立相应的监管机制。在数据要素登记市场，通过"一地登记、全国共享"的方式进行数据要素的归集与确权。在数据要素基础市场实现数据要素使用权的流通。在数据衍生品市场,实现加工后数据应用和数据服务的交易。

(四)强化技术支撑改善流通技术

1. 存在的问题

难以保证数据流通安全。数据安全是数据要素在市场中流通的前提,为了避免数据要素在流通的过程中侵犯个人隐私及企业的知识产权,泄露企业商业秘密,成熟恰当的工具是支持数据在不同主体间安全流转的必备条件。数据泄露的潜在危险使数据要素市场主体之间难以建立信任感。由于复制数据要素基本不存在边际成本,一旦发生数据泄露,就可能导致失控。在保证数据可用性的前提下,维护数据安全成为数据要素市场必须要解决的问题。

数据要素的安全流通需要技术支撑,不同的应用场景对数据要素安全流通所需要的技术也是多元化的,现有的数据安全流通技术手段还不能满足所有应用场景的要求,无法保证流通中的数据不被复制或者篡改,现有的数据脱敏等技术可以通过特定的方式处理数据,使其涉密部分被隐藏。但这类技术在提升数据流通安全时,改变了数据的原始形态,导致数据信息失真,降低了数据要素的经济价值。

隐私计算技术被视为防止数据要素在流动过程中泄密的关键,在数据要素供给者不泄露原始数据的前提下,隐私计算通过技术分析,对个人信息等敏感数据进行加密保护,实现“原数据不出域”,流通时“可用不可见”,既实现数据要素价值的转移,同时解决潜在的数据泄露带来的失控问题。

2. 探索破解思路

根据历史经验,产业发展的瓶颈往往可以通过技术革新获得解决。数据安全流通技术是数据要素市场建设的关键,但仍存在技术体系不完全、应用成本高等问题,尚不能大规模应用。需要通过技术互补、技术攻关、强化市场和规范监管四个方面共同发力,为完善数据要素的流动提供有效支撑。

一是推动技术互补。单一技术只能针对性地解决数据要素流通过程中的某个特定问题,而不能全方位解决数据要素市场建设当中所有的问题。需要对不同技术进行互补和融合,形成解决数据要素市场建设问题的合力。现阶段已经开始探索隐私计算和区块链结合的方式,以保证数据要素安全流通。上述两种技术都采用密码学原理,区块链所需的数据保密能力以及数据在链上安全流转过程可以通过与隐私计算相结合的方法获得。隐私计算过程中的数据和环节可以通过区块链实现回溯,增强隐私计算的可验证性。通过区块链、隐私计算、人工智能技术的深度融合,能够更加全面地解决要素市场建设过程中的问题。

二是加强技术攻关。要想长远发展,就需要跨技术路径和跨系统平台技术工具的互联互通,隐私计算性能的提升和成熟离不开硬件加速的推动,软硬件协同能够提升技术的可用性。此外,还需要进一步降低技术应用门槛,推动技术工具在互联互通方面的探索,形成建设数据要素市场最理想的技术方案,以新技术、新模式保障数据可见、可用、可控,满足数据要素市场的新需求。

三是强化市场认知。鼓励企业搭建关键技术的开源框架,提升数据要素对关键技术的吸引力,完善生态环境,支持企业通过收录典型场景的方式开展数据技术流通实践,形成技术指南,并进行示范推广;依托数据交易机构通过区块链技术进行数据权利登记,加强对数据的溯源和对流通渠道的监控。

四是进行规范监管。隐私计算在技术层面已经得到了应用,但是否符合监管层面的要求尚无定论。这就需要出台针对数据安全流通技术的指导意见和标准规范,为企业的技术实践提供实施依据和规范要求,技术的不断发展也将更新合规要求,两者在相辅相成中动态演进。

四、数据要素市场建设展望

构建数据要素市场要求数据资产具有可控制、可量化和可获益这三个特点。可控制是指数据要素能够明确其产权归属,可量化是指数据要素的价值可以通过货币或者其他指标进行衡量,可获益是指数据要素除了具有价值和交换价值,还能够带来经济利益。我国数据要素市场正在形成包含交易主体、交易手段、交易中介和交易监管的"四位一体"格局,数据要素的确权和定价是数据要素市场后续发展的重点,也是建设数据要素市场的关键。

(一)"四位一体"的数据要素市场格局

1. 交易主体

从数据要素的供给者来看,交易主体主要有政府指导的数据交易机构、数据服务商和大型互联网企业这三类主体。

政府指导的数据交易机构是最早加入数据要素市场的主体,一般分布在基础设施和经济能力较强的地区,如上海数据交易中心,贵阳大数据交易所等。作为规模最大的交易主体,政府指导的数据交易机构在推动数据要素市场建设方面具有权威性。数据服务商对数据要素的采集、生产和销售进行一体化运营,以向用户交付数据产品或服务为主要业务。在数据要素市场中,数据服务商既可以是交付原始数据的数据生产者,又可以是交付处理后数据的数据加工者,还可以是交付重新整合数据的数据整合者。由于能够对收录的数据信息进行实时更新,数据服务商的营利性较强。大型互联网企业为了公司的发展战略,抢占市场资源,推出数据服务。如京东建立的京东万象数据服务,涵盖了线上零售、生活服务、企业数据等 10 个大类,165 个数据集、56 个数据报告和 278 个政府开放数据,为京东云平台提供运营支持。

从数据要素的需求者来看,交易主体包括数据分析商和行业用户。如表 2-1 所示,这些主体对数据的涵盖范围从政府决策、公共服务到交通物流、广告营销;从影视娱乐到医疗健康;从金融、农业到能源、销售。

表 2-1　数据需求主体及类型

需求主体所在行业	数据品种	核心数据类型
医药行业	医疗数据	病历数据、诊疗数据、药品数据
金融行业	金融数据	企业数据、个人数据
	企业数据	企业规模数据、投资主体数据
能源行业	能源数据	石油、天然气等能源数据
汽车行业	交通数据	停车场数据、车辆位置数据
供应链行业	商品数据	电子标签数据、商品物流数据

续表

需求主体所在行业	数据品种	核心数据类型
消费行业	消费数据	个人消费数据、个人征信数据
教育行业	教育数据	学习轨迹数据、教育消费数据
政府机构	社会数据	公共服务、政府管理有关的数据
科研机构	社交数据	与社交相关的所有数据
	政府数据	政府统计数据、政府审批数据
	电商数据	商品交易数据、商品流通数据

2. 交易手段

作为数据要素市场的交易手段,区块链技术在运用中逐渐普及。与传统的 API、数据包交易等技术相比,区块链技术依托现有信息技术进行独创性的整合,创造出去中心化、可溯源、难篡改的技术方式。随着技术的成熟,将量子加密技术应用于区块链平台,确保数据要素在交易流通中的安全保密。区块链技术在数据要素市场中确保数据的安全、可信、透明,解决数据要素交易中非授权复制和使用的问题,以一种全新的信任方式成为企业选择的重点,交易主体的参与积极性得到很大的提高。

区块链技术为数据要素市场的交易主体和交易对象生成唯一的数字身份,通过赋码机制为数据要素进行唯一性的资产确权。数据要素的供给者在区块链上登记数据要素的元信息,同时设置数据目录的授权和访问权限。这些授权和访问记录将永久保存在区块链中。区块链技术通过信息闭环,保证数据要素共享和流转的全流程连续记录。

数据共享平台通过数据共享目录和数据交换标准对数据要素的交换进行管理,借助密码学、共识算法和分布式存储技术保证数据不落地、不外泄,通过只输出分析结果的方式进行数据要素共享,降低数据要素流通过程中的信息不完全与不对称,形成信任机制。

数据应用平台结合电子身份认证、时间戳服务、数据加密解密等技术手段,综合使用数据追溯系统、权限控制系统、数据加密系统等满足应用场景的需要。数据要素市场的主体根据业务需求快速获取特定业务场景的数据,同时确保市场主体和数据要素信息可验证可追溯,降低数据要素流通过程中的技术对接成本。

基于区块链技术的数据要素交易体系能够提高数据要素的流通效率,提升供需双方的交易成功率。交易主体和数据要素的数字身份证可以确保数据使用权限和要素交易权限符合国家法律法规的要求,为数据治理和数据监管提供完整的技术手段,帮助建立开放透明的数据要素流动监管体系。

3. 交易中介

我国数据要素交易中介大体经历了井喷式爆发期(2014—2016 年)、发展停滞期(2017—2019 年)、重现新生期(2020 年至今)三个阶段。

2014 年 3 月,大数据首次被写入政府工作报告,这一年成为中国的大数据元年。2015 年和 2016 年两年成立了 13 家大数据交易中心,呈现井喷式增长。随后数据交易中心的发展走上了慢车道,一方面表现为已成立的数据交易中心的交易量离预期甚远,另一方面新增大数据交易中心的数量急剧减少。2020 年 4 月,随着《关于构建更加完善的要素市场化配置体制机制的意见》的正式发布，数据与土地、劳动力、资本等传统要素共同成为关键生产要素。随着数据要素市场培育速度的加快，大数据交易中心的建设步伐重现生机。

随着数据要素市场的发展，提供单一居间服务的第三方数据交易平台开始向综合服务化转型。数据交易中心已从初期的数据发现、供需调节、估值计价转向数据清洗、加工、分析和可视化综合服务，服务内容日益多元，服务框架逐渐综合。但目前的数据要素交易中介仍然存在一些问题，与国外数据要素市场相比，部分数据交易中心的数据数量不足、质量不高、更新缓慢，现有的数据交易中心提供的数据在时效性和高质量两个方面还不能满足市场的要求，从而导致数据交易平台交易费用和佣金的收取困难，平台盈利能力不足。

4. 交易监管

数据交易监管是保障数据要素市场的公平、公正、公开的基础性工作。现有的数据交易监管是以政府监管为主，数据交易机构自律为辅的模式，从制度创新、资源融合、数据开放、应用创新、产业集聚、要素流通等角度对数据要素的交易行为进行规范，对数据要素交易机制进行完善。国家数据局和各地的大数据管理局已经在监管数据要素市场，促进数据要素流通方面起到了重要作用。除了国家数据局，福建、河南、贵州等 18 个省级行政区也纷纷设立了大数据管理机构，各级大数据管理机构负责区域内的数据监管工作。

在数据监督方面，地方数据管理部门负责引导本区域内数据要素供需双方在依法设立的数据交易服务机构进行交易，在交易的事前、事中和事后监督数据交易活动和数据交易机构履行规定的情况。在数据交易的事前阶段，数据交易管理部门对供需双方信息披露的准确性进行监管；在交易的事中阶段，数据交易管理部门对用于交易的数据进行监测，防止发生违法行为；在数据交易的事后阶段，对数据交易行为进行督查，督促整改可能存在的风险。

在数据管理方面，政府出台数据管理条例，依法对数据交易平台和市场主体的交易行为进行管理。数据交易服务机构通过发布用户管理、交易管理、平台管理等方面的制度形成平台交易规则，提升交易的门槛；通过与数据要素供需双方签订示范合同，明确数据交易标的内容、用途、质量、交付途径、交易主体的责任义务等。目前我国已有多个大数据交易所设置了数据交易规则，如贵阳大数据交易所于 2022 年 5 月 27 日发布了全国首套数据交易规则体系，其中包括《数据要素流通交易规则（试行）》《数据交易合规性审查指南》《数据交易安全评估指南》《数据产品成本评估指引 1.0》《数据产品交易价格评估指引 1.0》《数据资产价值评估指引 1.0》《贵州省数据流通交易平台运营管理办法》《数据商准入及运行管理指南》等。2023 年 11 月 26 日，上海数据交易所发布了全球首个数据交易所交易规则体系——上海数据交易所交易规则体系（2024），搭建了"办法—规范—指引"三个层级的交易制度结构，归集为"主体管理—交易管理—运营管理—纠纷解决"四大模块，细化九项规范，推出特色的数据交易服务栏目，并以指导交易实践为目的，推出六项指引，从顶层设计到操作指引，着力打造适应数据要素市场发展规律的交易规范体系。

（二）数据确权"三分原则"及实施路径

通过数据要素确权，使数据资产具有可控性，减少数据要素持有者对数据要素在未来的使用纠纷，获得更稳定的权利预期，促进数据要素市场稳定发展。数据要素确权能使生产效率较低的市场主体通过转让数据要素获得要素收入，使生产效率更高的主体改变要素禀赋，集中资源，优化资源配置，提高生产效率，推动数据要素市场化的快速发展。

1. 数据确权"三分原则"

当前,我国数据要素确权还处于政策起步阶段,真正落到实处还需要一定的时间。展望未来,应当立足数据要素的性质构建相应原则,掌握确权的方向,并制定相应的确权路径。

一是分割原则。数据确权的目的是平衡数据要素市场参与者的权益,在合理保护用户隐私的基础上平衡价值链参与者的权益,驱动数字经济的发展。

数据确权工作的发展方向并不是解决数据所有权的归属问题,着力点应当是明确附属于数据的各项权益及其归属问题。数据要素作为一项社会工具,对其确权的目的是通过数据资产化的方式推动数据要素的流通,帮助经济主体形成交易的合理预期。为了促进对数据要素的充分利用,数据确权可以按照以下思路开展:对于公共数据,应该在不侵犯集体权益的情况下共享最大化收益;对于基础数据,应该侧重于隐私保护;对于衍生数据,应加强对数据添附企业的利益保护。

对于公共数据,数据为集体共有,故而集体对其拥有管理、监督和保护的权利。可以设立控制权、管理权和开放权。控制权保护的是数据的真实性、安全性和完整性,防止数据遭到伪造、篡改和泄漏。管理权是对数据的产生、加工和流通进行保护。开放权强调的是根据需要在集体内部对数据资源的公开共享。

对于基础数据,应当保护安全权、转让权、修改更正权、被遗忘权和知情同意权。安全权是指数据不被非法收集、利用和公开的权利。转让权是权利人转让自己合法利益的权利。修改更正权是数据所有者要求管理者修改、更正和补充错误过期的数据的权利。被遗忘权是数据所有者要求管理者停用、停止传播和删除私人数据的权利。知情同意权是指在数据信息采集前告知数据主体数据采集的用途、采集方式和处理方法,并征得同意的权利。

对于衍生数据,应当赋予数据添附者使用权、剩余控制权和剩余索取权。数据添附者的使用权是指添附数据的公司有权对其通过独特算法处理过的数据进行使用的权利。剩余控制权是指数据添附者有权决定数据的运营策略。剩余索取权是指数据添附者在对原始数据添附之后,可从中获益的权利。

二是分类原则。根据数据主体的不同,可以将数据分为个人数据、企业数据、社会数据三种类型。

个人数据基于对自然人身份的识别或者对其行为进行分析产生。前者包括个人的姓名、电话、学历、职业等,后者包括个人的习惯、偏好、购物记录、网络浏览习惯等,具有明显的隐私性。技术手段添加后,个人数据的价值将得到明显的提高。个人数据的权利应当赋予个人,为了降低交易成本、优化配置数据资源,个人可以选择让渡部分私人数据获得更为优质的服务。若是企业通过个人数据获得经济利益,首先要在个人明确同意的情况下才能进行数据采集,并且将部分收益分配给数据提供者,分配方式灵活多样,可以分配货币,也可以分配免费增值服务。

企业数据是企业在生产经营活动中产生或经用户授权后合法获得的数据。前者成为企业主体数据,后者成为用户授权数据。企业主体数据来源于自身投入的人财物,通过对数据的整理、存储和加工挖掘其中的价值,对于这类数据,企业理应享有权利。对于用户授权数据,在不侵犯用户隐私的前提下进行添附和开发利用,企业享有部分权利。

社会数据是指政府或者公共管理机构在履行职能过程中依法收集的各类数据,如自然资源数据、经济社会数据等。这类数据涉及公共利益,具有公共物品和公共资源的属性,政府和公共管理机构应当在法律法规的框架下向社会公开共享此类数据,形成数据要素的集聚效应和规模效应,创造公共价值。

三是分级原则。按照数据是否具有竞争性和排他性,可以分为私人物品的数据、准公共物品的数据和公共物品的数据。

作为私人物品的数据兼有竞争性和排他性。企业用户在使用涉及自己商业机密的数据时,有权禁止此类涉密数据外泄,阻止他人使用,体现的就是排他性。由于这些涉密数据通过帮助企业制定、实施商业战略后可以带来巨大收益,一旦外泄后,企业的利益将会遭遇巨大的损失,体现的则是竞争性。

作为公共物品的数据,既不具有竞争性,也不具有排他性。数据的非竞争性可以让某个数据使用者既可获得自己的收益,同时不会减少其他数据使用者的收益,数据的非排他性使所有的数据使用者可以互不干扰地同时使用数据。一般而言,社会数据的公共物品属性较强,国家统计局、财政部等政府机构公开的数据即是如此,数据使用者登录上述政府机构网站查询、使用数据时,既不会降低其他数据使用者的收益,也不会影响其他数据使用者查询、使用这些数据。

作为准公共物品的数据,具有排他性,但不具有竞争性。收费数据库和企业内部数据库就属于这一类。收费数据库仅面向付费用户开放,排除了未付费用户对数据的使用。企业内部数据库仅面向内部员工,排除了非企业员工对数据库的使用,体现了排他性。对于付费用户或者企业内部员工,在使用数据时,既不会增加其他数据使用者的成本,也不会减少他们的收益,所以具有非竞争性。

2. 基于"三分原则"的数据确权路径

数据确权的路径应当按照难易程度和社会效益最大化的路径进行确权。对分类数据而言,应根据个人数据、企业数据和社会数据各自不同的性质进行不同种类的产权确认。由于不同种类的数据包含产权束存在差异,产权束内容越多,数据确权的复杂程度和困难程度越大,如企业数据除了包括自身运营的原始数据,还包括对外部数据进行添附后的衍生数据,确权工作的难度比个人数据或社会数据大得多。

对分级数据而言,私人物品数据具有竞争性和排他性,对其确权有利于最佳的隐私保护,应当优先确权,然后通过市场机制进行配置,从而带来社会福利的最大化。对于公共物品数据和准公共物品数据,也可以通过对比社会效益的方式确定确权的先后顺序,公共物品数据因其使用的边际成本为零,故而使用过程中带来的边际收益远远超过边际成本,接入和使用公共物品数据的人越多,创造的社会总价值越大;而准公共物品具有排他性,仅能够在使用范围内实现价值的最大化,这导致数据倍增经济增长的功能被限制,排除了数据为社会带来最大价值的可能;故而对于公共物品数据,先行确定权属,更有利于实现社会效益的最大化。

📖 本章小结

数字经济延伸了生产要素四元论中要素的概念,数字经济时代的主要生产要素包括数据要素、数字技术、劳动者和算法。数据要素提升企业经营管理战略,创造新的产品和业态,改变企业要素投入模式。数字技术作为通用技术提高生产效率,作为发明方法驱动经济增长,但对经济存在正、反两面的外部影响。数字经济时代对劳动者提出了新的要求,也带来了新的挑战。算法和代码的开源共享为其无限供给和持续改进提供了保障,但在数据的可获得性和最优化问题方面仍然存在缺陷。数据要素是生产中的催化剂,在技术创新和深化分工方面对生产函数进行改进。通过支撑业务贯通、推动数智决策和流通对外赋能,在社会生产中进行三次价值释放。数据要素市场是数据要素交换或流通的市场。数据要素在市场主体之间的流通有开放、共享、交易三种方式。数据要素市场化建设的目标是形成以市场为根本的资源要素体系,实现数据要素的市场化配置,贯通生产、分配、流通和消费的各个环节。我国数据要素市场呈现政策布局不断细化深入和供需对接向多行业扩展的特点,但在建立产权制度界定权利归属、发挥市场作用进行估值定价、鼓励积极探索完善流通规则和强化技术支撑改善流通技术方面还存在障碍。展望未来,我国数据要素市场正在形成包含交易主体、交易手段、交易中介和交易监管的"四位一体"格局,根据分割、分类和分级的"三分原则"对数据要素进行确权和定价,优化资源配置,提高生产效率,推动数据要素市场化的快速发展。

巩固与提升

1. 数据要素有什么特点?

2. 数字技术有哪些特点?

3. 从事数字经济的劳动者应当具有哪些技能?

4. 数据要素有哪些实现价值的途径?

5. 数据要素市场主要有哪些流通形式?

第三章 新 平 台

本章导读

据媒体报道,百度大语言模型 AI 产品"文心一言"自 2023 年 8 月 31 日面向全社会开放后的短短 40 多天里,用户规模已经达到 4500 万,开发者 5.4 万,场景 4300 个,应用 825 个,插件超过 500 个。在问世不到半年里,"文心一言"吸引了汽车、工业、消费、大数据等各大行业超过 500 家企业加入,正式拉开了基于"文心一言"生态圈应用场景新平台开发的新业态。为什么以 GPT(generative pre-trained transformer,生成式预训练模型)驱动的 AI 大模型新平台会带来如此大的影响力? 新平台在我国数字经济的快速发展过程中又有怎样的地位与作用?

学习目标

通过学习,了解平台的概念、特征与类型;掌握平台经济的模式、特征及其与数字经济之间的关系;通过 AI 主播、GPT 与百度"文心一言"等新平台案例体会"互联网+"、人工智能等现代化数字技术跨界融合催生新平台的必然过程;了解新平台在发展过程中存在的问题和治理途径。

第一节 平 台

随着数字经济在现代化进程中席卷全球,世界各国纷纷制定了各自的数字经济发展战略,打造数字经济产业。党的十八大以来,党中央高度重视发展数字经济,将其上升为国家战略。全面实施网络强国战略和国家大数据战略,拓展网络经济空间,促进互联网和经济社会融合发展,支持基于互联网的各类创新,助推我国数字经济的快速发展。

在当前经济社会生活中,平台所扮演的角色正在改变产业竞争模式,平台已经对传统的以产品为基础的竞争模式提出了挑战。目前绝大多数企业的市场竞争已经不是企业组织的竞争,而是互联网平台数字化平台战略之间的竞争。微信、Facebook 等社交平台改变着人们的交流分享互动方式,微信支付、支付宝、数字钱包等各种数字化支付平台正改变着金融行业的发展格局,华为的鸿蒙、谷歌的安卓、苹果的 iOS 等操作系统已成为移动通信行业的重心,滴滴等网约车平台创造了一种新的数字经济模式——共享经济。数字化平台使得新进入者为平台用户提供内容、商品、服务或资本成为可能,通过匹配供应商和用户支持市场交流,创造新的市场机会。这充分表明数字经济平台的崛起正在快速改变市场竞争的模式,从根本上影响到企业在数字市场竞争的基本方式。同时,平台是一种全新的商业模式,也是涉及企业之间、企业与消费者之间的一种全新的运营模式。在商务活动上,平台促进了消费者在线消费,推动了在线社区的发展,导致用户与企业的关系发生了显著的变化,使用户也成为数字资源,参与产品的价值体现与营销过程。企业之间的竞争也不再围绕如何控制价值链展开,而是围绕平台吸引与平台相关的生成性活动展开。

从某种意义上讲,全球数字经济的竞争重点也是平台的竞争,超大规模的平台也已经成为各国在数字经济领域竞争与合作的关键因素。

一、平台的概念与由来

(一) 平台的概念

为了从事经营社交软件、娱乐活动、支付业务、交易活动等某项工作或某类软件而搭建的业务运营平台,且专注经营这样的平台者称为平台企业或平台厂商,有些经济学家会将这类平台称为双边市场平台。平台充当多边市场的交易场所,通过其中的产品或者服务架构形成一个或多个市场。通过其产品或者服务架构,利用一个或多个市场使得平台所有者或平台供应商从市场中介服务中创造附加价值获利。本书所定义的平台是指运用数字技术进行生产和服务以及为其他企业的生产与服务提供服务的组织。

平台的本质是一个双边市场或者多边市场,是连接交易多方形成的一个经济组织形态。平台企业是平台的运营者和发展者,也是平台上各方行为的管理者,在平台商业活动中起到协调多方利益、整合产业资源、维护平台生态系统的重要作用,同时引领着平台的技术创新。

(二) 平台的由来

19世纪,随着大规模公共事务的兴起,社会行动者运用平台传播自己的政治观点和社会主张,从英国工业革命到法国大革命,平台制是社会运动中最主要的组织形式。基于平台制在英国的发展,杰夫森(Jephson)在1892年将平台定义为表达、告知和控制公共观点的工具。

1996年,意大利博洛尼亚大学管理学教授希波拉(Ciborra)在美国的《组织科学》杂志上发表了《平台组织:重组策略、结构与惊喜》(the Platform Organization: Recombining Strategies, Structures and Surprises),最早正式提出了"平台组织"的概念。他认为,平台组织是"能在新兴的商业机会和挑战中构建灵活的资源、惯例和结构组合的一种结构"。

20世纪很长一段时间以来,管理学家和经济学家一直都是采用非数字世界的角度来讨论非数字化平台的概念。他们将传统市场、商场看作一个平台,联系着商家和消费者;将报纸杂志也看作一个平台,联系着订阅者和广告发布商。1997年,美国管理学家慕尔(Moore)等主张构建商业生态系统,强调厂商的战略思维应当从竞争导向转向围绕共同利基(common niche)的竞合导向。20世纪80年代以来,法国经济学家根据对美国信用卡反垄断案例的分析提出了双边市场的想法。

近几年来,美国管理学家 Tiwana、Parker 美国和经济学家 Evans、Schmalensee 重点讨论了数字化平台,提出了数字化平台正在改变整个企业的经营方式问题,对数字化平台如何塑造商业模式提出了多种研究视角。产业创新管理学派将平台视为稳定的核心和可变的外围,认为一个平台可以根据其生产经营过程的范围分为内部平台、供应链平台和行业平台。内部平台是指一个企业内部广泛使用的组件、模块或部件集合,用于支持产品开发和运营,其作用在于提高企业内部的生产效率和灵活性,通过模块化设计和资源共享,满足多样化的市场需求;供应链平台扩展了内部平台的概念,不仅限于单一企业内部,而是涉及供应链上的多个合作伙伴,允许供应链中的各方共享中间产品或组件,以降低生产成本和风险,并提高整体供应链的效率;行业平台是由一家或多家公司开发的产品、服务或技术,为其他公司提供构建互补产品、服务或技术的基础,目标是通过提供通用组件和资源,促进整个行业的创新和协作。在供应链平台和行业平台中,平台既是核心又在不同的用户群中起着中介协调作用。产业创新管理学派定义的平台既包括数字化平台也包括非数字化平台,意味着平台可以通过模块化为分布式开发和重组创新提供机会。

近年来,我国学者对平台的定义呈现多样化。平台可以定义为"一组共享的、通用的服务和体系结构";平台也可以定义为纯技术产品,是一个可拓展的代码库,也包括互补该代码库的第三方模块;平台还可被定义为包含技术元素(硬件和软件),以及相关组织流程和标准的社会技术集合。

从数字经济学的角度来看,平台是通过互联网和数字技术实现的一个基础设施,它能够连接不同的用户、提供商和消费者,并为他们提供交互、交易和合作的机会。从平台生态系统出发,平台是由一系列可拓展的数字化技术为核心、以互补创新生态系统为基础的模块化厂商组成。它可以提供互补创新产品、技术或者服务。

二、平台的特征

平台具有以下五个特征。

(一) 平台是一系列产品或服务的技术集合

作为一个平台,个人或组织都可以利用这个平台来增强其操作灵活性,进行互补创新和价值创造。平台也采用分层模块化架构,允许任何层独立地创新、流动产品边界。类似堆栈的分层结构,由若干个组件构成,每个组件都有多个模块。

(二) 平台具有开放的 API

API(application programming interface,应用程序接口)是一组软件系统不同组成部分的定义、程序及协议的集合。通过 API 实现平台软件间的数据通信,一方面能够提供通用功能集,另一方面可以起中间件的作用,实现各个数字平台之间的数据共享。在平台程序设计的实践中,API 的设计首先要使平台软件系统的职责得到合理划分,良好的接口设计可以降低系统各模块部分的相互依赖,提高组成单元的内聚性,降低组成单元间的耦合程度,从而提高系统的维护性和扩展性。随着 Web 2.0 的网络信息浪潮的到来,越来越多的 Web 应用面向开发者开放了 API。越来越多的 Web 2.0 站点具备分享、标准、去中心化、开放、模块化特点,既为使用者带来价值,同时通过开放的 API 为数字平台提供了各种特色的服务,用开放的架构来增加用户的黏性,使得平台拥有更多的用户和更大的服务访问量。

（三）平台是一组边界资源共享的数字资产集合

这些资产集合包括软件工具、组件、流程、知识、人员及其关系。开放式平台有两种共享的边界资源：一种是共享的互补资源，另一种是共享知识产权的平台核心资源。由于数字化资源的特性是很容易被复制、反向工程或破坏，所以有可能被竞争对手作为敌对性竞争策略加以利用。例如，亚马逊的 Fire OS 操作系统平台采用了谷歌的 Android 开源代码项目（android open source project，AOSP）的开放平台核心。

（四）平台具有分布式特征

随着平台被整合到更大的数字基础设施中，平台变得越来越复杂，参与开发应用程序的人员越来越多。平台的生成性（generativity）催生了呈指数级速度增长的应用程序生态系统，从而创造出比任何传统的跨组织信息系统大好几个数量级的平台战略主体对象。

（五）平台具有模块化和功能可拓展性

平台依赖于模块化设计，由一组具有标准化接口的模块组成，这些模块可以通过多种方式进行组合，进而生成替代产品或平台功能。例如，美国哈佛大学商学院教授 Baldwin 和 Clark 提出 6 种用于创建替代设计的模块运算符，这些运算符是拆分、替换、扩充、排除、反转和移植。

总之，平台作为数字经济中一个重要的概念，它通过互联网和数字技术连接不同的用户和供应商，形成一个开放、多边、数据驱动的生态系统。平台在某种意义上是一种具备网络外部性特征的经济组织，基于平台上互动的双方或多方之间存在显著的网络效应。平台是通过连接不同的商业活动参与方，为双方或多方提供相互交流、促进交易的中间产品或服务的一种经济活动形式。平台上的多个活动参与方可以是存在买卖或供需关系的买方和卖方、供应方和需求方。在某些情况下，平台也可以提供同类主体之间相互交流和交易服务，如电信网络上各个电话用户之间的交流，以及即时通信、互联网论坛上网民之间的交流和服务。由此可见，平台一般具备两大功能，一是交易中介，二是信息交流的中介。

三、平台的类型

不同的平台具有不同的架构和维度特征，因此可以根据平台的功能特征和经营模式对平台进行不同的分类。

（一）根据平台功能特征进行划分

1. 多边交易市场平台

多边交易市场平台是指专注于连接不同边交易的市场平台。这类典型的交易平台有淘宝、京东、亚马逊、易趣、滴滴打车等。

2. 互补创新市场平台

互补创新市场平台是指旨在促进互补参与者创新平台生态系统和向最终用户提供综合产品的平台。例如，华为的应用市场平台、苹果的 iOS 应用市场、Google 的安卓应用市场等。

3. 信息市场平台

信息市场平台是指促进用户的信息搜索和交换的平台。例如,百度、微信、Facebook、谷歌等。

（二）根据经营模式不同进行划分

1. 创新型平台

创新型平台是指平台倡导者或平台供应商、供给端互补品提供商(如软件开发商)和需求端用户(如软件使用者)为提供新产品和服务,基于共同的技术所构建的平台。在这种平台中,软件开发的传统委托代理关系被应用程序开发者、互补品提供者和平台提供商之间的公平交易关系所取代。平台的价值创造来源于平台与互补品提供商之间的互动,平台参与各方的价值获取则是通过平台渠道来实现的。例如,美国的客户关系管理(CRM)解决方案软件供应商 salesforce 的 CRM 平台、全球应用程序开发者的商业平台 GitHub 等。

2. 交易型平台

所谓交易型平台,是指作为买方与卖方中介的平台,或在线促进作为平台参与者的个人或厂商组织分享信息、交易产品或提供服务的平台,交易型平台的生态价值主要是降低由供应者和最终用户间的信息不对称产生的搜索成本、匹配成本等交易费用。这种中介不同于用户群体的交易型平台,往往也被称为双边市场平台或多边市场平台。双边市场平台将两个不同的群体聚集在一起进行匹配,其中一个群体的价值随着另一个群体参与者数量的增加而增加,从而产生间接网络效应。这类平台为卖家与买家搭建桥梁,实质就是撮合卖家与买家的中介,例如,亚马逊网上市场、淘宝、天猫和拼多多等电子商务网站。交易型新平台的技术复杂度相对较低,其平台生态通常是单层的,也不需要像创新平台那样需要进行大规模的无形资产与固定资产投资。实际上交易型平台战胜传统产业的一个重要优势正是规避了大量的固定资产投资与存货。

3. 混合型平台

所谓混合型平台,是指兼具创新型平台和交易型平台的特点与功能的平台。从市场中介视角来看,混合型平台能够提供支持市场架构的基础设施,由一组共享的经济规则定义,如许可证、平台参与者之间的协议、权利和交易定价条款,以及匹配使用系统资源进行交易的买方和供应方系统所构成。在现代经济生活中,阿里巴巴、腾讯、Facebook、亚马逊等厂商就是混合型平台的代表,它们兼具创业型平台和交易型平台的特点,可以为不相关的参与者提供互补服务和产品,代表一种特别有效的协作模式,能够充分利用系统创新的潜力。从某种意义上来说,混合型平台是非常特殊的企业制度形式。

四、平台的运营与发展

平台属于一种特殊的商业模式,它的特殊性主要体现在商业模式的四大构成要素上,包括复杂的买卖关系价值网络、多元化价值主张、独特内容提供和服务能力、多样化盈利模式。平台服务于买卖双方,平台上的买卖方本身也是平台的参与者,买卖方的数量和多样化本身也是平台生态系统发展的关键,卖方借助平台销售服务和产品,卖方之间有竞争、互补关系,买方参与平台服务的价值体现,平台制订规则以维持平台的运营与发展。平台的价值主张关注平台多方用户的需求、特点,考虑到多方用户的多元化需求。平台是交易中介的角色,其所提供内容的核心是为多边用户搭建交易服务平台,保障交易的第三方配套服务,以及拥有海量的用户群。其主要业务是对平台进行管理、运营和发展,服务能力主要体现在多边用户召集、协调多方利益和规范多方用户行为等。平台收入盈利模式灵活多样,收入来源可以来自平台的所有参与者,可以采用单向、双向、补贴等多种收费策略,对平台的发展、生态系统的发展有重要的作用,是调节平台、用户和市场参与方多方利益的有效杠杆。由于网络多边规模效应的存在,平台发展初期一般是采用低价、补贴甚至免费的定价策略来吸引和发展平台参与方,召集平台用户,常常处于微利或亏损的经营状态。但是,当用户数量突破门槛或具备一定的影响力后,其收益和盈利能力也会快速增长,亚马逊、淘宝等平台就是这样发展起来的。

(一)运营

平台的运营是一个比较复杂的商业过程,主要包括搭建平台、召集用户、整合资源、平台管理、平台服务与合作、平台协调与维护、平台开放与技术创新等。

第一,平台企业根据自己的服务内容和市场定位,依靠自己的资源和能力搭建平台。当然,不同类型的平台搭建难度是不一样的,一般交易型平台和内容型平台的搭建比技术型平台的搭建更容易。

第二,如何召集更多的平台用户,是平台发展和成功的关键。初期主要是采取合理的营销策略、定价补贴策略来吸引用户,当用户数量突破市场门槛,具备一定的网络规模时,在网络多边规模效应影响下,随后的用户聚集速度会大大加快,难度也会迅速降低。

第三,资源的整合、调配和管理。平台交易的本质是平台向平台参与者提供资源,包括产品、技术服务、信息、资金等。平台企业需要对这些资源进行归类整理和协调,实现平台资源的多方优化配置,促进资源在平台的参与者之间进行共享和流动配置,同时需要制订适当的规则,以加强对平台的管理,包括对平台各类资源的控制和调度等。

第四,平台所提供的服务是平台价值主张的具体体现。除了平台自身的特色服务,平台也可以利用多边市场的参与方通过合作伙伴来提供服务,同时可以向合作伙伴开放和提供一些平台的资源,以双赢的形式通过平台的服务合作构建复杂的平台价值网络,实现平台、参与者、合作伙伴三方的资源共享。

第五,平台的协调与维护。平台是多边市场参与的一种商业生态系统,平台是生态系统的运维者,需要对参与方的商业行为进行约束和管理,防止出现某些参与方侵害其他参与方的利益或破坏平台生态系统的行为。同时,平台也需要通过一些管理制度、定价策略、利益分成和激励机制来协调平衡各参与方之间的利益,协调职能分工,确保平台双方共同成长。

第六,平台的开放与技术创新。平台除了向多边市场的参与者开放,还开放给新的第三方,构建和拓展平台新资源新价值体系,从而维持平台的生态系统的多样性和活力。例如,在电子商务平台中可以通过借助第三方的大数据分析服务商,为平台多方提供更好的数字资源服务,促进平台服务升级和技术创新。同时,平台企业除了自身掌握的平台核心技术,还需要不断地对平台的体系架构、技术标准、平台接口等进行创新,确保平台的先进性,从而推动平台上下游产品的整体创新和技术进步。

(二)发展

平台的发展一般可以分为五个阶段:初创阶段、发展阶段、扩张阶段、垄断阶段、衰落阶段。

1. 初创阶段

初创阶段主要是确定平台的服务内容、市场定位和发展战略,包括定位市场客户群及其价值主张,确定平台提供的产品和服务,确定平台双边用户对象。该阶段主要任务是召集平台用户,通常采用低价、补贴甚至免费的定价策略来吸引和发展平台用户,需要投入大量资金,平台往往处于微利或亏损的状态。

2. 发展阶段

发展阶段用户已经达到一定规模,并在网络效应的影响下,会直接和间接产生网络正反馈,用户规模快速增长,在突破一定的用户数量临界值后,平台逐渐产生规模效应,边际成本日益下降,平台开始调整定价策略,对多边用户停止补贴或采取收费策略,平台开始盈利。并且,随着平台资源的逐渐聚集,需要对资源进行整合,逐渐建立规则和制度,加强平台治理和管控,约束和协调用户行为。

3. 扩张阶段

扩张阶段的主要任务是利用平台的网络效应和规模效应,凭借平台优势实现扩张,包括用户规模的扩张和业务范围的扩张。用户规模的扩张因为有网络效应正反馈的作用,相对比较简单。而业务范围的扩张涉及纵向和横向一体化,扩展难度较大,一般会选择基于自身业务互补性发展策略或竞争性发展策略,关键是凭借自身优势,提高自己业务的核心竞争力。

4. 垄断阶段

在垄断阶段,平台实现扩张后,逐步形成自己的垄断地位。具备垄断地位的平台,对多边市场参与方的谈判和议价能力大幅提高,平台因规模效应产生的平台网络价值和经济效益大幅增加,平台的盈利大幅增加。平台可以采取更加自主的定价策略和收费策略,提供更加个性化的产品和服务,但也会导致平台自身发展的创新力减退和对客户价值主张的关注度下降,这不利于平台产业的持续发展。

5. 衰落阶段

平台也跟一般的企业、产业一样,发展到一定阶段会逐步进入衰落甚至消亡,主要原因是同类平台企业的竞争超越、平台的替代转移、平台的上浮和下沉等。例如,Android 操作系统平台对 Windows 操作系统平台的替代转移。再如,移动互联网通信业务对传统电信业务的影响,使得电信平台的语音通话、短信业务成为基础传输通道,电信平台通信业务作用下沉,平台用户逐渐减少,收益下降,平台产品和服务逐渐被互联网视频通话、语音通话等升级替代,用户向新平台迁移。这就需要平台企业在平台衰落阶段及时调整发展策略,利用现有的客户资源,引导用户向新的业务平台迁移。

第二节　平台经济

数字技术引发经济社会发生了巨大的变革,各种各样的数字化平台在我们的生活不断涌现,平台经济已经成为一种新的经济形态,正引领世界经济转型发展。经济学研究所、清华大学学者在"数字经济前沿系列讲座"中曾指出,平台经济是数字经济的组织形态,是数据要素在数字经济中发挥作用的最主要组织方式。数字经济是继农业经济、工业经济之后的主要经济形态,数字经济为经济社会的持续健康发展提供了强大的动力。在该经济形态下,数字技术成为经济发展的重要动力,数据要素成为新的生产要素,数字平台成为全新的组织方式,人们广泛依靠各类数字平台开展社交、娱乐、购物、办公、教育、政治、军事等活动。

一、什么是平台经济

根据 2022 年 1 月国家发展和改革委员会等部门联合印发的《关于推动平台经济规范健康持续发展的若干意见》,平台经济的官方定义如下:"平台经济是以互联网平台为主要载体,以数据为关键生产要素,以新一代信息技术为核心驱动力、以网络信息基础设施为重要支撑的新型经济形态。"根据这个定义,我们可以认为平台经济是基于互联网平台开展的经济活动和经济形态。或者说,把基于网络平台的各种经济活动和经济关系的总和称为平台经济。平台经济既是一种商业模式创新,代表着产业范式的变迁,也是一种新型的生产关系。

关于平台经济的理解,清华大学经济学研究所学者的阐述非常全面,分为狭义和广义两个角度。

狭义的平台经济是指基于数字平台所开展的经济活动,包括大家所熟知的各种电子商务平台、操作系统平台、生活服务平台、购物平台、社交平台、资讯平台等。例如,京东、淘宝、拼多多等购物电商平台,Windows、Harmony OS、macOS、Linux、Android 等操作系统平台,美团、滴滴打车、大众点评等生活服务平台,微信、QQ 等社交平台,抖音、哔哩哔哩、快手等短视频平台,新浪微博、今日头条、人民日报等资讯平台,还有元宇宙社交平台 Soul 等平台,都是平台经济的模式。

广义的平台经济除了包括现在的互联网平台所开展的经济活动,还包括基于传统的一些物理平台所开展的经济活动和形态,如商品流通领域的购物超市、批发市场、集贸市场、百货大楼等传统市场属于平台经济;融媒体领域的电视、广告、报纸也是一种平台经济;金融领域的证券交易所、信用卡等都属于平台经济。除此之外,大家熟悉的一些体育组织实际上也是一种平台,城市经济本质上也是一种类型的平台经济。因此,广义的平台经济还包括这些线下已经大量存在的经济活动与形态。

二、平台经济的模式与特征

(一)模式

在数字化时代,兴起的互联网打碎了原有的层级制组织结构,使社会变得更加去中心化了。平台把人与人连接在一起,通过平台远隔千里的人可以相互沟通、相互交易,一起分工、合作。从这个意义上讲,社会正在以新的形式重新中心化,而让去中心化的社会实现重新中心化的纽带就是平台。平台以前所未有的速度积累财富,对传统企业来说,完成从创建到市值百亿元、千亿元恐怕需要几十年甚至上百年的时间;而对平台企业来说,这一过程可能只需要短短几年。

平台经济的商业模式与传统的经营模式不同。传统的经营模式是一种线性生产模式,线性生产模式一般采用循序渐进的方式创造价值、转移价值,从生产者到消费者,其起点是商品的生产者,终点是商品的消费者。例如,公司先设计一项产品或服务,如汽车轮胎和汽车维修服务,接着由轮胎制造商生产制造轮胎,并建立供应销售体系,设立轮胎代理分销商,或是建立一个提供服务的体系(各级4S维修点),而最后出现的是购买商品或服务的消费者。平台模式中生产者、消费者或兼具生产和消费两种角色的各类用户使用平台提供的资源彼此连接与互动,从中交易消费或共创价值,这些活动不是遵循一条从生产者到消费者的直线,而是在各个地方以各种方式创造改变交易即消费价值,并因平台创造的连接而得以实现。虽然不同的平台有不同的运作方式,不同类型的用户创造不同形式的价值,但所有的平台模式都具有相同的元素特征。

(二)特征

平台经济作为一种新型的经济形态,与传统的经济形态相比有明显的差异。其主要特征表现为多边市场、网络效应、数据驱动、开放性等。

1. 多边市场

不同于传统单边市场模式中企业间的竞争关系,平台经济是一个多边市场,实现的是双赢、多赢的局面。多边市场的特征在于平台能够连接多边用户,包括供应商、消费者和其他参与者,整合具有互补需求的多边用户,形成一个生态系统。平台的核心价值在于连接不同的用户,通过整合社会资源、协调各参与方之间的关系,为多边用户提供更好的服务,促进他们之间的资源共享、流通和交易,从而提升平台价值。通过平台,消费者可以方便地找到自己需要的产品或服务,而供应商也可以通过平台找到更多的潜在客户,平台以共享的方式为供需方提供服务并创造价值,实现多方共赢。例如,我们现在常见的网约车平台,就是为用户提供即时出行服务和司机服务,既解决了用户出行困难的问题,又解决了城市待业人员就业机会和兼职司机岗位,也缓解了城市交通压力,满足多方面的供需需求,实现多方共赢,是一种典型的平台经济实例。

2. 网络效应

平台的价值会随着用户数量的增加而增加,这种现象被称为网络效应。网络效应使得平台能够吸引更多的用户和供应商,形成更强大的生态系统。平台的价值取决于平台的用户规模和交易量,平台进驻的用户规模越大,对用户来说就越具有吸引力,注册用户增加,平台规模随之增大,品牌效应越来越明显,这种平台多方用户之间相互吸引的现象就是平台经济网络效应的具体表现。随着用户数量的增加,平台可以提供更多的产品和服务,吸引更多的供应商加入,进一步提高平台的价值,这是一种"鸡生蛋,蛋生鸡"的正反馈过程。例如,网络购物平台淘宝的消费者越多,购物平台对其店铺商家的价值也就越大,促使注册淘宝的店铺越多,淘宝的产品就越丰富。商户之间的竞争也会使产品更具性价比,也会更加吸引消费者进行交易,交易量也会随着增加。与此同时,当消费者的数量增多,也就会吸引更多的商户选择在淘宝平台上开设商店,这是一个相互影响的过程。

3. 数据驱动

智能化技术、网络信息化技术和大数据技术的快速发展,为平台提供有力的技术支持,智能设备移动终端的普及为平台经济快速发展提供了动力。平台通过收集、分析和利用数据来改善用户体验、提高交易效率和增加收入。平台企业可以通过移动终端提高工作效率、业务准确率、客户满意度。平台可以通过数据分析来了解用户的需求和偏好,提供更加个性化的服务。平台用户可以通过移动终端不受时间、空间、地域的限制,实现自由购物,享受平台通过应用大数据、云计算等技术带来的定制化、个性化服务。同时,数据也可以帮助平台优化交易流程,提高交易效率和安全性,平台经济在真正意义上得到迅速发展。平台企业之间的竞争不再是企业的规模和品牌之间的竞争,而是针对用户需求数据的精确把握、及时推送和快速满足。从这个意义上讲,平台经济的时代也就是众所周知的"数据驱动、数据为王"的时代。

4. 开放性

平台是一个开放的生态系统,允许第三方开发者使用其 API 来创建新的应用程序和服务。平台经济之所以有价值,是因为平台连接着产业的上下游供需端或第三方、第四方服务,其连接的一切特性和虚拟空间打破了时间的限制和物理空间的距离。开放性使得平台能够吸引更多的开发者加入,为用户提供更多的选择和更好的服务。同时,开放性也可以促进创新,推动数字经济的发展。在新经济格局下,产业的界限越来越模糊,产业之间的跨界现象显著,平台企业通过连接多边用户群体整合多方资源和服务,建立规则和机制,满足多边用户需求,建立一个共赢、高效的商业生态系统。这种开放性势必会增强平台的服务能力和竞争力,提供更加丰富、多元、快捷的服务,吸引更多的用户。例如,京东推出的"京东到家"生活服务平台,整合了大型生鲜超市、周边用户和第三方物流打造的生活服务一体化平台。2016 年,"京东到家"与国内最大的众包物流平台"达达"合并,提高了配送效率,实现了"一小时新鲜到家",为用户提供了更加高效、快捷的服务。

三、平台、平台经济与数字经济的关系

(一) 平台与平台经济的关系

平台经济是以双边市场为载体,双边市场以平台为核心。通过实现两种或多种类型消费者之间的博弈,获取利润。从传统的视角来看市场与企业,买方与卖方是二元的对立物。而平台兼具市场和企业的属性,统合了两者之间的矛盾。从功能上说它扮演着市场的角色,主要用来沟通和实现人类的交互。从表现形式来看,平台是以组织的形式存在的。

关于平台的研究主要集中在两大领域:一是管理学领域;二是 21 世纪以后兴起的平台经济学领域。平台经济学属于产业经济学的一个分支,而平台的研究是随着双边市场的概念兴起来的,平台提供了双边市场的交易途径和方法。平台经济是一种虚拟的交易场所,平台本身不生产产品,但可以促进双方或多方供求之间的交易,收取恰当的费用或赚取差价而获得收益的一种商业模式。

(二) 平台经济与数字经济的关系

平台经济和数字经济之间有什么样的关系呢?

数字经济是和农业经济、工业经济相并列的一种经济形态,是一种新的经济形态,平台经济则是数字经济的组织形态。在农业经济形态下,劳动力和土地是农业经济主要依靠的生产要素;工业经济中工人和资本是主要的生产要素,组织形式是工厂;而在数字经济条件下,生产要素是数据,组织形式所依靠的是各种平台。所以,平台经济和数字经济之间有如下关系:平台经济是数字经济的组织形态,平台是经济活动的最主要组织方式。

从数字化进程来看,在数字经济发展初期,操作系统平台是一个重要的平台代表,它连

接的是人与技术。随着互联网的发展,出现了门户网站,门户网站、搜索引擎成为一种新的平台经济。由此开启了网易、百度、谷歌等带来的信息大爆炸时代。之后就出现了淘宝、京东等电子商务平台,出现了 QQ、微信等社交平台,平台经济的作用越来越显著,组织形式越来越创新,出现了云计算平台和元宇宙平台,迎来数字经济的蓬勃发展。

四、平台经济的战略地位

战略是一个国家、一个企业领导首要思考的问题,建立正确的发展战略,才能确保国家、企业向着繁荣的方向发展。2023 年我国政府工作报告提出,要加快建设现代化产业体系,"大力发展数字经济,提升常态化监管水平,支持平台经济发展。"

(一)平台经济国家战略

2018 年,"平台经济"的概念首次写入政府工作报告,直到 2023 年,政府工作报告已经连续 6 年提出要发展平台经济。2019 年政府工作报告要求,"坚持包容审慎监管,支持新业态新模式发展,促进平台经济、共享经济健康成长"。从 2020 年的"强化反垄断,防范资本无序扩张",到 2021 年设定"红绿灯",再到 2022 年的"常态化监管",平台经济经历了三年行业整改期。2022 年 12 月,中央经济工作会议再次强调平台经济发展,提出支持平台企业在引领发展、创造就业、国际竞争中大显身手,释放出鼓励平台企业健康、规范发展的重要信号。2023 年政府工作报告在总结过去五年成就时,再次提出"促进平台经济健康持续发展,发挥其带动就业创业、拓展消费市场、创新生产模式等作用"。数字经济的发展离不开平台经济的应用拓展,因此要树立发展"平台经济"就是发展"数字经济"的发展理念。

(二)平台经济的影响力

作为数字经济的重要组成部分,平台经济是数字产业化及产业数字化中的重要主体,既引领数字产业化飞速发展,同时帮助传统产业攻克数字化转型、产业升级等难题,为我国经济高质量增长贡献了重要力量。根据 2023 年中国平台经济报告,我国平台经济体量庞大、业态丰富,位居世界第二。全球百亿估值的平台经济中,美国占比 71.5%,中国占比 24.8%,全球前十大平台企业被中美包揽,其中美国 8 家,中国 2 家。2021 年中国数字经济规模达到 7.1 万亿美元,位居世界第二。经过 20 多年的发展,中国的平台经济作为新经济的产物,吸纳 2 亿多灵活就业人员、提高交易效率、降低企业成本、便利人民生活。但在发展过程中,部分平台经济天然具有网络效应和马太效应,倾向形成垄断、排挤竞争、侵害消费者权益。近两年来,受国内外环境变化影响,平台经济调整发展步伐,2022 年中国互联网平台服务收入同比增长 −1.1%,是有统计以来首次出现下滑,但研发费用逆势增长,这表明中国的互联网平台走到了新发展阶段的关键时期。

随着互联网经济的快速发展,平台经济模式为传统企业转型提供了重要的战略选择。融合互联网经济与实体经济的平台成为社会和经济的新主角。平台经济是一种商业模式的革新,改变传统的产业链组织方式,以平台为核心重组产业生态,实现传统企业脱胎换骨转型升级。从融媒体来看,无论今日头条、抖音还是快手,"内容为王""渠道为王"都不再成立,而是"平台为王"。"平台为王"代表着一种时代的跃迁,产业格局和经济模式必将做出调整,世界经济已经进入平台经济时代。

据第 52 次《中国互联网络发展状况统计报告》(以下简称《报告》)显示,2023 年上半年,全国网上平台零售额 7.16 万亿元,同比增长 13.1%,其中,农村网络零售额达 1.12 万亿元,同比增长 12.5%。作为数字经济的重要业态,网购消费在助力消费增长中持续发挥积极作用。《报告》显示,网购占消费比重稳步提升,跨境电商等业态模式保持较快增长。实物商品网上零售额 6.06 万亿元,增长 10.8%,占社会消费品零售总额的比重为 26.6%,在消费中占比稳步提升。截至 2023 年 6 月,我国网络购物用户规模达 8.84 亿人,较 2022 年 12 月增加 3880 万人,占网民整体的 82.0%。从业态发展来看,我国跨境电商保持快速增长。2023 年上半年,我国跨境电商进出口额达 1.1 万亿元,同比增长 16%;跨境电商货物进出口规模占外贸比重由 5 年前的不足 1% 上升到 5% 左右,跨境电商成为外贸重要新生力量。

第三节　新技术赋能新平台

2021 年 10 月 18 日,习近平总书记在中共中央政治局第三十四次集体学习时强调:"当今时代,数字技术、数字经济是世界科技革命和产业变革的先机,是新一轮国际竞争重点领域,我们要抓住先机、抢占未来发展制高点。"党的二十大报告指出,应"推动战略性新兴产业融合集群发展,构建新一代信息技术、人工智能、生物技术、新能源、新材料、高端装备、绿色环保等一批新的增长引擎。""加快发展数字经济,促进数字经济和实体经济深度融合,打造具有国际竞争力的数字产业集群。"

每个时代新技术赋能生产力是推动新一轮经济革命的原生动力,蒸汽机时代,电力时代,互联网信息时代,以及数字技术催生的数字经济时代,尽是如此。在第四次工业革命到来之际,在人工智能、数据科学(data science)、数字孪生(digital twin)和物联网等新一代数字技术快速发展的背景下,数字技术成为最新、最重要的通用目的技术,已经成为第四次工业革命的核心驱动力,为全球数字经济的蓬勃发展提供强劲的动力。

随着人工智能、5G、大数据、虚拟现实、区块链等新技术不断演进、迭代更新,数字技术与行业技术的融合深度、广度不断加大,赋能作用持续加强,诞生的应用场景和新平台也越来越多。

一、"互联网+"与人工智能跨界融合催生新平台

如果说互联网的实质是一种关系,那么"互联网+"的本质就是指这种关系和其智能连接的方式,而且这种关系涵盖了人与人之间、人与物之间以及物与物之间的关系,有两个方面的价值:一是连接,二是协同。连接包括无缝连接、连接一切。协同包括内部协同和跨界融合。人类社会发展的终极目标就是要真正实现去中心化、分布式、零距离。以"互联网+"为基础的人工智能时代以人为中心,实现了人与人的连接,人与信息的连接,甚至实现物与物的连接,融合物联网、大数据和云计算实现万物互联。目前以万物互联为基础的人工智能时代正在向我们走来,其连接一切、跨界融合的赋能作用,必将催生很多数字产业和平台,推动数字经济快速发展。

赋能的本质就是对产业要素赋予更高的效能,实体产业通过科技力量的加持获得之前所不具备的能力,提高生产效率和影响力。图 3-1 所示为某企业智能化管理新平台生产线,

将提高生产率。以华为为例,2015 年华为手机每条生产线生产一部手机需要 10 分钟,2020 年华为手机同一产品的生产线采用了智能化管理新平台后,以物联网、大数据、人工智能、云计算四大技术构建数字"新基建",将产品工程数据流、生产信息流、生产工艺流融合打通,实现端到端流程变革,将供应、采购、研发、制造、销售、服务的集成流程平台云,2020 年华为每条产线生产一部手机仅需 27 秒,原来每条生产线需要 97 个人,变成了每条生产线只需要 14 个人,生产效能得到很大的提升,这就是新技术赋能的作用。

图 3-1 某企业智能化管理新平台生产线

✏️ 案例

新媒体 AI 主播

2023 年 8 月,山东广播电视台全国首发男性超写实数字主持人"岱青",与之前推出的女性数字主持人"海蓝"组成"岱青海蓝"男女组合(见图 3-2),将虚拟数字人 AI 主播实现了商业化应用,为观众带来了全新的视听体验,引领广电领域的新潮流,并积极探索了数字虚拟人在多个领域的应用,为山东数字经济的快速发展持续赋能。

图 3-2 山东广播电视台数字主持人

资料来源:山东广电推出全国首位男性数字主持人"岱青"元宇宙新闻主播惊艳亮相.闪电新闻,https://baijiahao.baidu.com/s?id=1774272969250226420&wfr=spider&for=pc.

近年来,人工智能在各个领域的应用越来越广泛,新媒体技术得到不断革新。

此后,新华社还持续推出了"新小萌""新小微""雅妮""小净"等角色,并在两会报道、新闻采访节目中成功应用,通过新华社"新立方"智能化演播室,AI主播可以实现多场景的"自由穿越",以及与多地嘉宾虚实连线、实时互动,播报精准、表情逼真,在点头、微笑、挥手、点赞等表现方面人性化、智能化,使新闻媒体形式更加灵活、新颖、接地气,改变了传统媒体主持人严肃、单一的形象,满足了公众二次元、年轻态、青春靓丽的审美需求,解放了人类主播的部分工作,有效提高了新闻生产效率,推动了传统媒体行业与新媒体技术的融合升级,提升了媒体的生产力、传播力。

在直播电商、短视频、美妆等领域,数字人AI主播已是大势所趋,以AI主播为代表的数字人经济在国内市场快速崛起。据前瞻产业研究院统计,2021年中国虚拟人产业规模达62亿元,同比增长72%,2022年规模超90亿元,仅2022年一年,数字人相关企业注册数量就高达948家,增速为68%。AI主播作为虚拟人的具体应用,成为各企业竞争的潜在风口。

2023年3月腾讯发布"腾讯智影"AI视频创作工具,用户只需要云端上传影像素材就可以获得虚拟数字人分身,直接接入AI直播。7月百度智能云曦灵推出了智能2D数字人平台,通过上传一段真人视频、复刻主播形象,输入关键词后,即可自动生成商品介绍、催单、场控等专业话术,一键开启数字人直播。该平台可进一步降低数字人应用门槛,实现人机可视化语音交互服务和内容生产服务,有效提升用户体验、降低人力成本,提升服务质量和效率(见图3-3)。

图3-3　百度智能云曦灵平台

数字人AI直播,不需要真人、不需要场地,只需要一台计算机和一套软件就可以轻松打造一个全天候24小时在线直播间,省去租赁场地成本、聘请真人劳工成本、上岗培训话术训练成本,解决了真人直播在线工作时长受限、场地设备昂贵、流量维护成本高等问题,以低投入、高产出、续航久的直播模式极大地提升了电商企业的效率。既展现出了与真人主播相媲美的播报能力,又让观众在观看直播的过程中获得科技感体验,充分显现新技术赋能新媒体的突出优势。

二、以 GPTs 驱动的大平台

GPTs(general purpose technologies)是指通用目的技术。国外学者认为它有三个基本特征:一是普遍适用性,GPT 技术能广泛应用到大多数行业;二是动态演进性,随着时间的推移,该技术能不断得到改进,使用成本不断降低;三是创新互补性,它提高了应用部门的研发生产率,这反过来又促进了该技术自身的进步。

目前,已经公认的通用目的技术一共有 24 种,可分为产品技术、流程技术和组织技术三大类。其中,产品技术 14 项,包括轮子、铜器、铁器、水轮机、三桅帆船、蒸汽机、火车、蒸汽轮船、内燃机、电力、机动车、飞机、计算机、互联网;流程技术 7 项,包括植物驯化、动物驯养、矿石冶炼、书写、印刷、生物技术和纳米技术;组织技术 3 项,包括工厂系统、大规模生产和精益生产。

根据深圳工业总会数字经济发展委员会 2020 年发布的深圳大平台数字经济研究报告,在已经公认的 24 种通用目的技术之外,加上了人工智能、数字孪生、5G 和物联网等产品技术,总计 28 种通用目的技术。报告中提出要应用新一代数字技术,探索和打造通用目的技术驱动的大平台数字经济,为深圳大平台战略提供新的发展思路。

从人类历史科技革命巨大成就的视角来看,18 世纪 60 年代到 19 世纪中期,蒸汽机驱动了第一次工业革命;19 世纪 70 年代到 20 世纪初期,电力和内燃机驱动了第二次工业革命;20 世纪 50 年代至 21 世纪初,电子计算机、原子能、航天工程和生物科技驱动了第三次工业革命。显然,通用目的技术是产业革命中的关键共性技术,具有溢出效应,能广泛应用到多个领域,对社会的大生产、大流通和组织方式起到至关重要的优化作用,对产业转型和促进经济增长具有很强的乘法效应。

可以明确的是,数字经济的底层技术是具有很强的通用目的技术,在第四次工业革命中,人工智能、数字孪生、5G 和物联网等通用目的技术将扮演关键角色。以 5G 为代表的通信技术,以物联网为代表的网络连接技术,以人工智能和云为代表的计算技术,以数字孪生为代表的大数据存储和智能处理技术,这四大技术成为当前支撑数字经济发展的核心。这些技术统属于数字技术,是最典型的通用目的技术,并且其发展已经呈现出网络经济的显著特征,当其应用突破一定临界点后,必将快速应用、推广到全领域、各大主流市场。

为此,我国工业 4.0 研究院设计了"GPTs 驱动方法"(GPTs driven method),强调推进具有 GPTs 特征的技术专业化分工,打造该技术快速成长的"新基建",并与深圳工业总会合作,利用"GPTs 驱动方法"设计了 GPTs 驱动的大平台模式,提出了大平台数字经济战略,推进国家制造业创新中心和新一代数字技术大平台建设,并引入成熟大平台运营企业。深圳率先在国内探索以 GPTs 技术驱动的大平台数字经济战略,推动产业发展目标平台的建设,为我国数字经济的快速发展创建改革示范的新高地。

 案例

GPT 与百度"文心一言"

2022 年 11 月 30 日,美国人工智能研究实验室 OpenAI 发布一款聊天机器人模型——ChatGPT(chat generative pre-trained transformer),因其能够像人一样聊天交流,并能完成写文案、论文、代码、视频脚本、语言翻译、画画等工作,迅速席卷全球,引发了 GPT 应用热潮,带来了大模型的火爆,随后百度、阿里、华为、腾讯、字节跳动等巨头厂商先后发布了自己的语言大模型产品。

值得一提的是,这里的 GPT 不是指上面提到的"通用目的技术",而是指人工智能预训练、文本生成式的深度学习语言模型。GPT 属于通用目的技术中人工智能技术的一种,也隶属于数字技术的一种。

2023 年 3 月 16 日,百度正式发布大语言模型 AI 产品"文心一言"(见图 3-4)。2023 年 10 月 17 日,百度世界 2023 大会百度董事长兼首席执行官李彦宏正式发布"文心大模型 4.0"。

图 3-4 百度"文心一言"

"文心一言"在技术上主要是基于百度的"飞桨深度学习平台"和"文心知识增强大模型",不断地从数以万亿计的海量数据中、数以千亿计的大规模知识中融合学习,得到预训练大模型,从而能够实现与人轻松对话、互动,回答我们的各种提问,协助我们进行文案创作,高效便捷地帮助我们获取信息和知识,激发人们的创作灵感。它采用了监督精调、人类反馈强化学习、提示、知识增强、检索增强和对话增强等关键技术,通过对海量数据进行分析,通过机器学习和自然语言处理技术,自动生成高质量的文本内容,为用户提供更精准的服务,可直接帮助媒体行业降低内容创作成本。

根据 2023 年 8 月 22 日百度发布的财务报告,第二季度百度实现营收 341 亿元,同比增长 15%;净利润达到 80 亿元,同比增长 44%。营收和利润双双实现大幅增长,超市场预期。生成式 AI 和大语言模型在许多行业具有巨大的变革能力,为我们提供了重大的市场机会。百度不断升级模型,生成更具创造性的回答,提高训练速度,并降低推理成本,保持行业领先。文心大模型 3.5 得到云客户、AI 开发者和行业专家的广泛认可。百度正在用 AI 原生思维重构产品和服务,旨在为用户提供创新体验,助力企业抓住机遇。百度致力于围绕生成式 AI 和大语言模型构建新引擎,推动长期增长。百度计划将多项主流业务与文心一言整合,包括搜索、智能云、Apollo 自动驾驶、小度智能设备等。此外,百度将开放文心一言大模型,支持更多企业构建自己的模型和应用,赋能交通、能源、制造等实体经济领域,实现生产效率的大幅提升。

资料来源:文心一言重估百度.经济观察报,https://baijiahao.baidu.com/s?id=17585345789055482982.wfr=spider&for=pc.

第四节　平台的问题与治理

一、平台的问题

当今世界正经历百年未有之大变局,数字经济成为全球变局下可持续发展的新动力。在"互联网＋"的加持下,融合了互联网经济与实体经济的平台成为经济与社会的新主角,平台经济得到快速发展。特别是近年来受新冠肺炎疫情的影响,全球的实体经济受到较大的打击,然而数字平台获得良好的发展契机,在远程医疗、在线教育、共享平台、协同办公、跨境电商等服务中得到广泛的应用。平台在提升人民群众生活便利时,也带来很多问题与挑战。例如,平台在发展过程中,由于网络效应、规模效应的存在,很容易出现一家独大、赢家通吃的垄断结构,垄断企业很可能在市场竞争中滥用其所处的市场支配地位,进行不正当竞争,排挤中小型企业,阻碍行业的创新与发展,损害消费者利益,出现资本无序扩张,在竞争中带来数据安全、信息安全、经济安全和社会公共利益安全等风险问题。习近平总书记曾指出,在新常态下要实现新发展、新突破,制胜法宝是全面深化改革,全面依法治国。平台经济同样是法治经济,在发展过程中需要注意防范技术应用与模式创新带来的风险和问题,要在发展中规范,在规范中发展。

平台的问题主要表现在以下几个方面。

(一) 垄断与不正当竞争

2021年3月3日,针对平台以补贴低价形式争夺市场、扰乱市场秩序的行为,国家市场监督管理总局分别对橙心优选、多多买菜、美团优选、十荟团、食享会等5家社区团购企业依法作出行政处罚,共计罚款650万元。2021年3月12日,国家市场监督管理总局又对腾讯、百度、苏宁等12家公司的10起违法实施经营者集中案分别处以50万元的顶格罚单。2021年10月8日,国家市场监督管理总局依法对美团在中国境内网络餐饮外卖平台服务市场滥用市场支配地位的行为作出行政处罚34.42亿元。2021年4月10日,在经历4个月的"二选一"垄断案件调查后,国家市场监督管理总局对阿里巴巴下发了长达26页的行政处罚决定书,对其滥用市场支配地位违反《中华人民共和国反垄断法》的行为作出行政处罚182.28亿元,这是我国反垄断历史上最大的罚单。

就我国平台经济发展而言,对作为标志性意义的平台企业阿里巴巴进行反垄断行政处罚具有里程碑意义,彰显出我国在平台经济新业态反垄断和反不正当竞争的决心和力度。随着新技术的不断应用,平台企业的不正当竞争行为越来越隐蔽,"二选一"的不正当竞争行为呈现新的特点。一是技术隐蔽性。例如,2019年格兰仕披露,在"6·18"活动中,在天猫平台搜索关键词"格兰仕",结果其店铺被屏蔽,被限流。二是表现形式多样化。"二选一"的不正当竞争形式多样,从过去的逐出平台到收取各种费用,搜索引擎平台操作排序推荐算法,网约车平台限制接单,商务支付平台限制结账方式,电子商务平台搜索屏蔽、流量限制等。例如,国家市场监督管理总局下达的行政处罚决定书明确指出,美团具有控制餐饮外卖卖服务价格、控制平台服务者获得流量、控制平台内经营者销售渠道等多方面的能力。美团通过制订平台规则、设定算法、人工干预等方式来决定平台内经营者及其餐饮外卖商品的搜索排名及平台展示位置,从而控制平台内经营者可以获取的流量,对其经营者具有决定性影响。2018 年以来,美团滥用自身在餐饮外卖平台服务行业中的支配地位,系统、全面地实施了"二选一"不正当竞争行为,阻碍了其他竞争性平台的发展。行政处罚决定书还详细罗列了美团为了有效保障"二选一"采取的多种措施,比如开发大数据系统对平台的经营者上线竞争性平台进行自动监测和处罚,向独家合作经营者收取保障金,限制平台内经营者与其他竞争性平台合作,形成锁定效应,阻碍了平台经济规范、有序、创新、健康发展。

(二)资本的无序扩张

资本是以货币形态对各种社会资源和社会关系进行调整和配置的力量,具有逐利和扩张的固有属性,但资本本身并没有好坏之分。针对平台经济发展而言,由于网络效应的存在,规模化发展模式导致平台企业不遗余力地抢占多边市场和多边用户,追求用户的数量和商品服务的种类,都想成为行业里的领头羊、市场规模最大的那一家,"烧钱补贴大作战""优惠力度大比拼"等不正当竞争行为屡屡上演,甚至有人认为平台经济就是一场资本的狂欢。典型的案例就是"共享单车"的无序扩张。2016 年,"共享单车"成为我国共享经济领域"三大亮点"之一,摩拜单车一进入北京市场就受到人们的热捧。2016 年 9 月,摩拜单车与 ofo 小黄车分别获得数千万美元的 B 轮融资,其后又经过 4 轮融资后,两家公司市值预估都超过了 20 亿美元。高峰期共享单车市场发展了包括小蓝单车、优拜单车、小鸣单车等 60 多家企业,平均每月都会融资上千万美元。这种重资产、重运营、轻创新的共享单车行业前期的快速发展完全靠融资支持,处于持续"烧钱"的运营状态,导致后来行业的大起大落,市场的过度扩张造就的短期繁荣给市场的公司、产品供应商和用户都带来了严重的伤害。随着车辆的过度投放,行业过度竞争,行业洗牌加速,共享单车有关的设计、研发、制造、营销等产能过剩,市场迅速萎缩。

总的来说,资本有逐利属性,很容易采取竭泽而渔的商业模式,向消费者提供较低质量的产品,或取得垄断地位以后实施高价,不利于民生和行业发展。当资本过度集中于低技术市场,过多聚焦于流量变现,而不注重原创性和基础性创新,可能会导致真正需要大量资金投入的科技创新领域难以获得足够的民营资本。从长远来看,势必会影响到国家的科技进步。

(三)数据安全与信息泄露

随着我国数字化转型的逐步深入,我们每个人、每台机器每时每刻都在产生大量的数据。互联网数据中心(Internet Data Center,IDC)发布《数据时代 2025》的报告显示,全球每年产生的数据将从 2018 年的 33ZB 增长到 2025 年的 175ZB,平均每天约产生 491EB 的数据。其中,中国数据圈以 48.6ZB 成为最大的数据圈,占全球 27.8%。IDC 的研究表明,人们可获取的数据量每两年就可翻一番。

网络化已经越来越成为我国经济社会发展的新特征。2023年8月28日,中国互联网络信息中心(CNNIC)发布了第52次《中国互联网络发展状况统计报告》。该报告显示,截至2023年6月,我国网民规模达10.79亿人,较2022年12月增长1109万人,互联网普及率达76.4%;2023年上半年,我国各类互联网应用持续发展,各类应用用户规模获得一定程度的增长。截至2023年6月,即时通信、网络视频、短视频用户规模分别达10.47亿人、10.44亿人和10.26亿人,用户使用率分别为97.1%、96.8%和95.2%;网约车、在线旅行预订、网络文学的用户规模较2022年12月分别增长3492万人、3091万人、3592万人,增长率分别为8.0%、7.3%和7.3%,成为用户规模增长最快的三类应用。

因此,随着"互联网+"的全面推进和平台经济的快速发展,人们的线下活动快速向线上转移,网络平台正在改变人们的衣食住行,改变人们的学习、生活、工作和社交方式,成为人们生活中的重要组成部分。

网络平台的数据安全关系到个人信息安全。个人信息保护成为人们最关心、最直接的利益问题。在移动互联网高度发展的今天,各种应用软件无时无刻不在收集用户的信息,网络平台通过对用户的衣食住行、家庭、职业等进行统计分析,通过大数据挖掘潜在客户,提高生产经营效率,实现数据驱动的科学决策,提供更加精准的产品服务和更优质便捷的用户体验,但也出现了个人隐私频繁泄露的问题,甚至个人生物信息成为商业资源。2021年央视"3·15"晚会"谁在偷我的脸""伸向个人简历的黑手""老人手机里的安全陷阱"等节目曝光了一批个人信息侵权违法行为,个人信息安全问题再次引发社会的广泛关注。

网络平台的数据安全更关系到国家安全。习近平总书记指出:"网络信息是跨国界流动的,信息流引领科技流、资金流、人才流,信息资源日益成为重要的生产要素和社会财富,信息掌握的程度成为国家软实力和竞争力的重要标志。"在数字经济全面发展的时代,数据安全风险就是国家安全风险。截至2023年3月16日,在美国上市的中国概念股平台企业多达300多家,包括阿里巴巴、百度、京东、华为和小米科技等巨头公司,这些公司都属于中国规模最大的互联网和科技公司。这些企业普遍积累了不同领域的海量数据资源,这些数据资源安全直接影响着国家安全。然而,概念股平台企业普遍由外资机构持股甚至控股,其可能会获取甚至控制平台企业积累的海量数据资源,一旦出现数据泄露、滥用、违规出境等情况,将成为威胁国家安全的严重风险隐患。当前,凭借着互联网的战略优势,全世界的数据正流向美国,"数据依附"现象严重侵蚀着其他国家的主权。2018年美国以国家安全为由打压中国华为,并游说全球盟友抵制华为的5G设备;2020年美国同样以国家安全为由封杀中国的抖音、微信、QQ等短视频平台、社交平台。

2021年7月,我国对"滴滴出行""运满满""货车帮""BOSS直聘"四家互联网平台企业启动了网络安全审查,这些企业都掌握大量的用户隐私数据,并且业务与关键信息基础设施有关联。据江苏省大数据交易和流通工程实验室副主任李可顺分析透露:"这几家被审查的企业,分别为日常出行、网络货运及大众求职领域的头部平台,至少掌握了所属行业或领域80%的深度数据。这些数据可以直接或间接地反映我国各区域人口分布、商业热力、人口流动、货物流动、企业经营等情况。"同时,这四家被审查的企业还有一个共同的特点,均为近期赴美上市的企业。2021年6月11日,"BOSS直聘"于美国上市;6月22日,拥有"运满满"和"货车帮"的满帮集团于美国上市;6月30日,国内最大的移动出行平台"滴滴出行"于美国上市。这些企业在美国上市,将不可避免地涉及数据出境问题,并可能导致重要数据、个人信息的泄露问题。

随着数据分析技术的飞跃发展，互联网数据安全会对国家安全产生影响，通过大数据分析，互联网企业在运营过程中产生的巨量数据，能够反映我国整体经济运行情况等涉及国家秘密的信息，对总体国家安全构成重大安全威胁。

（四）平台"壁垒"与数据垄断

据人民论坛网报道，随着数据的累积，不同科技企业在数据资源的储备量上的差异也愈加明显，逐渐形成数据垄断，并催生了"堰塞湖"，各企业间的数据难以互通，并且由于数据本身与个人隐私的密切关系，用户隐私泄露问题亦随之凸显。

平台之间的数据与流量竞争导致出现日渐"封闭"的平台经济生态，这种怪现象直接违反了互联网开放、平等、共享的本质特性。平台间无法直接分享链接，无法直接打开链接，需要口令复制，或复制到浏览器打开；从购物等平台搜索到商品和服务优先是自家商品和内容；社交平台屏蔽外链，不同平台互不相通，用户虽深受其扰，却无力改变这个现状。其实，这就是一种人为流量垄断，凭借自己的垄断性流量优势，限制其他平台的竞争。2010年腾讯QQ和奇虎360爆发了"3Q大战"，腾讯QQ和奇虎360安全卫士互不相容，奇虎360新开发的隐私保护器专门搜索QQ软件是否侵犯用户隐私。QQ反击奇虎360浏览器涉嫌借色情网站推广，并宣布在装有奇虎软件的计算机上将停运QQ软件，用户必须卸载奇虎360软件才可以登录QQ，强迫用户做出"二选一"，最终走上了4年的诉讼之路，被称为"互联网反不正当竞争第一案"。2011年，阿里巴巴、新浪等众多互联网平台纷纷宣布实施开放平台策略。2013年，淘宝封禁了微信的访问，微信将导向淘宝网的流量渠道全部关闭。同年，淘宝又封杀美丽说、蘑菇街等第三方导购网站。2018年，字节跳动旗下的抖音、西瓜视频、火山小视频等也不能分享至微信、QQ，开启了"头（今日头条）腾（腾讯）大战"的帷幕。2020年，字节跳动旗下的飞书被限制传播，飞书发布公告，对腾讯封禁飞书域名开打"口水战"。2021年2月，抖音向北京知识产权法院起诉腾讯有垄断行为。

2021年9月9日，工信部召开了"屏蔽网络链接问题行政指导会"，提出有关即时通信软件的合规标准，要求阿里巴巴、腾讯、字节跳动、百度、华为、小米、陌陌、奇虎360、网易等企业或平台必须在9月17日前按合规标准解除屏蔽，否则将依法采取治理措施。互联互通是互联网行业高质量发展的必然选择，让用户畅通安全地使用互联网也是互联网行业的努力方向。这项专项整治行动意味着反垄断行为正在走向深入，互联网在中国发展了20多年，却面临着要打通不同平台之间壁垒的问题。推进平台的互联互通已成为大势所趋。平台互联互通表面上解决的是开放网络生态的问题，实际上是在反流量垄断，但平台围绕数据和流量的竞争从来没有停止过。

2020年12月，中央经济工作会议对我国平台经济发展作出如下基本判断："近年来，我国平台经济迅速发展，互联网平台企业快速壮大，在满足消费者需求方面做出了积极贡献。但与此同时，市场垄断、无序扩张、野蛮生长等问题日益凸显，出现了限制竞争、赢者通吃、价格歧视、泄露个人隐私、损害消费者权益、风险隐患积累等一系列问题，存在监管滞后甚至监管空白。"

至此，我国全面开启了长达3年的平台经济行业整改、整治期。

二、平台治理

治理是任何一个组织机构都必须面临的问题,大到一个国家,小到一个平台组织,没有有效的治理,就会导致一个国家或组织陷入混乱与危机。治理的本质在于建立和运作一套规则,对组织运营、价值分配、矛盾纠纷、平台扩张等问题进行规范和处理,最终保证平台的健康稳定运行。大型数字平台面临的治理问题堪比一个国家的治理问题。阿里巴巴 2021 年合计服务全球超 10 亿活跃消费者,商品交易额高达 8.119 万亿元,如果缺乏良好的治理体系和治理能力,平台将面临巨大危机,这也是平台需要治理的根本原因。

平台双边市场的间接网络效应是实施平台治理的根本动因,平台治理的实质就是平台拥有者通过制订合适的治理策略,增强间接网络效应的正面影响,或减弱负面影响,或在其正面和负面影响之间取得平衡。

治理平台的动机是实现平台稳定且健康地运转。对内表现为解决平台运行过程中出现的各种问题,以保证系统健康。系统健康对内具体表现为平台的参与者愿意继续在此平台上创造价值;对外表现为降低平台运行过程中对真实社会造成的不良影响,以保障系统的稳定,这种稳定的表现是政府监管部门认同此平台的治理能力。

治理平台就是为了解决以上垄断与不正当竞争、资本的无序扩张、数据安全与信息泄露、平台"壁垒"与数据垄断、平台内容审核与监管、大数据杀"熟"算法致"善"等问题,实现平台稳定、健康、可持续发展。这些问题,外在表现为售后纠纷、平台信誉危机、客户投诉、舆论危机、价值分配不公等。治理平台的核心就是要构建适合平台经济良好发展的秩序,让平台企业成为秩序的主要构建者、维护者。

平台治理需要国家、平台和社会三个层面的协同监管。

(一)国家层面

反垄断成为新常态。2020 年被称为我国数字经济与互联网行业监管元年,政府对反垄断提出了新的要求,并且不断强化反垄断意志,加强反垄断执法,统筹推进《反垄断法》的修订,反垄断已上升到国家战略层面的高度。2020 年 12 月,中央政治局召开会议,要求强化反垄断和防止资本无序扩张。随后,中央经济工作会议上明确将"强化反垄断和防止资本无序扩张"列为 2021 年经济工作中的八项重点任务之一。相关责任部门不断推进反垄断执法、立法和司法进度,相继推出一系列平台经济监管制度。2021 年 1 月,中共中央办公厅、国务院办公厅印发了《建设高标准市场体系行动方案》,明确"加强平台经济、共享经济等新业态领域反垄断和反不正当竞争规制",依法规范发展平台经济,强化对平台企业监管。2021 年 2 月,国务院反垄断委员会制定并发布了《关于平台经济领域的反垄断指南》,针对平台经济领域反垄断监管提供了科学有效的行动指南。2021 年 4 月 12 日,中国人民银行、国家金融监督管理总局、中国证券管理委员会、国家外汇管理局等金融管理部门再次联合约谈蚂蚁集团,向蚂蚁集团提出五个方面的整改内容,主要包括支付业务不正当竞争、信息垄断等;4 月 13 日,国家市场监督管理总局、中共中央网络安全和信息化委员会办公室、国家税务总局召开互联网平台企业行政指导会,要求互联网平台企业知敬畏、守规矩,限期全面整改问题,建立平台经济新秩序;6 月 3 日,市场监管总局价监竞争局会同反垄断局、网监司召开行政指导会,要求哈啰、青桔、美团、怪兽等 8 个共享消费品牌经营企业限期整改,明确定价规则,严格执行明码标价,规范市场价格行为和竞争行为;9月1日,交通运输部会同中央网信办、工业和信息化部、公安部、国家市场监管总局等交通运输新业态协同监管部际联席会议成员单位,对 T3 出行、美团出行、曹操出行、高德、滴滴出行、首汽约车等 11 家网约车平台公司进行联合约谈;9月10日,人力资源和社会保障部会同交通运输部、市场监管总局、全国总工会召开平台企业行政指导会,就维护新就业形态劳动者劳动保障权益,对美团、饿了么、滴滴、闪送、货拉拉、阿里巴巴、腾讯等 10 家头部平台企业开展联合行政指导;10月8日,国家市场监督管理总局对美团滥用市场支配地位作出行政处罚决定,同时向美团发出行政指导书,要求其围绕完善平台佣金收费机制和算法规则、加强外卖骑手合法权益保护、维护平台内中小餐饮企业合法权益等进行全面整改,连续三年向国家市场监督管理总局提交自查合规报告,确保整改到位。2021 年 11 月 18 日,国家反垄断局正式挂牌。国家层面新的反垄断机构的出现,标志着我国反垄断进入常态化新阶段。

(二) 平台层面

平台作为多边用户内容服务的提供者、供需双方交易的管理者,其健康有序发展是平台企业实施平台治理的原动力。在平台经济中,在网络效应的作用下,马太效应十分突出。马太效应是指强者越强、弱者越弱的一种效应现象,在市场经济中普遍存在这种效应。在平台经济中,一个行业的头部商家最大的优势是多边用户的数量,即用户价值资产,这种资产越多越容易发展,体现为平台用户越多,声誉越好,平台价值越高,越容易发展。例如,平台的头部商家积累的大量好评、各类经营管理数据、用户价值标签等都是平台的用户价值资产。平台是一个多边经济体,让不见面的经济活动越来越频繁,也大大提高了平台主体失信的可能性,收到的商品和页面描述不一致、促销降价前提高商品价格、违背诚信承诺等失信行为在各大平台时有发生,大大影响了平台的声誉。一旦平台出现声誉问题,就会破坏网络效应,甚至会导致平台的消亡。无论是淘宝、京东电商平台,还是去哪儿、携程旅行平台,都会面临着多边用户的信任问题。为了维护平台价值,使平台能够稳健发展,平台企业对平台的监管具有较强的主动性和必要性。

对平台而言,关键是有效治理平台内容服务。对于抖音、快手、B站等每日活跃用户持续攀升的平台,关键在于其平台采取的内容审核管理的治理机制。而淘宝借助于自身的数据优势开发出来的后台监管程序在打击假货方面成效突出,假冒伪劣货品一上架平台就可以自动监测出来,自动屏蔽下架处理,改变了平台扩张期假货太多出现的信誉危机局面。这比一些三四线的集贸市场、商品批发市场里面假货监管要更加有效,应该说平台在打击假货方面实际上是有能力和优势的。例如,一些应用商店平台会对应用程序的一些不恰当行为进行十分严厉的管控和处罚,苹果的应用市场对窃取用户个人隐私的 App 打击力度非常大。当平台企业意识到平台经济生态秩序是保障自己收益的来源时,就会有很强的动机和主观能动性去打假和维护平台秩序。

此外,从技术治理的角度来看,平台企业具有数据和算法的技术优势,参与数字经济平台的治理是一个非常有效的手段。平台依靠技术手段和数据支持,可以对平台多方的不当行为实施精准合法的打击。既可以通过后台监管程序对不当行为进行跟踪监控,实施过程监管,又可以通过收缴信誉保障金、管理费等方式约束多边用户行为,还可以通过下架商品、纳入黑名单、没收抵押金、扣除信用额度等一系列灵活多样的市场方式对平台参与方的行为进行实时校正。客观来说,平台企业有足够的能力和技术手段来充当平台管理者的角色。

因此,每个平台企业都应该设立适合自己的平台治理部。早在2015年12月,阿里巴巴公司就宣布组建了自己的平台治理部。其主要职责是负责电商平台的规则、知识产权保护、打假、打击信用炒作等管理事宜。这个部门如今已经拥有众多团队,如平台治理机制与发展团队。他们聚焦市场主体、商家、消费者、服务商等,通过市场机制的设置来释放生产力,提高市场的健康度与活力。阿里巴巴还与国家认证认可监督管理委员会信息中心正式签署合作框架协议,双方共同推出"云桥"数据共享机制,打通在线商品数据与权威管控数据,实施精准监控。

值得一提的是,2017年阿里巴巴成立阿里研究院,建立产、学、研协同机制,依托阿里巴巴的海量数据和案例,以开放、合作、共建、共创的方式打造具有影响力的前沿科技与智能商业知识平台,用科技探索新商业边界。2018年6月,由阿里巴巴倡议,社会科学领域全球顶尖学者共同发起成立了研究机构"罗汉堂",主要解决数字平台经济中的经济、社会形态、社会治理等领域的问题。2019年阿里巴巴发起阿里巴巴青年学者支持计划"活水计划",为青年学者长期提供阿里经验、案例、信息、数据和科研经费等各种研究资源,并通过开放实地调研和专家指导等方式搭建平台,支持我国优秀青年学者的成长,围绕阿里巴巴、电子商务等方面的课题进行深入研究,发掘阿里巴巴生态案例和数据的价值,提升我国数字经济研究水平。阿里巴巴每年还会举办智库大会,为学术研究提供平台,发布了许多具有前瞻性的研究报告,这些研究成果反过来指导着阿里巴巴的实践,帮助其实现稳定增长。

(三)社会层面

除了平台管理者和政府部门市场管理者参与平台治理,还需要更多的社会主体参与平台治理。例如,新闻媒体进行舆论监督,行业协会进行规范与引导,征信部门进行社会信用保障体系征信监管等。

社会大众的监督可以在反垄断常态化、个人信息保护、平台安全管理、平台声誉监管中发挥重要的作用。例如,2021年4月14日,国家市场监督管理总局在召开互联网平台企业行政指导会后,第二天就在线公开发布了12家互联网平台企业提交的依法合规经营承诺书,其中包括百度、京东、美团、360微店、新浪微博、字节跳动、叮咚买菜、拼多多、小红书、苏宁易购和唯品会等平台。向社会公开依法、合规经营的承诺,既是行政指导会的明确要求,也是充分发挥社会各界监督作用的重要手段。

平台治理离不开行业协会在行业层面的规范和自律性引导。行业规范是行业协会为了保障本行业持续健康发展而制定的对全体行业组织成员具有普遍约束力的行为规范。2023年2月15日,商务部发布公告批准《电子商务产业基地建设与运营规范》这一国内贸易行业标准,于2023年9月1日起在全国范围内实施。该标准明确了电子商务产业基地规划、建设和运营管理的要求,包括基本指标、营商环境、企业经营指标、支撑服务指标、公共服务指标、发展指标等六个方面,指导电子商务产业基地建设与运营的全过程。旨在规范电子商务产业基地建设,拓展电子商务产业链条,助力电子商务高质量发展,为电子商务行业健康发展"保驾护航"。

平台治理离不开社会信用保障体系征信系统的监管,大数据征信是治理和规范平台经济中失信行为的重要措施。依托网络与算法技术的支撑,平台可以建立起供需双向评价机制,从而对交易双方产生约束作用,产品或服务提供方必须努力做到最优,以获得好评,并得到更多的需求;需求方也需要注重积累自己的诚信。当前社会信用保障体系已经深入我们生活的很多方面,将其运用于平台治理,可以对平台经济活动中的失信行为进行强有力的监管。

总之,平台治理是一个过程,健康的平台生态是结果。平台治理的最终目标是让所有参与者都能最大限度地从平台成长中获益。平台治理不是平台企业平台管理者自己单方面的事情,而是需要来自内部、外部多方的支持和监督,未来的平台治理还会加入更多的参与者,除了相关的平台活动的用户、政府监管部门和投资者,在自发和自愿的前提下,处在边缘之外的不相关者也能加入平台的治理中,在国家、平台和社会三个方面的共同努力下,推动平台的稳健发展。

本章小结

平台通过互联网和数字技术连接了不同的用户和供应商,形成一个开放、多边、数据驱动的生态系统,其本质是一个双边市场或者多边市场,是连接交易多方形成的一个经济组织形态。以平台为重心做强数字经济产业体系,既是数字经济组织方式的主要特征,也是我国建设数字化、智能化、国际化的产业链、供应链、创新链的重要抓手。平台经济已经成为一种新的经济形态,与传统的经济形态相比有明显的差异,表现为多边市场、网络效应、数据驱动、开放性等。随着 Web 3.0、人工智能、5G、大数据、虚拟现实、区块链、元宇宙、GPT 等新技术不断演进升级,与行业技术的深度融合,新平台不断涌现,以 GPTs 技术驱动的大平台数字经济战略,推动相关产业平台的建设,正引领世界经济转型发展。

巩固与提升

1. 简述平台的概念和内涵。
2. 什么是平台经济?
3. 平台经济有哪些模式?各有什么特征?
4. 简述新技术对新平台的赋能作用。
5. 结合实际,谈谈数字化平台有哪些问题?
6. 结合身边数字经济新平台的案例,简要说明平台治理的特点和重要性。

第四章　数字经济基础设施建设

本章导读

　　《"十四五"数字经济发展规划》中,明确提出"优化升级数字基础设施",并对数字基建提出了明确的规划。如今数字经济进入高质量发展阶段,数字基建也需要进行高质量转化。打通经济社会发展的信息"大动脉",夯实数字经济发展的底座,数字经济才能不断塑造、发展新动能、新优势。基础设施是"数字经济"建设和运行的重要基础,需从基础设施的支撑能力、覆盖范围、安全可靠等方面统筹谋划,以匹配"数字经济"应用建设。

学习目标

　　本章主要介绍数字经济基础设施建设中的一些相关基础知识,包括网络基础设施建设、算力基础设施建设和新技术基础设施建设。通过学习,读者可以清晰地了解数字经济基础设施建设的具体构成及其作用。

第一节　网络基础设施建设

　　在 2023 年 7 月 18 日举行的第二十二届中国互联网大会上,中国互联网协会副理事长兼秘书长、中国信息通信研究院院长余晓晖发布《中国互联网发展报告(2023)》(以下简称《报告》)。《报告》显示,我国网络基础设施建设处于全球领先,数字技术创新能力持续提升,数据要素价值备受重视,网络法治建设逐步完善,网络文明建设稳步推进,网络综合治理体系更加健全,数据安全保护体系更趋完备,网络空间国际合作有所进展,数字中国建设取得显著成效。

　　具体来看,我国在基础资源与技术方面,骨干网络架构不断优化,5G 网络建设和应用全球领先,以双千兆网络为代表的信息通信基础设施快速发展;算力总量已位居世界第二,云计算市场总量稳定增长;数据要素基础制度获得重要突破,数据空间技术体系探索加快;大模型驱动产业加速,可信 AI 进入实践阶段;移动物联网连接数率先实现了"物超人";车联网已进入以汽车、交通运输实际应用需求为牵引的先导应用新阶段;区块链自主创新能力持续提升,应用广度和深度加速拓展。

　　在互联网应用与服务方面,随着数字政府顶层设计不断完善,我国电子政务国际排名达到新高;工业互联网基础设施能力不断加强,行业应用走向纵深发展;电子商务交易额保持小幅增长,数字化和智能化升级进一步实现;网络音视频市场竞争加剧,平台治理机制日益完善;网络金融上下游生态日趋完善,数字化赋能提质增效;网络教育数字化转型全面启动,热点领域加快发展。此外,网络与环境治理体系日臻完善,网络安全产业进入快速成长阶段,数字安全成为数字发展的战略保障。

我国互联网行业发展将进一步加强基础设施建设,5G推广普及远超时序进度,千兆光网发展持续提速,万物互联基础稳步夯实;数据基础制度持续构建,开启数据要素价值释放新时代;数字经济和实体经济融合不断深化,工业互联网规模化推广成为主要方向;核心技术加快突破,大模型技术不断快速迭代,有可能成为通用智能的雏形;实现平台企业在引领发展、创造就业、国际竞争中大显身手,大有可为。

一、智能终端

近些年,国家持续推进5G建设与智能终端的发展,智能终端已经进入大规模的普及阶段,目前主要应用在智能手机、智能机器人、智慧大屏设备、智能可穿戴设备、智能家、智能医疗、智能车载等领域,以及智慧生活、智慧旅游、智慧零售等生活场景中。智能终端是指一类嵌入式计算机系统设备,其体系结构框架与嵌入式系统体系结构是一致的,但比普通嵌入式系统结构更加明确,粒度更细。

2022年国家出台《"十四五"数字经济发展规划》,发展数字经济上升至国家战略层面。该规划强调,数字经济是继农业经济、工业经济之后的主要经济形态,并以数据资源为关键要素,同时明确提出到2025年,数字经济核心产业增加值占GDP比重达到10%。电子行业已经成为数字经济发展的基础支撑性行业,将在国家政策的支持下,迎来新的发展机遇。电子智能终端作为数字经济落地的产品形态,未来将迎来需求的持续快速增长。

(一) 智、云、网、端一体的新型基础设施

一是建立经济智能计算中心。构建规模适度、保障有力、绿色集约的数据中心体系,建设统一的网络、计算、存储、智能化中心等基础资源,构筑开放共享、敏捷高效、安全可靠的智能计算中心。通过提供多样化算力,引入行业、场景智能算法,融合大数据、微服务、容器等最新技术,支撑企业多样化业务需求及产业生态需求。基于智算中心建设,助力大数据产业发展,通过夯实数字经济环境,丰富健康医疗、工业数字化、高性能计算、智能制造等行业生态,进一步赋能地方产业,推进传统产业数字化转型,加快数字化产业高速发展。

二是建设数字经济云底座。构建开放可扩展的云架构,提供资源弹性扩容能力服务,基于云底座开展公共服务、城市治理、产业经济等各领域的应用建设。开展云服务平台安全评估,有序开展新建系统"云上部署",实现资源"一盘棋"的集中调度。建立一体化运维平台,提升自动化运维水平,提高故障监测预警技术水平,增强故障快速处置能力。探索边缘计算与云计算在工业互联网、医疗卫健、农业等领域的协同应用。

三是优化提升基础网络。加快推进5G网络建设,全面覆盖中心城区、重要功能区、重点应用区和交通干线等区域,逐步完善农村地区的5G网络布局。加快宽带网络扩容升级,深入推进宽带网络光纤化改造、IPv6改造,推进各级政府互联网统一出口建设。持续推进城市光网建设,实现城镇居民小区、楼宇、学校、园区、自然村光纤全覆盖。提高电子政务外网能效升级,提高网络带宽,增强网络可用性和稳定性,满足业务量大、实时性高的应用需求。推动工业互联网基础设施建设,利用新型网络技术提升优势产业,提升重点园区电子信息、装备制造、新材料等核心产业的数字化、网络化、智能化水平。

四是构建信息安全保障体系。注重加强顶层设计,构建一体化、规范化的信息安全保障体系,全面保障数字经济业务安全和稳定运行。严格按照国家信息安全建设相关标准和规范要求,落实等级保护、分级保护、安全测评、电子认证等制度,形成全生命周期的信息安全监管机制。注重防范网络安全风险,提高虚拟化平台安全性,加强数据安全和容灾备份能力,加强关键信息基础设施防护,加强网络安全防控能力。

五是建设城市智能感知体系。大力推动智能传感器、无线射频、微机电系统、高清视频等物联网技术及产品在运行管理中的广泛与深入应用。加强对基础设施、环卫、园林绿化、房屋土地、电力、天然气、供水管网、环境质量监测、污染治理、消防、防汛、防震等领域感知化建设。

(二)建设城市数字底座

一是建设城市物联网平台,包括物联网平台和边缘网关部署,对数字经济物联感知设备进行统一接入和集中管理。建立统一、兼容的物联网技术接入标准,实现各类物联设备、物联网络、物联数据以及第三方物联网平台的统一接入、统一管理和协同运行。

二是建设城市视频融合平台。对接"雪亮工程"资源库,公安、交警、城管、生态环境、水利,以及其他社会视频资源,构建视频资源汇聚与共享中心;依托人工智能视频解析技术,建立以人、车、地、事、物、环境为核心的视频图像信息资源库,支撑各类视频场景化应用。

三是建设一张图 GIS 平台。提高时空数据采集、存储、处理与服务分发等能力,对接自然资源和规划局地理信息公共服务平台基础地理信息服务,整合构建面向城市规划、市政设施、城市治理、生态环境等各类专题数据和场景化应用,形成地上地下、多维一体化的城市空间信息服务体系。

四是建设融合通信平台。构建包含固定电话、手机、视频、集群、短信、邮件、社交媒体及视频监控等多种终端及媒体网络的通信平台,支撑构建跨层级、跨部门、跨系统的可视化指挥调度能力,满足日常事件通信、应急联动指挥和重大活动保障。

五是建设人工智能平台。打造一站式、开放的人工智能开发部署平台,支持主流开源的人工智能开发框架及其他自研的算法框架,为各类人工智能算法模型提供数据处理、模型训练、模型管理、模型部署、人工智能市场等一体化服务;支持公安、交通、水利、城市管理、生态环境、金融、医疗等行业应用。

六是建设区块链平台。构建统一区块链平台,推进核心数据上链。利用区块链所具备的隐私保护、难以篡改、更新及时等特性,进一步简化数据交互步骤,推进政府部门间、政府部门与企业及群众间的信息对称及交易透明化,使社会多方协同治理成为可能。

二、中央信息处理

数字化是信息化的升级。在信息化时代,人们把各种信息输入计算机,然后用计算机处理相关信息。企业资源计划(ERP)、办公自动化(OA)、客户关系管理(CRM)、商业智能(BI)系统都属于信息化的范畴。但随着人工智能、云计算、大数据和智能终端的普及,数据能自动产生并被集中处理,大大提高了数据的利用程度,改变了我们的生产和生活方式,这就是从信息化到数据化的转变。过去常常使用的"信息技术"(IT)一词,正在被"数字技术"(DT)一词所替代。

从信息化到数字化,其背后是三种底层技术(各种智能终端、中央信息处理功能以及互联网)的广泛应用和升级改造。

首先,智能终端的广泛使用。智能终端是具有一定处理能力的终端设备,如手机、可穿戴设备等。这些设备可以自动产生和传输信息。例如,当我们用手机定位系统时,手机会自动向系统发送我们的位置信息;当我们使用支付软件时,手机会自动向系统提供我们的信用信息;当我们使用社交媒体时,我们也在不断生产信息。个体不只是信息的消费者,也是信息的生产者,而且生产的方式越来越自动化,这样就可以产生海量信息,为大数据提供基础。

其次,中央信息处理功能的升级,主要体现为人工智能、大数据和云计算的广泛应用。在信息时代,数据处理是由一台计算机完成的,但互联网可以把计算能力集中在一起,通过网络向每个终端输出计算能力。这个变化很像第二次工业革命中电力的演进。在第二次工业革命早期,很多工厂都有自己的发电站,但后来发现这样不经济,于是发电厂开始集中化,并通过庞大的网络来供电,这样每个工厂和家庭只要接入电网就可以获得电力。现在的网络也出现这种趋势,那就是计算能力的集中化,中央计算处理系统越来越复杂,引入诸如人工智能、大数据和云计算等终端,只需要具备简单的处理和展示功能即可。

最后,互联网的升级。从有线互联网到无线互联网,我们摆脱了物理空间的限制,可以随时随地接入网络。从3G到4G,再到5G,网速变得越来越快,同时接入的设备也越来越多,响应时滞越来越短,智能驾驶、物联网变得越来越成熟和普及。

我们可以把各种智能终端比喻成人的肢体,把各种中央信息处理功能比喻成人的大脑,而把互联网比喻成人的神经系统。这三种数字化底层技术的升级往往是相互影响的,成为我们这个时代最大的技术变量。

三、互联网

互联网(即 Internet)又称网际网络或音译因特网、因特网,是网络与网络之间串联成的庞大网络,这些网络以一组通用的协议相连,形成逻辑上的单一巨大国际网络。这种将计算机网络互相连接在一起的方法称为"网络互联",在这基础上发展出覆盖全世界的全球性互联网络称为"互联网",即"互相连接一起的网络"。互联网并不等同万维网(world wide web,WWW),万维网只是一种基于超文本相互链接而成的全球性系统,且是互联网所能提供的服务中的一类。单独提起互联网,一般都是互联网或接入其中的某网络,有时将其简称为网或网络,可以实现通信、社交、网上贸易等。

(一)产业互联网与消费互联网

现阶段,对于产业互联网的定义并没有完全统一的说法,但是业界的讨论有很多共识性的成果。简单来说,产业互联网是利用人工智能、区块链、云计算、大数据等互联网技术和工具为传统产业进行赋能,从而提高企业在服务和运营方面的能力,实现"互联网+"的组织架构。场景范围包括制造业、城市管理、政府服务、零售、金融、医疗、交通等领域的各个行业。数字经济的发展"上半场是消费互联网,下半场是产业互联网",这一观点如今已经成为业界共识。

产业互联网起源于消费互联网。所谓消费互联网,就是当数字化平台与老百姓的生活消费场景相结合,就产生了消费互联网。过去十余年,我国消费互联网取得举世瞩目的成绩,随着消费互联网进入平稳增长期,行业增量红利逐渐消退。产业互联网才是数字经济真正的蓝海,但这个过程需要数字化、网络化、智能化和智慧化,最终万物互联,人机交互,实现产业智能化、绿色化、融合化。"产业互联网"是与"消费互联网"相对应的概念。消费互联网面向的是个人消费者,其目标是满足个人消费体验,帮助既有产品、服务更好地销售和流通。不同于消费互联网,产业互联网将互联网经济的系统、数字化与智能化的服务垂直于一个产业中,并催生产业内部巨大边际效应的经济发展新范式。具体而言,产业互联网可以综合运用互联网、移动互联网、物联网、大数据、云计算、人工智能等新一代信息技术,充分发挥互联网在生产要素配置中的优化和集成作用,打通各行业、产业、事业间的内、外部连接,从整个产业链角度来整合资源和优化价值链,实现互联网与实体产业、精准治理、公共服务的深度融合,从而降低整个产业的运营成本,提高整个产业的运营质量与效率,构建形成产业链、产业网协同共生的数字生态。从社会经济的发展视角来看,产业互联网的出现增强了信息技术的"赋能力",为实体经济实现质量变革、效率变革、动力变革提供了重要契机。因此,世界各国纷纷把发展产业互联网作为提升国家未来竞争力的重要手段。对于我国来说,产业互联网正接力消费互联网,成为促进我国经济数字化的新动力,其产业规模预计到 2025 年达4 万亿元,2030 年达 12.22 万亿元。同时,产业互联网的覆盖范围也已经不限于制造业、农业、教育、医疗、文娱、服务业,越来越多的行业开始借助互联网的"快车"来实现转型发展。

总之,产业互联网是产业未来发展的必由之路。不过,从现实发展进度上看,集中度较低、龙头企业尚未成型、交易占比过高等问题依然限制产业互联网的普及,我国亟须进行行业整合和产业发展方向引导。

(二)数字经济与互联网的关系

数字经济与互联网有什么联系?数字经济是在互联网的基础上产生的,没有互联网,就没有数字经济,数字经济是互联网发展到一定程度的必然产物,两者密不可分。互联网与数字经济之所以有着密不可分的关系,是因为在当今社会,互联网是数字经济的重要基础。它不仅改变了人们的思维模式和行动方式,也为数字经济提供了丰富的资源和支持。互联网的发展使得大量的数字信息得以轻松扩散,数据的传播和应用更加便捷,不仅给一般消费者带来便利,也使以数字信息为基础的数字经济得到极大的促进和发展。

互联网还可以缩短企业的信息传播过程,提高经济效益,降低企业的成本费用率。通过互联网,企业可以实时监控存货量,并快速应对市场变化,实现销售规划,满足顾客需求,提高营销效果。

另外,随着智能手机和其他联网设备的普及,消费者可以更加方便地获取信息,从而把握最新产品的发展趋势,以此实现个性化的消费方式。

总之,互联网与数字经济之间存在紧密的关系,互联网的发展是推动数字经济发展的强大动力。

第二节　算力基础设施建设

2023 年 10 月 8 日,工业和信息化部、中央网信办、教育部、国家卫生健康委、中国人民银行、国务院国资委等六部门联合印发《算力基础设施高质量发展行动计划》,从计算力、运载力、存储力以及应用赋能四个方面提出到 2025 年的发展量化指标。定义或理解算力基础设施,首先需阐明算力的含义。顾名思义,算力与计算紧密相关,人类的大脑是强大的计算引擎,生命过程中的识物、闻声、辨味都可以理解为大脑在进行运算。大部分时间里,人们进行口算、心算就是大脑算力的体现。在复杂计算场景下,计算工具逐步得以研发与应用,从结绳、堆石到算筹、算盘,计算工具在不断发展。

从狭义上来讲,算力基础设施是提供算力资源的基础设施,主要以算力资源为主体,包括底层的设施、算力资源、管理平台和应用服务等,涵盖超算中心、数据中心和智算中心等提供的多样性算力体系。从广义上讲,算力基础设施是指融算力生产、算力传输和 IT 能力服务为一体的 ICT 服务。近年来,我国对算力基础设施的重视程度不断提升。其广泛服务于我国数字社会转型中的方方面面,加速提升我国数字经济在国民经济中的占比。我国算力基础设施主要包括超算中心、智算中心、数据中心和"城市大脑"四类形态,并处在同步建设中。2022 年,全国有 30 多个城市提出建设智算中心,京津冀等 8 个国家算力枢纽建设进入深化实施阶段,新开工数据中心项目超 60 个,新建数据中心规模超 130 万标准机架。

一、算力基础设施的内涵及特点

当前,云计算、人工智能、大数据等新一代信息技术快速发展,传统产业与新兴技术加速融合,数字经济蓬勃发展。算力基础设施作为各个行业信息系统运行的算力载体,已成为经济社会运行不可或缺的关键基础设施,在数字经济发展中扮演着至关重要的角色。算力是集信息计算力、网络运载力、数据存储力于一体的新型生产力,主要通过算力中心等算力基础设施向社会提供服务。算力基础设施是新型信息基础设施的重要组成部分,呈现出多元泛在、智能敏捷、安全可靠、绿色低碳等特征,对于助推产业转型升级、赋能科技创新进步、满足人民美好生活需要和实现社会高效能治理具有重要意义。全国算力基础设施建设也如火如荼。例如,重庆力争到 2027 年地区生产总值迈过 4 万亿元大关,数字经济规模占 GDP 比重超过 50%,加快培育壮大数字经济,高标准打造全国一体化算力网络成渝国家枢纽节点;上海、青海、山东、四川、江苏等 7 个省市集中发布了数据中心相关重大政策,其中青海省发布《绿色零碳算力网络建设行动计划(2023—2025 年)》,以期发挥绿色零碳优势,大力推进"西北数谷"建设,推动青海成为"东数西算"的重要承载地,主动融入"东数西算"国家布局。

(一)算力基础设施的内涵

算力基础设施的本质是提供不同类型算力的基础设施。伴随着算力基础设施的发展,国家及地方相关政策文件提出了云数据中心、智算中心、一体化大数据中心等概念。经深入分析可以发现,这些概念是从数据中心采用的技术架构、提供的服务类型等不同维度提出的,物理实体都可以归为数据中心的不同形式和类型。当前,算力基础设施概念主要源于三个方面:一是提供算力资源的实体,如数据中心是面向市场的算力资源,超算中心是主要面向科研国防等重大项目或课题的算力资源;二是政策文件中出现的名词概念,新型计算中心概念不断涌现,如新基建政策中出现的算力基础设施、一体化大数据中心和行业大数据中心;三是技术融合,云计算、大数据、人工智能等新技术的兴起与发展,市场应用需求的导向,引发传统数据中心发生技术变革,使其成为技术创新的制高点,成为技术密集型产业,并催生新型计算中心形态,如智能计算中心。算力网络包括数据中心、全光网络和运营平台。算力网络核心包括算力和网络,将"新计算"(云计算、边缘计算、泛在计算)的算力通过"新联接"(无处不在的网络)整合起来,实现算力的灵活按需使用。

中金公司于明洋等人在 2022 年 8 月 10 日发布的研究报告中表示,算力网络是数字经济建设的关键基础设施。将算力网络定义为云—网—端结合,一体化调度算力资源的基础设施。随着数字经济的发展,数据快速增长带来算力规模的扩张。算力网络可调度区域间不均衡分布的算力资源,直接通过网络提供算力服务。算力网络是数字经济建设的关键基础设施(见图 4-1)。

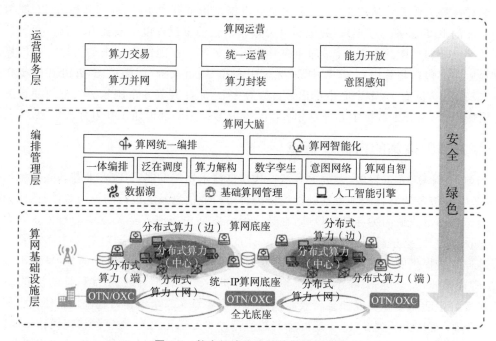

图 4-1　数字经济建设的关键基础设施

算力网络的架构可以分为三层,从下至上依次为算网基础设施层、编排管理层和运营服务层。算网基础设施层是"算""网"资源的有机结合。编排管理层是整个算力网络的核心管理中枢;运营服务层提供产品和服务的一站式供给。

算力基础设施是承载算力的载体,构建了计算体系中最重要的基础支撑底座。当前数字化技术(如云计算、大数据、人工智能等)加速创新,数字化应用层出不穷,带动信息数据不断加速增长。根据国际数据公司(international data corporation,IDC)的数据,到 2024 年,全球数据总量将增长到 142.6ZB,数据采集、数据存储与管理、数据传输与处理等对算力资源的需求将极大地增加。同时,算力的发展也为算法、数据和通信提供了有力支撑,驱动技术革新、产业应用创新及数字化经济不断突破,对经济社会的发展发挥着关键性的作用。

(二)算力基础设施的特点

算力基础设施是新基建的核心组成部分,对于我国数字经济发展的支撑意义重大。一方面,通过深度应用互联网、大数据、人工智能等新兴技术,算力基础设施支撑传统基础设施转型升级,形成融合基础设施;另一方面,通过持续支持科学研究、技术开发和产品研制,算力基础设施支撑创新基础设施的落地建设和创新发展。在全球经济状态低迷、国际贸易冲突加剧和新冠肺炎疫情暴发,且经济大幅下行压力增长之际,算力基础设施具备固定资产投资和数字基础设施的双重属性,可推动我国经济高质量发展。短期来看,算力基础设施能够发挥固定资产投资的作用,发挥投资的"逆周期"调节作用,助力稳投资、扩内需,缓解当下之急;长期来看,算力基础设施能够促进数字基础设施的建设发展,有助于推动供给侧结构性改革,实现新旧动能转换、增长方式转型的经济高质量发展,算力网络的架构如图4-2所示。

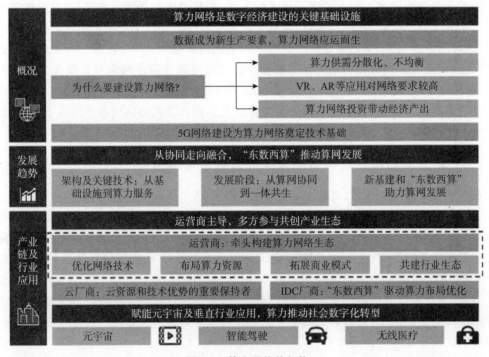

图4-2 算力网络的架构

二、算力基础设施的发展趋势

近年来,我国对算力基础设施的重视程度不断提升,相继提出一体化发展、新型数据中心、算力基础设施等概念。基于新一代信息技术演化生成的基础设施,主要是以数据中心、智能计算中心为代表的算力基础设施。算力基础设施内涵外延广泛,建设运营主体丰富,技术环节众多,需要多方统筹协调、共同参与,促进其高质量发展。算力基础设施的发展趋势主要有以下几个方面。

(一)多元算力需求推动算力基础设施规模大幅增长

数据中心方面,从产业需求来看,5G、工业互联网、物联网、人工智能等信息技术与应用正加速发展和布局,数据量暴增,对数据中心的需求不断增长。预计未来几年,我国数据中心产业仍将继续保持高速增长趋势。截至目前,数据中心在算力基础设施总体规模中占比最高,超过90%,未来几年,数据中心规模将保持年均20%的增速。智能计算中心方面,随着AI算力需求的增加和新基建政策的推动,AI算力进入需求加速期,而传统算力受效率、功耗和成本的限制提升缓慢,且用于AI专属计算的性价比较低。按照AI基础架构规模增速来看,未来AI算力增速将达到60%以上。超算中心方面,随着产业升级和企业数字化转型加快,高性能算力需求不断旺盛,超算中心也将在"十四五"期间迎来新的发展阶段。边缘数据中心方面,未来随着 5G、工业互联网建设推进,边缘算力需求将日益迫切,边缘数据中心建设部署将进一步加快。

(二)算网协同实现算力资源的优化整合和敏捷连接

随着 5G、物联网和工业互联网等技术的发展,海量边缘数据爆发式增长,以云计算为核心的集中式大数据时代,在网络延迟、隐私安全和能效等方面已无法满足边缘数据处理的需求,边缘计算应运而生,算力需求从云和端向网络边缘扩散下沉,高效算力需要深度融合计算和网络,实现计算资源和网络资源的敏捷连接。算网融合通过网络分发服务节点的算力信息、存储信息、算法信息,结合网络信息(如路径、时延等),针对用户需求,提供最佳的资源分配及网络连接方案,从而实现整网资源的最优化使用。算网协同的最终形态,将形成多种算力交易平台、算力交易商店,满足从多层次计算资源面向多样性终端算力的使用需求。

(三)算力基础设施泛在布局保障算力普惠化服务

在数据中心方面,大型数据中心和边缘数据中心将协同发展。《中华人民共和国国民经济和社会发展第十四个五年规划和 2035 年远景目标纲要》提出,要加快构建全国一体化大数据中心体系,建设若干国家枢纽节点和大数据中心集群。国家发展和改革委员会、工业和信息化部等四部门发布《关于加快构建全国一体化大数据中心协同创新体系的指导意见》《全国一体化大数据中心协同创新体系算力枢纽实施方案》,提出建设大型数据中心建设的八大节点,为我国数据中心产业布局指明方向。随着边缘计算的推广应用,边缘数据中心在业界逐步探索建设应用,互联网头部企业纷纷开启边缘计算节点布局。在超算中心方面,地方政府和高校正提速建设超算中心,并着力打造超算互联网,进一步降低超算算力使用成本和连接难度。在智算中心方面,我国各地政府掀起智算中心建设潮,智算中心算力规模迅速扩大,为人工智能算力的商业普惠应用提供了良好的基础。

(四)绿色低碳是算力基础设施建设运营的主旋律

随着互联网的快速发展,全球数据中心规模高速增长,能效水平成为产业关注热点,封闭冷热通道、提高出风温度、优化供配电设备效率、充分利用自然冷源等绿色节能技术不断推广和应用,数据中心能效管理从粗犷发展进入精细管理,全球数据中心总体能效水平快速提高,我国数据中心能效水平不断提升,部分优秀绿色数据中心案例已全球领先。算力基础设施的供配电系统、冷却系统等设施组成功能与数据中心相似,数据中心领域应用的新一代绿色技术已经外溢到整个算力基础设施领域,如高压直流、预制化、液冷、自然冷却等。为应对全球气候变化和实现绿色发展,我国提出双碳发展战略,"双碳"目标将从内而外改变算力基础设施建设运营的方式。从建设上看,预制化将加快算力基础设施向内外纵深扩展;从产品上看,供配电系统、制冷系统、IT 设备等将会朝着节能高效的方向发展;从运营上看,智能运维、余热回收、可再生能源将会在算力基础设施领域充分应用。

目前,我国算力创新不断提速,算力产业保持高速增长,算力产业生态体系日渐完善,展望未来,算力产业的发展应注重以下几个方面。

一是要结合应用发展场景,加强技术攻关。需要紧贴算力应用的不断演化和发展,提升自主创新能力,推动算力产业绿色发展。

二是要完善标准体系建设,引领产业发展。标准化工作事关算力发展全局,是引领算力产业高质量发展的着力点。要结合产业的发展趋势推动更多技术标准和研究落地,充分发挥标准的引领作用,促进技术产品研发,助力我国算力产业的高质量发展。

三是要吸引更多行业加入,扩大产业融合。持续推动算力产业生态体系建设,降低算力使用门槛,提高算力应用赋能水平,让各方都能参与进来,共同探索新技术、新思路、新领域,加强交流互动,扩大产业融合。

如今,全社会加快数字化建设,算力不再是电子计算机时代信息技术领域的专有服务,而是渗透到各行各业及企业生产全过程,算力参与度和所占比重越来越高。算力不仅可以助力企业降低运营成本,还能提供智能决策支持。算力已成为继热力、电力之后新的关键生产力。

三、算力基础设施与数字经济的关系

算力基础设施是在技术升级、产业应用和经济转型共同作用下而形成的新型基础设施,包含数据中心、超算中心、智算中心以及边缘数据中心等,将呈现计算异构、算网协同、算力泛在、绿色低碳等重要发展趋势。随着新一代电子信息产业加速崛起,千行百业数字化转型升级进度加快,同时带来超大的数据"体量"。线上数据量激增、数据流动性加强,使数据资源存储、计算和应用需求也大幅提升。在这样的发展趋势下,5G、数据中心等算力基础设施加快建设,正在成为支撑数字经济发展的"重要底座"。事实上,"算力基础设施"这个说法在几年前就逐渐进入大众视野中。2020年4月,我国首次对"新基建"的具体含义进行了阐述,即基于新一代信息技术演化生成的基础设施,其中便包含以数据中心、智能计算中心为代表的算力基础设施。

当前新一轮科技革命和产业变革正在重塑全球经济结构,算力作为数字经济时代新的生产力,其发展水平已经成为衡量国家经济社会发展的重要指标。以数据中心为代表的算力基础设施是支撑数字经济发展的重要资源,成为推动我国经济转型升级和培育新动能的重要力量。从标准化发展来看,算力的各项新技术和各个领域都需要制定与完善标准和规范,以加快技术创新和市场响应速度,满足不断变化的业务需求。中国通信标准化协会作为信息通信领域专业的标准化组织,在服务器、数据中心设施、网络边缘计算、新技术与测试等诸多算力领域持续推进相关标准的研制工作,并取得丰富的标准化成果。

算力作为数字经济时代最核心的生产力之一,在经济社会各领域和层面都得到广泛的应用,包括数字经济、数字社会和数字政府领域。算力的快速发展除了受技术进步驱动外,还受益于全球化发展所带来的网络化需求的爆发、人们对便捷高效且充满多元化个性化美好生活的不断追求和对未知世界的不懈探索,以及智能化生产所带来的效率提升,这是算力广泛应用的根本动力,从而推动算力应用场景日趋丰富。

国际数据公司(IDC)、浪潮信息、清华大学全球产业研究院2022年3月联合发布的《2021—2022全球计算力指数评估报告》显示,计算力指数平均每提高1点,数字经济和GDP将分别增长3.5‰和1.8‰。全球各国算力规模与经济发展水平呈现出显著的正相关关系,算力规模越大,经济发展水平越高。

随着新一轮科技革命和产业变革的深入发展,云计算正成为增长最快、辐射最广的算力,数字化应用正从互联网行业向传统产业加速演进,数字经济与实体经济的融合进一步提速。

（一）数字经济催生强劲算力需求

党的十八大以来，我国深入实施网络强国战略和国家大数据战略，建设数字中国、智慧社会，加快推进数字产业化和产业数字化，数字经济发展取得显著成效。据中国信通院数字经济白皮书显示，2024 年我国数字经济规模位居世界第二，增速位居世界第一。

新冠肺炎感染疫情加速了我国数字经济的发展，线上办公、消费娱乐等各种新业态兴起，为数字产业的加速转型提供了契机。随着各行业数字化转型升级进度加快，特别是 5G、人工智能、物联网等新技术的快速普及应用，全社会数据总量爆发式增长，数据存储、计算、传输、应用的需求大幅提升。数据中心作为新基建的重要组成部分，将对工业互联网和数字经济的高质量发展起到重要作用。同时，随着"东数西算"工程在全国范围内的启动，数据中心基础设施建设持续加码，强劲的算力需求呼之欲出。国家发展改革委公布的数据显示，2020 年以来，全国 10 个国家数据中心集群中，新开工项目 25 个，数据中心规模达 54 万标准机架，算力超过每秒 1350 亿次浮点运算。中联数据表明，社会对算力的需求将长期保持20% 的快速增长。

（二）算网融合促进数字经济高质量发展

算力网络是以算力为载体、多要素融合的新型一体化服务，算力网络的快速发展推动了低时延、高算力、大带宽要求产品的持续云化演进。算力服务的底层技术实际上是网络，因此，运营商需要增强网络能力来实现感知算力调度和确定性的连接。要实现算力网络，网络首先要能够感知应用及算力。

（1）中国电信在全球率先推动了云、网、IT 的统一运营，实现网络资源按云所需、网络调度随云而动、云网一体化部署。通过加强云基础软硬件、云技术底座、云创新服务等关键核心技术攻关，中国电信持续推进天翼云升级到 4.0 全新阶段，具备分布式、自主可控、安全可信的重要特征，为数字经济发展构筑云网融合的全新数字底座。

（2）中国移动始终走在算力网络技术前沿，积极构建"连接＋算力＋能力"新型信息服务体系，于 2021 年年底发布算力网络白皮书，对算力网络的定义内涵、远景目标及体系架构等予以明确。自算力网络白皮书发布以来，中国移动在算力网络构建上不断做深坐实，进一步细化算力网络体系架构，主动融入国家"东数西算"工程，优化算网基础设施布局，并牵头在 ITU 初步建立算力网络国际标准体系以及技术和行业标准体系，以推进原创技术发展。2021 年 6 月发布算力网络技术白皮书，阐述了算力网络十大技术发展方向，分享了关键技术路线，为进一步推动算力网络稳步健康发展贡献了诸多研究成果。

（3）中国联通近几年高度重视算力网络的发展，一直在积极推动算力网络技术的进步和研发工作。2019 年，中国联通率先发布了国内第一本算力网络白皮书，2020 年发布了算力网络架构与关键技术白皮书。这些白皮书系统地阐述了算力网络的架构、技术标准和生态合作等方面的现状和展望。2024 年 7 月 19 日，2024 中国联通合作伙伴大会·算网生态大会在上海召开。为进一步聚合产业生态链各方力量、推进项目高效落地，会上中国联通携手合作伙伴正式成立了"中国联通智算联盟"。

目前,算力应用正日益由互联网行业向交通、工业、金融、政务等传统行业加速渗透,应用场景也从通用场景拓展到行业特定场景,算力发挥了前所未有的作用。《云网融合:算力时代的数字信息基础设施》一书指出,算力作为数字时代核心资源的作用日益突出,以算力为核心的数字信息基础设施建设被提到前所未有的高度。

算力作为新基建的重要部分,将成为支撑数字经济、数字社会和数字政府发展的技术底座。面对 AI 应用对算力的庞大需求,我国在国家层面持续推动智能计算中心有序发展,打造新型智能基础设施。未来,算力网络将通过广覆盖和深应用降低科研机构、企业和个人使用门槛,为数字世界提供更高效、更便捷的多样性算力服务,届时,算力网络会像电力网一样蕴含巨大的消费发展空间。

算力网络投资带动经济产出,成为数字经济发展的重要推手。据工信部在 2022 中国算力大会上公布的信息披露,近 5 年来,我国算力核心产业规模平均每年增长 30%。

算力网络产业链主要为服务输出、网络与平台、软硬件基础设施。网络与平台主要涉及运营商、AI、调度编排、算力安全,参与的企业主要为中国电信、中国移动、中国联通等。软硬件基础设施主要涉及 IDC 服务、网络设备、光传输、边缘计算、硬件设备、计算机软件、量子计算,参与的企业主要为中国电信、中国移动、中国联通、数据港、光环新网、中兴通讯、亨通光电、中天科技、中科曙光、锐捷网络等。

三大运营商不仅是底层网络的建设者,还是算力资源的重要供给者。根据前瞻产业研究院数据,2020 年电信运营商共占据 IDC 市场将近 50% 的市场份额。运营商 IDC 资源布局与国家"东数西算"枢纽节点布局高度契合,在一线城市优先抢占稀缺算力资源,领先布局优势叠加"东数西算"政策带来的西部数据中心上架率提升,运营商将迎来相对于第三方数据中心更长的红利收割期。

值得注意的是,算力资源除了计算单元,还包括内存、存储、通信能力等其他资源,如何将所有不同类型的资源进行标准化统一建模,并供上层资源消费者使用,目前还没有学术界和产业界都比较认可的标准。

第三节　新技术基础设施建设

一、人工智能

人工智能专家、美国斯坦福大学教授 N.J.尼尔逊教授认为:"人工智能是关于知识的学科,即怎样表示知识以及怎样获得知识并使用知识的科学。"另一位人工智能专家、美国麻省理工学院教授帕特里克·温斯顿认为:"人工智能是研究如何使计算机去做过去只有人才能做的智能工作。"

可以看出,人工智能是研究人类智能活动的规律,构造具有一定智能的人工系统,研究如何让计算机去完成以往需要人类的智力才能胜任的工作,也就是研究如何应用计算机的软硬件来模拟人类某些智能行为的基本理论、方法和技术。总的来说,研究人工智能的一个主要目标是使机器能够胜任一些通常需要人类智能才能完成的复杂工作。

人工智能是一门跨学科的科学,它由不同的领域组成,如机器学习、计算机视觉等科学和技术,还涉及心理学和哲学等人文学科。该领域的研究包括机器人、语言识别、图像识别、自然语言处理和专家系统等。未来人工智能带来的科技产品,可以对人的意识、思维的信息过程进行模拟。人工智能不是人的智能,但像人那样思考,也可能超过人的智能。

数字经济和人工智能的关系非常紧密,二者之间互相促进,相互依存。数字经济目前是世界经济发展的重要组成部分,而人工智能技术则是数字经济发展的主要核心驱动力。数字经济是经济发展的重要方向,人工智能则是数字经济的重要战略抓手。

二、云计算

在发展早期,云计算是一种分布式计算,是指通过网络“云”将巨大的数据计算处理程序分解成无数个小程序,然后用由多台服务器组成的系统处理和分析这些小程序,得到结果,并反馈给用户。这项技术可以在很短的时间内(几秒)完成对数以万计的数据的处理,从而提供强大的网络服务。如今,云服务已经不仅是一种分布式计算,还是分布式计算、效用计算、负载均衡、并行计算、网络存储、热备份冗余和虚拟化等计算机技术混合演进并跃升的结果。

从广义上说,云计算是与信息技术、软件、互联网相关的一种服务。所谓云计算,就是把各种计算资源集合起来,通过软件实现自动化管理,只需要很少的人参与,就能让资源被快速提供。也就是说,计算能力作为一种商品,可以在互联网上流通就像水、电、煤气一样,可以方便地取用,且价格较为低廉。

云计算是推动数字经济与实体经济深度融合的催化剂。近年来,中国云计算产业年均增速近 30%,是全球增速最快的市场之一。从互联网行业延伸到传统行业,云计算正成为赋能数字经济的创新平台和基础设施。由于云计算具有集约建设、资源共享、规模化服务、服务成本低等经济效益,其已成为数字经济时代的主要计算模式。

近年来,中国云计算市场规模保持迅猛增长,2024 年达到两位数的增长。其中,国内云计算骨干企业在大规模并发处理、海量数据存储等关键核心技术和容器、微服务等新兴领域不断取得突破,部分指标已达到国际先进水平。

三、大数据

大数据本是一个 IT 行业术语,是指无法在一定时间范围内用常规软件工具捕捉、管理和处理的数据集合,是需要新处理模式才能具有更强的决策力、洞察力和流程优化能力的海量、高增长率和多样化的信息资产。

麦肯锡全球研究院(MGI)对大数据给出如下定义:大数据是一种规模大到在获取、存储、管理和分析方面大大超出传统数据库软件工具能力范围的数据集合,具有海量的数据规模、快速的数据流转、多样的数据类型和价值密度低四大特征。

大数据技术的战略意义不在于掌握大量的数据信息,而在于对这些具有意义的数据进行专业化处理。换言之,如果把大数据比作一个产业,那么这个产业实现盈利的关键在于提高对数据的“加工能力”,通过“加工”实现数据的“增值”。从技术上看,大数据与云计算就像一枚硬币的正反面一样密不可分。大数据必然无法用单台计算机进行处理,必须采用分布式架构。大数据的特色在于对海量数据进行分布式数据挖掘,但是,它必须依托云计算的分布式处理、分布式数据库和云存储、虚拟化技术。

随着信息通信技术的广泛运用及新模式、新业态的不断涌现,人类的社会生产生活方式正在发生深刻的变革,数字经济作为一种全新的社会经济形态,正逐渐成为全球经济增长重要的驱动力。

数字经济与农业经济、工业经济不同,它是以新一代信息技术为基础,以海量数据的互联和应用为核心,将数据资源融入产业创新和升级各个环节的新经济形态。相比其他生产要素,数据资源具有的可复制、可共享、无限增长和供给的禀赋,打破了自然资源有限供给对增长的制约,为持续增长和永续发展提供了基础与可能,成为数字经济发展的关键生产要素和重要资源。

大数据作为数字经济的关键生产要素,构建数据要素市场是发挥市场在资源配置中的决定性作用的必要条件,是发展数字经济的必然要求。大数据发展将重点推进数据流通标准和数据交易体系建设,促进数据交易、共享、转移等环节的规范有序,为构建数据要素市场,实现数据要素的市场化和自由流动提供了可能,成为优化数据要素配置、发挥数据要素价值的关键影响因素。大数据资源更深层次的处理和应用仍然需要使用大数据,通过大数据分析将数据转化为可用信息,是数据作为关键生产要素实现价值创造的路径演进和必然结果。

大数据是驱动数字经济创新发展的重要抓手和核心动能。推动大数据在社会经济各领域的广泛应用,加快传统产业数字化、智能化,催生数据驱动的新兴业态,能够为我国经济转型发展提供新动力。

大数据驱动传统产业向数字化和智能化方向转型升级,是数字经济推动效率提升和经济结构优化的重要抓手。大数据加速渗透和应用到社会经济的各个领域,通过与传统产业进行深度融合,提升传统产业生产效率和自主创新能力,深刻变革传统产业的生产方式和管理、营销模式,驱动传统产业实现数字化转型。

大数据是数字经济的核心内容和重要驱动力,数字经济是大数据价值的全方位体现。展望未来,要勇于突破、深入探索,应用大数据创造更多新价值,加快产业提质增效,培育壮大经济发展新动能,做大做强数字经济,拓展经济发展新空间,推动经济可持续发展和转型升级。

四、5G

5G 的中文全称是"第五代移动通信技术",是 4G(LTE-A、WiMax)、3G(UMTS、LTE)和 2G(GSM)的延伸。和 4G 等前几代移动通信技术相比,5G 在以下几个方面有了突破性进步。

一是传输更快。峰值速率达到 Gb/s 的标准,在连续广域覆盖和高移动性下,用户体验速率达到 100Mb/s,可满足高清视频、虚拟现实等的大数据量传输。

二是时滞更短。空中接口时延水平在 1ms 左右,可满足自动驾驶、远程医疗等实时应用。

三是容量更大。超大网络容量,连接数密度大幅度提高,具有千亿台设备的连接能力,可满足物联网通信。

四是系统的协同化、智能化水平提升。表现为多用户、多点、多天线、多摄取的协同组网,以及网络间灵活的自动调整。

5G 技术的主要应用领域有以下几个方面。

一是车联网与自动驾驶。由于汽车处于高速驾驶状态,因此自动驾驶对通信时滞要求很高,5G 技术很好地解决了这个问题,自动驾驶时代逐步到来。

二是外科手术。5G 技术的延时只有 1ms,基本同步,而且下载速度高达 50GB/s,确保了可以及时传输大量影像资料,从而可以进行远程手术。

三是 VR 游戏。以前的 VR 技术受限于带宽不够,导致 VR 游戏的画面不是很清晰,会使用户感觉眩晕,5G 技术可以让用户的体验更好。

四是物联网。物联网并不是一个新概念,但在很长时间里一直受到单位面积接入单元的限制,没有被很好地应用起来,5G 技术解决了这个问题,物联网迎来快速发展的时期。

5G 与 4G 相比具有超高速率、超低时延、超大连接等显著优势,彻底改变了传统人与人的通信方式,开辟了万物泛在互联、人机深度交互、智能引领变革的新时代,代表新一代信息技术的发展方向,引领经济社会数字化转型发展与深刻变革,是数字经济时代实现制造强国、质量强国、网络强国、数字中国、智慧社会等重大国家战略的关键信息基础设施,是新一轮科技革命和产业变革的关键驱动力。

五、工业互联网

工业互联网(industrial Internet)的概念最早由通用电气公司于 2012 年提出,随后美国的五家行业龙头企业联手组建了工业互联网联盟(IIC),将这一概念大力推广开来。除了通用电气这样的制造业巨头,加入该联盟的还有 IBM、思科、英特尔和 AT&T 等 IT 企业。

工业互联网的本质和核心是通过工业互联网平台,把设备生产线、工厂、供应商、产品和客户紧密地联结融合起来。它可以帮助制造业拉长产业链,实现跨设备、跨系统、跨厂区、跨地区的互联互通,从而提高效率,推动整个制造服务体系智能化;还有利于推动制造业融通发展,实现制造业和服务业之间的跨越发展,使工业经济的各种要素资源能够高效共享。

制造业是中国经济发展的重要支柱,随着经济发展,制造业也迎来了深度变革,工业互联网以其强大的数据处理能力和信息共享的特性,正在推动制造业向智能化、数字化、网络化、自动化的方向发展。在此过程中,利用工业互联网推动制造业数字化进程,需要更多的先进经验和成功案例参考,方能创造出更多价值。数据显示,我国工业互联网产业规模已超1.2 万亿元,已建成 2100 多个高水平的数字化车间和智能工厂,培育 6000 多家系统解决方案供应商,建成具有一定区域和行业影响力的工业互联网平台超 240 个,重点平台工业设备连接数超 8100 万台(套)。工业互联网融入 45 个国民经济大类,"5G＋工业互联网"在千行百业落地并向生产核心环节延伸。工业互联网"百城千园行"纵深推进,标识解析体系服务企业超 27 万家。

六、物联网

物联网(Internet of things,IoT)即"万物相连的互联网",是在互联网的基础上延伸和扩展的网络,是将各种信息传感设备与互联网结合起来形成的一个巨大网络,实现了在任何时间、任何地点人、机、物的互联互通。物联网通过射频识别、红外感应器、全球定位系统、激光扫描器等信息传感设备,按约定的协议,把任何物品与互联网相连接,进行信息交换和通信,以实现对物品的智能化识别、定位、跟踪、监控和管理。

物联网是新一代IT的重要组成部分,IT行业又称为"泛互联",意指物物相连,万物万联。"物联网就是物物相连的互联网",有两层意思:第一,物联网的核心和基础仍然是互联网,是在互联网的基础上延伸和扩展出的网络;第二,其用户端可以延展到任何物品,物品之间可以进行信息交换和通信。

世界经济社会即将进入物联网为代表的智慧革命新时代,物联网建设、数字经济创新发展、量子计算、可视化大数据、新一代人工智能技术、量子、光子传输、星地链、6G通信基础网络开发、新能源等高新科技,正在给世界经济发展和社会进步带来曙光。物联网为传统行业的数字化转型升级提供了从物理世界到数字世界映射的基础支撑,物联网新型基础设施的规模化部署需要与千行百业紧密结合。随着中国在物联网基础设施领域的建设加快,数字产业化、产业数字化已进入政府和企业的核心,数字新经济GDP有望实现30%的增长。

七、区块链

区块链是由一系列数据块按照时间顺序连接而成的链式结构。每个数据块包含一定数量的交易记录,具有时间戳以及前一块的哈希值。通过加密算法,每个数据块的哈希值与前一块的哈希值相关联,形成一个不可篡改的连续链条。

在数字经济飞速发展的时代,技术的创新与应用成为推动经济变革的关键因素。而区块链作为一种新兴技术,正逐渐引领着数字经济的未来发展。区块链技术以其分布式账本、去中心化和数据不可篡改等特点,为数字经济带来了全新的机遇和挑战。

区块链作为一种基于密码学技术的分布式账本系统,其去中心化和数据不可篡改的特点与数字经济相结合,使得数字经济在信息安全、交易效率、信任机制等方面得到了极大的提升。区块链不仅改变了传统金融行业的运作方式,也为物联网、供应链管理、版权保护等领域带来了全新的解决方案。因此,区块链与数字经济是密不可分的,二者相互促进、共同发展。区块链本质上是一个去中心化的数据库。同时,它作为比特币的底层技术,是一串使用密码学方法相关联产生的数据块,每个数据块中都包含一批次比特币网络交易的信息,用于验证其信息的有效性(防伪)和生成下一个区块。区块链是分布式数据存储、点对点传输、共识机制、加密算法等计算机技术的新型应用模式。

从科技层面来看,区块链涉及数学、密码学、互联网和计算机编程等很多科学技术。从应用角度来看,区块链是一个分布式的共享账本和数据库,具有去中心化、开放性、独立性、安全性、匿名性、公开透明等特点。这些特点保证了区块链的"诚实"与"透明"性,为其赢得广泛信任奠定了基础。区块链技术具备丰富的应用场景,其核心在于区块链能够解决信息不对称问题,实现多个主体之间的协作信任与一致行动。

区块链有以下几个特点。

一是去中心化。区块链技术不依赖额外的第三方管理机构或硬件设施,没有中心管制,除了自成一体的区块链本身,通过分布式核算和存储,各个节点实现了信息自我验证、传递和管理。去中心化是区块链最突出、最本质的特征。

二是开放性。区块链技术基础是开源的,除了交易各方的私有信息被加密,区块链的数据对所有人开放,任何人都可以通过公开的接口查询区块链数据和开发相关应用,因此整个系统信息高度透明。

三是独立性。基于协商一致的规范和协议(类似于比特币采用的哈希算法等各种数学算法），整个区块链系统不依赖额外的第三方，所有节点都能够在系统内自动安全地验证、交换数据，不需要任何人为干预。

四是安全性。只要不能掌控全部数据节点的 51%，就无法肆意操控修改网络数据，这使区块链本身变得相对安全，避免了主观人为的数据变更。

五是匿名性。除非法律规范有要求，否则单从技术上讲，各区块节点的身份信息不需要公开或验证，信息传递可以匿名进行。

区块链通过分布式账本和加密算法，提供了更高的安全性和信任机制，使数字经济中的交易和数据更加安全可靠。区块链技术可以防止数据篡改和欺诈行为，增加数字经济中的信任度和合规性。

区块链技术可以通过去中心化和智能合约等特点，降低交易的中间环节和费用。数字经济中的各种交易和合作，可以通过区块链技术实现自动化和高效化，提高交易效率和准确性。

📖 本章小结

本章着重介绍了网络基础设施建设中的智能终端、建设城市数字底座、中央信息处理、互联网、算力基础设施的内涵及特点、算力基础设施的发展趋势、算力基础设施与数字经济的关系及新技术基础设施建设等。为后面的章节学习打下基础，为后续课程的学习做好准备工作。

🖊 巩固与提升

1. 数字经济基础设施建设包括哪些内容？
2. 简单叙述算力基础设施的内涵及特点。
3. 简单叙述算力基础设施的发展趋势。
4. 简述数字经济与大数据技术、云计算、元宇宙、人工智能技术的关系。

第三篇

数字产业化篇

第五章 数字产品制造业及服务业

本章导读

中联重科股份有限公司创立于1992年,是一家集工程机械、农业机械和金融服务多位一体的全球化高端装备制造企业,目前处于全球工程机械前五强。为完成高端制造服务业转型升级,中联重科以客户为中心,推动企业数字化转型,打造了面向工程机械的智能化产品创新模式、端到端的客户营销服务模式和数字化决策模式。通过数字化转型引领下的新型模式打造,推动公司从"被动响应"到"主动服务"与"预测性服务"的能力升级,扩展服务对象,延伸服务价值,变革服务模式,将对下游的设备管理服务延伸至经营管理、设备施工服务,助力行业整体的绿色环保、高效管控以及盈利增值。

随着数字化转型不断推进,企业如何将数字化技术应用到制造业与服务业,是我们面临的重大课题。

学习目标

通过学习,了解数字产品制造业和服务业的最新发展,了解市场趋势、竞争格局和前沿技术,以便做出明智的业务决策。掌握企业数字化转型的策略和方法,包括流程优化、数字化营销和客户体验提升,以适应快速变化的商业环境。培养发展创新和解决问题的能力,以应对数字化时代带来的新挑战,推动企业持续发展。

第一节 数字产品制造业

一、数字产品制造业的概念与发展趋势

(一) 数字产品制造业的概念

数字产品制造业是指利用数字技术和互联网技术,将数字信息转化为实物产品的制造过程。数字信息可以来自计算机辅助设计、虚拟现实、3D打印等多种数字技术,通过这些技术,可以实现产品的快速设计、制造和支付。数字产品制造经常涉及的领域包括工业设计、数字制造、物联网、人工智能、大数据等。

数字产品制造业的出现,改变了传统制造业的生产方式和业务模式,使制造业工具具有更高的效率和生命力,也为企业提供更多的机会和挑战。数字产品制造涉及的产品范围非常广,包括汽车、机械设备、航空航天、医疗设备、家电、手机、笔记本电脑等各种产品。

数字产品制造业既是当前全球经济发展的重要方向之一,也是现实制造业升级和转型

的必然选择。随着数字技术和互联网技术的不断发展和应用,数字产品制造行业将继续迎来更多的发展前景和机遇。

(二)数字产品制造业的发展历史与发展趋势

数字产品制造业的历史可以追溯至 20 世纪 70 年代,当时计算机技术的快速发展催生了计算机辅助设计(computer aided design)技术的出现,这种技术可以将设计师的图表通过计算机转换为数字化的设计图。20 世纪 80 年代,计算机辅助制造(computer aided manufacturing)技术开始广泛应用于制造业,它可以将数字化的设计图转化为机器可读的指令,实现了机器人的自动化生产。

20 世纪 90 年代,随着互联网技术的普及和商业化,数字产品制造开始了快速的发展期。随着虚拟现代技术、3D 打印刷技术等数字技术的应用,数字产品制造业后来出现了更多样化和复杂化的趋势。

目前,数字产品制造业已成为全球经济发展的重要方向之一。各国政府和企业都在积极推动数字化转型,数字化技术在制造业中的应用越来越广泛。例如,德国的工业 4.0 战略、美国的智能制造计划、中国的"中国制造 2025"等国家级战略都在推动数字化制造的发展中。

数字产品制造业的发展趋势主要体现在以下几个方面。

一是智能制造技术的应用。数字化技术的不断创新,将会推动智能制造技术的发展,包括工业机器人、人类智能、物联网技术等。

二是个性化定制需求的增加。消费者对个性化、定制化产品的需求越来越多,数字化技术将使定制制造产品变得更容易。

三是数字化供应链的发展。数字化技术将改变供应链的管理方式,提供更高的供应链效率和透明度。

四是环保和可持续发展的重要特性。数字产品制造行业需要更多注意环保和可持续发展,包括节能减排、循环利用等方面的技术创新。

二、数字产品制造业的产品类型

(一)电子产品制造业

1. 电子产品制造业概述

电子产品制造业是指以电子技术为基础,生产电子产品的一种制造业。电子产品是指使用电子元器件、半导体器件、集成电路等电子技术制造的产品,如手机、电视机、计算机、数码相机等。

电子产品制造业的发展可以追溯至 20 世纪 50 年代末和 60 年代初,当时电子元器件和半导体器件的生产开始商业化。之后,随着电子技术的不断发展,特别是集合成电路技术的突破,电子产品制造业得到飞速发展。随着全球经济的不断发展和数字化技术的应用,电子产品制造业已经成为全球最重要的制造业之一。中国是世界上最大的电子产品制造国之一,电子产品出口量居世界前列。随着物联网、人工智能、云计算等技术的发展,除了传统的手机、电视机等电子产品外,智能家居、智能穿戴设备、智能机器人等新兴电子产品也得到快速发展。经过多年的发展,我国电子信息产业内生动力显著增强,增长态势稳固,涌现出一批具有国际竞争力的电子信息制造企业。从 2012 年到 2022 年,我国电子信息制造业增加值年均增速达 11.6%,营业收入从 7 万亿元增长至 14.1 万亿元。2022 年,规模以上电子信息制造业增加值同比增长 7.6%,分别超出工业、高技术制造业 4 个和 0.2 个百分点。在 5G、智能语音、计算机视觉、先进计算等新技术引领下,电子制造产业仍保持稳定增长,并呈现较快增长的趋势。同时,在关键技术领域中,我国仍存在被"卡脖子"的问题,导致电子制造行业发展受制,直接影响我国经济社会发展目标的实现及综合国力的提升。

　　2023 年我国电子信息制造业生产恢复向好,出口降幅收窄,效益逐步恢复,投资平稳增长,多区域营收降幅收窄。2023 年,规模以上电子信息制造业增加值同比增长 3.4%,增速比同期工业低 1.2 个百分点,但比高技术制造业高 0.7 个百分点。12 月,规模以上电子信息制造业增加值同比增长 9.6%。如图 5-1 所示,2023 年,主要产品中,手机产量 15.7 亿台,同比增长 6.9%,其中智能手机产量 11.4 亿台,同比增长 1.9%;微型计算机设备产量 3.31 亿台,同比下降 17.4%;集成电路产量 3514 亿块,同比增长 6.9%。

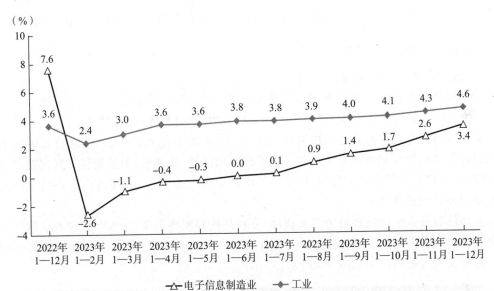

图 5-1　电子信息制造业和工业增加值累计增速

　　我国的电子制造业主要分布在珠江三角洲、长江三角洲、环渤海和部分中西部地区。珠江三角洲产业集群、福州厦门电子带,包括深圳、东莞、中山、惠州、福州、厦门等地,有超过 10 万家电子及相关产业的生产商,是全球电子产业制造及采购中心;长江三角洲产业集群包括南京、无锡、苏州、上海、杭州、宁波、合肥、芜湖、马鞍山、南昌、赣州等地;环渤海产业集群包括北京、天津、青岛、大连、济南等地;中西部地区主要包括成都、西安、武汉、重庆、长沙等地。电子制造产业链上下游如图 5-2 所示。

2. 电子产品制造业的发展趋势

　　以往电子产品仅仅扮演着硬件终端的功能类角色,但随着移动互联网、云计算和大数据时代的到来,硬件终端同时成为数据和信息的终端,可穿戴设备、智能家居、3C 电子产品、虚拟现实、人工智能、机器人等领域的不断发展,将给未来行业带来增长的动力与机会,特别是这几年国家对于 5G 基建、人工智能、大数据中心、工业互联网、高铁和城际轨道交通、特高

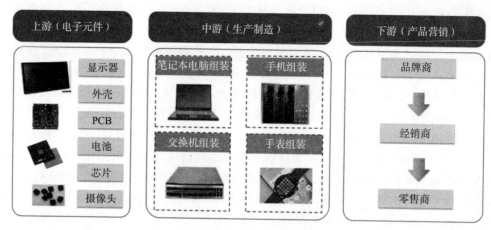

图 5-2　电子制造产业链上下游

压和新能源 3C 电子充电桩等七大"新基建"领域的重视,将会开启电子行业新的发展阶段。

(二)通信设备制造业

1. 通信设备制造业概述

通信设备制造业是指生产各种通信设备的制造业。通信设备是指通过无线电、有线电、光纤等方式实现信息传送和交流的设备,如手机、电话、电报、无线接收电器等。

通信设备制造业的起步可以追溯至 19 世纪末和 20 世纪初,电报和电话技术的出现与发展促进了通信设备制造业务的兴起。随着时间的推移,无线电、卫星通信等新兴技术的应用,推动了通信设备制造业的发展,特别是手机技术的出现和普及,使通信设备制造业成为全球最重要的制造业之一。

通信设备行业生产主要分为三大板块,分别是核心网络设备、接入网络设备及网络终端应用设备,所需生产原材料包括电子元器件、塑胶与五金结构件以及其他通信零部件产品等。通信设备产业链图谱如图 5-3 所示。

图 5-3　通信设备产业链图谱

通信设备市场根据应用领域不同,主要分为通信终端设备制造市场及通信系统设备制造市场。2021 年,我国通信设备制造业营业收入及利润总额分别为 41428.3 亿元、2364.4 亿元,同比变化率分别为 7.21%、26.32%;行业市场收入的 45% 来自通信系统设备市场,55% 来自通信终端设备市场。据通信设备行业下游市场运行情况,2022 年,我国通信设备制造业市场规模将进一步扩大,预计行业营业收入及利润总额将分别达到 43499.7 亿元、

2482.6 亿元。

2023 年,全国电话用户净增 3707 万户,总数达到 19 亿户。如图 5-4 所示,其中移动电话用户总数 17.27 亿户,全年净增 4315 万户,普及率为 122.5 部/百人,比上年末提高 3.3 部/百人。其中 5G 移动电话用户达到 8.05 亿户,占移动电话用户的 46.6%,比上年末提高 13.3 个百分点。固定电话用户总数 1.73 亿户,全年净减 608.8 万户,普及率为 12.3 部/百人,比上年末下降 0.4 部/百人。国内移动通信终端设备市场应用需求逐年增长,移动网络基础建设设备建设逐年增加,不断拉动我国通信设备行业市场的发展。

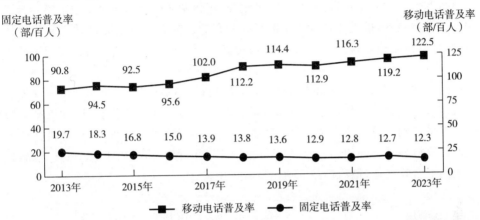

图 5-4　2013—2023 年固定电话及移动电话普及率发展情况

2. 通信设备制造业的发展趋势

1) 5G 等新型信息通信设备建设增加,行业市场规模有望进一步扩大

据工业和信息化部发布的《"十四五"信息通信行业发展规划》显示,"十四五"期间将坚定不移地推动制造强国、质量强国、数字中国建设,系统部署新型数字基础设施,有效推进网络提速提质,着力强化新技术研发和应用推广,建立完善新型行业管理体系,持续提升行业服务质量和安全保障能力,切实增强行业抗击风险的能力水平。通信行业是构建国家新型数字基础设施、提供网络和信息服务、全面支撑经济社会发展的战略性、基础性和先导性行业,新型通信设施 4G/5G、光纤、卫星网络等的建设投入,成为未来国内经济增长发展基础,行业高质量发展成为必然,将持续推动我国通信设备市场需求增长。5G 不仅成为支撑经济社会数字化、智能化转型的关键基础设施,更成为国民经济的先导性、引领性产业,为推进产业结构优化升级、助力经济高质量发展注入强劲动能。根据研究机构测算,2023 年 5G 直接带动经济总产出 1.86 万亿元,比 2022 年增长 29%。

2) 量子通信产业将持续拉动行业市场发展

自 2005 年空间量子通信实验成功以来,我国量子通信网络建设与应用不断取得进展,例如,合肥建成首个规模化城域量子通信网络,济南量子通信试验网投入使用,全球首个距离最远的广域光纤量子保密通信骨干线路——京沪干线建成等。近年来,国内量子通信商用产业得到较快发展,例如,中国工商银行试水量子通信金融应用,全球第一条量子通信商用干线"沪杭干线"(浙江段)宣布开通,网商银行采用量子技术在专有云上完成了量子加密通信试点,中国电信推出行业内首款量子安全通话产品"量子密话"等。2021 年,我国量子通信整体市场规模达到 445 亿元左右。未来随着政策推动、市场投入增加,我国量子通信产业将进一步发展,持续拉动量子通信设备行业市场需求增加,为国内通信设备行业提出新的发展方向。

(三)计算机制造业

1. 计算机制造业概述

计算机制造业是指生产各种计算机硬件的制造业。计算机制造业是一种能够接收、处理和存储数据的机器,它是数字化时代信息技术发展的核心和基础。

计算机制造业的起步可以追溯至 20 世纪 50 年代和 60 年代,当时出现了第一台通用计算机和微处理器技术,推进了计算机制造行业的兴起。随着计算机硬件技术和软件技术的不断发展,计算机制造业得到长足的发展,各种新型计算机和计算机设备的应用不断扩大和推广。

中国是全球最大的计算机制造国之一,其计算机制造业经历了 30 多年的飞速发展。中国计算机制造业在硬件和软件系统方面均具有较强的实力和竞争优势,计算机产品和技术也在国际市场得到广泛的应用和认可。如图 5-5 所示,从产业链角度看,计算机行业上游主要是生产计算机各零部件的制造业,包括主板、CPU、内存、芯片等;下游主要包括品牌专卖店以及电商平台等渠道,最后产品到达消费者手中。

图 5-5　计算机行业链示意图

2. 计算机制造业的发展趋势

1) 智能化发展

伴随着我国科学技术的发展,计算机应用技术不但在应用性能层面较为多元化,在数据采集及处理层面的应用也更具精准化。针对以往的电气设备,通过计算机技术的应用可对其实施智能性管控,进而显著提高电气设备的智能化与自动化水平。智能冰箱、数字电视等新型产品的出现,代表计算机技术的运用已在不断推动人们的生活朝着数据化方向发展。

2) 微型化发展

从当前计算机微型化的发展趋势看,微型化计算机在日常生产及生活中已取得广泛运用。例如,仪表、仪器、家用电器等小型设备均是用计算机技术来控制的,计算机的运用促进了设备的智能化发展。再如，便携式笔记本电脑的操作及携带具有较高的性价比，在日常生活中均获得全面认可。

3）便捷化发展

从当前社会发展趋势来看，虽然网络与计算机的有机结合趋势较好，但是网络本身与计算机是不同的，只是伴随着网络与计算机的有机融合，人们渐渐忽视了二者之间的实质性区别。计算机与网络之间相互促进、相辅相成。网络与计算机在科学技术领域、通信行业及航天领域中均做出重大贡献。伴随着普及模式的多元化与普及程度的提升，网络沟通由家庭应用为主扩展到更多的应用场景。简便的无线设备代替了传统的有线方式，形成了区域化的无线网络。

4）集成化发展

最初的计算机体积较大，经过不断努力创新，计算机的体积变得越来越小，同时其使用性能也越来越强，并呈集成化发展趋势。以往的计算机大致运用于信息的采集、核算及整合处理上，但当前计算机网络呈现了诸多的数据处理与专项功能。所以，不管是从历史的发展角度，还是从社会应用层面而言，集成化发展必是未来计算机发展的趋势，这对集成化和与之相关的技术也提出较高需求，以便能较好地应用到计算机技术中，为人类生产生活及工作带来诸多便利。

5）虚拟技术发展

虚拟技术可以保证数据安全可靠地实施远程传输，所传输的数据包含图像文件、视频文件及音频文件等。数据信息运用计算机虚拟技术，在确保信息高效传输时，还应确保网络的安全及灵活应用。计算机虚拟技术的运用能让网络在工作中提升运用的扩展性，可以让用户在网络运用期间获得更优质的服务。我国自引进计算机技术以来，尽管计算机技术的发展进程相对迟缓，为了满足当今时代的发展要求，还应以提升计算机服务质量为宗旨，把虚拟网络建设起来、做大做强，按照特殊要求，通过分层设计使虚拟网络中的数据传输性能得以呈现，让所传输的信息可按照所制订的模式展现。

三、数字产品制造业的制造模式

（一）传统制作模式

传统制作模式是指以手工或机械制造为主的制作模式，主要采用人力和机械设备进行生产和制作。在这种模式下，产量比较低，制造周期比较长，同时容易出现人为操作错误和质量问题。传统制作模式起源于人类最早的生产活动，最早的手工制作可以追溯到石器时代。随着工具、机械和技术的不断发展，传统制作模式得到不断改进和优化。在18世纪末19世纪初的工业革命时期，机械化制造开始逐渐代替传统手工制造，从而推动了制造业的快速发展。传统制作模式在现代制造业中仍然具有一定的应用。例如，在手工制品制作、定制化生产等领域，手工和机械设备仍然是重要的生产环节。但是，在大型工业化生产领域，传统制作模式已经难以满足其产能和质量要求，被先进的自动化生产方式所替代。

随着数字技术的发展和普及，数字制造模式已经逐渐成为制造业的主流趋势。数字制造利用先进的计算机和自动化设备进行生产和制造，可以大大提高生产效率，降低生产成本，减少人为操作失误，提供高质量产品，从而为制造业的快速发展提供新的机遇和挑战。

（二）现代智能制造模式

1. 现代智能制造模式概述

现代智能制造模式的定义较为广泛，可以参考国际电气工程师学会（IEEE）的定义：现代智能制造是一种智能化、网络化、数字化和可持续化的高度集成制造系统，利用信息和通信技术、物联网技术、人工智能技术等，实现完整生产过程的数字化转型，从而提高生产率，降低生产成本，改造产品质量，提高企业竞争力。

现代智能制造模式的核心能力是数字化制造能力。数字化制造是将传统制造业转变为数字制造业的过程，实现生产过程的数字化、信息化和智能化，是实现智能制造的关键。数字化转型应包括以下几个方面。一是数字化产品设计能力。利用数字化技术进行产品设计，实现产品设计的可重复利用性和可定制化，提高设计效率和准确度。二是数字化生产能力。实际生产过程的数字化和信息化，包括生产计划、材料管理、生产过程监控和数据采集等环节。数字化生产力可以提供更高的生产力和准确度，降低生产力和质量风险。三是数字化提供应用链接能力。实现提供应用链接管理的数字化和信息化，包提供应用商业管理、采购管理、库存管理和物流管理等环节。数字化供应链能力可以提高供应链的透明度和协同性，降低物流成本和支付风险，也可以提高客户满意度和市场反应速度。

总之，现代智能制造模式的核心能力是数字化能力，通过数字化技术实现现代制造全过程的数字化和信息化，以提高产率、质量和降低成本与风险。

企业要实现现代智能制造模式，应具备以下关键技术。

一是物联网技术。物联网技术是实现智能制造的重要基础，通过在产品设备、机器人和产品等物体上植入传感器，实现对物体的实时监测、控制和管理，从而提高产率和产品质量。二是人工智能技术。人工智能技术包括机器学习、深度学习、自然语言处理等多种技术，可以帮助企业实现自动化和智能化生产。例如，利用机器学习技术分析生产数据，发现生产线上的问题，然后进行自动调节和优化。三是大数据技术。大数据技术可以帮助企业收集和分析大量的产品和市场数据，为产品和销售决策提供支持。通过分析数据，企业可以了解市场需求，优化产品设计和生产流程，提高生产效率和产品质量。四是云计算技术。云计算技术可以为企业提供高效的计算和存储资源，帮助企业实现数据共享和合作生产。可以通过云平台共享数据和资源，共同开发和制造产品，提高生产力和生命力。五是机器人技术。机器人技术可以实现智能化的生产流程，减少人工干预，提高生产效率和产品质量。例如，使用机器人自动化装配生产线，可以减少工作失误和员工疲劳，提高装配效率。六是增强现实技术。增强现实技术可以为企业提供虚拟化的生产环境和生产流程展示，帮助企业提高产能和产品质量。例如，通过增强现实技术可以实现对生产线的虚拟表演，提高操作人员的培训效果和生产效率。

2. 现代智能制造模式具体应用

以汽车制造行业为例，现代智能制造技术广泛应用于汽车工厂的生产线。例如，福特汽车公司在其位德国科隆的工厂中采用了一种名为"智能汽车制造"的技术，该技术利用了机器人、自动化、物联网和云计算等技术，实现了全面数字化的生产流程和生产数据实时监控。

如图 5-6 所示，具体来说，在福特汽车公司位于德国科隆的工厂中，装配线上使用了全新的机器人，以便更高效地制造福特嘉年华（Fiesta）系列汽车。但是这些所谓的协作机器人（co-bot）并非要取代人类工人，而是与工厂中 4000 多名工人并肩工作，且不受人类操控。福特公司负责生产和劳工事务的副总裁布鲁斯·赫特尔（Bruce Hettle）说："通过利用协作机器人从事更多简单而繁重的劳动，人类工人被解放出来，可对工厂做出更大的贡献。人类员工可以发挥更大的创造力，将我们推向下一个阶段。"

图 5-6　新型协作机器人

在福特的德国工厂中，Kuka Robotics 的机器人被安装在两个工作站上，协作机器人可以帮助工人在嘉年华汽车轮拱上安装减震器。这只是汽车公司更多使用机器人的缩影，它们还能被用于执行各种任务，如材料处理或焊接等。这些机器工人把人类解放出来，以便为客户思考如何提供个性化和定制服务，因为越来越多的客户要求获得定制服务。

通过应用现代智能制造技术，福特汽车公司在其工厂中实现了高度自动化和数字化的生产流程，不仅提高了生产效率和产品质量，还降低了成本和人力需求。

（三）定制化制造模式

1. 定制化制造模式概述

随着数字技术的发展和普及，越来越多的企业和消费者开始倾向于个性化和定制化的产品和服务。定制制造模式是指按照消费者的个性化需要进行生产，通过生产线的柔性化和智能化实现生产过程的定制化以生产产品和服务。相对于传统的大规格生产产品模式，定制化制造模式更加注意重生产过程的灵魂和适应性，能够更好地满足消费者的个性化需求。在数字化技术的支持下，定制化制造模式可以高效地实现个性化生产，促进产业的发展和升级。

定制化制造模式的核心是生产过程的柔性化和智能化。为了满足消费者的个性化需求，企业需要建立柔性化的产品线，能够快速地进行产品改造和定制化生产。同时，企业还需要利用数字化技术，建立智能化的生产管理系统，进行智能化的调度和制订生产计划，从而提高产能和质量，实际生产的目标。通过实际生产过程的柔性化和智能化，企业能够更好地应对市场需求的变化，提升市场竞争能力。

实现定制化制造需要多种技术的支持，涉及以下关键技术。

一是 3D 打印技术。可以根据客户需要定制产品，减少原材料的浪费，降低生产成本，提高生产效率。二是数字化产品技术。通过数字化技术实现现代产品线的柔性化和智能化，实现个性化产品。三是物联网技术。通过物联网技术实现产品的智能化，可以对产品进行跟踪源、监测和控制，提高产品的质量和安全性。四是大数据技术。通过大数据技术对市场需求和消费者行为进行分析，提供个性化产品和服务。五是人工智能技术。通过人工智能技术对产能过程进行智能调节度和优化，提高生产力和质量。六是虚拟现实技术。通过虚拟现实技术可以实现虚拟机和虚拟现场的展示，降低产品开发成本，提升客户体验。

综合运用上述技术，企业可以实现生产过程的柔性化、智能化和个性化，从而实现制造化制造的目标。

2. 定制化制造模式具体应用

以鞋类定制制造为例，传统的鞋类制造商经常生产大批量的标准鞋款，而消费者只能在有限的尺码和颜色中挑选适合自己的鞋子。

而采用定制化制造模式后，消费者可以通过在线平台或应用程序订购符合自己需要和偏好的鞋子。可以选择不同的尺码、材料、颜色和设计，甚至可以在鞋子上加上自己的名称或图标。订单将直接发送到生产线，生产线将根据客户的要求生产个性化的鞋子。

这种定制制造模式不仅满足了消费者的个性化需求，也让鞋类制造商免去了过多的库存和成本浪费。订单都是根据客户需要生产的，因此生产成本和库存成本都可以得到有效的控制。此外，由于生产的鞋子是根据客户需要进行定制的，因此企业能够提供高端产品的附加值和品牌价值，带来更高的利润和竞争优势。

Nike 公司采用了定制化制造模式，推出了名为 NikeiD 的定制化鞋款服务。定制服务可以通过投影、增强现实等技术让消费者实时设计和改变鞋子的外观。如图 5-7 所示，Nike Makers' Experience 服务使用的 AR 技术是一种对象跟踪和投影系统，可以将运动鞋设计图变成现实的样子"穿"在顾客的脚上。

图 5-7　新型投影系统

消费者可以选择鞋款、颜色、材质等多种参数，定制出符合自己需求的鞋款。确定了最终的设计后，鞋子就会被当场制作出来，一个多小时后就可以取货。根据 Nike 公司的数据，采用定制化制造模式的 NikeiD 产品平均售价比标准产品高出 30%，且销售额增长了 2 倍以上。

四、数字产品制造业的发展趋势

（一）技术创新与制造创新

1. 技术创新具体实现

技术创新是指利用新的科技、新的材料、新的制造工艺等环节，开发出新的产品，或改进现有产品的性能和功能，从而提升企业的核心竞争力和市场份额。在数字产品制造业中，技术创新是推动产业发展的关键驱动力之一。数字技术、物联网技术、人类智能等新兴技术的应用，已经促进了制造过程的数字化、智能化和网络化，使制造业能够更加快速、高效地进行生产。

苹果公司在推出第一款 iPhone 时，彻底覆盖了传统手机市场，引领了智能手机时代。iPhone 不仅具有独特的设计和用户体实验，还集结了先进的技术，例如多点触摸屏、移动应用程序等。

随着 iPhone 的不断升级，苹果公司也不断推出新的技术创新，例如 Siri 语音助手、Face ID 人脸识别等，使苹果公司成为全球最有价值的公司之一。

除了产品方面的技术创新，苹果公司在生产、供应链等方面也进行了技术创新。比如，采用了全球最先进的机器人生产线，使生产效率得到提高，同时能更好地控制产品质量。

可以看出，苹果公司通过不断进步的技术创新，不仅带来了产品方面的变化，还带来了产能和质量方面的变化，从而在市场上取得巨大的成功。

2. 制造创新具体实现

制造创新是指从产品、生产工艺、生产流程、管理方式等方面，探索和实践新的思路和方法，以提高企业的生产效率、产品质量和市场竞争能力。在数字产品制造业中，制造创新是指用数字化技术和智能制造技术，从设计、生产到销售、服务的整个过程，不断探索创新的方式和方法，以满足客户的需求和企业的发展需要。

华为公司的智能制造工厂，采用了智能化的生产设备和自动化的生产线，实现了生产过程的数字化、网络化和智能化，进一步提高了产品质量和产量。

华为公司的制造创新不仅仅局限于生产设备和生产线的智能化，更关注产品的研发和设计。通过自主研发的芯片和计算技术，华为不断推出高品质、高性能的产品，如智能手机、笔记本电脑、智能穿戴设备等。同时，华为也注重服务创新，推出了全球领先的云服务和物联网解决方案，为客户提供全部方位的数字化服务。

如图 5-8 所示，具体来说，华为智慧工厂解决方案包含"一云、一网、一平台＋N 应用"。其中，"一云"是以华为云为坚实云底座，统一工具链技术栈，加速应用构建；"一网"是华为生产网为链接万物的网络平台，为智能制造构筑一张高速、稳定、智能的网络基座；"一平台"是以华为生产数字平台为数据底座，对数据进行汇聚，统一清洗、建模、整合和多维分析，支撑工厂级应用，提供决策数据支持；"N 应用"则是基于鲲鹏、昇腾、华为云、盘古大模型等全栈人工智能能力，为制造企业提供一体化人工智能平台，加速工厂质量检测、生产排程等场景人工智能算法的开发训练效率，提升工厂的智能化水平。

在一汽蔚山工厂，借助华为智慧工厂解决方案的应用，工厂质量缺陷降低 36％，生产问题响应率提升 40％，设备综合效率提升 8％，设备故障导致停线时长降低 30％，平均交付周期从 28 天缩短到 20 天，交付效率提升 20％以上。

图 5-8　华为工业 4.0 智能工厂

而在长安汽车渝北新工厂,借助华为智慧工厂解决方案提供云边端协同的数据集成和分析能力,长安汽车已经构建起柔性化数据透明的智慧工厂,既提升了质量和设备利用率,也降低了能源消耗,该工厂也成为汽车行业智慧工厂建设的标杆和示范。

数字化技术、物联网技术、人类智能等新兴技术的不断创新,为数字产品制造行业带来了前所未有的机遇和挑战。通过技术创新和制造创新,数字产品制造行业将会现实生产的智能化、柔性化和定制化,一步提高产能和产品质量,满足不同客户的需求,加速数字经济的发展和进步。

(二) 产品设计与用户体验

在数字产品制造行业中,产品设计和用户体验是非常重要的环节,可以直接影响产品的市场竞争力和用户口碑。产品设计是指在满足用户需求的基础上,对产品外观、功能、性能等方面进行设计和开发。用户体验是指用户在使用产品的过程中所获得的感受和体验,包括产品的易用性、可靠性、安全性、舒适度等方面。

数字化技术和智能制造技术的应用,为产品设计和用户体验带来了前所未有的机遇和挑战。在产品设计方面,数字化技术可以实现 3D 建模、虚拟样机等功能,从而更快速、更精确地开发和设计产品。智能制造技术可以实现柔性生产和个性化制造,从而满足不同用户的需求。在用户体验方面,数字化技术和智能化制造可以实现产品的智能化和互联化,从而提供更便捷、高效的用户体验。

在数字产品制造中,产品设计和用户体验的重要性不断提升,成为企业竞争的重要原因之一。企业需要将用户需要要求定位于首位,注意产品设计和用户体验,不断提供高产品质量和用户满意度,从而获得市场竞争力和商业价值。

以苹果公司为例,其成功的一个关键原因就是不断创新和提高产品设计和用户体验方面。苹果公司在 iPhone、iPad、Mac 等产品的设计和用户体验一直在引领行业,不断推陈出新。苹果公司推出的第一代 iPhone 就在市场上取得了巨大的成功,其独特的设计和用户体验成为市场的焦点。此后,苹果公司不断进行技术创新和产品升级,推出了多个版本的iPhone,每次都有独特的创新,如指纹识别、面部识别等,不断提高用户的使用体验。同时,苹果公司的设计也是行业内部的范例,例如其简洁、美观的设计风格和图形用户界面,深受用户喜爱。

具体来说,苹果公司的产品设计一直以简洁和美观著称。从苹果经典的 Mac 系列到 iPod、iPhone 和 iPad 等新产品,无论是外观还是用户界面设计,都充分展现了苹果公司的视觉识别(visual identity)设计理念。他们注重将产品的功能和形式紧密结合,创造出具有高度辨识度的设计语言。例如,苹果在产品外观设计上使用了简洁的线条和明亮的色彩,这不仅使产品更具吸引力,还让用户对其功能有更直观的认知。苹果公司更注重用户体验的设计,他们希望用户能够通过使用苹果产品,获得简单、直观和愉悦的体验。在用户界面的设计上,苹果秉承"一个按钮解决一切"的原则,提倡简化用户操作,降低学习和使用门槛。此外,苹果还注重用户感官体验,该公司的产品在视觉、听觉和触觉等方面都进行了精心设计,以提供更舒适和愉悦的用户体验。

这些设计和创新带来了巨大的商业价值。如图 5-9 所示,市场调查机构 IDC 的数据,2023 年全年,苹果手机出货量达 2.346 亿台,市场份额占比 20.1%,排名第一。另外,苹果公司还是全球计算机市场的领头企业之一。这些数据都反映了产品设计和用户体验对企业的重要特性,以及通过不断创新带来更高的商业价值。

公司	2023年出货量/百万台	2023年市场份额/%	2022年出货量/百万台	2022年市场份额/%	同比增长情况/%
苹果	234.6	20.1	226.3	18.8	3.7
三星	226.6	19.4	262.2	21.7	−13.6
小米	145.9	12.5	153.2	12.7	−4.7
OPPO	103.1	8.8	114.4	9.5	−9.9
传音	94.9	8.1	72.6	6.0	30.8
其他	361.8	31.0	377.2	31.3	−4.1
总计	1166.9	100.0	1205.9	100.0	−3.2

图 5-9 2023 年全球主要智能手机市场份额

第二节 数字产品服务业

一、行业概述

(一)数字产品服务业的定义

数字产品服务业是指以数字产品为基础,通过信息技术手段,为用户提供各种数字化服务的行业。数字产品可以是软件、应用程序、互联网内容、数字媒体、电子商务平台等。数字产品服务业是在信息技术的基础上,整合各种行业资源,以数字化方式提供服务,以满足消费者不断升级的数字化需求。

（二）数字产品服务业的历史与发展现状

数字产品服务业可以追溯到 20 世纪 90 年代,随着互联网的普及和信息技术的快速发展,各类数字产品开始进入我们的日常生活,数字产品服务业也开始兴起。随着移动互联网、云计算、大数据、人工智能等新兴技术的不断成熟,数字产品服务业快速发展,成为数字经济的重要组成部分之一。

目前,数字产品服务业已经涵盖了很多领域,包括影视、在线支付、在线教育、在线医疗、在线旅游、社交网络、互联网金融等行业。2023 年中国国际服务贸易交易会服务贸易发展高峰论坛上,国务院发展研究中心对外经济研究部、中国信息通信研究院发布了《数字贸易发展与合作报告 2023》。报告显示,2022 年中国数字服务进出口总值达 3710.8 亿美元,占服务进出口比重达 41.7%。

数字产品服务业的发展主要得益于以下几个方面的原因:一是科技的快速发展,为数字产品服务提供了更多的技术支持和应用场景;二是消费者的需求发生变化,人们对数字产品服务的需求不断增加,同时对服务质量、安全、便捷等方面也提出了更高要求;三是资金的支持,数字产品服务是一种具有较高盈利能力和潜力的业务,吸引了大量的投资和资金涌入。

总的来说,数字产品服务业已经为现代经济的重要组成部分,未来仍有巨大的发展潜力。

二、数字产品服务业的服务类型

（一）软件开发与定制服务

1. 软件开发与定制服务概述

在数字产品服务业中,软件开发常指根据客户的需求和要求,编写、测试和部署各种类型的软件应用程序,这些应用程序可以在不同的平台上运行,如计算机、移动设备、云服务器等。

而软件定制服务通常是根据客户的具体要求和需要,对已有的软件应用程序进行个性化修改和优化,以满足特定用户的需求和业务流程。相对于软件开发,软件定制服务通常更专业化和定制化,需要更深入地解决客户需求的业务流程,以提供更精细化的解决方案。

随着社会经济的不断发展和技术的不断进步,企业越来越要求高效率、智能化和数字化。在这样的时代背景下,软件定制开发逐渐成为企业信息化的重要手段之一。首先,软件定制开发可以满足企业独特的需求和业务流程。每个企业的业务模式和流程都存在差异,因此采用通用软件无法完全满足企业各方面的要求。而软件定制可根据企业实际情况量身打造,并能够基于企业独有的业务流程扩展功能和添加模块。其次,通过软件定制,企业可以提高工作效率和降低运营成本。目前市场上的通用软件虽然业务覆盖面较广,但由于需要适配大众化需求,功能比较通用,并不能完全匹配到用户实际需要,而且很多功能模块往往需要用户自行选择付费购买才能使用。而采用定制软件可以最大化地满足企业的业务需求,避免企业花费额外的时间和费用进行二次开发和系统接口调整等问题。最后,软件定制开发具有高度的安全性和可靠性。通常情况下,使用通用软件往往存在数据泄露、侵犯用户隐私等风险。而采用定制化软件,则可以通过内部家族式的测试和更新来确保软件安全性。

定制软件的特点使得每个企业之间的数据是相对独立的,不容易被外界威胁或攻击,从而保护客户的资产和商业机密。同时,因为定制软件可以适配公司所有的功能场景,且专门设计开发,所以相比于传统软件更新,且更持久。

总而言之,软件开发与定制服务普遍适用于各种行业和领域,可以提高企业的效率,降低成本,增强市场竞争力。

目前市场上有很多企业在开发与定制服务方面做得比较好,以下是具有代表性的公司。

一是 IBM 公司。作为全球知名的科技公司,IBM 公司提供了全方位的软件开发与定制服务,覆盖了多个行业领域,如人工智能、云计算、区块链等。二是埃森哲。埃森哲是全球最大的管理咨询公司之一,同时提供软件开发与定制服务。该公司在数字化转型和企业互联网站积累了大量经验和资源。三是 Infosys。Infosys 是一家全球性的软件服务和解决方案提供商,总部位于印度。该公司专注于为各种企业提供 IT 咨询、软件开发、维护和支持服务。四是神州数码。神州数码是中国领先的 IT 服务商之一,提供软件开发与定制服务等多种服务。该公司在智慧城市、大数据、云计算等领域拥有丰富的经验和资源。五是 ThoughtWorks。ThoughtWorks 是一家全球性的软件咨询和开发公司,总部位于芝加哥。该公司专注于为客户提供软件开发、数字化转型和敏捷开发等服务。

2. 软件开发与定制服务具体应用

以在线教育应用软件开发为例。受移动互联网、学习方式的影响,在线教育的需求量越来越大。为此,很多教育行业小程序应运而生。小程序作为一种轻便的工具,便于商家营销获客,而且依托于微信,做学生社群运营也非常方便。教育机构需要获得更多生源,维系学生社群,因此开发专属的小程序是很有必要的。基于以上因素,某知名在线教育企业在面临激烈的市场竞争时,选择与锐智互动应用开发公司合作,对其教育平台进行软件定制。软件定制开发流程包括需求分析、方案设计、编码实现、测试与优化、部署上线五个阶段。

一是需求分析阶段,双方需要充分沟通,明确软件的功能、性能、界面等方面的具体要求。二是方案设计阶段,外包公司会根据需求分析结果,制订详细的开发计划和设计方案。三是编码实现阶段,开发人员按照设计方案进行软件编码。四是测试与优化阶段,测试人员会对软件进行严格的测试,确保其功能完善、性能稳定。五是部署上线阶段,外包公司会协助客户完成软件的安装、配置和数据迁移等工作。

软件定制是根据企业的实际需求量身定制的软件解决方案。这种服务可以充分满足企业的个性化需求,提高企业的核心竞争力。同时,软件定制还可以帮助企业节省大量的时间和人力资源,提高工作效率。经过一段时间的合作,该教育机构取得了显著的业务成果,市场份额也得到大幅提升。

（二）数据分析与人工智能服务

1. 数据分析与人工智能服务概述

数据分析与人工智能服务是指企业或机构通过对大量数据进行分析和处理,利用人工智能技术对数据进行挖掘和分析,提供相关的服务,以帮助企业或机构更好地理解其数据,从而更好地进行商业决策和优化运营。这种服务形式通常包括数据清洗、数据挖掘、模型构建和预测分析等。

数据分析与人工智能服务可以应用于各个领域。

一是金融领域,可以应用于风险管理、投资决策、信用评估等方面。二是零售和电商领域,可以应用于销售预测、推荐系统、营销策略等方面。三是医疗和健康领域,可以应用于疾病预防、诊断辅助、个人治疗等方面。四是制造行业领域,可以应用于生产过程优化、设备维护、产品质量控制等方面。五是交通运输领域,可以应用于交通流量管理、智能导航、车辆识别等方面。

总的来说,数据分析与人类智能服务的应用领域非常广泛,可以涵盖绝大多数行业和领域。

目前很多公司在数据分析与人类智能服务领域位于领先地位,以下列举几个较为知名公司的产品。一是 IBM Watson,IBM 公司的人工智能平台提供自然语言处理、语言识别、计算机视觉、机器学习等多种功能,广泛应用金融、医疗、零售等行业。二是 Google Cloud AI,Google 公司的人工智能平台提供各种机器学习工具和服务,包括自然语言处理、图像分析、预测分析等。三是 Amazon Web Services,亚马逊的云计算服务平台,提供人工智能和机器学习服务,包括自然语言处理、语言识别、图像识别等。四是 Microsoft Azure,微软的云计算服务平台提供各种人工智能和机器学习服务,包括认知服务、语言和语言服务、视觉服务等。

除了这些大公司,还有很多专注于数据分析和人工智能的初创企业和中小型企业,如 Palantir、Databricks、DataRobot 等。

2. 数据分析与人工智能服务具体应用

阿里巴巴集团是中国的一家跨国企业,它通过旗下多家门户网站运营着全球最大的电子商务网络,包括阿里巴巴、淘宝、天猫和全球速卖通。其全球销量超过了亚马逊和易趣网的全球销量总和,它汲取建立线上零售平台的经验,并将其应用于绝大多数商业和技术领域。阿里巴巴在提供电子商务和零售服务、电子支付以及 B2B 云服务方面取得成功,这为它赢得超过 5000 亿美元的市值。

作为全球最大的跨境电商零售平台之一,阿里巴巴每天需要处理海量的交易数据。这些数据包含用户行为、销售情况、供应链等重要信息,对阿里巴巴来说,将这些数据转化为商业智能是至关重要的。阿里巴巴 BI 是阿里巴巴集团自主研发的商业智能分析平台。它基于大数据和人工智能技术,帮助企业用户从庞大的数据海洋中提炼有价值的商业洞察,为决策提供支持。阿里巴巴 BI 的主要功能包括数据收集、数据清洗、数据分析和数据可视化。

阿里巴巴 BI 的出现,为阿里巴巴提供了一个强大的数据分析工具,可以实时监控和分析业务运营情况,发现潜在的商机和问题,提供决策支持。它不仅帮助阿里巴巴实现了数据驱动的经营理念,还提高了运营效率和决策质量。

在阿里巴巴旗下的门户网站上购物时,消费者可以借助人工智能工具找到他们需要的产品。作为全球最大的云计算供应商之一,阿里巴巴还向其他企业授权使用平台、工具和云服务,以帮助它们使用人工智能技术。

例如,在消费者浏览和搜索想要购买的产品时,阿里巴巴的电商网站会使用复杂的人工智能技术来选择向消费者展示哪些商品。它通过为每个访问者构建自定义页面视图来实现这一目的,旨在以更合理的价格向消费者展示他们可能会感兴趣的商品。

通过分析消费者的行为(无论是购买商品、浏览其他商品还是离开网页),网站会在实时了解后对页面视图进行调整,以提高消费者浏览网页后购买商品的可能性。为了训练电商网站向访问者提供可能带来销售的页面,阿里巴巴在其淘宝网站上部署了一种被认为是强化学习的半监督学习模式。这个模式从实时的消费者行为中分析足够的用户数据来训练无监督的学习算法,这一过程耗时过长,因此,一个虚拟的淘宝网应运而生,消费者行为可以通过数十万小时的历史用户数据模拟出来。

总的来说,数据分析和人类智能服务可以帮助企业更好地了解和满足用户需求,提高效率,降低成本,从而提高竞争能力和盈利能力。

(三) 电子商务与支付服务

1. 电子商务与支付服务概述

电子商务与支付服务指的是通过互联网等电子渠道提供的交易和支付服务。电子商务服务包网上采购、在线支持、物流配送等,而支付服务则包括在线支持、移动支持、第三方支持等。这些服务的目的是方便消费者进行采购和支付,促进电子商务的发展,同时为商家提供了一种更方便、安全的交通易方式。

电子商务与支付服务的应用领域非常广泛。一是 B2B(business to business,企业对企业)电子商务,企业之间的交易,如采购、销售、合作等。二是 B2C(business to consumer,企业对消费者)电子商务,企业向个人消费者提供商品或服务的交易,如在线采购、酒店预订、机票预订等。三是 C2C(consumer to consumer,消费者对消费者)电子商务,个人之间的交易,如双手交易平台、共享经济平台等。四是移动支付,通过手机或其他移动设备进行支付,如支付宝、微信支付等。五是在线支付,通过互联网进行支付,如信用卡支付、网络银行支付等。六是电子票务,在线购买和预购各类票务服务,如电影票、演唱会门票、机票等。七是跨境电商,跨国电子商务交易,如海淘、跨境入口等。

这些应用领域都与商业活动和金融服务密切相关,已经在日常生活中发挥了重要作用。

在电子商务领域,亚马逊、阿里巴巴和京东等公司处于领先地位。在支付领域,Visa、万事达卡、支付宝和微信支付等公司也是领先者。全球知名的公司有以下几个。一是亚马逊,全球最大的在线零售商之一,提供从书籍到家电等众多产品的网上购物平台。二是阿里巴巴,中国最大的电子商务公司,经营着包括淘宝和天猫在内的多个在线购买平台。三是腾讯,中国互联网巨头,拥有微信和 QQ 等流行的社交媒体应用,也提供支付服务。四是PayPal,全球领先的在线支付平台,允许用户通过电子邮件地址发送和接收付款。五是Stripe,一家面向在线和移动商家的支付处理公司,使商家能够接受信用卡和其他付款方式。六是 Square,一家提供移动支付解决方案的公司,让商家能够通过智能手机或平板电脑接受付款。七是贝宝,全球最大的在线支付公司之一,为个人和企业提供安全、方便的在线支付服务。八是蚂蚁金服,中国最大的金融科技公司之一,旗下拥有支付宝和蚂蚁花呗等在线支付服务。

以上公司都在电子商务和支付服务领域拥有着广泛的应用和深厚的技术积累。

2. 电子商务与支付服务具体应用

在数字化快速发展的时代,移动支付技术已经成为人们日常生活的重要组成部分。手机作为数字钱包,以其便捷性和高效性逐渐取代了传统的支付方式。

1) 移动支付技术的崛起

移动支付技术是指通过手机等移动终端设备完成支付的一种新型支付方式。这种技术依赖于互联网技术和移动通信技术的发展,以及智能手机的大规模普及。在过去的10年里,移动支付技术得到快速发展,并逐渐成为人们购物、缴费、转账等金融活动的主要选择。

2)移动支付技术的优势

(1)便捷性:移动支付技术非常显著的优势就是便捷性。消费者只需通过手机等移动设备即可完成支付,无须携带现金或银行卡。这种便捷性使得消费者在购物、用餐、出行等方面的支付过程更加快速、高效。

(2)多样性:移动支付技术提供了丰富的支付方式,包括二维码扫码支付、近场通信(near field communication,NFC)支付、指纹识别支付等。这些多样化的支付方式满足了消费者在不同场景下的支付需求。

(3)安全性:移动支付技术在安全性方面也有很大的保障。例如,手机银行通常采用密码、指纹识别等技术来保护使用者的资金安全。此外,移动支付平台也采用了多种安全措施,如风险控制、交易保障等,以降低使用者资金被盗取的风险。

3)移动支付技术的应用场景

(1)线上购物:电商平台、网约车、共享单车等线上服务已经成为人们日常生活中不可或缺的部分。消费者通过手机 App 或微信小程序等渠道,可以直接使用移动支付技术完成购物或出行费用的支付。

(2)线下消费:在商场、超市、餐厅等实体店铺,消费者可以使用移动支付技术进行付款。扫码支付、NFC 支付等方式使得支付过程更加快速、简便。此外,移动支付技术也可以用于缴纳水电煤气费、话费、有线电视费等公共事业费用。

(3)转账汇款:移动支付技术提供了方便的转账汇款服务。使用者可以通过手机银行或第三方支付平台将款项转给其他使用者或商家。这种转账汇款方式不仅快速便捷,而且避免了携带大量现金的不便。

4)移动支付技术的未来发展

随着科技的进步和消费者需求的不断变化,未来移动支付技术将会发展得更加多元化和智能化。未来,移动支付技术将与人工智能、生物识别等技术相结合,实现更加个性化、智能化的支付体验。同时,随着物联网的发展,移动支付技术有望在物联网设备之间实现自动化交易和支付。另外,数字货币的普及也将推动移动支付技术进一步发展,使得移动支付更加安全、高效。

总之,移动支付技术的发展使得手机成为数字钱包,为我们的生活带来了非常大的便利。未来,随着技术的不断创新和发展,移动支付技术将继续改变我们的生活方式,为我们创造更多的便利和价值。

三、数字产品服务业的商业模式

(一)SaaS 模式

1. SaaS 模式概述

SaaS(software as a service)是一种基于云计算的软件交付模式,也称"软件即服务"。在这种模式下,软件提供商将其应用程序部署到云计算平台上,并以订阅的方式为客户提供服务。这意味着客户不需要自己购买、安装和维护软件,而是通过互联网访问其所需要的软件服务。SaaS 模式通常是以基于 Web 的应用程序形式呈现的,可以通过各种设备进行访问,如台式机、笔记本电脑、平板电脑和智能手机等。

SaaS 模式需要具备以下要点。一是多用户结构。多个用户共享同一个软件实例,但各自的数据是隔开的,以确保数据的安全性。二是网络支付。软件通过互联网支付给客户使用,不需要客户在本地安装和维护软件,降低客户的 IT 成本。三是订阅收费。用户按使用量、时间等方式向服务提供商户支付费使用,通常采用订阅模式,按月或年付费。四是可配置性和可定制性。用户可以根据自己的需求对软件进行配置和定制,满足不同行业、不同企业的需求。五是客户端无关性。用户可以使用各种终端设备(如 PC、手机、平板电脑等)访问 SaaS 应用程序。六是高可用性和可伸缩性。提供商家需要保证系统的高可用性和可伸缩性,能够满足用户大规模的访问需求。七是数据安全。提供商家需要对用户数据进行保护,采用多种安全措施保护数据的安全。

最近几年 SaaS 模式呈现出快速增长的趋势,尤其是受到云计算、移动互联网、人工智能等技术的推动,越来越多的企业行业开始采用 SaaS 模式,尤其是小型企业和创业公司。根据数据市场研究机构 Gartner 的报告,全球 SaaS 市场规模已经从 2015 年的 720 亿美元增长到 2022 年的 1383 美元,预计未来几年内还将继续保持高速增长。

此外,随着企业数字化转型的深入,越来越多的传统企业也开始将自己的业务向云端迁移,即采用 SaaS 模式。2022 年,全球有三分之一的企业把自己的 IT 资产迁移到云上,并且有 60% 以上的企业会采用 SaaS 模式。在不同领域,SaaS 模式的应用也有所不同,目前比较火爆的领域包括企业管理、在线办公、在线教育、医疗健康、电子商务、社交网络等。

2. SaaS 模式具体应用

Strikingly 是美国知名孵化器 Y Combinator 孵化的第一支中国团队,致力于帮助"小白"用户通过 Strikingly 快速轻松地发布网站、小程序和电商平台。创业者、设计师、摄影师、学生等都可以轻松通过 Strikingly 经营品牌、展示自己。Strikingly 可以帮助用户在几分钟之内建立个人/公司的网站,目前已经服务了全球 200 多个国家和地区的数百万用户。在海外各大社交媒体上,掀起了许多用户测评、试用、推荐的热潮。

这样一个典型的网站流量分析场景,其业务模型较为稳定,然而在技术实现层面仍存在不少挑战。首先,由于 Strikingly 整体用户数量众多,其提供的数据服务必须可以支撑高并发的查询。其次,C 端用户对于查询响应速度的容忍度极低,绝大多数查询需要在 1~2 秒内返回,这也是 To-C SaaS 供应商在提供数据服务时面临的共性挑战。最后,在用户完成建站后,后台的数据查询报表服务 Analytics Platform 则成为提升用户留存的重要触点。由于 Strikingly 用户以非技术人群为主,需要的是简单易用、跟产品结合度高的分析工具,而第三方分析工具往往较为复杂、学习成本高,因此用户对 Strikingly 自带的 Analytics Platform 依赖度较高。为保证用户的满意度和留存率,Strikingly 必须确保数据服务的高稳定性。

如图 5-10 所示,经过选型与对比,Strikingly 从 2017 年开始,就使用 Apache Kylin 作为技术底座。Kylin 也帮助 Strikingly 在高并发、高性能等方面解除了后顾之忧,但仍没有百分之百解决 Strikingly 的难题。经过几年的云上 Hadoop + Apache Kylin 架构实践,Strikingly 在提供 Analytics Platform 数据服务时,仍然存在以下痛点。

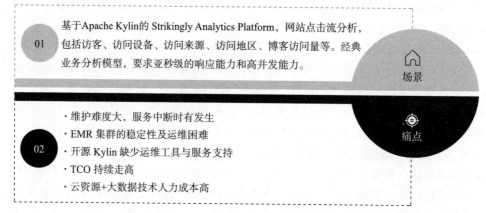

图 5-10　Strikingly 公司遇到的问题

（1）运维难度大。传统的部署方式、云上的 Hadoop＋Apache Kylin 的架构本身比较复杂，且运维难度较大；需要持续 7×24 小时为用户提供不间断的服务，对 IT 团队造成较大压力。

（2）总体拥有成本（total cost of ownership，TCO）高：云上的 Hadoop 组件资源成本较高；大数据技术人员的招聘难度大、成本高，难以保障人员稳定性；每次出现宕机，IT 需要投入大量时间（有时长达两三天）进行修复，人力成本高昂，同时影响用户使用，对业务造成负面影响。

（3）除了满足 TCO 和运维两个条件外，还需要保证亚秒级的响应能力和高并发能力。

如图 5-11 所示，在深入了解 Strikingly 业务场景及个性需求后，Kyligence 为 Strikingly 提供了代运营服务以及 Kyligence Cloud 产品，以帮助 Strikingly 在最低成本的情况下解决其挑战。Kyligence 为 Strikingly 提供的服务整体可以总结为以下几点。

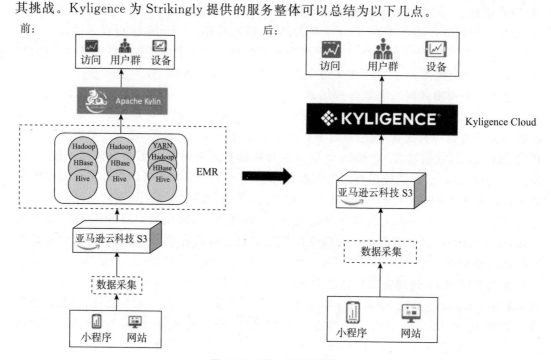

图 5-11　解决方案示意图

（1）开源 Kylin 无缝升级。

（2）全面负责 Kyligence 产品的运维、升级、优化。

（3）保障 99.9％ 以上的 SLA。

（4）云成本监控及优化。

（5）7×24×365 产品专家支持。

通过前后的对比，可以清晰看出 Kyligence 产品为 Strikingly 的数据架构带来了以下变化。

一是服务稳定性大幅提升。Kyligence 代运营服务提供的自动化运维监管能力，可以更好确保服务的稳定性，自从客户使用 Kyligence Cloud 上线至今，服务没有出现过问题，并且没有收到任何用户的投诉。

二是架构更轻量，硬件成本更低。使用 Kyligence Cloud 的云原生架构不再需要依赖 Hadoop，这不仅使整个架构变得更加轻量级，减少了很多硬件成本，更是减少了大量的运维成本。

三是 TCO 更低，人效更高。使用 Kyligence Cloud 后的 TCO 比之前传统的部署方式（即云上的 Hadoop＋Kylin）降低了 35％。原本需要投入在繁杂的运维、排查上的 IT 人员从重复性工作中解放出来，把精力投入更有业务价值的工作中。

四是查询性能提升近一倍。随着数据量逐渐增加，相比之前传统的部署方式，使用 Kyligence Cloud 后的查询速度几乎快了一倍，用户体验更好，间接地提高了用户留存率和付费率。

Strikingly 的成功说明 SaaS 模式可以为企业提供一种更简单、更灵活的软件解决方案，从而降低了它们的 IT 成本，并提高了其他行业的业务效率和竞争能力。

（二）IaaS 模式

1. IaaS 模式概述

IaaS(infrastructure as a service)模式是一种云计算服务模式，提供了云计算基础设施，如虚拟机、网络、存储等，用户可以通过互联网以租用的方式使用这些基础设施，而无须购买和维护它们。IaaS 模式使企业可以根据需要快速弹性地获取基础设施资源，提高了信息技术资源的利用率，降低了企业的成本和风险。

IaaS 模型具有以下两个特点。一是虚拟化技术。IaaS 基于虚拟化技术，可以将一台物理服务器虚拟为多台虚拟服务器，提供高硬资源的利用率。二是更多需要提供资源。用户可以根据自己的实际需求，更多需要使用计算资源，并且可以根据需要随时增加或减少资源。三是弹性扩展。用户可以通过 IaaS 模式实现弹性扩展，即当业务需要增加时，可以快速地增加计算资源以满足业务需要。四是简化管理。IaaS 模式可以简单化信息技术基础设施的管理和维护工作，用户不需要自己维护和管理硬件资源，可以更多地关注于自己的业务发展。五是选择使用付费。IaaS 模式采用选择使用付费的方式，用户只需要支付实际使用的资源费用，无须进行高额的前期投资和长期维护成本。

目前，随着云计算技术的不断发展，IaaS 模式得到广泛应用。全球范围内的 IaaS 厂商主要有亚马逊云服务(AWS)、微软件云(Azure)、阿里云、华为云等。IaaS 模式已经成为企业快速部 IT 基础设施的主要模式之一，也是数字化转型的重要环节之一。

2. IaaS 模式具体应用

自从 1957 年苏联发射了人类历史上第一颗人造卫星,迄今为止,世界各国已将数以万计的卫星送上太空。卫星对地球人的日常生活越来越重要,比如娱乐、军事、通信和导航等。2020 年,我国首次将卫星互联网纳入新基建范畴,卫星互联网建设上升至国家战略性工程。2021 年,SpaceX 首席执行官埃隆·马斯克表示,SpaceX 正在快速推进其星链卫星互联网计划,将发射数万颗卫星上天。

卫星通信系统是指利用人造地球卫星作为中继站转发或发射无线电波,实现两个或多个地面站之间,或地面站与卫星之间通信的一种通信系统,主要由空间段、地面段与用户段构成。如图 5-12 所示,地面站(ground station)又称为地球站或地球终端站,是卫星通信系统的重要组成部分。地面站的基本作用是向卫星发射信号,同时接收由其他地面站经卫星转发来的信号。卫星地面站的建设和卫星数据获取能力已经成为国家生态环境、国防安全、地球科学技术发展的重要部分。世界各国以巨大的投入在全球建立卫星地面接收站,其推动力即在于此。

图 5-12　卫星地面站

过去,卫星地面站一般都需要卫星所有者自行建立或租用,而且为了保证接收和发送效果,要求地面站分布在全球各个地方,所以需要投入大量的资本和运营成本。同时,站点的数量很难满足大规模卫星应用的需求。如此高昂的成本,对很多用户尤其是近年来蓬勃兴起的卫星初创公司来说是难以承担的。因此,这种传统地面站建设和使用模式亟待创新性重塑。

2000 年,亚马逊前 CEO 杰夫·贝佐斯创立了蓝色起源 Blue Origin,这家火箭公司想低成本地将卫星送入太空。2018 年,AWS 创新性地推出名为 AWS Ground Station 的新服务,向卫星初创公司提供低成本的地面站基础设施。

AWS Ground Station 提供了一个可分时租用、云服务形式、由分布在全球多个区域的地面站组成、紧邻 AWS 基础设施区域的全球网络。借助 AWS Ground Station,用户可以购买、租赁、构建、扩展或管理自己的卫星地面站。

AWS Ground Station 服务可让客户使用由全球数十个地面站组成的全托管网络,经济高效地从卫星将数据下载到 AWS 全球基础设施区域。这是一项完全托管的服务，可用于控制卫星通信、处理数据和扩展运营，而无须考虑如何构建或管理自己的地面站基础设施。用户可以借助它直接访问 AWS 服务和 AWS 全球基础设施（包括低延迟全球光纤网络）。

例如，可以使用 Amazon S3 存储已下载的卫星数据，使用 Amazon Kinesis Data Streams 管理从卫星接收的数据，使用 Amazon SageMaker 构建适用于数据集的自定义机器学习应用程序。

和其他云计算服务一样，用户无须做出长期使用承诺，只需按实际使用时间付费。通过全球地面站的覆盖范围，用户可随时随地下载数据，并根据业务需求灵活扩展卫星通信规模，从而节省多达 80％ 的地面站成本。AWS Ground Station 地域分布广泛，每个区域都配备多根天线，用户可以直接将卫星数据下载到某个 AWS 区域进行即时处理。

（三）FaaS 模式

1. FaaS 模式概述

FaaS(function as a service) 模式是将指定的函数或代码段作为云服务提供给开发人员，使其足够在需要时按照需要运行。在这种模式下，开发人员不需要关注底层的基础架构和运维问题，只需要将代码上传到云平台上，由云平台自动分配和管理资源，点击实际使用量计费，实现快速、高速有效、灵活的函数展开和运行。

FaaS 模式需要具备以下特点。

（1）事件驱动。FaaS 模式是基于事件驱动的，可以通过配置来触及特定的功能执行。

（2）简化的开发流程。FaaS 模式允许开发者专注于编写代码而不是必须承担基础设置的管理，开发流程更为简化。

（3）可伸缩性。FaaS 模型可以根据请求量自动调整资源计划，实现伸缩性。

（4）小型代码元。FaaS 模式中的函数是小型代码元，只有在被调用时才会执行，从而省资源开发。

（5）收费透明。FaaS 模式以函数式调用的次数作为计费依据，使收费更为透明。

（6）多语言支持。FaaS 模式支持多种编程语言，使开发者可以使用自己擅长的语言进行开发。

（7）无服务器架构。FaaS 模式可以与无服务器架构相结合，实现更高效率地利用资源。

以上七点是 FaaS 模式成功的关键因素。

FaaS 模型是一种新型的云计算模型，属于 Serverless 架构的一种实践方式，它在传统 IaaS 和 PaaS 的基础上，将云计算服务引入一步颗粒度化，将服务的计算单元抽象，实现更多需要分配、性能扩展、更多计算费用等特性，从而实现更高效、经济的应用开发和部署。

目前，FaaS 模式的发展呈快速增长的趋势。AWS Lambda、Azure Functions、Google Cloud Functions、IBM OpenWhisk 等云计算平台均提供了 FaaS 服务。此外，开源的 FaaS 框架也在不断涌现，如 OpenFaaS、Kubeless、裂变等。市场调研公司 Research and Markets 发布的报告显示，全球 FaaS 市场规模预计从 2019 年的约 6.7 亿美元增长到 2025 年的近 30 亿美元，年复合增率达 26％ 以上。在应用方面，FaaS 模型已经广泛应用于各种场景，如 Web 和移动应用程序、人工智能和机器学习、数据处理和分析、IoT 等。通过 FaaS 模式，开发者可以更灵活地部署和管理应用程序，降低了开发和运维的成本，提高了开发效率，还能更好地支持应用的扩展性和高可用性。

FaaS 是一种新兴的云计算服务模式,它的典型应用是将函数作为服务提供给开发人员和企业,以支持应用使用程序的构建和运行。

2. FaaS 模式具体应用

FaaS 函数计算云服务是一种事件驱动的全托管 Serverless 计算服务,其核心思想是"使开发人员重点关心服务器等基础设施的构建和运维,只需关注自身的业务逻辑"。用户只需编写代码并上传,FaaS 会自动准备好计算资源,并以弹性、可靠的方式保证服务稳定运行。FaaS 函数计算采用云原生架构模式,将开发人员从繁重的基础设施管理和运维工作中解放出来,投入更多精力到核心业务逻辑,从而提高开发部署效率和服务质量。

FaaS 函数计算云服务提供了界面化管理、一站式的函数开发、测试、上线功能。目前支持 Node.js、Python、Java 三种语言,且为每种语言提供了常用的代码模板,方便用户快速开发;拥有丰富的触发器类型,支持定时任务、Kafka 触发器、Http 请求触发,快速配置,实时生效,可适应不同的业务场景;具有 API 编排能力,图形化编排 API 为 API 二次开发、多种 API 组合提供更友好的交互窗口;开放预留实例功能,对于延迟敏感的场景,用户可以通过预留实例提前预热函数或保留常驻实例,杜绝因冷启动带来的请求延迟;支持全局变量和环境变量配置,减少重复配置,提高开发效率;支持函数路由配置,可将多个函数统一到同一域名下,通过不同路由转发到不同函数,方便用户在第三方服务中调用 FaaS 函数;函数底层多集群部署,为流量提供负载均衡,保证服务稳定高可用;基于"云效"插件进行本地开发调试,用户可以快速配置触发器、环境变量、一键发布、查看函数运行日志等,无须切换至 FaaS 页面,进一步提升用户开发体验。

FaaS 函数计算云服务有丰富的应用场景,大致可分为弹性伸缩类和事件驱动类两类。

弹性伸缩类应用的特征是通常无法预知流量大小,请求量有明显波峰波谷。如分行抢红包优惠券、前端埋点数据写入 Kafka、表间数据实时同步、不同平台之间请求和应答转换、从 Elasticsearch 抓取错误日志等,此类场景经常会遇到高达几倍的瞬间峰值。FaaS 函数计算的自动扩缩容机制,可以保证在负载高时保持稳定的延迟,在负载低时有较高的资源利用率。

如图 5-13 所示,以地铁优惠券抢兑小程序为例,应用涉及数据库查询和第三方 API 调用,使用 FaaS 模板代码,研发周期从之前的 2 周缩短至 3 天。该业务流量有明显波峰波谷,峰值达 1000T/S,但持续时间很短。FaaS 基于流量弹性伸缩,保证应用稳定高可用,同时减少资源浪费。

事件驱动类应用的特征主要是通过事件来触发计算服务,如定时发送招呼通知、定时发送邮件、定时触发中间业务减免并通知到期业务、消费 Kafka 数据实时触发业务逻辑等,此类场景可以充分利用 FaaS 的事件驱动特性,一键配置触发器,用户只需编写业务代码,快速部署。

如图 5-14 所示,以零售客户交易数据实时流处理应用为例,应用需要主动为各类服务推送一网通交易数据,通过消费 Kafka 的 Topic 获取全部交易数据,筛选后进行数据推送。传统消费者模型需要开发人员主动管理 Kafka 集群连接、编写 Kafka 消息消费代码、管理消息位移、申请资源部署应用、管理消费者实例的生存状态,同时处理大量交易数据需要高频 CPU 处理。这类编写代码和应用维护方式需要耗费开发人员大量的时间和精力。

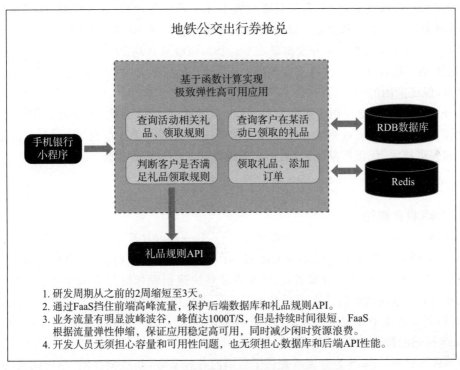

图 5-13　地铁优惠券抢兑小程序示意图

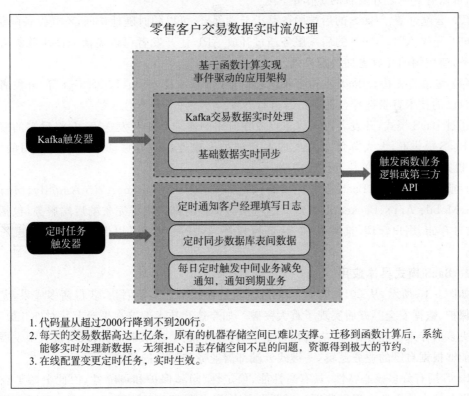

图 5-14　零售客户交易数据实时流处理示意图

使用 FaaS 函数计算,开发人员只需配置 Kafka 触发器,编写业务代码,即可实现上述功能,不用关心底层资源和日志存储问题。应用代码量从 2000 多行降到不足 200 行,部署耗时降低 60%,极大地提高了开发部署效率;同时,该服务日均 770 万 T/S,每小时 10 万～50 万 T/S,请求量存在明显波峰波谷,FaaS 函数计算的极致弹性可以很好地适应请求量的波峰波谷,保证应用的稳定运行。

FaaS 函数计算广泛使用在招商银行,日均调用量超 3000 万次,用户函数运行稳定,至今零故障,真正做到了极致弹性且免运维。招商银行将持续关注业内 Serverless 的最新发展动态和先进技术,优化产品质量,为用户提供更好的使用体验和服务。

(四) BaaS 模式

1. BaaS 模式概述

BaaS(backend as a service,后端即服务)模式是一种云计算服务模式,它提供了移动应用或 Web 应用的后端服务。BaaS 平台通过 API 方式将其后端功能(如用户管理、数据库、云存储、消息推荐等)提供给开发者,使开发者能够快速创建和运行应用程序。与传统的自建后端相比,BaaS 模式的优点在于开发者不需要投入大量时间和资源来开发和管理后端服务,而可以将精力集中在应用的开发和用户体验上。

BaaS 模式的特点主要包括以下几个方面。

(1) 后端服务。BaaS 为开发者提供了后端的各种服务,如数据存储、用户认证、推送通知等,可以有效减轻开发者的工作量。

(2) 云端部署。BaaS 的后端服务基于云端部署,可以随时随地访问,不受设备限制。

(3) 开放 API。BaaS 的后端服务通过开放 API,让开发者可以灵活地使用并集合成这些服务,使应用的开放更加快捷高效。

(4) 多语言支持。BaaS 支持多种编程语言,如 Java、Python、JavaScript 等,开发者可以根据自己的技术背景选择合适的语言进行开发。

通过 BaaS 模式,开发者可以将重点放在应用的前端和业务发送上,并将后端的服务交互给 BaaS 提供商,大大降低了开发成本和维护困难度。随着移动应用和云应用的兴起,BaaS 模式越来越受到关注和广泛应用。

目前,全球主要的 BaaS 服务提供商包括如 Google Firebase、AWS Amplify、Microsoft Azure Mobile Apps、Backendless 等。这些服务提供商都提供了完整的后端服务,包括数据库、文件存储、用户管理、推荐通知、认证授权等,让开发人员可以专注于应用程序的前端开发。

2. BaaS 模式具体应用

如图 5-15 所示,从 2017 年至今,蚂蚁区块链在技术上不断创新,获得诸多成果,尤其在隐私保护、数据安全等方面实现了重大突破。如今这套技术部署在平台上并对外开放,旨在吸引更多伙伴来一起合作,解决所在行业中的实际问题。在未来,蚂蚁区块链有望发展成为一种能够根据自己的业务逻辑,一键式云端部署业务和产品的便捷工具。

BaaS 拥有许多核心特性,具有高性能、稳定性、隐私保护和可靠性,因此金融类企业的这套平台技术体系获得很多奖项。对开发者来说,它被期望是可灵活定制的,能够在模块化的平台基础上面部署自己的区块链应用。对于用户来说,它被期望是简单易用的,从而可以

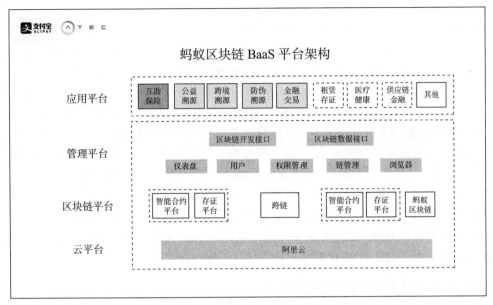

图 5-15 蚂蚁区块链 BaaS 平台架构

不用考虑其背后是否是由区块链构成(用户也不用在乎这些,而在乎的是能不能实现他想要做的事情)。

BaaS 的应用场景十分广泛,包括商品溯源、跨境汇款和电子票据等应用场景。

1) 商品溯源

在商品溯源方面,BaaS 充分利用了区块链分布式数据的不可篡改性。BaaS 可以记录一个商品从生产到流转最后到抵达消费者的整个过程,并且对很多商品提供了溯源服务(比如高净值的钻石、茅台酒和一些海外进口的奶粉等)。在"双 11"期间,BaaS 对总数超过1.5 亿件产品提供了溯源的服务,取得非常明显的效果。例如,用户只需在支付宝端扫描一瓶茅台酒上的二维码,就能看到该商品的整个流转过程,包括这瓶酒在哪些地方做了哪些检查,在哪个地方待了多久等,整个流转的过程都清晰可见。以前,采用中心化的形式实现溯源,但是在使用了区块链这种去中心化的方式以后,因为在区块链的某个节点篡改商品信息或者替换假冒商品,其难度相较以往成倍增长,所以商品造假的概率大幅降低。

2) 跨境汇款

在日常生活中,人们几乎都会使用支付宝或者微信进行支付。在我国境内的这个体系里面,用户之间的转账非常便捷,并且成本几乎为零。但是,在跨境转账的场景中,不同的银行体系、不同的金融监管规则和不同的客户端,导致转账的成本很高,花的时间也很长。而在传统银行的体系中进行跨境转账,对很多人尤其对低收入的人而言有非常大的负担。BaaS 平台在 2018 年 6 月于中国香港开通了第一条跨境汇款通道,它是完全采用了基于区块链底层技术开发而成。在未来,BaaS 会在不同国家开通不同的通道。支付宝在"一带一路"的东南亚一系列国家里面,BaaS 有一系列合作伙伴。BaaS 会开通更多通道,让跨境资金来往变得像在支付宝端内一样便捷。实际上,涉及跨境的资金来往在某种程度上都或多或少用到了区块链技术,然而传统的方式所消耗的成本非常高,因此 BaaS 采用了新的方式(即区块链技术)来实现跨境转账。

3）电子票据

BaaS 在电子医疗票据方面也有应用。BaaS 在台州已经开出了 80 万张电子医疗票据，形成了闭环，当某位患者走出医院的时候，他的社保会自动进行报销。随着社会人口老龄化，大家会越来越注重健康，所需要的保持健康的成本越来越高，区块链在医疗领域具有非常广阔的应用空间，同时具有非常大的经济价值和社会意义。未来 BaaS 还会实现许多潜在需求，例如在保护用户隐私和数据安全的前提条件下，让患者的身份也上链。在将来，患者看病的场景可能会发生变化，当一个用户去医院时，工作人员就能从链上调出患者的记录，医生对患者之前的病史也一清二楚，开具的也是电子处方，最后患者依据这个处方去药房取药。在患者离开医院的时候，所有这些信息都会记录在区块链里面，真实可靠且不可篡改，并且他的社保、商业保险都会及时报销到位，而不用由患者拿着纸质文件去东奔西跑。

电子发票也是同样的逻辑。BaaS 通过与广州税务局合作，实现了在区块链上开具发票、发票流转和报销的功能。在以前用户需要花几天、几星期做的事情，现在仅需几秒、几分钟便可完成，进而提高社会效率、降低社会成本。

四、数字产品服务业的发展趋势

（一）技术革新与服务创新

1. 技术革新与服务创新概述

在数字产品服务业中，技术革新和服务创新是非常重要的。技术革新可以帮助企业提供高端产品和服务的质量和效率，降低成本和风险；服务创新可以帮助企业满足客户不断变化的需求，增强客户消费体验。

技术革新主要包括以下方面：①跟随新技术和趋势，企业需要紧跟新技术和趋势的发展，尤其是人工智能、区块链、大数据等前沿技术，以及云计算、移动互联网等趋势；②持续投资研究，企业需要持续投资研究，开发新产品和新服务，并及时更新现有产品和服务，提供更高性能和体验；③加强数据安全和隐私保护，企业需要加强数据安全和隐私保护，采用加密和身份证明等措施，以保护用户数据的安全和隐私。

服务创新主要包括以下方面：①了解了用户需求，企业需要了解用户的需求，采用用户体验设计方法，优化产品和服务的设计和交互，提高用户体验和满足度；②提供增值服务，企业可以通过提供增值服务，如定制服务、培训和咨询服务等，满足用户的个性化需求，增加用户的隐私和忠诚度；③拓展服务领域，企业可以以拓展服务领域，如物流、金融、保险等，提供一站式解决方案，帮助用户降低成本和风险，增强市场竞争实力。

综上所述，数字产品服务业需要持续的技术革新和服务创新，才能满足用户需求，以提高市场竞争实力，保持可持续发展。

2. 技术革新与服务创新具体应用

博物馆承载了人类历史与文明的记忆，是保护和传承人类文明的重要殿堂，是跨越时空的华美盛宴，也是连接过去、现在和未来的桥梁。随着信息时代的不断发展，大数据、云计算、物联网、互联网、人工智能等先进数字科技赋能博物馆，推动了博物馆的管理提质增效，加速了文物资源数字化、信息化进程。把博物馆的藏品通过丰富多样的新媒体形式呈现在观众面前，已成为现代博物馆数字化建设的重要标志和发展方向。

博物馆中的静态珍藏借助数字科技以更为鲜活的方式呈现出来，脆弱易损的文物通以数字文物的形式"走出"博物馆这座"象牙塔",不仅形成了更为生动的叙事形式,也拓宽了所服务的观众群体范围,让文化资源得到更平等、更广泛的共享。"'纹'以载道——故宫腾讯沉浸式数字体验展"采用博物馆与科技企业协同的运行机制,通过资源共享、技术共享、协同开发的合作,实现"文化＋科技"的创新融合发展。

"色彩动态变化引人入胜,我能够从中领略中华文化艺术的精髓""好有立体感和真实感,人好像置身画中""内容新颖、形式丰富、趣味十足,适合一家大小参观"……观众这样的反馈不胜枚举。数据显示,"'纹'以载道"展览期间接待共计7.7万名观众。项目话题"故宫数字文物亮相大湾区"整体阅读量超1.9亿人次;超38家国内外一、二类媒体输出正面报道;"央视新闻"视频号直播在线观看人数超21万,主题视频播放量780万次。展览现场观众满意度91％,传统文化的这种全新诠释方式受到人们的普遍认可和喜爱,也让故宫珍藏再次"破圈"。

(二) 市场需求与用户体验

1. 市场需求与用户体验概述

市场需求和用户体验是数字产品服务中非常重要的两个因素。市场需求指标是市场对产品或服务的需求量和需要方向,而用户体验则指的是用户在使用产品或服务过程中的感受和体验。这两个因素对数字产品服务业的成功都至关重要。

市场需要的不断变化,要求数字产品服务企业能足够及时地了解市场变化,不断调整自身的战略,保持市场竞争。而用户体验则是数字产品服务企业的生命线,好的用户体验可以提高用户的满意度和忠诚度,增加用户黏性和留存率,企业从中带来更多的收益增长。

因此,数字产品服务企业需要不断进行市场调研,了解了市场需求和用户需求,并根据市场和用户的反馈及时进行产品和服务的调整和优化。同时,数字产品服务企业需要关注升级产品和服务的用户体验,通过更好的用户体验来提高用户满意度和忠诚度,同时提升企业的竞争实力和市场份额。

2. 市场需求与用户体验具体应用案例

2017年,沃达丰启动"数字沃达丰"战略计划,对其运营模式实施转型。2019年,沃达丰进一步将该计划升级为"数字化优先",目标是全面转向数字化运营。沃达丰将其客户体验战略发展路径分为四个阶段:1990—1999年聚焦步行街门店,2000—2009年聚焦多渠道,2010—2019年聚焦全渠道,2020—2029年聚焦数字化优先。数字化优先阶段的主要举措包括以下几个方面:营销——始终在线及个性化的数字化营销;零售——以App/Web为主、实体店支持数字化的零售;维系——基于预测性和相关性,实时、自动化的存量管理;客服——基于AI技术的客户服务,以上领域都使用共享的集团平台。

作为公司愿景的重要组成部分,沃达丰的目标是通过数字化和精简化的客户体验大幅提高服务质量,使公司在每个市场的Net Promoter Score(净推荐值)都处于领先地位:运用大数据分析、机器学习和AI技术提供完整的客户360度视图,以应对客户的个性化需求;为客户提供无缝的全渠道体验,无论线上和线下,都确保一致、个性化和高效的客户参与,以数字化为主要支持渠道;在门店中开发使用生物识别、物联网赋能、AR和VR等先进技术;增加自动化、机器人和生物识别技术的使用,优化客户体验并提高跨渠道运营效率。

智能聊天机器人TOBi是沃达丰在2017年推出的产品,采用聊天＋话音"一个机器人"

架构,其会话内容已从最初的 Frequently Asked Questions 发展为目前包含聊天(40%)、话音(60%)的认知对话,支持掌厅、Web、呼叫中心和 WhatsApp,可实现主动销售。经过多年的发展,经由 TOBi 的客户沟通占比超过 90%,其中 66% 是完全自动化(无须转人工)的端到端 TOBi 沟通;客户联系频率降低 15%,客户运营成本降低 19%。

Vodafone Heartbeat 是一款全球范围内跟踪 TNPS(touchpoint net promoter score)的 App。在客户通过任何触点与沃达丰交互后,沃达丰立即通过短信、IVR 或电子邮件邀请其进行 NPS(net promoter score)调查,并采集即时评价,公司总体、不同区域和不同类型触点的 TNPS 分数将实时显示在 Heartbeat 上。Heartbeat 7×24 小时实时采集每天超 1 万个测评数据,各级管理人员、员工都能很方便地看到 TNPS 的实时得分和客户反馈,从而将客户体验显性化。沃达丰基于 Heartbeat 分析客户反馈和相关数据,识别问题、机会和优先级,进行数据分析,开发部署解决方案,实施修复行动,并与员工和客户沟通,从而实现闭环管理,促进客户体验的提升。

客户体验是沃达丰的关键战略,也是市场竞争的重要手段。公司秉持"客户体验是所有员工的责任"的座右铭,并将客户体验纳入管理团队的考核指标(key performance indicators,KPI)。作为跨国运营商,2017—2021 年的 4 年间,沃达丰集团的 NPS 分数从 13 持续增长到 31;在其持续监测 NPS 的 16 个国家中,有 13 个国家位居 2021 年 Net Promoter Score 行业前两名。沃达丰基于用户行为和积累的客户体验数据,以智能化手段支撑高效实时互动,持续开展全生命周期客户关怀,提供始终在线的营销和服务,成为通信行业的 NPS 领先者。

本章小结

数字经济制造业和数字经济服务业都是数字经济的关键组成部分,它们在经济中的份额不断增加。技术的不断进步和创新推动了这两个领域的发展,为企业和消费者提供了更多的机会和便利。

数字经济制造业的重点在于优化制造过程和提高生产效率,而数字经济服务业更注重改善用户体验和提供创新的数字服务。这两个领域的未来发展将继续受益于数字技术的进步,如人工智能、物联网、区块链等,同时需要应对数据隐私和安全等挑战。

总之,数字经济制造业和数字经济服务业是当今经济的关键推动力,它们将继续塑造未来的商业格局,并改变我们的生活方式。随着技术的不断演进,我们可以期待更多令人兴奋的创新和发展。

巩固与提升

一、简答题

1. 数字产品制造业包含哪些行业?
2. 数字产品制造业有哪些制造模式?
3. 数字产品服务业有哪些服务类型?
4. 数字产品服务业有哪些商业模式?

二、实践项目

1. 设计并实施一个数字化生产流程优化方案。
2. 分析并改进公司数字化营销策略。

第六章 数字技术应用业

本章导读

数字技术应用业可对传统产业的生产流程进行智能化升级改造,为实体工厂带来质的改变。浙江省杭州市一家电梯工厂实现智能升级后,目前已经可以做到 2 分钟生产 1 台电梯。在生产端,可通过数字平台对产品进行从设计到发运的全过程在线质量监测和管理,实现制造效率、质量等级与环保效益的多重提升;在售后端,可借助"工程大脑",应用先进的物联网技术实时对电梯的运行状态进行精准捕捉,以最快速度维修,确保电梯正常运行。积极应用数字应用技术,既能推进企业设计、生产、制造、运输、服务、售后等全流程变革,也有助于推动企业向智能化、高端化、绿色化转型升级,创造新的发展空间。

学习目标

通过学习,了解数字技术应用业在金融、医疗、教育、制造业等各行业的发展现状和趋势,关注新技术、新应用的发展动态,培养适应行业发展和市场需求的能力。立志成为具备全面技能和综合素质的数字技术应用人才。同时,了解传统的数字技术应用业和新兴的数字技术应用业的基本情况。

第一节 传统的数字技术应用业

传统信息技术应用业是数字产业化发展的基础力量,为我国数字技术应用业进程提供技术、产品、服务和解决方案,主要包括电子信息制造应用业、基础电信应用业、互联网和相关服务应用业、软件和信息技术服务应用业四类。

一、电子信息制造应用业

(一)内涵

电子信息制造应用业,简称为电子制造业,是以电子技术为基础,进行电子产品和系统的研发、生产、销售及服务的一种高科技产业。这一领域覆盖了从半导体、集成电路到消费电子、通信设备等广泛产品,是现代经济发展中不可或缺的重要组成部分。

电子信息制造应用业,从产业逻辑上来说属于制造业;但从现实情况来看,又和制造业有着很大的不同。在国家统计局的分类中,电子信息制造应用业被单独列出,成为一级行业。这其实也反映了该行业的特殊性:一方面,它包含了很多制造业的特征,比如劳动密集型、资源消耗大等;另一方面,又因为应用领域的特殊性,而在技术含量、创新驱动等方面表现出与一般制造业不同的特征。

(二)发展现状

从 2019 年至今,虽然整体运行面临诸多困难,但电子信息制造应用业仍然保持了较快增长。根据工业和信息化部的数据,2022 年规模以上电子信息制造应用业企业数量达到 47.1 万家,比 2019 年增加了 23.5 万家,两年共增长 62.8%。2023 年前三季度,实现营业收入 54.5 万亿元,同比增长 4.7%;实现利润总额 3806.1 亿元,同比增长 30.2%。从 2023 年前三季度的数据可以看出,电子信息制造应用业的发展速度较快。目前我国电子信息制造应用业已经处于全球产业链中的中高端环节,主要集中在消费电子、移动通信、计算机、广播电视以及汽车电子等领域。以手机为例,2023 年国内市场手机总体出货量累计 2.89 亿部,同比增长 6.5%。和很多传统行业一样,电子信息制造应用业也面临着转型升级的难题。一方面,随着全球产业链条的变化,我国电子信息制造应用业面临着激烈的国际竞争;另一方面,行业内部也存在着自主创新能力不强、核心技术短缺等问题。

展望未来,电子信息制造应用业将是创新驱动型产业发展的典型代表。随着新材料、新工艺、新设备的不断涌现,行业的产品将更加智能化、个性化和环保化。同时,随着数字经济的兴起,电子信息制造业将在智能制造、云计算、大数据等领域发挥更加重要的作用,为社会经济的发展注入新的活力。

电子信息制造应用业也是现代经济的重要组成部分,它的发展不仅会影响科技进步的步伐,也会影响每个人的日常生活。在这个充满机遇与挑战的时代,电子信息制造业的未来值得我们期待。

二、基础电信应用业

(一)内涵

基础电信应用业主要指的是提供电话、互联网接入、数据传输等基本通信服务的行业。随着技术的进步,这一行业已经从最初的单一语音通话服务,发展到今天包括移动通信、宽带互联网、卫星通信、光纤通信等多种服务在内的综合性行业。这些技术的发展,极大地提高了通信的质量和效率,也为社会经济的持续发展贡献了巨大的力量。

在当今数字化时代,基础电信应用业已成为支撑全球信息社会发展的重要基石。它不仅连接着每一个用户,也构建起一个庞大的数据交换网络,为个人和企业提供了无限的可能性。

(二)发展现状

目前,全球电信应用业的市场规模正在稳步增长,其中,亚洲市场尤其活跃。据国际电信联盟发布的报告,2019 年全球电信服务收入达到 1.6 万亿美元,其中中国市场规模最大,达到约 3400 亿美元。此外,随着 5G 技术的逐步普及,预计到 2025 年,全球电信应用业的市场规模将达到近 2.5 万亿美元。

当前,基础电信应用业正处于快速发展阶段。5G 技术的商用化推广,标志着行业迈入了新的里程碑。5G 网络的高速率、低时延特性,不仅改善了用户的网络体验,还催生了诸多新兴技术,如虚拟现实、增强现实和物联网。这些技术的融合与应用,正在推动智慧城市、远程医疗、自动驾驶等领域的发展,展现出强大的市场潜力。

除了技术进步,政策支持也是推动基础电信应用业发展的重要因素。许多国家都意识到信息通信技术在促进经济增长、提高社会福祉方面的重要性,纷纷出台政策,鼓励创新和技术升级,以提升本国在全球通信市场的竞争力。

尽管基础电信应用业的前景广阔,但仍面临一些挑战。例如,数字鸿沟问题依然突出,在一些地区,尤其是发展中国家,由于缺乏基础设施,民众仍然难以享受到高质量的电信服务。此外,网络安全和数据保护也成为日益严重的问题,如何在确保用户隐私和数据安全的前提下,继续推进技术创新和服务拓展,是行业亟待解决的问题。

未来,基础电信应用业有望继续保持增长态势。随着人工智能、大数据、云计算等新技术的不断发展,电信行业的应用场景将更加丰富,服务质量也将得到进一步提升。同时,为了应对挑战,行业需要加强国际合作,共同推动制定全球通信标准,以及在网络建设、技术研发等方面的协同进步。

三、互联网和相关服务应用业

(一)内涵

在当今信息化、数字化的时代,互联网与相关服务应用业已成为推动社会发展的重要力量。这个行业以信息传输、软件和信息技术服务业为主导,涵盖了网络通信、云计算、大数据、人工智能等多个前沿领域,是现代经济体系中最具活力和创新力的行业之一。

在内涵方面,互联网服务应用业不仅包括传统的网络接入、网站建设和维护等基础服务,还扩展到了移动支付、在线教育、电子商务、社交媒体、在线娱乐等领域。它改变了人们的生活方式,促进了信息的快速流通,提高了工作效率,丰富了文化生活,并在很大程度上推动了其他行业的转型升级。

(二)发展现状

互联网和相关服务应用业属于现代工业,包括通信设备、计算机及其他电子设备的生产商和提供商,以及互联网信息服务提供商等。2022 年,我国互联网和相关服务应用业实现营业收入 103847 亿元,同比增长 9.3%,比全部互联网和相关服务收入增速高 5.6 个百分点,占同期全部互联网和相关服务收入的比重为 25.8%。在"互联网和相关服务"概念下,新增"软件和信息技术服务业"行业,为互联网和相关服务发展注入新动能。其中,全流程数字化企业服务、远程办公服务分别同比增长 34.7% 和 32.0%,高于全国平均水平;集成电路设计业同比增长 24.0%,高于全国平均水平 15.9 个百分点。2023 年上半年,随着 5G 网络等新型基础设施建设加快推进,互联网普及率持续提升,"软件和信息技术服务业"行业发展较快,营业收入同比增长 20.3%,高于全国平均水平 6.9 个百分点。其中,电子商务服务业、集成电路设计业同比分别增长 28.0% 和 23.0%,高于全国平均水平 9.7 个和 7.4 个百分点。2023 年以来,我国互联网和相关服务应用业在技术创新、产业升级等方面取得显著成效,同时面临着一些挑战,如部分企业研发投入不足,核心技术创新能力有待提高,数字经济发展面临数据安全挑战等。未来,需要进一步加大科技创新力度,推动互联网和相关服务应用业高质量发展。

互联网服务应用业在发展中呈现出几个鲜明的特点。一是技术创新持续推进,新技术不断涌现。例如,5.5G 技术的商用化布局正在加速,这将极大地提升网络速度和稳定性,为物联网、远程医疗等新兴应用提供强有力的支持。二是行业集中度提高,巨头企业的影响力日益增强。这些企业通过并购、合作等方式,不断扩大业务版图,形成了较为完善的生态系统。三是跨界融合趋势明显,互联网与传统产业的界限越来越模糊。许多传统行业通过引入互联网思维和技术,实现了业务模式的创新和转型。四是安全问题日益突出,随着数据量的激增和应用场景的多样化,网络安全和个人隐私保护成为亟待解决的问题。五是政策环境日趋完善,各国政府对互联网行业的监管力度加强,同时出台了一系列扶持政策,以促进行业的健康发展。

四、软件和信息技术服务应用业

(一)内涵

软件和信息技术服务应用业,简称软信业,是当前经济发展中的重要驱动力。它涵盖了从软件开发、系统集成、IT 咨询到云服务等各个方面,为各行各业提供关键的技术支持与服务。近年来,随着数字化转型的浪潮席卷全球,软信业更是迎来了前所未有的发展机遇。

在内涵层面,软信业以其技术密集和创新性强的特点,成为新经济的代表。这一行业不仅包括传统的软件开发和硬件销售,还拓展到了大数据、人工智能、物联网以及区块链等领域。这些新兴技术的融合,推动了软信业从单一的产品或服务提供商,转变为综合解决方案的供应商。企业通过整合多种资源,为用户提供一站式服务,从而提升了行业的附加值和市场竞争力。

(二)发展现状

随着互联网的普及和技术的进步,软件和信息技术服务应用业已经渗透到社会生活的各个角落,无论是购物、社交、娱乐,还是教育、医疗、金融,都离不开 IT 技术的支持。而在这个过程中,软件和信息技术服务应用业的发展现状也呈现出以下特点。

第一,创新驱动。大数据、云计算、物联网、人工智能等新技术的发展和应用,推动了整个软件和信息技术服务业的快速发展,也催生了一系列新的商业模式和服务模式。

第二,竞争日趋激烈。随着市场的不断扩大和技术更新换代的速度加快,企业间的竞争压力也在增加,这就要求企业必须不断创新,提升产品和服务的竞争力。

第三,人才需求旺盛。由于 IT 技术涉及的范围广泛,因此对相关人才的需求也相当大。从编程开发,到数据分析,再到系统维护等,都需要大量的专业技术人才来支持。

第四,全球化趋势明显。随着互联网的发展,IT 行业的服务范围已经不再局限于本地市场,而是向全球扩张。这为企业提供了更广阔的市场空间,同时带来更大的挑战。

第二节　新兴的数字技术应用业

新兴的数字技术应用业是数字产业化发展的主导力量,为我国数字经济的发展提供了新技术新应用,主要包括物联网应用业、工业互联网应用业、大数据应用业、云计算应用业、人工智能应用业、区块链应用业、虚拟现实与增强现实应用业七类。

一、物联网应用业

(一)内涵

物联网应用业是以物联网技术为基础,进行物联网系统构建、设备互联、数据收集与分析、智能化决策和操作等活动的行业。它已经广泛应用于多个行业领域,为经济社会发展提供了有力支持。

首先,物联网应用业需要构建物联网系统,包括物联网平台的选择与搭建、物联网设备的选择与部署、通信技术的选择与实施等。这些活动确保了物联网系统的稳定性和可靠性,为后续的物联网应用提供了基础。

其次,通过物联网技术实现设备之间的互联互通。这包括设备之间的直接通信以及设备与云平台之间的数据传输。网络连接性是物联网应用的关键,它确保了数据可以实时、安全地传输到云平台进行分析和处理。

最后,通过物联网设备收集大量的数据,并利用先进的数据分析技术对这些数据进行处理和分析。这些数据可以来自传感器、智能设备等,涵盖了经济运行、基础设施和民生服务等多个领域。数据分析的目的是从数据中提取有价值的信息,为智能化决策和操作提供支持。基于数据分析的结果,物联网应用业可以做出智能化决策,并执行相应的操作。例如,在智能制造领域,物联网技术可以用于实时监测生产线的运行状态,并根据数据分析结果调整生产参数,提高生产效率。在智能交通领域,物联网技术可以用于实时监测交通流量和路况信息,并根据数据分析结果优化交通信号控制,缓解交通拥堵。

(二)发展现状

物联网应用业已经渗透到工业制造、智慧城市、智能家居、智能交通、医疗健康、农业等多个领域。

以智能制造为例,通过安装各类传感器并利用物联网平台,生产线上的机械设备可以实现自我诊断、预测维护,极大地提高生产效率和产品质量。在智慧城市建设中,物联网的应用更是实现了对城市基础设施的实时监控和管理,如智能照明、智能停车、环境监控等系统的构建,有效提升了城市管理水平和居民生活质量。

在家居领域,物联网技术使得家电产品智能化,用户可以通过智能手机远程控制家中的各种电器,实现家庭自动化和个性化服务。而在交通行业,基于物联网的车联网技术可以提供实时路况信息、优化路线选择、辅助驾驶等功能,为出行带来便捷和安全保障。

医疗健康领域的物联网应用同样值得关注。借助可穿戴设备和远程监控系统,医护人员能够实时跟踪患者的生命体征,及时发现异常情况,并采取措施。在农业方面,通过连续监测和分析土壤湿度、气候条件等数据,农民可以精准施肥、灌溉,提升农作物的产量和品质。

尽管物联网应用的发展势头迅猛,但仍然面临一些挑战。信息安全问题尤其受到关注,因为越来越多的设备联网,意味着存在更多的攻击面。此外,标准化、互操作性、隐私保护等问题也是亟须解决的难题。

物联网应用业不仅内涵丰富,涉及多方面的技术创新和行业应用,而且其发展态势显示出巨大的潜力和活力。随着技术的进步和市场需求的不断扩大,物联网将在未来的数字化时代扮演更加重要的角色,推动社会各领域向更智能、更高效和更环保的方向发展。

二、工业互联网应用业

(一)内涵

工业互联网应用业是以工业互联网平台、网络及安全体系为基础,进行推动传统产业转型升级、新兴产业加速发展等相关活动的行业。它已经成为推动数字经济发展的重要力量,并将继续在未来发挥更加重要的作用。

首先,工业互联网应用业通过工业互联网平台、网络及安全体系,将新一代信息通信技术与工业经济深度融合,推动传统产业从数字化向网络化、智能化发展。这包括平台化设计、智能化制造、网络化协同、个性化定制、服务化延伸、数字化管理等诸多新模式、新业态、新产业。

其次,工业互联网应用业通过构建覆盖全产业链、全价值链的全新制造和服务体系,为新兴产业提供了广阔的发展空间和强大的技术支撑。随着企业对于数据资产高效流动的需求日益旺盛,工业互联网应用业通过打造先进工业网络,实现工业资源泛在连接、数据高效流动,从而推动数字经济的发展。

(二)发展现状

随着技术的不断进步和政策的大力支持,工业互联网正在全球范围内迅速发展。多国政府都将工业互联网视为国家战略,投入大量资源进行研发和推广。在中国,工业互联网被视为制造强国战略的重要组成部分,已经形成了以平台建设为核心,推动产业链上下游协同发展的格局。

工业互联网的应用主要集中在几个方面:一是生产流程优化,通过实时数据采集和分析,优化生产线的配置,减少浪费,提高生产效率;二是设备维护管理,利用远程监控和预测性维护技术,降低设备故障率,延长设备寿命;三是供应链管理,通过对供应链各环节数据的整合和分析,实现资源的最优配置,提高响应速度;四是产品创新,基于大数据分析用户需求,实现个性化定制和快速迭代。

工业互联网的发展也面临着一些挑战。首当其冲的是安全问题,工业系统的联网增加了被黑客攻击的风险,需要建立更为严格的安全防护机制。此外,数据的标准化和互操作性问题也是制约工业互联网发展的重要因素。不同设备和系统之间的数据往往难以互通,这限制了信息的流动和应用的拓展。

展望未来,随着5G、人工智能等新技术的融入,工业互联网的应用将更加广泛和深入。未来的工厂将更加智能化,生产过程将更加灵活高效,产品将更加个性化。同时,随着标准化体系的完善和技术的成熟,数据的安全和互操作性问题也将得到有效解决。

工业互联网作为现代工业发展的重要趋势,其内涵丰富,发展现状迅速,未来前景广阔。它不仅改变了传统的工业生产方式,也为企业和消费者带来了更多的可能性。随着技术的不断进步和应用的不断深化,工业互联网无疑将在全球经济发展中扮演越来越重要的角色。

三、大数据应用业

(一)内涵

大数据应用业是以大数据分析技术为基础,进行数据收集、存储、处理、分析以及将分析结果转化为实际决策和应用等相关活动的行业。它已经广泛应用于金融、医疗、零售、制造业等多个行业领域,为经济社会发展提供了有力支持。

大数据应用业需要从各种来源收集数据,包括社交媒体、物联网设备、企业系统等。这些数据是进行分析和决策的基础,需要被妥善存储,以便后续的处理和分析,通常涉及使用大型数据库系统或云存储解决方案。数据处理是大数据应用中的关键环节,涉及数据清洗、数据转换、数据集成等多个步骤,旨在提高数据的质量和可用性,为后续的分析提供准确的数据基础。数据分析是大数据应用业的核心活动,通过运用各种数据分析技术和工具,如数据挖掘、机器学习等,从海量数据中提取有价值的信息和洞察。基于数据分析的结果,大数据应用业可以为企业或组织提供决策支持,如制订市场策略、优化运营流程等。同时,这些分析结果也可以被应用于各种实际场景中,如个性化推荐、风险预测等。

(二)发展现状

目前,大数据应用业的发展现状呈现出以下特点。

一是快速增长的趋势。随着各行各业对于数据驱动决策的需求日益增加,大数据应用市场正在迅速扩大。企业和政府机构都在积极构建和完善自身的数据处理和分析能力,以获得竞争优势或提高工作效率。

二是技术创新不断涌现。人工智能、云计算、物联网等新技术的应用推动了大数据处理能力的提升,使得数据分析更为高效和智能。同时,这些技术的结合也催生了新的应用场景,如智慧城市、智能制造等。

三是行业垂直整合趋势明显。特定行业的专业知识与大数据技术结合得越来越紧密,形成一批行业解决方案提供商。这些公司深挖行业需求,提供定制化的数据分析和应用服务,帮助客户解决实际问题。

四是面临隐私保护和数据安全的挑战。随着数据量的激增和大数据应用的普及,如何确保个人隐私不被侵犯和数据不被滥用成为亟待解决的问题。这要求相关立法和监管措施的跟进,同时需要行业内自律和技术的创新。

大数据应用业正以其强大的数据整合和分析能力,推动传统产业的转型升级,并助力新兴产业的发展。尽管面临着挑战和机遇并存的局面,但随着技术的进步和市场的成熟,大数据应用业无疑将在数字经济时代扮演更加重要的角色。

四、云计算应用业

(一)内涵

云计算应用业是以云计算技术为基础,进行提供云计算服务、开发云计算应用、推动云计算在各行业应用等相关活动的行业。随着云计算技术的不断发展和普及,云计算应用业也将迎来更加广阔的发展前景。

首先,云计算应用业通过构建云计算平台,为各种用户提供基础设施即服务(IaaS)、平台即服务(PaaS)和软件即服务(SaaS)等不同类型的云计算服务。这些服务可以满足用户在计算资源、数据存储、应用开发等方面的需求。

其次,云计算应用业还致力于开发各种云计算应用,这些应用可以运行在云计算平台上,利用云计算的计算资源和存储能力,实现各种功能和服务。例如,云计算应用可以支持在线教育平台的构建、实现大规模的在线教学和资源共享,或者支持金融机构构建高可用、低延迟的交易系统等。

最后,云计算应用业积极推动云计算技术在各行业的应用,包括企业管理、教育、医疗保健、金融、政府管理等多个领域。通过云计算技术,这些行业可以实现资源优化、降低成本、提高效率,推动行业的数字化转型和智能化升级。

(二)发展现状

近年来,随着技术的不断进步和市场的日益成熟,云计算已经从概念验证和小规模试用阶段,发展到大规模的商业部署和应用推广阶段。无论是在企业级市场,还是在个人消费领域,云计算都展现出巨大的潜力和活力。

在企业级市场,越来越多的企业选择将业务迁移到云端,以实现成本优化、效率提升和灵活性增强。例如,通过使用 IaaS 服务,企业可以快速扩展或缩减 IT 基础设施,以应对业务的波动需求;通过 PaaS 服务,企业可以加快软件开发和创新的步伐,提高竞争力;而 SaaS 服务则帮助企业降低软件采购和维护的成本,提高运营效率。

在个人消费领域,云计算也正在改变我们的工作和生活方式。如今,许多人已经习惯于使用云存储服务来备份和分享照片、视频等个人数据;通过在线教育和娱乐平台,用户可以随时随地学习新知识、享受娱乐内容;而各种在线办公和协作工具则让远程工作成为可能,极大地提高了工作的灵活性和效率。

云计算应用业的发展也面临一些挑战和问题。比如,数据安全和隐私保护问题一直是用户和企业关注的焦点;此外,云计算服务的可靠性、可扩展性和性能等方面也需要不断地提升和完善。要解决这些问题,需要云服务提供商、政府机构和社会各界的共同努力。

云计算应用业正处在快速发展的阶段,它的应用范围正在不断扩大,技术也在不断进步。未来,随着 5G、人工智能等新技术的融合和发展,云计算的应用将会更加广泛和深入,为社会带来更大的价值和变革。对于企业和个人来说,了解和掌握云计算的知识,将有助于更好地适应这一趋势,抓住新的机遇。

五、人工智能应用业

（一）内涵

人工智能应用业是以人工智能技术为基础,进行开发、部署和优化各种人工智能系统及应用等相关活动的行业。随着技术的不断发展和普及,人工智能应用业将迎来更加广阔的发展前景和机遇。

人工智能应用业致力于开发各种人工智能系统,包括智能语音识别系统、智能图像识别系统、智能推荐系统、智能决策系统等。这些系统可以应用于各个领域,如金融、医疗、教育、交通等,提高行业效率和服务质量。系统开发完成后,人工智能应用业需要将这些系统部署到实际的应用场景中。这包括与各行业合作伙伴的合作,将人工智能系统嵌入他们的业务流程中,以实现智能化升级。同时,还需要对系统进行维护和优化,确保其稳定运行和持续迭代。随着数据的不断积累和技术的不断发展,人工智能应用业需要不断优化和改进算法,以提高系统的性能和准确性。这包括调整模型参数、引入新的算法和模型、优化数据处理流程等。

人工智能应用业还可以为企业提供人工智能咨询服务,帮助它们了解人工智能技术的最新进展、评估其应用潜力,并制订相应的发展战略和规划。

（二）发展现状

人工智能是当今科技发展的热点领域,其应用已经渗透到生产生活的方方面面。从智能手机的声控助手,到自动化生产线上的机器人,再到医疗诊断、金融分析、自动驾驶等应用,人工智能的应用正在改变我们的生活和工作方式。

在工业领域,人工智能的应用主要体现在智能制造上。通过机器学习、深度学习等技术,人工智能可以实现生产过程的自动化和智能化,提高生产效率,降低生产成本。例如,在汽车制造行业,使用人工智能可以实现汽车零部件的自动装配,大大缩短了汽车的生产周期。此外,人工智能还可以通过数据分析,预测设备的故障,提醒人们提前进行维护,避免因设备故障导致生产中断。

在医疗领域,人工智能的应用主要体现在医疗诊断和治疗上。通过深度学习等技术,人工智能可以从大量的医疗数据中学习疾病的规律,帮助医生进行疾病诊断。例如,人工智能可以通过分析肺部 CT 图像,自动识别出肺癌的早期病变,提高肺癌的早期发现率。此外,人工智能还可以通过模拟医生的治疗方案,为患者提供个性化的治疗建议。

在金融领域,人工智能的应用主要体现在风险评估和投资决策上。通过机器学习等技术,人工智能可以从大量的金融数据中学习风险和回报的关系,帮助金融机构进行风险评估和投资决策。例如,人工智能可以通过分析用户的信用历史,自动评估用户的信用风险,提高贷款的准确性和效率。此外,人工智能还可以通过分析市场的历史数据,预测市场的走势,为投资者提供投资建议。

在交通领域,人工智能的应用主要体现在自动驾驶上。通过深度学习等技术,人工智能可以从大量的驾驶数据中学习驾驶的技能,实现车辆的自动驾驶。例如,人工智能可以通过分析路面的情况,自动调整车辆的速度和方向,保证车辆安全行驶。此外,人工智能还可以通过分析交通流量的数据预测交通拥堵的情况,为出行者提供最优路线的建议。

六、区块链应用业

（一）内涵

区块链应用业是以区块链技术为基础，进行开发、部署、优化以及应用区块链解决方案等相关活动的行业。随着技术的不断发展和应用场景的不断拓展，区块链应用业将迎来更加广阔的发展前景和机遇。

区块链应用业致力于根据各行业的需求，开发各种区块链解决方案。这些解决方案可以应用于供应链管理、智能合约、数字资产交易、身份认证等多个领域，以提高行业的效率、降低成本并增强信任度。部署区块链系统开发完成后，区块链应用业需要将这些系统部署到实际的应用场景中。这包括与各行业合作伙伴的合作，将区块链系统嵌入他们的业务流程中，以实现智能化、去中心化和安全化的升级。随着技术的不断发展和应用场景的不断拓展，区块链应用业需要不断优化区块链系统的性能。这包括提高交易速度、降低能耗、增强系统可扩展性等。

区块链应用业还可以为企业提供区块链咨询服务，帮助它们了解区块链技术的最新进展、评估其应用潜力，并制定相应的发展战略和规划。

（二）发展现状

区块链在各个领域有着广泛的应用，其核心在于利用加密算法确保数据的完整性和安全性，并通过分布式账本技术，实现数据在网络中的共享与同步。这种机制使得一旦数据被录入区块链之后，便难以修改或删除，从而确保了信息的不可篡改性。此外，区块链的智能合约功能能够自动执行合同条款，极大地提高了交易的效率和安全性。

在金融领域，区块链技术最初用于比特币等加密货币的交易，但现在已经扩展到了资产管理、跨境支付、信用和风险管理等多个方面。例如，通过区块链技术，可以实现即时清算和结算，大幅度降低了交易成本和时间。同时，金融机构也在探索如何利用区块链技术提高透明度，减少欺诈行为。

在供应链管理领域，区块链可以提供透明且不可篡改的供应链历史记录，帮助企业追踪产品从原材料到最终用户的全部过程。这不仅有助于提高消费者对产品来源和质量的信任，还能有效打击假冒伪劣产品，保护品牌声誉。

在版权保护方面，区块链技术能够确保创作者的权益不被侵犯。通过将作品信息注册在区块链上，每一次作品的使用和传播都会有明确的记录，从而为版权所有者提供强有力的法律证据。

医疗行业也在积极探索区块链技术的应用。患者的医疗记录可以被安全地存储在区块链上，只有授权的个人或机构才能访问这些信息，这既能保护患者的隐私，也能确保医疗信息的准确性和可靠性。

七、虚拟现实与增强现实应用业

（一）内涵

虚拟现实与增强现实应用业是以虚拟现实与增强现实技术为基础，进行开发、部署、优化虚拟现实与增强现实应用以及提供相关服务和解决方案等活动的行业。

开发虚拟现实与增强现实应用可以应用于教育、医疗、娱乐、工业设计等多个领域,为用户提供全新的体验和服务。

(二)发展现状

当前虚拟现实与增强现实技术的发展呈现出几个明显的趋势。首先,硬件设备的持续进步,如分辨率更高的显示器、更精确的定位追踪系统以及更舒适的佩戴设计,使得用户体验大幅提升。其次,内容的丰富度不断增加,开发者正在创造出更多具有教育意义和实用价值的应用程序,而不仅限于游戏和娱乐。最后,技术的融合趋势日益明显,例如 VR 与 AI 结合,可以创建更加智能的虚拟环境和角色;而 AR 与 IoT 的结合,则可以实现物理世界与数字世界的无缝对接。

展望未来,随着 5G 网络的高速率、低延迟特性,将进一步推动虚拟现实与增强现实技术的发展和应用创新。我们有望见证更多跨界合作的出现,例如在教育领域,学生可以通过 VR 参与历史事件的重现,或者通过 AR 在自然探索中获取即时的信息补充;在医疗领域,远程手术和病情诊断的准确性也将因为 AR/VR 技术的辅助而大幅提高。此外,工业设计和制造业也正在利用这些技术进行流程优化和效率提升。

虚拟现实与增强现实技术正以前所未有的速度融入人们的日常生活和工作中,它们不仅仅是技术的展现,更是人类创造力与想象力的体现。随着技术的成熟与应用场景的拓宽,未来我们将生活在虚拟与现实更加交融的世界中。

📺 本章小结

本章首先介绍了传统的数字技术应用业的内涵和发展状况,然后介绍了新型的数字技术应用业的内涵和发展状况。

🖊 巩固与提升

1. 传统的数字技术应用业有哪些类型?有什么特点?
2. 新兴的数字技术应用业有哪些类型?有哪些应用领域?
3. 阐述人工智能技术应用对数字经济的作用。
4. 未来的数字技术应用业还会出现在哪些领域?

第四篇

产业数字化篇

第七章　农业数字化

本章导读

　　农业是事关国家发展和人民生活的重要产业,是一个社会能够正常健康发展的重要基础。农业数字化通过将新一代信息技术和传统农业技术的深度融合,推动农业生产转方式、调结构、转型升级,提升农业整体的创新力和生产力,农业数字化将是我国农业可持续发展之路。在第二届"2022数字经济领航者峰会"上,中国工程院院士赵春江在介绍农村数字经济发展时做出预测:"2020年我国农村数字经济的规模是5778亿元,根据整个农业农村数字化转型发展的速度分析预判,到2025年农业数字经济规模将达1.26万亿元,2035年将达7.8万亿元,到2050年将达24万亿元。"

学习目标

　　通过学习,了解农业数字化的内涵,熟悉几种典型的农业数字化技术,掌握农业数字化技术的应用;能够根据企业农业数字化技术应用状况,分析其特点及合理性,选择合适的数字化技术;了解农业数字化的发展趋势;培养数字素养,激发创新性和创造力。

第一节　农业数字化概述

　　从世界农业发展史的角度来看,第一次绿色革命以矮秆品种作为典型代表的出现作为标志,第二次绿色革命以动植物转基因技术的核心技术被掌握作为标志,而农业领域的第三次绿色革命——"农业数字革命"正随着现代以太网技术与现代农业技术的深层次融合碰撞作为标志而来临。

一、农业发展历程

　　农业发展是人类社会发展的重要组成部分,它经历了漫长的历程,大致可分为原始农业时期、古代农业时期、封建农业时期、商业农业时期和现代农业时期等五个主要阶段。

(一)原始农业时期

　　这个时期约在公元前10000年至公元前4000年,人类从狩猎采集的生活方式转变为农业生产。人们开始种植农作物和饲养家畜,逐渐形成了农业社会。农业生产主要依赖自然条件,如土地、肥料、灌溉等。

（二）古代农业时期

古代农业时期约在公元前 4000 年至 500 年,农业生产逐渐发展和改进。人们发展了灌溉技术,提高了农作物的产量。此外,农业工具(如犁、耕牛等)的发展也推动了农业的进步。

（三）封建农业时期

封建农业时期约在 500 年至 1700 年,农业发展受到封建制度的影响。土地被贵族和地主垄断,农民成为农业生产的主体。农业生产已经具备一定的规模和稳定性,主要以自给自足为主,但仍然受到自然条件的较大限制。

（四）商业农业时期

商业农业时期约在 1700 年至 1900 年,农业生产受到商业和市场的推动。农业生产逐渐与城市和工业联系起来,农产品开始大规模流通和交易。农业机械(如蒸汽机、收割机等)的发展提高了农业生产的效率。

（五）现代农业时期

现代农业时期约从 20 世纪初至今,是农业发展的最新阶段,也是科技和信息技术快速发展的时期。农业生产实现了机械化和数字化,人们重视科学技术的应用和创新,利用先进的技术和管理方法提高了农作物的产量和质量,实现农业的可持续发展。

二、农业数字化内涵

农业数字化是指将现代信息技术应用于农业生产和管理过程中,以提高农业生产效率、质量,促进农业可持续性发展。它涵盖农业生产、农业管理、农业市场和农业决策支持系统等多个领域。

（一）农业生产

通过使用传感器、物联网、遥感技术和无人机等先进技术,实时监测和收集农田的土壤湿度、温度、光照等数据,以便更好地管理灌溉、施肥和病虫害防治等农业活动。此外,还可以利用机器人和自动化设备来实现农作物的种植、收割和处理等工作的自动化。

（二）农业管理

农业数字化可以帮助农民和农业企业更好地管理农田、农作物和农业设施。通过使用农业管理软件和应用程序,农民可以跟踪和记录农田的生长情况、施肥和灌溉计划以及病虫害的管理等信息。这些数据可以帮助农民做出更明智的决策,提高生产效率和农产品的质量。

（三）农业市场

农业数字化可以促进农产品的市场化和流通。通过建立农产品交易平台和电子商务平台,农民和农业企业可以更方便地将农产品销售给消费者和买家。同时,数字化技术还可以提供市场信息和供应链管理工具,帮助农民了解市场需求和价格趋势,优化产品配送和库存管理。

(四) 农业决策支持系统

通过分析历史数据、气象数据和市场数据,农业决策支持系统可以提供预测和建议,帮助农民和农业管理者做出更准确的决策,如制订最佳的种植计划、灌溉方案和销售策略等。

总的来说,农业数字化为农业生产和管理带来了巨大的机遇和挑战。它可以提高农业生产效率和可持续性,减少资源浪费和环境影响;同时,农民和农业管理者需要具备数字技术的应用能力,并解决数据隐私和安全等问题。

三、农业数字化发展历程

农业数字化的发展历程可以追溯到 20 世纪 60 年代,随着信息技术的快速发展和农业现代化的需求,农业数字化逐渐成为农业领域的重要趋势。其发展的主要阶段包括自动化阶段、数据化阶段、连接化阶段和智能化阶段。

(一) 自动化阶段

20 世纪 60 年代至 80 年代,最早的农业数字化应用主要集中在农业机械和设备的自动化方面。例如,自动播种机、自动收割机等的出现,提高了农业生产的效率和准确性。

(二) 数据化阶段

20 世纪 80 年代至 90 年代。随着计算机技术的发展,农业开始应用计算机进行数据管理和分析。农民和农业专业人员开始使用电子表格和数据库等工具来记录和分析农田的信息,如土壤数据、气象数据和作物生长数据等。

(三) 连接化阶段

21 世纪初至今,随着互联网和移动通信技术的普及,农业数字化进入全新的发展阶段。农民和农业专业人员可以通过互联网和手机应用程序实时获取和共享农业信息。此外,物联网技术的应用也使得农业设备和传感器能够实时监测和收集农田的数据。

(四) 智能化阶段

在智能化阶段,人工智能、大数据分析和机器学习等技术正逐渐应用于农业数字化。农业智能化系统可以通过分析大量的农田数据和历史记录,为农民和农业企业提供预测和决策支持。同时,智能农业设备和机器人的发展,也推动了农业生产过程的自动化和智能化。

概括来说,农业数字化的发展是一个逐步演进的过程,从自动化到数据化、连接化,再到智能化。随着技术的不断进步和应用经验的积累,农业数字化将继续发展,为农业生产和管理带来更多的机遇和挑战。

第二节　农业数字化技术

我国农业生产存在生产规模小、生产方式落后、人工成本迅速增加、效率效益低等问题。采用农业数字化技术,通过计算机代替人脑、机械代替人力,大力发展数字化农业,可以很好地解决这些问题。农业数字化技术主要有传感器、条码和无线射频识别技术、"3S"技术、农业物联网技术、农业大数据技术、农业人工智能技术和农业区块链技术等。

一、传感器、条码和无线射频识别技术

（一）定义

1. 传感器技术

传感器是将各种非电量(如化学量、物理量、生物量等)按一定规律转换成便于处理和传输的另一种物理量(一般为电量)的装置。传感器技术是利用各种功能材料实现信息监测的应用技术,它是检测(传感)原理、材料科学、工艺加工三个要素的最佳结合。

2. 条码技术

条码技术是在信息技术与计算机技术基础上发展起来的,集编码、印刷、识别、数据采集和处理于一体的技术。核心技术是在物品上贴涂条码进行标记,利用光电扫描设备识读条码符号,从而实现对物品的标识和自动识别,快速准确地将信息录入计算机进行数据处理,以达到自动化管理的目的,具有输入准确度高、速度快、成本低、可靠性强等优点。条码主要有一维条码和二维条码两种形式。一张条码对应唯一一个码值,将这张条码贴到某个物品上,就标记了物品的唯一性。

3. 无线射频识别技术

无线射频识别即射频识别技术(radio frequency identification,RFID),是一种自动识别技术,通过无线射频方式进行非接触双向数据通信,利用无线射频方式对记录媒体(电子标签或射频卡)进行读写,从而达到识别目标和数据交换的目的,如搭配相应的硬、软件系统,还可以进行跟踪与定位。其中的电子标签或射频卡是由无线电天线和IC芯片组成的超微型小标签,每个标签具有唯一的电子编码,包含电子存储的信息,数米之内都可以识别。与条形码不同的是,射频标签不需要处在识别器视线内,也可以嵌入被追踪物体内。

（二）传感器、条码和无线射频识别技术在农业中的应用

传感器、条码和无线射频识别技术在农业中的应用广泛而深入,它们对于提高农业生产效率、优化资源配置以及保障农产品安全起到重要作用。

传感器技术可以在农业生产的各个环节进行监测和控制。例如,土壤湿度传感器可以实时监测土壤湿度,为农民提供精确的灌溉建议;温度传感器可以监测农作物的生长环境,确保农作物在适宜的温度下生长;光照传感器则可以监测光照强度,为农民提供补光建议。这些传感器技术的应用,有助于农民更加科学地管理农田,提高农作物的产量和品质。

条码技术在农业中也发挥着重要作用。通过将条码贴在农产品或包装上,可以快速准

确地记录农产品的信息,如品种、产地、生产日期等。这有助于农产品在流通过程中的管理和追溯,提高物流效率。同时,条码技术还可以与电子商务平台结合,实现农产品的在线销售和追溯,为农产品打开更广阔的市场。

RFID 技术可以应用于农产品的追溯体系。通过在农产品上植入 RFID 标签,农民可以记录农产品的生长、施肥、农药使用等关键信息。消费者在购买农产品时,可以通过扫描 RFID 标签获取这些信息,了解农产品的生产过程,从而更加放心地消费。此外,RFID 技术还可以用于农业设备的自动化管理,通过植入 RFID 标签,可以实现对农机具的自动识别和监控,提高设备的使用效率。

✏️ **案例**

山东实施农产品合格证制度

作为我国农业大省的山东省,农产品品种丰富、产量大,产品销往全国各地,这突显了保障农产品质量安全的重要性。因此,山东省提出了创建农产品质量安全省的目标,主要举措之一就是全面实施农产品合格证制度,要求做到全程可追溯。山东各市县因地制宜,结合本地农产品的生产特点,逐步形成了一些科学性高、操作性强、实用性好的做法。

1. 农产品合格证备案制度

为提高合格证公信力,如青岛市市级财政累计安排专项资金近 1.2 亿元,健全农产品质量追溯体系和农业投入品追溯体系,至 2020 年就已将 4329 个产品、1257 家农产品生产主体纳入追溯系统。由生产主体在追溯系统平台输入农产品生产信息,进行备案,统一编码,自动生成带二维码的农产品合格证,防止假冒仿制。建立完善统一的农药经营追溯平台,将全市 3300 家规范化农资经营店全部纳入平台管理,对"谁在卖药、卖什么药、药卖给谁"实现了全程追溯、实时监管。

2. 农产品合格证分类管理

例如,济宁市将农产品电子合格证按类别从高到低划分为四个等级,不同级别印制不同的颜色相区别。合格证类别越高,代表产品质量安全水平越高、市场竞争力越强,由此鼓励生产主体逐步提升级别。全市联动,引导各类农产品生产主体在产品上市时主动出具合格证。市场准入环节主动索取合格证,做到农产品类别全覆盖。有包装的食用农产品以包装为单元开具合格证,并将其张贴、悬挂或印刷在包装材料表面;散装食用农产品以运输车辆或收购批次为单元,实行一车一证或一批一证,随附同车或同批次使用;鼓励并逐步推广鲜鸡蛋"一蛋一码"喷码上市。

3. 探索"一户一码、一捆一证"

茌平区每年种植韭菜 224.33 公顷,年产 1 万吨左右,韭菜是当地的特色农产品。区农业农村局加强技术指导和质量安全监管,安排专项资金 20 多万元,印制了韭菜产品二维码合格证,并免费发放给韭菜种植户。同时,实行承诺制度,印制韭菜安全生产承诺书,只有签订承诺书的农户才能申请二维码合格证。合格证为统一编码,一户一组编码,包括农户的姓名、住址、电话、施药情况、承诺方式等信息。经销商、消费者、监管人员扫描二维码,即可对韭菜进行全程追溯。

4. 采用大数据管理农产品合格证

安丘市加大经费投入,强化人员保障,结合信息化手段实现电子化管理。投资 650 万元建设农产品质量安全监管平台,按照"村不漏户,户不漏地块,地块不漏种植品种"的原则,利用大数据定位,对每一块地、种植品种建档立卡,并将统计信息上传至信息平台,形成产地准出信息库,为农产品合格证管理提供基础数据。

资料来源:杨理健.山东:实施合格证制度　加强信息化管理[EB/OL].农业农村部网站,2020-08-05.

二、"3S"技术

(一) 定义

全球定位系统(global positioning system,GPS)、遥感技术(remote sen,RS)、地理信息系统(geographical information system,GIS)简称"3S"技术。"3S"技术融合了空间技术、卫星定位与导航技术、传感器技术、通信技术和计算机技术,是多学科综合应用。随着技术进步,RS、GIS、GPS相关技术不断走向技术集成,构成"3S"技术体系。可以对空间信息进行快速准确采集、处理、管理、分析、传播和应用。在农业领域,"3S"技术可以为现代农业建立与之相适应的地理信息系统,为农业的规划、设计、管理、生产、决策过程提供更为精确的信息,在农业领域的应用优势非常明显。20世纪80年代起,"3S"技术开始在我国农业领域有所应用,历经多年发展,产生了巨大的经济和社会效益,成为推动"农业数字化"发展的重要手段。

(二) GPS技术在农业中的应用

GPS主要由GPS卫星星座、地面监控系统、GPS地面接收机三部分构成。它通过人造卫星对全球各地进行扫描、分析和定位,每天为全球用户提供三维位置、速度和时间信息。GPS具有精度高、抗干扰能力强、观测时间短、操作简便、全天候作业等特点。GPS技术可以为农业田间作业提供准确的空间位置信息,包括完成对土壤类型、土壤肥力特性、作物生长发育状况、病虫草害及农作物产量等田间信息的采集,为各种监测目标提供高精度的定位、定量数据,有助于实现更加科学合理的农业田间决策。

1. 智能农机导航

在耕种、收割、施肥、喷药的农业机械上安装车载GPS定位器,能程序化地跟从已定的路线耕种施肥或者喷洒农药,由于具有精确定位功能,农机可以将作物需要的肥料与农药运送到精确的位置,合理化的路线有效减少了对肥料和农药的使用。同时,在GPS系统支持下,可以确保智能农业设备在作业过程的一致性、便捷性,减少人力成本投入,有效提高农业作业效率,提高作物产量。

2. 病虫草害灾情监测

由于病虫草害具有易暴发、传播快、流行性广等特点,所以传统的灾情监测十分困难。GPS技术支持下的精准农业,在农田遇到灾情时,能够精确定位受灾地段,特别是能够准确判断灾情轻重,并将信息传输至云平台,依据云平台数据判定在不同受灾地段的投药量,同时可以借助GPS定位器进行精准投药。

3. 科学调度农机服务

运用GPS技术,可以快速采集和实时监测农机信息,准确分析农机作业面积和作业质量,追溯农机的历史移动轨迹,实现对作业农机的远距离快速调度,便于农机管理部门科学调度农机服务和组织作业机具,减少农机流动的随机性和盲目性,避免发生农机扎堆抢农活的现象。

(三) RS 技术在农业中的应用

遥感,即遥远的感知。遥感技术就是在一定距离外(包括高空遥感和低空遥感)接收来自地球表层发射和反射的电磁波信息,通过对这些信息进行扫描和处理,对地表物体和现象进行探测、识别和分析的综合性探测技术。例如,根据不同物体所反射和吸收的光谱波段的差异,判断它们的形状、颜色和大小,从而区分不同的物体。农业是遥感技术应用最广泛和成熟的行业之一。遥感技术广泛应用于农业资源调查及动态监测、农作物产量估测、农业灾害监测及损失评估等,为农业的增产增收发挥巨大的作用。

1. 农作物长势动态监测

根据遥感技术及成像和处理技术获取的农田和作物多光谱图像信息,对于农作物生产管理十分重要。通过分析不同时段内获取的 RS 图像的光谱变化,可以监测作物长势的动态过程;RS 多时相的影像数据可以反映宏观作物生长发育的规律性特征,用于了解作物的生长信息,如根据作物叶片的形状和颜色判断其健康状况,以便及时有效地灌溉、施肥、施药。

2. 作物遥感估产

通过 RS 技术分析获取影像的光谱信息,可以分析作物的生长信息,建立生长信息与产量的关联模型或函数,从而可以完成对作物的估产。作物遥感估产系统主要包括作物种植面积调查、长势监测和产量估测三个过程。国内外主要的作物遥感监测运行系统在美国、欧盟和中国。中国全球农情遥感速报系统自 1998 年建成运行,经过多年开发、升级,已成为国际领先的三大农情遥感监测系统之一。该系统不仅服务于中国粮食作物生产调控,还为全球 147 个国家和地区提供农情信息服务。此外,气象遥感可以及时准确地获取天气预报信息,实现对气象灾害和病虫害的早期预警。RS 技术还广泛应用于农业资源监测、土壤墒情监测、土壤侵蚀调查等多项农业服务。

(四) GIS 技术在农业中的应用

GIS 技术集空间地理数据信息的采集、存储、管理、分析、三维可视化显示与输出于一体,具有强大的空间数据处理功能,还可以辅助进行决策。如果把 RS 技术和 GPS 技术比作农业的两只眼睛,那么 GIS 技术就是农业的大脑。由于其功能强大,GIS 技术在农业领域得到广泛的应用,如农田灌区灌溉管理、农业景观格局研究等诸多方面。

1. 农田信息可视化与专题图纸

GIS 可以完成空间信息可视化。通过各种离散空间数据的采集和 GPS 传感器的计算,完成对各种田间信息图形化处理。GIS 技术将绘制的各种田间信息的空间分布图,以二维平面、三维立体以及动态等更形象、更立体和直观的方式进行展现,有助于用户的分析和统计工作。GIS 具有制图功能,它可以将各种专题要素地图组合在一起,产生新的地图,为智慧农业信息提供直观的展示平台,包括农作物产量分布图、耕地地力等级图、农业气候区划图、病虫灾害覆盖图等农业专题地图。

2. 农业生态环境研究

GIS广泛应用于农业生态环境研究的多个场景,包括环境监测、环境质量评价与影响评价、生态管理以及面源污染防治等。例如,在农业环境监测方面,结合GIS的模型功能和环境监测日常工作需求,可以建立农业生态环境模型,模拟区域内农业生态环境的动态变化和发展趋势,为相关决策提供更为科学的依据。目前,我国农业生产追求全程机械化,这样可以减轻劳动强度、追求更高收成。这也意味着我国农业越来越依赖先进的农机进行田耕、播种、施肥、除草、收获和加工等。GIS的运用可使拖拉机和收割机准确作业,通过其他基于卫星的传感器,农民可以了解土壤水分含量分布,观察作物生产情况。这就使农民始终明白自己的土地和作物情况,知道如何去管理它,这样的系统有助于从了解每个地块精确到了解每平方米的情况。

三、农业物联网技术

(一)定义

农业物联网技术是将信息采集、传输、控制等设备彼此相连形成监控网络,通过采集分析数据实现自动化、智能化、远程控制农业生产环境的土壤、水肥、空气温湿度等信息的网络技术,具有如下特点。

1. 一体化

人、机、物都是物联网的有机组成部分,其中人为核心功能,机为手段,物为对象。农业物联网系统必须进行优势选择与整合协调,才能达到人、机、物的一体发展,从而充分实现农村智能发展。而这种特征也是农村物联网最为明显的特点,正是因为这个特征,农业发展才变得更加方便,管理更科学。

2. 农业数字化

农产品物联网的主要作用对象是田地里的所有作物。作物信息的收集与传递是整个农业物联网的核心环节。所有作物的生产发育状况、缺肥情况、病虫情况都是利用物联网的传感器以数字化的形态传送到物联网平台,再利用整个农业物联网来研究、模拟农业作物诸因素间的相互关系,并解释其生长、发育过程及其规律,以针对农业作物生长发育情况,从而做出适当的管理决定,才能达到对农作物生产过程有效管理的目的。

3. 农业社会化

物联网社会是指相互融合、动态开放的互联网社会。农产品物联网关心的不只有庄稼生长发育过程中的水肥,更为关心农产品质量安全、农户生存、农产品追溯等社会问题。由于农产品物联网具有明显的社会性特点,能够有效解决社会问题,它在认识农产品、发展农产品、改善农产品质量方面发挥着重要作用。

4. 全面化

农业体系是一种涉及自然界、社会、经济以及人类社会活动的巨大复杂体系。唯有贯彻全要素、整个过程和全体系的"三全"化发展路线,并充分考虑全生育期、全产业链体系、全相关影响,才能促进我国农村物联网的发展。全面化特征重要的表现是农业种植的全方面数据都可以在农业物联网上查询。

(二) 农业物联网技术的应用

物联网在农业领域的应用非常广泛,为农业现代化和可持续发展提供了有力支持。

1. 精准农业管理

物联网技术能够实时采集土壤温度、湿度、光照强度以及农作物生长情况等数据,通过对这些数据的分析,实现对农作物生长全流程的精确监控,从而提升农业管理效率。

2. 病虫害监测与防治

物联网技术结合互联网和无线传输技术,实时监测并采集病虫害数据,自动记录并上传到监控云平台。通过自动识别昆虫,统计虫害数据,发现虫害暴发的潜在规律,从而制订相关预防政策。

3. 农产品溯源

物联网技术通过一物一码技术,管理产品批次与溯源码的对应关系,实现来源可追、去向可查、责任可究,提升农作物全链路透明程度,增加用户对质量的信赖。

4. 智能灌溉系统

物联网技术能够实时监测土壤湿度、气候和环境信息,通过无线网络和云计算技术实现远程控制。智能化灌溉系统可以根据作物种类和生长阶段的不同,调整灌溉量和灌溉频率,以满足作物生长的需求,最大程度地节约水资源。

5. 智能温室控制

物联网技术可以实现对温室内环境参数的智能调控。通过传感器监测温室内的温度、湿度、光照等条件,系统可以自动调整遮阳帘、通风设备以及灌溉系统等,为作物提供最适宜的生长环境。

此外,物联网在农业中的应用还包括农机智能监控系统、土壤墒情监测、智能供水系统、气象监测等,这些应用都极大地提高了农业生产的效率和质量。

✏️**案例**

兰陵县现代农业示范园

为进一步提高栽培质量,山东省临沂市兰陵县政府在现代农业示范园引入了杭州托普云科技公司的物联网技术,在其所建立的果蔬大棚中全面配备了物联网监控装置,利用物联网科技实时监控大棚蔬菜光线、气温、二氧化碳含量、相对湿度以及植物长势情况,并通过产生的智能监控信号对果蔬实施精细化控制,利用无线网络传感器对温室环境进行自动调控,利用土地温湿度感应器对施肥控制,做到在该灌水的时间灌水,在该施肥的时间施肥,全面实现农产品智能化,有效推动了有机安全农产品的开发。

资料来源:现代设施农业助力强村富民.http://www.linyi.gov.cn/info/1333/372151.htm.

四、农业大数据技术

(一) 定义

农业大数据技术是利用大数据理念、技术与方式在农业应用领域的具体实践,它融合了农业地域性、季节性、多样化、周期性等自身特性,其内容涵盖了从耕种、养殖、种植、受精、植保、生产过程管理、采收、加工、储运、营销、养殖、防疫、屠宰检疫等环节,需要用专有的技术和分析方法来提取其中巨大而潜在的应用价值。

(二)农业大数据技术的应用

在农业生产和管理领域中,大数据技术有广泛的运用空间,具体应用有以下几点。

1. 提供信息参考和指导

大数据技术能提取历年来农业生产的灾害数据、土壤肥力等参数信息、农产品市场需求数据等,采用统计分析方法,通过实证分析和案例比较,为智慧农业发展提供有益的信息参考和指导。

2. 对农业生产提出改进措施

大数据技术能利用如水资源、大气环境等农业资源数据,分析我国农业发展面临的资源、环境问题,在对农业生产进行综合调查的基础上,有针对性地提出改进措施。

3. 为生产加工提供科学指导

大数据技术能利用农业生产监控技术,如远程视频技术、实时数据采集技术、自动化控制技术等,分析农业生产过程中存在的问题,为农业生产、农产品加工提供科学指导。

4. 提高安全管理水平

大数据技术能通过收集农产品的生产、加工、物流和仓储数据,如生产者、加工流程、产业链、物流体系、库存管理、市场销售等数据,建立覆盖生产前、中、后的数据库系统,分析农产品的生产安全问题,切实提高农产品的安全管理水平,为广大消费者提供可靠且安全的食品。

案例

贵州"大数据+应用扶贫"

贵州"农业云",实现了农业数据资源、农业生产管理的统一集成、管理、共享和服务。"农业云"涵盖种植、畜牧、水产、市场等各类农业信息资源,建成脱贫攻坚产业情况分析、蔬菜批发市场价格动态分析、农业园区分布情况分析、新农村建设资金分析和农机补贴资金分析等5个应用系统,推动全省75个农业园区开展146个物联网建设项目,实现了对农田实况视频、农业气象、土壤墒情、农作物生长状况、病虫害等进行实时监测,结合作物产量预估模型,为贵州省特色农产品的长势和产量进行预测预警,提高了农业生产管理的科学化水平。

食品可溯源,食用皆安心。目前贵州省已经初步建成农产品质量溯源体系"食品安全云""动物及动物产品检疫电子出证平台""农产品质量安全电子监控系统"等应用系统。电子监控系统覆盖了全省364个电子监控点,其中县级84个,乡镇级280个。

以"数"支撑,精准提升。通过全面推广测土配方施肥系统,形成了覆盖83个县(市、区)的农业生产数据库、空间数据库与管理系统,建立了"贵州省农业信息资源分类与编码规范""贵州省农业信息资源元数据""贵州省农业大数据中心接口规范""贵州省农业'一张图'平台接口规范""贵州省农业空间信息资源制图标准"等农业标准规范体系。

在建立全省范围内数联万物模式时,贵州省通过实施"大数据＋"乡村振兴项目,进一步为乡村植入"大数据"基因,让产业发展有了"新标准";产品销售有了"快车道";农村发展有了"智慧眼";乡村振兴有了"智慧芯",也对乡风民俗传承、精神文明建设、科教文卫事业发展产生了深远影响。

资料来源:贵州日报,http://www.cac.gov.cn/2019-10/14/c_1572601065849277.htm.

五、农业人工智能技术

(一) 定义

农业人工智能技术,就是运用人工智能技术来解决农业领域中的问题,提高农业生产效率、资源利用率和农产品质量。其核心在于通过大数据分析、机器学习、深度学习、计算机视觉、自然语言处理等人工智能技术,对农业生产过程中的信息进行实时监测、分析、预测和决策,从而实现对农业生产的精准化、智能化管理。

(二) 农业人工智能技术的应用

农业人工智能应用是当今农业科技发展的重要方向,旨在通过智能化的手段提高农业生产效率、优化资源配置,实现农业的可持续发展。农业人工智能应用包括以下内容。

1. 精准农业管理

借助无人机、卫星遥感等技术,人工智能系统可以收集农田的土壤、气候、作物生长等数据,通过大数据分析,为农民提供个性化的种植方案。这有助于农民根据农田的实际情况精准施肥、灌溉和施药,从而提高产量,减少资源浪费。

2. 智能农机装备

人工智能技术可以应用于农机装备,使其具备自主导航、自动作业等功能。例如,自动驾驶拖拉机可以根据预设的路线自主完成耕作、播种等任务,降低了人力成本,提高了作业效率。

3. 智能病虫害监测与防治

通过图像识别和深度学习算法,人工智能系统可以实时监测作物的生长状况,及时发现病虫害问题,并给出相应的防治建议。这有助于农民及时采取措施,减少病虫害对作物的影响。

4. 农产品质量与安全检测

人工智能技术可以用于农产品的质量与安全检测,通过图像识别、光谱分析等手段,快速准确地检测出农产品中的有害物质,确保农产品的安全和健康。

5. 农业供应链优化

人工智能可以应用于农业供应链管理,通过对市场供需关系、价格波动等因素进行分析和学习,预测未来一段时间内的农产品价格走势,指导农民合理调整生产规模和销售策略。同时,利用物联网技术,可以实现农产品从生产到销售的全程追溯,确保农产品的品质和来源可追溯。

✎案例

植保无人机在河南安阳的大规模应用

早在 2017 年 4 月下旬，预报显示河南省安阳市 100 多万亩小麦有重大病虫害发生趋势。该市以政府购买服务的招标方式，由安阳全丰航空植保科技股份有限公司和标普农业、农飞客担当主力，紧急调度 1000 余名飞手及技术服务人员、400 多架植保无人机，10 天完成了 34 个乡镇 100 万亩小麦的植保作业。

这是国内首次应用植保无人机完成 100 万亩小麦统防统治作业，也是植保无人机全国跨区作业的一次成功尝试。经来自中国农科院、中国农业大学、河南省植保站等单位的专家团队对项目区 21 个乡镇、37 个村的 64 块麦田随机取样调查，结果显示此次植保无人机统防统治对小麦蚜虫的防治效果为 94.1%，比农民自防效果提高 4.8%；植保无人机统防统治对小麦病害的防治效果为 81.03%，比农民自防效果提高 10.47%；节约农药使用量 30% 左右，节约用水量 98%。与传统人工打药每人每天作业 20 亩相比，植保无人机每机每天打药 400～600 亩，是人工效率的 20～30 倍，仅人力成本就可节约 900 余万元。2018 年 5 月初，安阳市再次组织了 1000 名飞手和 1000 架植保无人机，10 天时间完成了 200 万亩小麦的病虫害航空植保统防统治。

资料来源：中国农业新闻网，http://www.caamm.org.cn/%E7%BB%9F%E8%AE%A1%E6%95%B0%E6%8D%AE/1706.htm。

六、农业区块链技术

(一) 定义

农业区块链技术是指将区块链技术应用于农业领域，以提高农业生产的透明度、效率和可持续性。区块链技术作为一种分布式账本技术，具有去中心化、不可篡改、透明度高和安全性强等特点，这些特性使其在农业领域具有广泛的应用前景。

(二) 农业区块链技术的应用

1. 农产品溯源

通过将农产品的生产、加工、运输和销售等各个环节的信息记录在区块链上，可以确保信息的真实性和可信度。消费者可以通过扫描产品上的二维码，查询到该产品的来源、生产日期、运输过程等信息，从而提高对农产品的信任度。

2. 农业保险

通过将农场设备、作物生长情况等数据记录在区块链上，可以自动化地触发理赔流程，减少人为干预和操作错误。同时，区块链的智能合约功能可以实现自动化管理，降低纠纷和风险。

3. 农业金融领域

农民可以将自己的土地、作物等资产登记在区块链上，作为抵押物来获得贷款。通过智能合约，可以实现自动化管理还款和利息支付，降低人工操作失误的可能性和相关风险。

✎ **案例**

蚂蚁金服用区块链技术为五常大米"验明正身"

2018 年 8 月,阿里巴巴集团旗下的天猫、菜鸟物流和蚂蚁金服与五常市政府合作,将蚂蚁金服的区块链技术和五常市农业技术相结合,推动五常市大米市场的信息化,更好地实现产品溯源,提高消费者对产品的可信度,降低虚假广告的辨认难度。同年 9 月开始,五常大米的天猫旗舰店给出售的每袋大米都配有一张"身份证"。这个身份证就是这袋大米的区块链信息包,其中包含大米的产地、种子、施肥、生产、加工、物流路径等各种溯源信息。这些信息可以通过支付宝扫描"身份证"获取到,方便消费者查询。

五常大米的"身份证"依赖于一个供应链联盟,这个联盟包含了大米种植商、大米生产商、仓储加工商、菜鸟物流、天猫商城以及五常质量技术监督局等多个相关主体,每一袋大米的"身份证"都会经过这个供应链联盟中主体的认证和签名。这些认证信息是不可修改的,且供应链中每个主体都可以存储、查看,相互之间可以看到所有已经通过的认证和签名,并可以互相监督验证。

除了在供应链过程中使用区块链技术,五常市政府已经在利用物联网技术,将农业种植、种子产业、肥料产业等信息实时录入系统,通过区块链追溯和大数据分析,实时掌握大米的生产链路,分析追溯大米总产量,掌握市场的行情变化。现如今,这套系统已经和区块链的供应链联盟一样成为区块链的一个主体,帮助更好地溯源商品市场。

资料来源:阿里、华为、五常大米……都在做的农业区块链,厉害在哪? http://www.nyguancha.com/bencandy.php?fid=58&id=9049.

第三节　农业数字化发展现状

进入 21 世纪以来,传统农业与信息技术深度融合,农业进入数字化新时代,引发了第三次农业绿色革命,生产方式发生了巨大变革。德国、西班牙、以色列等发达国家围绕农业数字化进行了广泛的研究和布局,分别针对各自国情提出了有针对性的扶持政策。我国也在大力推进农业数字化,推动数字农业的发展,为农业的高质量发展保驾护航。

一、农业数字化国内发展现状

近年来,我国农业数字化快速发展,突破了一批数字农业关键技术,开发使用了一批数字农业技术产品,建立了农业数字化技术平台。然而,农业数字化在我国仍然处于初级阶段。《数字中国发展报告(2023 年)》显示,农作物种植数字化水平为 21.8%,设施栽培信息化水平为 41%,畜禽养殖信息化水平为 32.8%,水产养殖信息化水平为 16.4%。我国农业生产数字化建设虽然快速起步,但与工业和服务业相比,农业不仅数字化水平相对较低,数字化速度也相对较慢。工业、服务业、农业的数字经济渗透率分别为 24.3%、45.3% 和 8.6%(2023 年),处于全球平均水平(工业渗透率 24.7%、服务业渗透率 45.7%、农业渗透率 9.1%,2022 年),可见我国农业数字化存在广阔的提升空间。随着数字技术的飞速发展,国内农业数字化的发展呈现出以下特点。

（一）数字农业平台的建设

在中国，建设数字农业平台是一个重要方向。这些平台整合了农业物联网、大数据、云计算等技术，提供全面的农业信息和服务，帮助农民做出科学决策。一些地方政府还建设了农业科技园区，引导企业和科研机构在这些园区内进行农业数字化技术的研发和应用。农业电商平台逐渐崭露头角，通过线上销售和供应链数字化，提高了农产品的流通效率，减少了中间环节。

（二）农业物联网技术的应用

物联网技术在农业中得到广泛应用，包括传感器监测、远程控制等。通过物联网，农民可以实时了解农田状况，实时监测土壤湿度、温度、作物生长情况等信息，提高农业生产管理的精准性，有助于优化农业生产流程，提高产量。

（三）智能农业机械的推广

农业机械的数字化和自动化程度不断提高，包括使用 GPS 技术的智能拖拉机、播种机器人、自动化喷洒机等，提高了农业生产效率和减少了农业劳动力需求。政府鼓励和支持农业科技创新，加大对数字化农业技术的研发投入，以推动农业现代化。

（四）大数据和云计算的应用

农业生产中会产生大量数据，包括气象数据、土壤数据、作物生长数据等。把大数据和云计算技术应用于农业数据的存储、分析和处理，农民和农业企业能够做出更精准的决策，优化农业管理。

（五）精准农业技术的推广

精准农业技术的推广需要政府、企业、农民和社会各界的共同努力和配合。通过加强政策支持、开展培训教育，结合 GPS 和传感技术，可实现对农田的精准管理，包括精确施肥、灌溉和病虫害防治，以最大限度地减少资源浪费。

案例

阿里的盒马村

2019 年 10 月，阿里巴巴数字农业事业部在成立伊始就提出了自己的战略目标，对农业产业进行全链路数字化升级。2020 年，阿里巴巴数字农业事业部紧密规划、布局盒马村、数字农业示范基地和订单农业生产基地，希望尽快推动农业数字化升级的落地工作。盒马村是指根据订单为盒马种植农产品的村庄，是当下农村转型、发展的新样本。通过阿里巴巴建设的"产—供—销"三大中台，让农村从分散、孤立的生产单元升级为现代农业数字产业链的一部分，农民成为数字农民，可以用新的办法，种出好东西，卖出好价格。同时，盒马通过强大的供应链聚合能力解决了农业末端的难题，打破了中国传统散乱产销的小农模式，提升了农产品流通和销售环节的效率。加上阿里云技术和电商平台，阿里巴巴在农业领域的技术投入为农业的供应链端和销售端实现了数字化的升级。

据不完全统计,全国 32 个省、自治区、直辖市中,已有上海、浙江、湖北、四川、重庆、山东、江苏、河北、广东、云南、陕西、新疆、海南等 13 个省、区、市建立了盒马村。业界认为,盒马村被认为是面向未来中国农村的样子,是农业数字化的创新之举。

资料来源:农业新革命!数字农业正在改变农业、激荡农村. https://baijiahao. baidu. com/s? id = 1668626033612476260&wfr = spider&for = pc.

二、农业数字化国外发展现状

农业是关系国计民生的基础产业。在信息技术的引领下,数字化转型成为全球农业发展的重要趋势。多国加快释放数字技术在农业领域的活力,对于提升生产效率、稳定农民收入、促进乡村发展具有重要意义。例如,在欧洲"菜篮子"西班牙,物联网的应用让蔬果种植更加高产高效;在耕地稀少的以色列,农业领域的数字创新已形成一套科研与推广体系;在农业现代化强国德国,"高科技+数字"农业已广泛应用。如何用数字技术推动传统农业转型,正成为世界多国共同研究的课题。在国外,农场主、农业企业和农业科研机构积极采用农业数字化技术来提高生产效率和农产品质量,主要表现以下几个方面。

(一)物联网和传感器的普及

可以说,物联网和传感器的普及是近年来科技发展的显著趋势之一。农业物联网系统和传感器网络广泛部署于农田中,用于监测土壤湿度、温度、光照等环境参数,以及作物的生长状况。这有助于实时监测农田状况,优化农业生产流程,做出科学的决策,提高农作物的产量和质量。

(二)智能农业机械的推广

智能农业机械在国外得到广泛推广,包括配备 GPS 和自动驾驶技术的拖拉机、收割机器人等。这提高了农业生产的自动化程度,减轻了农民的劳动负担。机器学习和人工智能应用于农业,包括作物病害的识别、预测农田需求等。这些技术提高了农业系统的智能化水平。

(三)大数据和分析平台的应用

农业生产中产生的大量数据通过先进的分析平台进行处理,帮助农民和农业专业人员制订更加智能化的决策。这包括气象数据分析、作物生长模型等。利用 GPS 技术和精准农业技术,农民可以实现对农田的精准管理,包括精确施肥、灌溉和农药使用。这有助于提高生产效益,并减少资源的浪费。

(四)区块链在农业供应链的运用

区块链技术在提高农产品供应链的透明度和可追溯性方面发挥了作用。消费者能够追踪产品的生产过程,确保产品的质量和安全。同时,区块链技术优化了农业供应链中的交易过程,还用于帮助农业供应链进行数据分析和预测。

（五）农业教育和培训的数字化

在国外，农业领域的教育和培训也推广数字化，通过在线课程、虚拟现实等技术为农民提供更好的培训和知识传递途径。国外许多农业教育机构通过建立数字化管理系统，实现了教学资源的共享和优化配置，提高了管理效率和质量。同时，这些系统还可以帮助机构更好地了解学生的学习情况和需求，为改进教学方法和提供个性化服务提供了有力支持。

✎ 案例

德国的"高科技＋数字"农业

德国是全球的农业现代化强国，是欧盟第二大农产品出口国。德国的农业生产效率非常高，这与其拥有高度发达的农业科技及其扶持数字农业有关。德国农业的科技含量相当高，农业信息技术、生物技术、环保技术等各种技术都已应用在德国农业中。

一是计算机控制农业。在农业生产中，德国把地理信息系统、全球定位系统、遥感技术等高科技应用到大型农业机械上。农民在计算机的控制下，就可以耕地、播种、施肥、喷药等，进行各种田间作业。大型农机上可安装接收机，接收卫星信号，这些信号经过计算机处理、分析后，可为农民提供土地和粮食作物的情况信息，使其确定播什么种、施多少肥和喷农药的量。计算机系统还可以从农作物生长情况分析病虫的危害，判断农作物不同生长阶段遇到的病虫害，农民可以根据这些数据提前进行处理和预防。

二是应用物联网技术。德国许多农场里饲养的牛、羊、马身上都会安装电子识别牌，农民在喂饲料、挤奶时，可以通过电子识别牌获得这些动物的饮食情况、产奶量等信息，以便发现问题、采取适当的改进措施等。

三是大数据应用。德国在开发农业技术上投入了大量资金，并由大型企业牵头研发数字农业技术。据德国机械和设备制造联合会的统计，德国早在 2016 年就在农业技术方面投入了 54 亿欧元。在 2017 年的汉诺威消费电子、信息及通信博览会上，德国软件供应商 SAP 公司推出了"数字农业"解决方案。该方案能在电脑上实时显示多种生产信息，如某块土地上种植了何种作物、作物接受光照强度如何、土壤中水分和肥料的分布情况等，农民可据此优化生产，实现增产增收。

现代德国农民的工作离不开计算机和网络的支持。他们每天早上的工作是查看当天的天气信息，查询粮食市价和查收电子邮件。现在的大型农业机械都由 GPS 控制，农民只需要切换到 GPS 导航模式，卫星数据便能让农业机械精确作业，误差可以控制在几厘米。

资料来源："数字种田"让农活更轻松 多国加快农业数字化转型.https://m.gmw.cn/baijia/2021-09/23/35183222.html.

第四节　农业数字化发展未来趋势

中国是一个农业大国，自然条件复杂，自然灾害频发。中国农业生产技术仍处于相对传统和经验化的阶段，与发达国家相比处于较低水平。由于农业分布范围广、资源浪费和生产低效,土地资源和其他自然资源没有得到充分利用,投资存在成本高、破坏生态环境等问题。因此,数字技术的引进和应用,将为我国农业发展开辟新机遇,对我国现代农业的推广、应用和发展起到重要作用。与传统农业相比,精准农业、智慧农业最大的特点之一就是通过高科技的投入和管理,最大限度地节约资源,实现农业科学化、标准化、定量化、高效化。精准农业、智慧农业是在数字化农业的基础上发展起来的,所以需要把农业生产全过程数字化后,才能用信息技术处理。

一、精准农业

联合国的一项研究发现:到 2050 年,随着人口的快速增长,食品需求将激增 70%,世界上约有 9.9% 的人口仍在挨饿,因此要养活近 100 亿人口是一件令人生畏的事。精准农业被认为是 21 世纪农业科技的未来,已经成为农业竞争的重要武器,经营者能够将科技化的现代管理技术融入实地的农业生产中,将会形成极高的竞争壁垒。精准农业的出现正在改变世界农业难题,解决粮食短缺和环境污染等问题。数据显示,到 2028 年,全球精准农业市场规模将达到 163.5 亿美元,复合年增长率为 13.1%。另外,政府增加支持力度,对高效作物健康监测的需求不断增长,都将推动市场增长。

(一)精准农业的内涵

精准农业是按照田间每一区域、部位的具体条件,精细、准确地调整各项土壤和作物管理措施,最大限度地优化各项农业投入和提高作物产量,既可以保护农业生态环境、保护土地等农业自然资源,同时可以获取单位面积上的最大经济效益。精准农业强调经济、生态和社会效益的统一,实现定位、定量、定时的最优化生产管理。可见,精准农业是一种基于空间信息管理和变异分析的现代农业管理策略和农业操作技术体系,精准农业的核心是数据,包括从土地、作物、气象、水文等方面收集的大量数据,以及经过专业分析和建模后的数据。可通过对这些数据的收集、分析和利用,实现对农业生产的精准化管理和决策优化。同时,精准农业也需要先进的信息技术和精密的农业装备作为支撑,包括全球导航卫星系统(GNSS)、无人机、传感器、机器视觉、智能化控制等技术。

(二)精准农业的难点

1. 数据采集和处理

要实现精准农业,需要大量的农业数据,包括土地的性质、气象数据、作物生长状态等,这些数据需要通过传感器、卫星遥感等技术手段进行采集和处理,同时要解决数据质量和隐私保护等问题。

2. 智能决策与操作

对农业数据的采集和处理只是第一步,真正的挑战在于如何将这些数据转化为有效的决策和操作指令,例如,如何针对不同的土地和作物类型进行施肥、灌溉和病虫害防治等操作,这需要充分考虑农业生产的特点和复杂性。

3. 技术应用和推广

精准农业需要依靠各种技术手段,包括传感器、卫星遥感、机器视觉、人工智能等,这些技术需要不断更新和完善,同时需要推广到更广泛的农业生产领域,这需要政府、企业和农民的共同努力。

4. 经济效益

精准农业需要投入大量的资金和技术支持,而且不同的农业生产环境和农作物类型对精准农业的效益也不同,因此需要进行全面的成本效益分析,确保精准农业能够带来经济上的收益。

(三)主要国家和地区精准农业的发展

精准农业的基本特征是管理过程精细和资源投入精省,其在世界各国的发展状况不尽相同,但总体上呈现出逐渐增长的趋势。下面介绍美国、欧盟、中国精准农业发展状况。

1. 美国

早在20世纪80年代,美国精准农业正式兴起。作为精准农业的领先者,美国在该领域的投资非常大,采用了各种技术来实现精准农业。美国的主要精准农业技术包括GPS、GIS、无人机和自动化技术等。美国将通过卫星获取的全国农业数据包括温度、湿度、风力、雨水、土壤成分等传送至农业数据平台,农户通过输入地块坐标即可下载相关数据,并获得农业种植品种、种植密度、肥料施用、病虫防治、杂草消除等系统提供的精准建议,克服了传统的农业生产者凭经验生产的局限,实现了资源节约、成本降低。截至目前,美国有200多万个农场把农业信息化系统应用到农业的精确化生产,他们纷纷在拖拉机上安装了计算机和接收器,接收处理卫星的遥测信息,精确地确定施肥量、浇水量,并计算收获量。该措施既能保护农业环境,还提升了亩产的效率,所以,精准农业受到美国农场主的追捧。

2. 欧盟

欧盟在精准农业领域的发展非常迅速,其主要技术包括农业机器人、智能传感器、云计算、大数据和人工智能等。欧盟在精准农业的发展中非常注重生态和环保,尤其是有机农业的发展。欧盟推出以数字化为特征的"农业4.0",利用卫星定位系统、物联网和人工智能技术将农作物生产管理数字化,根据农作物生长阶段和环境变化,农业机械自动根据要求管理灌溉、施肥、修剪、松土、除草,传统农业生产中的细枝末节生产经营活动自动由机械根据人工智能和人数据经验来处理。同时,利用人工智能和大数据,制订最优农作物生长调节解决方案,并根据其地理位置和气候环境特点实现差异化的自动化、精准化、变量化作业,确保农作物高效、优质生产和环境保护的实现。例如,德国拜耳公司的数字农业支持系统及方案,通过田间监测与人工智能识别系统,高效识别和分析作物生长阶段和病虫害信息,帮助农民优化田块单独管理和农田统筹优化。法国推出的农业机器人——Dino,结合人工智能、GPS和农田传感器,能够高精确度全天候地除杂草杂物。这款机器人有效缓解了法国面临的劳动力短缺问题,并符合日益严格的食品安全要求。

3. 中国

20世纪90年代,精准农业逐渐在中国大地"开花结果",但中国精准农业还处于初级阶段。导致中国精准农业处于初始阶段的原因有三个:一是技术软件与硬件的不配套、不统一,导致软硬件与平台无法兼容;二是土地的分散性、经营主体弱小,导致农业规模化、集约化弱小;三是人才培养与人才储备不足。由于中国农业的特殊性,精准农业发展路途坎坷。近年来政府非常重视精准农业的发展,加大了投资力度,采用了一些新技术来实现精准农业,包括GIS、云计算、大数据和人工智能等。中国的精准农业主要是针对大型农场和种植园,也在不断推广到农村地区。在新疆,建设兵团在农垦区成功实施了棉花的精准农业,实现了从种子、播种、灌溉、施肥、收获和作物环境动态监测六个方面全价值链的精准农业;在黑龙江,立足于大型农业机械作业的良好基础,在农业机械化自动化方面为精准农业提供了宝贵的经验;中国的"蔬菜之乡"——山东寿光,依靠信息化、科技化和标准化,成功地开辟了一条新型蔬菜生产的精准农业之路。

(四)精准农业发展趋势

1. 无人化、智能化

随着技术的不断发展,农业机械将越来越智能化、无人化,如利用无人机、智能传感器、机器视觉等技术,实现农田全面覆盖、实时监测、数据分析等,从而实现全自动化的农业生产。

2. 数据化、数字化

精准农业的核心是数据和数字化技术,未来,农业数据将成为更加重要的生产资料。通过大数据分析,可以对土壤、作物、气象等信息进行实时监测、预测和决策,从而实现生产效益最大化。

3. 软硬件一体化

未来的精准农业将不仅仅是硬件产品的发展,更需要软件和硬件的结合,以及农业生态系统的整体优化。软件系统将成为硬件产品的核心,将数据处理、控制、预测等功能完美结合,提高农业生产的效率和质量。

4. 生态环境友好型

未来的精准农业将更加注重生态环境保护,实现高效的生产和资源的可持续利用,如通过科学调配土地、水、天然气等资源,实现农业生态系统的健康发展。同时,农业生产过程中也将更加注重减少对环境的污染和破坏。

5. 产业链融合

未来的精准农业将更加注重产业链的融合,整合各个环节的资源,提高产业链的效益和降低成本。例如,农业机械企业、种子企业、化肥企业、农业科技企业等将会更多地合作,实现优势互补、资源共享、共同发展。

二、智慧农业

(一)智慧农业内涵

什么是智慧农业?目前没有统一的定义,通俗地说,智慧农业就是人类或者机器人代替人智慧地进行农业生产。智慧农业又称为农业4.0阶段,是农业生产的高级阶段,是集互联网、大数据、云计算、物联网、人工智能、区块链和5G技术融为一体,结合动植物的生长规律、专家经验和农机农艺知识,依托智慧农机及部署在农业生产现场的各种传感节点(环境温湿度、土壤水分、二氧化碳、图像等)和无线通信网络,实现农业生产环境的智能感知、智能分析、智能预警,为农业生产提供智能规划、智能作业、智能管理、智慧经营、智能服务。智慧农业框架结构如图7-1所示,包含感知与执行层、运算层和应用层,整个农业生产、经营和服务过程实现数字化、精准化、可视化和智能化。智慧农业还包括农业电子商务、食品溯源防伪、农业休闲旅游、农业信息服务等方面的内容。

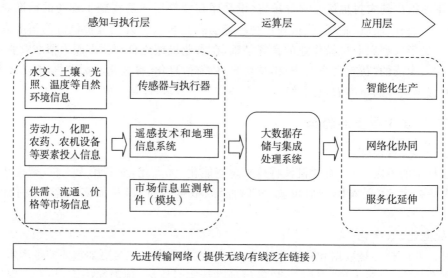

图 7-1　智慧农业框架结构

（二）智慧农业主要内容

智慧农业依据应用领域的不同,大致分为智慧科技、智慧生产、智慧组织、智慧管理、智慧生活五个方面。

1. 智慧科技

农业科技是解决"三农"问题的重中之重,农业只有依靠科技才能实现进步、发展,进而改善农民的生活。农业科技在现代科学技术发展的基础上实现了农业现代化,开创了农业发展新模式。互联网的加入方便了农业科学家的相互交流,有助于农业科技的进一步发展,使得农业科技更智慧。

2. 智慧生产

农业生产是农业系统的核心,包括生物、环境、技术、社会经济四个生产要素。智慧农业可使生产的产品更安全、更具竞争力,减少了生产过程资源的浪费,降低了对环境的污染。同时,新兴的各项技术还可应用于传统大宗农作物,开发的作物全程管理等多种综合性系统操作简单、明了,可应用在经济作物、物种作物上,方便了广大农民的使用,使农业生产更智慧。

3. 智慧组织

智慧组织是指优化各类生产要素,打造主导产品,实现布局区域化、管理企业化、生产专业化、服务社会化、经营一体化的组织模式。它是由市场引领,带动基地、农户联合完成生产、供销、贸易等一体化的经营活动。各种组织将散户的小型农业生产转变为适应市场的现代农业生产。现代农业市场的竞争是综合性的,只有提升品牌价值、改变经营方式的农产品,才能更好地适应现代化农业市场。感知技术、互联互通技术等现代技术使得农业组织更为智慧。

4. 智慧管理

现代农业的集约化生产和可持续发展要求管理人员实时了解农业相关资源的配置情况,掌握环境变化,加强对农业整体的监管,合理配置、开发、利用有限的农业资源,实现农业的可持续发展。我国农业资源分布有较大的区域差异,种类多、变化快、难以依靠传统方法进行准确预测,而现代技术的广泛应用使得农业的管理与决策更加智慧。

5. 智慧生活

农村有了新的科学技术,有了配套的医疗卫生条件,新一代的农民接受更为多样的基础教育,也接受针对性的职业培训。智慧农业可以让本地农民更好地根据市场需要进行合理的生产,同时能让农民在足不出户的情况下了解外面的世界,获取外界的资源。

(三) 智慧农业在国外的发展

智慧农业不仅是一场信息技术革命,而且是农业发展理念的重大变革。它利用现代智能技术,通过精细化的管理来控制农业生产和农业产品,从而达到更加智慧的发展。

智慧农业于 20 世纪 80 年代初在美国兴起,农作物栽培管理、测土配方施肥等农业技术成为早期智慧农业发展的萌芽。20 世纪 90 年代,随着 GPS 的广泛应用和信息技术的广泛普及,农业生产获得极大的发展。到了 21 世纪,智慧农业发展形成规模,增强了农业生产能力,提高了农业生产效率,使农业成为持续高效的产业。

如今农业较发达的国家已基本上形成了符合自身国情的农业技术研究系统,实现本国智慧农业发展迈上新台阶,进一步提高了农民的产出效益。根据不同的农业应用领域和类型,智慧农业主要表现在数据服务平台、农业机械自动驾驶、无人机植保、精细化耕作四个方面。智慧农业在各个方面的应用比例不同,在生产领域应用最为广泛,占比超过 50%。

 案例

美国信息化支撑农业发展

美国是世界上农业生产技术水平最高、劳动生产效率最高、农产品出口量最大、城市化程度最高的国家之一,农业成为美国在世界上最具有竞争力的产业。美国农业信息化建设起步于 20 世纪 50 年代,经过半个多世纪的发展,美国现已成为世界上农业信息化程度最高的国家之一。农业信息化的发展,有力地促进了美国农业整体水平的提高。

美国各级政府围绕市场需求建立了有效的支撑体系,为农业信息化创建发展环境。

(1) 政策支持。政府通过提供辅助、税收优惠和政府担保等政策,刺激与引导资本市场运作,推动农业信息化快速发展。在农业信息资源的管理上,美国已经形成了一套从信息资源采集到发布的立法管理体系,并注重监督,依法保证信息的真实性、有效性及知识产权等,维护信息主体的权益,并积极促进农业信息资源的共享。

(2) 农业信息服务体系。美国在农业数据资源采集及存储方面采取以政府为主体,构建规模和影响力较大的涉农信息数据中心,全面采集、整理、保存了大量的农业数据资源。

(3) 农业信息化网络基础设施建设及投资模式。在农业信息化的建设上,美国采取了政府投入与资本市场运营相结合的投资模式,在农业信息技术应用、农业信息资源开发利用、农业信息网络建设等方面全方位地推进农业信息化的建设。美国政府十分重视农业信息化网络基础设施建设,从 20 世纪 90 年代开始,美国政府每年拨款超过 10 亿美元用于建设农业信息网络、推广技术和在线应用,农村高速上网日益普及。随着互联网和计算机技术的高速发展,美国利用自动控制技术和网络技术实现了农业数据资源的社会化共享。

资料来源:杨丹.智慧农业实践[M].北京:人民邮电出版社,2019.

（四）我国智慧农业发展的必要性

1. 我国智慧农业的发展现状

近年来，得益于政府的鼎力支持，智慧农业在我国发展迅速，但目前仍然处于初级阶段。农业农村部数据显示，2022年，我国围绕大田作物，耕、种、管、收的数字化需求，推进数字化生产、智能化管理和精准化作业，大大减少了人力物力投入，提高了生产品质和效益。监测显示，2022年，全国大田种植信息化率已超过21.8%。其中，小麦、稻谷、玉米三大粮食作物的生产信息化率分别超过39.6%、37.7%和26.9%。全国植保无人机保有量达到16万架，作业面积达14亿亩次。带有北斗定位功能的智能化农机超过90万台，作业效率提高20%以上。同期，畜禽养殖信息化率为34%，水产养殖信息化率为16.6%。

（1）政策助力。我国政府部门高度重视现代农业的发展，先后出台了多个政策文件，全力支持我国智慧农业的发展。目前，农业农村部已确定200多个国家级现代农业示范区，将重点开展4G/5G、物联网、机器人等现代信息技术在该区域的先行先试，从而推进资源管理、农情监测预警、农机调度及无人机监测等信息化的测验示范工作，完善运营机制与模式。

（2）智慧农业是现代农业发展的一个重要趋势和方向。我国是一个农业大国，发展高效、安全的现代生态农业是我国农业现代化建设的目标。然而，随着人口增长、耕地面积不断减小以及城镇化加速推进，农业面临的挑战日趋严峻。发展智慧农业，可以提高劳动生产率、资源利用率和土地产出率，增强农业抗风险能力，保障国家粮食安全和生态安全，实现农业可持续发展。毫无疑问，农业智能化将成为未来农业的重要发展方向。

总体来看，目前智慧农业的需求主要体现在农业的生产环节中，主要为农业种植和畜牧养殖，农业数字化转型仍相对滞后，但存在较大的提升空间。随着农业数字化水平的提高，机器人、物联网、人工智能等先进技术被不断应用到农业生产经营的各个环节，未来智慧农业的需求将不断攀升。

2. 发展制约因素

我国在加快推进农业新兴产业的发展，但实现农业现代化的过程还存在不少制约因素，主要表现在以下四个方面。

（1）农业是"露天工厂"。农业生产过程中对自然环境和生长因子的控制水平不高，因难以掌控农业生产风险的不确定性和动物疫情的突发性，农业生产成本持续提升，农产品价格不确定，农业收益不稳定。

（2）产业化、市场化水平较低。产业化发展水平还不适应现代市场经济的要求，以高新技术应用为主的农业高效规模化水平不高；农业总体上的生产与消费脱节、经营与市场分离、土地利用分散、农民与市民分隔等状况还未有根本改变，农业生产还未形成产前、产中、产后全过程的紧密连接，以及生产、流通、消费相互衔接的现代农业产业体系。

（3）农业信息化水平不高。信息技术在农业生产、流通、监控等各个环节的应用不够广泛。智慧农业在现代农业中的应用程度不高，严重影响了农业资源的利用率和生产效率的提高。

（4）农业功能单一。农业生产功能、文化功能、生活功能、生态功能、休闲功能等综合功能未协调发展起来。农业服务产业化水平不高，农业外延功能潜力还有待大力挖掘和开发利用,还需大力提高农业的品牌效应、区域特色和综合竞争力。

3. 推广智慧农业的益处

智慧农业是世界现代农业发展竞争的制高点,是重塑我国现代农业的重大战略举措,也是带动农业农村产业快速发展的重要抓手。我国农业资源十分匮乏,劳动力资源十分紧缺,智慧农业通过生产领域的智能化、经营领域的差异性以及服务领域的全方位信息服务,推动农业产业链改造升级;实现农业精细化、高效化与绿色化,保障农产品安全、农业竞争力提升;可以使土地得到科学利用,作物得到合理种植,提高工作效率。比如,智慧农业通过对庄稼肥力、水分的检测,可以科学合理地指导施肥和浇水。据统计,使用现代农业技术的农户可以节省 30% 的浇灌用水,这样不仅能大大降低各种资源和成本,还能大大提高作物的产量。因此,智慧农业是我国农业现代化发展的必然趋势,推广智慧农业的益处具体分析如下。

(1)推动农业产业链改造升级。一是生产领域由人工走向智能。二是经营领域个性化与差异化影响突出。物联网、云计算等技术的应用,打破了农业市场的时空地理限制,农资采购和农产品流通等数据得到实时监测和传递,有效地解决了信息不对称的问题。比如,有实力的龙头企业通过自营基地、自建网站、自主配送的方式打造一体化农产品经营体系,从而促进了农产品市场化营销和品牌化运营,这预示着农业经营将向订单化、网络化转变,个性化与差异化的定制农业营销方式将广泛兴起。三是农业管理和服务模式发生变革。政府部门依靠"农业云"的数据和分析服务进行科学决策,农业生产者可以从"农业云"上随时随地获取所需的数据分析结果和专家指导意见,驱动农业管理和服务模式进入"云时代"。

(2)全链条标准化,确保产品安全。政府将农业生产环境、生产过程及生产产品标准化,以此保障产品安全。生产环境实现了精准灌溉、施肥、喷药等,不仅减少了投入,而且绿色健康。运输环节确保温、湿度等储藏环境因子平衡。销售环节通过给进入市场的每一批次产品赋予电子标签,消费者可以随时随地追溯农产品的生产过程,实现了农产品从田间到餐桌全链条的质量安全监管。在农产品流通领域,应用集成电子标签、条码、传感器和移动通信网络于一体的追溯系统,可实现农产品和食品质量追踪、溯源和可视数字化管理,实现对农产品从田间到餐桌、从生产到销售全过程的智能控制。

(3)提高生产效率,提升农业竞争力。一是提高农业生产效率。农业生产者通过智能设施合理安排用工用地,减少劳动和土地使用成本,促进农业生产组织化,提高劳动生产效率。智能机械代替人的农业劳作,不仅解决了农业劳动力日益紧缺的问题,而且实现了农业生产的规模化、集约化、工厂化。通过云计算、农业大数据技术,农业经营者可便捷灵活地掌握天气变化、市场供需以及农作物生长等数据,准确判断农作物是否该施肥、浇水或喷药,避免了因自然因素造成的产量下降,提高了农业生产应对自然环境风险的能力。二是提升农业竞争力。互联网与农业的深度融合,使得农业大数据平台、农产品电商平台、农业互联网平台、土地流转平台等商业模式持续涌现,大大降低了信息探索、经营管理的成本。引导和支持农业企业、农民专业合作社、家庭农场、专业大户等新型农业经营主体发展壮大和联合;促进农产品生产、加工、流通、储运、销售、服务等农业相关产业紧密结合;农业土地、劳动、资本、技术等要素资源得到有效组织和配置,使产业、要素聚集实现从量的集合到质的激变,从而再造整个农业产业链,实现三产融合发展,提升农业竞争力。

（4）改善农业生态环境，推动农业可持续发展。一是改善农业生态环境。智慧农业通过农业精细化生产、测土配方施肥、农药精准科学施用、农业节水灌溉来保障农业生产的生态环境。这样，就可以达到合理利用农业资源，减少污染，改善生态环境，既保护了青山绿水，又实现了农产品绿色、安全、优质。二是推动农业可持续发展。智慧农业借助互联网及二维码等技术，建立全程可追溯、互联共享的农产品质量和食品安全信息平台，健全农产品从农田到餐桌的质量安全过程监管体系，保障人民群众"舌尖上的绿色与安全"。

（5）转变传统观念和组织体系结构。完善的农业科技和电子商务网络服务体系使相关人员足不出户就能远程学习农业知识，获取各种科技和农产品供求信息。信息化终端成为农业生产者的大脑，指导生产经营，改变了传统单纯依靠经验进行农业生产经营的模式，也彻底转变了农业生产者和消费者对传统农业的认识。另外，在智慧农业阶段，农业生产经营规模越来越大，生产效益越来越高，迫使小农生产被市场淘汰，这也必将催生出以大规模农业协会为主体的农业组织体系。

总之，智慧农业建设是一个长期的过程，需要打好基础、抓住关键、突破难点，形成中国特色智慧农业发展道路。从长远看，智慧农业是解决农业可持续发展的有效途径。

三、农业数字化转型及前沿技术

（一）农业数字化转型方向

近年来，以大数据、云计算、物联网、移动互联网、人工智能等为代表的新一代信息通信技术不断取得新突破，并且逐步与实体经济融合发展，推动经济社会的转型发展。信息化具有全域的渗透性、交织性和融合性特征，正在对社会生产生活的各个方面进行全域赋能，对农业、农村、农民产生深远的影响。数字农业的发展核心是不断加强新一代信息技术与农业生产的融合，利用大数据、物联网、人工智能等技术对农产品的生产经营过程进行智能化、精准化的监测、调控，实现更加精准、高效的农田管理、种植养殖、防控保护，提升农业生产效率，使农产品质量更优，生产更安全。以下为农业数字化转型的突破方向。

1. 加强农业物联网技术的研发和应用

可以研发更加智能化的传感器和控制器，实现对农业生产全过程的精准监测和控制。例如，利用传感器技术和数据分析，智慧农业系统将能够实现精确的施肥和灌溉，最大限度地满足作物的养分需求和水分需求，提高农作物的产量和质量。在中国，农业物联网技术已经得到广泛的应用。例如，中国农业大学研发的"智慧农业"系统，可以通过传感器、云计算等技术实现对农业生产全过程的监测和控制。该系统已经在全国范围内推广应用，为农业生产带来了显著的效益。

2. 推广农业大数据的应用

农业大数据可以为农业生产提供更加精准的管理和决策支持，需要加强推广和应用。例如，可以建立农业大数据平台，实现对农业生产全过程的数据采集、分析和挖掘。在美国，农业大数据已经成为农业生产的重要手段之一。例如，美国农业部研发的"农业气象网络"系统，可以通过采集和分析气象、土壤、作物等数据，实现对农业生产的精准管理和决策支持。该系统已经在美国各地推广应用，为农业生产带来显著的效益。

3. 加强农业智能化装备的研发和应用

农业智能化装备可以实现对农业生产的自动化控制和管理，需要加强研发和应用。例如,可以研发更加智能化的播种机、收割机等装备,实现对农作物的自动化种植和收割。在日本,农业智能化装备已经得到广泛的应用。例如,日本研发的"智能化收割机"可以通过自动化、智能化的技术实现对农作物的自动化收割。该装备已经在日本各地推广应用,为农业生产带来显著的效益。

总之,数字化转型已经成为农业产业发展的必然趋势。加强数字化转型的研发和应用,可以为农业产业带来更多的机遇和挑战。

✎ 案例

北京市房山区以智慧农业实现农产品生产监控

北京市房山区建设了房山区国家现代农业产业园、北京生态谷智慧农场两个具有代表性的智慧农业园区。北京生态谷智慧农场位于房山区琉璃河镇,该农场拥有全球领先的农业管理体系,为了节约土地资源,采用了多层立体垂直种植系统和漂浮培栽系统;为了实现多种作物的精准协同管理,采用了中央控制室精准环境控制系统。智慧农场通过农业科技创新应用,孕育出珍品灵芝、罗马生菜、戴多星黄瓜、夏日阳光番茄等优质产品。其中,多层立体垂直种植系统是一座约 3 层楼高、篮球场大小的植物架,在高 9 米的架子上,一盆盆植物分层整齐地悬挂着。这些植物采用旋转追光种植系统,利用光敏探头和变频旋转技术,解决了室内光照不均匀的缺点,使每一株植物都能接受充足的光照。

房山区良乡的国家现代农业产业园总部平台,基于物联网、大数据、透明供应链等技术,构建了"全要素、全周期、全视角"云服务平台,将产业园涉农数据资源、物联网监测数据实时汇聚整合到园区大数据中心云服务平台;运用大数据分析决策服务于主导产业全产业链各环节,集中打造先进农艺技术与现代信息技术融合的国家现代农业产业园总部基地模式。该平台可面向大田、设施、果园等主导产业全产业链各环节,提供资源管理、物联网智能管控、"三链合一"透明链品控、天空地一体化遥感监测、农机智能作业与社会化监管、水肥一体化智能灌溉、病虫害绿色防控、农业生态与农业投入品监管、品牌提升与产业融合、电商营销、大数据分析等智慧农业领域专业指导,为实现农业数字化转型提供技术支持。

资料来源:芦晓春.北京:科技让农业园区展现"智慧"魅力.农民日报.

(二) 人工智能算法

智慧农业关键技术创新研究将是未来农业研究的核心。形成包括物联网标准、智慧硬件的统一开发技术标准,优化数据传输方式,既可保证效率,又可确保稳定和安全。目前研究集中在数据的采集过程,而对数据处理、挖掘研究较少,大力发展云计算、大数据技术,数据融合、数据存储、数据挖掘等数据处理方法将是研究的重点;如何实现互联网、物联网、大数据的深度融合,并在生产中开发集大田种植、设施园艺、畜禽水产养殖物联网一体的技术平台,是推动智慧农业发展的关键。

农业人工智能是智慧农业的重要组成部分,智慧农业要实现的农业智能感知、智能分析、智能控制、智能规划、智能作业、智能管理、智能经营、智能服务就是人工智能算法和技术在农业中的应用。随着智慧农业研究的不断深入,人工智能算法和技术已经得到越来越多的应用。机器学习、专家系统、深度学习、农业机器人等已经融入智慧农业中,提高了农业的智慧水平。下面主要介绍常用人工智能算法和技术在农业中的应用。

人工智能算法是实现智慧农业的核心，可以实现分析预测、智能化控制和决策管理。

1. 搜索算法

搜索算法是利用计算机的高性能，有目的地穷举一个问题的部分或所有可能的情况，从而求解问题的一种方法。搜索过程实际上是根据初始条件和扩展规则构造一棵解答树，并寻求符合目标状态的节点的过程。搜索技术包括图搜索策略、盲目搜索、启发式搜索等。农机调配、农业机器人路径规划、农业知识库检索等都用到了搜索算法。

2. 群智能算法

受自然界和生物界的启迪，科学家通过对简单个体组成的群落与环境以及个体之间的互动行为研究，根据其原理模仿设计的求解问题的算法，称为群智能（swarm intelligence，SI）算法，包括遗传算法、粒子群优化算法、蚁群算法和人工免疫算法等。这些算法已成功应用于农作物遥感估产、农田灌溉管道系统优化、农业资源优化配置、作物种植结构优化、农业机器人行走路径优化等，并已取得较好的效果。

3. 机器学习

机器学习涉及多学科交叉知识，涵盖概率论知识、统计学知识、近似理论知识和复杂算法知识，使用计算机作为工具模拟或实现人类的学习行为，以获取新的知识或技能，并将现有内容进行知识结构划分，来有效提高学习效率。机器学习依靠算法分析数据，从中学习，并在没有人类干预的情况下做出决策。在现代农业的多个领域，如作物产量预测、作物育种、作物病虫害诊断、植物灌溉施肥、温室环境预测预警等，都离不开机器学习，机器学习正在改进农业，塑造农业的未来。

4. 人工神经网络与深度学习

人工神经网络与深度学习都是通过模拟人脑进行分析学习的网络。人工神经网络是对人脑神经元进行抽象，建立模型，按不同的连接方式组成的。深度学习利用了深度的神经网络，将模型处理得更为复杂，从而使模型对数据的理解更加深入。随着对人工神经网络、深度学习的研究不断深入，该领域在农业方面的应用也越来越广泛，在无人驾驶农机、农业机器人、农业智能控制、农作物产量预测及价格预测等方面都获得了较好结果。

本章小结

本章首先介绍了农业发展历程、农业数字化内涵及农业数字化发展历程；其次阐述了"3S"技术、农业物联网技术、农业大数据技术等农业数字化技术及其应用；再次分析了农业数字化发展现状；最后探讨了精准农业、智慧农业和农业数字化等前沿技术。

巩固与提升

1. 什么是 RFID 技术？

2. 结合读者熟悉的领域，列举出能够用传感器获取的信息，同时说明传感器的类别与名称。

3. 简述农业大数据技术与农业物联网、云计算、人工智能技术的关系。

4. 列举利用深度学习解决农业问题的案例。

第八章 工业数字化

本章导读

工业数字化作为第四次工业革命(工业 4.0)的核心,正引领着全球制造业的未来发展。以德国为例,其"工业 4.0"计划预计将在 2020—2025 年为其制造业增加约 1500 亿欧元的产值。工业数字化主要内容包括物联网、大数据分析、云计算、人工智能与机器学习技术的综合运用,它们共同构建起一个高度互联互通、智能化和自动化的工业生产环境。目前,工业数字化通过提高生产效率、产品质量和缩短产品上市时间,增强个性化和灵活性生产服务能力,进一步推动企业向数字化转型升级。据统计,数字化可提高生产效率 12%~25%,并可能减少维护成本达 30%。未来,随着 5G 网络的广泛部署和边缘计算技术的突破,将使得工业数字化迈入新的发展阶段,实现更快速的数据处理与传输、更高精度的生产监控以及更广泛的智能决策支持。

学习目标

通过学习,了解工业数字化的概念、要素和特点,熟悉工业数字化的核心技术及其应用;了解工业数字化的实施路径以及未来的发展趋势;提升数字素养,激发探索数字经济发展的兴趣,培养其创新意识。

第一节 工业数字化的概念、要素与特点

工业数字化是一场技术革命,更是工业生态的全新构想,是制造业转型与升级的关键引擎,涉及将信息和通信技术深度融入工业生产各个环节,从而实现信息的无缝流动、资源的最优配置和过程的智能化管理。

一、工业数字化的概念与意义

(一)工业数字化的概念

工业数字化是指将先进的信息技术与传统工业领域相结合,通过数字化、网络化和智能化手段对生产、管理和服务进行全面升级和改造的过程。其核心目标是提高生产效率、降低成本、提高质量,并为企业带来更多的竞争优势。

工业数字化的概念可以通过以下三个方面来理解。第一,工业数字化是将物理世界和数字世界相连接的过程。通过物联网技术,各种设备、机器和产品能够互相连接并交换信

息,实现设备之间的协同和智能控制。通过大数据技术,海量的数据能够被收集、存储、分析和应用,产生有价值的洞察和决策支持。通过人工智能技术,机器和系统能够模拟人类智能的方式进行学习和决策,实现智能化的生产和管理。通过云计算技术,企业可以借助高性能的计算和存储资源,使数据处理和应用变得更加灵活和高效。第二,工业数字化涵盖了生产、管理和服务的全面改造。在生产方面,数字化技术的应用使生产过程变得更加智能和自动化,提高了生产效率和精度。在管理方面,数据的实时收集和分析使得企业能够更好地掌握生产状况,优化资源配置和决策制订方法。在服务方面,数字化技术使得企业能够提供个性化的解决方案和定制化的服务,满足不同客户的需求。第三,工业数字化带来巨大的价值和优势。通过工业数字化,企业可以实现生产效率的大幅提升,既降低成本,又实现了产品质量的稳定与提升。数字化技术使得企业能够更好地应对市场需求的变化,迅速适应新的竞争环境,提高企业的灵活性和抗风险能力。此外,工业数字化还促进了创新和协同,推动了整个产业链的优化调整和提升。

工业数字化通过物联网、大数据、人工智能和云计算等技术的应用,企业可以将物理世界和数字世界相连接,实现生产、管理和服务的全面数字化和智能化。因此,工业数字化已成为当今工业发展的重要趋势和战略重点。

(二)工业数字化的意义

工业数字化是当今数字经济时代的重要趋势和战略重点,为工业领域带来了巨大的价值和优势。

1. 工业数字化显著提高了生产效率

通过将信息技术与传统工业领域相结合,实现生产过程的数字化、网络化和智能化,企业能够更好地监控和掌握生产状况,实时定位并排除生产中的问题和障碍。工业数字化使得生产过程更加智能化和自动化,减少了人为操作的错误和时间浪费。同时,通过实时收集和分析数据,企业可以对生产过程进行全面监控与优化,避免生产过程中的浪费和低效,并及时调整生产计划和资源配置,提高生产效率和产能利用率。

2. 工业数字化有助于降低生产成本

应用数字化技术,使得企业在生产过程中能够更好地实现资源的优化配置和节约利用。通过实时监控和分析数据,企业能够精准掌握资源的使用情况,避免资源的过度消耗和浪费。同时,通过应用数字化技术,企业还可以实现生产设备和流程的智能化调整和优化,降低人力成本和能源消耗,从而降低总体的生产成本。

3. 工业数字化优化了资源配置

通过数字化技术的支持,企业可以更好地了解和把握市场需求,实时收集和分析客户的反馈和数据,进而根据需求调整生产计划和资源配置。数字化技术使得企业能够实现供需匹配和生产定制化,提高产品的质量,满足客户的个性化需求。此外,工业数字化还能够促进产业链上下游的协同合作和信息共享,优化整个供应链的资源配置,提高整体效益。

4. 工业数字化提升了创新能力

数字化技术的应用改变了传统工业的运作方式和商业模式,为企业带来了更多的创新机会和竞争优势。通过数据的收集和分析,企业能够迅速获取市场信息、产品反馈和用户需求,从而及时进行产品创新和改进。数字化技术也为企业提供了更多的技术和工具,如虚拟仿真、智能制造等,加速产品开发和上市时间,提高产品质量和性能,进一步增强企业的创新能力。

二、工业数字化的构成要素与特点

（一）工业数字化的构成要素

工业数字化的构成要素包括数据化、连接性、自动化、人机协作、智能分析、安全保障等内容,如图 8-1 所示。

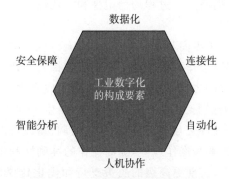

图 8-1 工业数字化的构成要素

1. 数据化

随着科技的不断进步和信息技术的普及应用,企业可以通过采集、存储和处理各个环节的数据,形成可视化和可分析的数据资产。数据化可以帮助企业更好地了解其生产和运营环节的情况,全面掌握并监控生产过程中的关键指标和细节。通过对数据的分析和挖掘,企业可以发现隐藏在大量数据背后的规律和潜在的问题,并及时采取相应的改进措施。数据化的好处不仅仅体现在数据的采集和存储上,更重要的是通过数据的可视化和分析,提供决策支持和优化建议,企业可以通过数据化实现更精确的生产计划和设备调度,减少资源浪费和生产成本。同时,数据化还可以帮助企业优化产品质量控制和质量检验,提升客户满意度和市场竞争力。通过对历史数据的回溯和分析,企业可以进行预测和趋势分析,做出更准确的市场预测和产品需求预测,为企业的战略决策提供依据。

2. 连接性

连接性指的是建立各类设备、系统、传感器之间的连接,实现设备之间的信息共享和协同工作。在传统的工业生产中,各个设备和系统往往是相对独立的,信息无法有效地在各设备之间流通和共享。而通过连接性,不同的设备可以通过网络进行互联,实现数据的交互和共享,企业可以实时监控和控制各个环节的状态和参数,进行远程操作和管理。例如,在制造业中,通过将生产设备与物联网连接,可以实时监测设备的运行状态、故障预警和维护需求,及时调度维修工作,避免因设备故障而导致生产停滞。通过连接性,企业还可以实现跨设备的信息共享和协同工作,促进不同环节之间的协调和配合。例如,在供应链管理中,通过与供应商和分销商之间的连接,可以实现供需匹配和库存管理的优化,提高物流配送的准确性和效率。

3. 自动化

自动化是利用自动化技术,实现生产过程的自动化控制和运营流程的自动化管理。通过应用自动化,企业可以减少人力投入,降低操作风险,提高生产效率和品质稳定性。自动化可以广泛应用于各个领域,包括生产线自动化、仓储物流自动化、工艺控制自动化等。在生产线自动化方面,企业可以通过引入机器人和自动化设备,实现生产过程中的物料搬运、装配、检测等环节的自动化操作。这样不仅可以提高生产线的生产能力和稳定性,减少人力成本和人为误差,还可以提高产品的一致性和质量稳定性。在仓储物流自动化方面,企业可以利用自动化设备和系统,实现物料的自动入库、出库和分拣,提高仓储和物流的效率和准确性。在工艺控制自动化方面,企业可以通过自动化仪表和控制系统,实现对生产过程中各种参数的实时监控和调节,提高生产过程的稳定性和一致性。

4. 人机协作

人机协作指的是通过人机界面和智能系统,实现人与机器之间的高效协作和信息交流。在工业数字化的背景下,人机协作可以帮助企业充分发挥人的智能和机器的计算能力,实现更高效、更灵活的生产和运营方式。一方面,人机协作可以提供更友好、直观的人机界面,使操作人员能够方便地与机器进行互动和指导。例如,在生产线上,操作人员可以通过触摸屏、手持终端等设备与机器进行交互,实现产品参数的调整、设备的启停和故障处理等操作。这样可以降低人员的培训成本和操作风险,提高操作的准确性和效率。另一方面,人机协作还可以借助智能系统和算法,实现更高级的决策支持和优化建议。例如,在生产计划方面,通过数据分析和机器学习等技术,可以对销售数据、市场需求等因素进行分析和预测,为生产计划的制订提供参考和决策支持。在质量控制方面,人机协作可以结合视觉识别技术和智能算法,实现对产品的实时检测和质量评估,及时发现并处理潜在的问题。此外,人机协作还可以帮助企业实现生产过程中的灵活性和快速响应能力。通过与智能化设备和系统的连接,操作人员可以实时掌握生产数据和设备状态,并根据需要进行调整和优化。例如,在订单定制型生产中,通过与智能化设备和系统的协作,可以实现产品参数的快速变换和生产流程的灵活调整,以满足不同客户的个性化需求。

5. 智能分析

智能分析利用人工智能、数据挖掘等技术,对大量数据进行分析和挖掘,从中提取有价值的信息和知识,为企业的决策制订和运营优化提供支持。一是智能分析可以帮助企业发现数据背后的规律和趋势。通过对历史数据和实时数据的分析,可以揭示出数据之间的关联性、影响因素和变化趋势。例如,在生产过程中,通过分析各个环节的数据,可以找出影响生产效率的关键因素,并提出相应的改进措施。在市场销售方面,通过分析客户的购买行为和偏好,可以提供个性化的营销策略和推荐服务,提高客户满意度和市场竞争力。二是智能分析可以提供决策支持和优化建议。通过对大量数据的挖掘和分析,可以为企业制订决策提供参考和依据。例如,在生产计划中,通过对市场需求、资源供应等数据的分析,可以制订合理的生产计划和库存策略,减少库存成本和生产风险。在供应链管理方面,通过对供应商数据和运输数据的分析,可以优化供应链的配送和物流安排,提高物流效率和成本控制。三是智能分析还可以帮助企业实现预测和预警。通过分析历史数据和外部环境数据,可以提前发现潜在的问题和趋势。例如,在质量控制方面,通过对生产过程中的传感器数据进行实时监测和分析,可以提前预警设备异常和产品质量异常,及时采取措施,避免发生事故。在市场销售方面,通过分析市场数据和竞争对手数据,可以提前预测市场的需求和趋势,及时调整产品策略和市场布局。

6. 安全保障

在工业数字化的环境下,大量的数据和系统与互联网连接,也带来了安全风险。建立完善的网络安全体系,保护工业数字化系统的数据和运行安全至关重要。第一,安全保障需要从技术层面进行防范。企业应采用先进的网络安全技术,包括防火墙、入侵检测系统、数据加密等,确保数据传输和存储的安全,还需要定期扫描和修复安全漏洞,及时更新安全补丁,以防止黑客攻击和勒索软件的侵入。第二,安全保障需要加强组织和人员的安全意识。企业应加强员工的网络安全培训,提高员工对网络安全的认知和防范意识。同时,设立专门的网络安全团队,进行网络安全监控和应急响应,及时发现和处理安全事件。第三,安全保障需要建立合规和法律制度。企业应遵守相关的法律法规,保护用户和企业的隐私和数据安全,制订内部网络安全政策和操作规范,确保所有人员遵守网络安全要求。

(二)工业数字化的特点

1. 整合性

工业数字化的整合性体现在它能够将传统孤立的生产和运营环节整合起来,形成高度互联的整体。通过数据的采集、存储和处理,工业数字化将各个环节的数据整合起来,实现信息的无缝流动和共享。这种整合性使得企业能够更好地了解和掌握整个生产过程中的各项指标和细节,从而做出更准确的决策。整合性还带来了生产和运营环节之间的协同作用,不同部门和设备可以通过网络互联,实现信息的共享和协同工作,提高工作效率和生产质量。

2. 智能化

工业数字化的智能化体现在它利用人工智能、机器学习等先进技术,对生产和运营过程中的大量数据进行分析和挖掘,实现自动化决策和优化。通过智能化应用,工业数字化赋予生产和运营更高级的自主性、学习能力和适应性。例如,在生产计划方面,通过对市场需求、供应链状况等数据的分析和预测,可以制订更准确的生产计划,并根据实际情况进行调整。智能化还可以通过对设备和生产过程的监测,及时发现潜在的故障和问题,并提供相应的解决方案,提高生产的稳定性和效率。

3. 灵活性

工业数字化带来了生产和运营过程的灵活性和定制化能力。通过应用数字化技术,企业可以快速调整生产计划、产品配置和供应链,以适应市场需求的变化和客户的个性化需求。例如,在制造业中,通过数字化技术,企业可以实现按需生产和柔性制造,根据客户订单的不同要求,灵活调整生产线的参数和工艺流程,提供定制化的产品和服务。这种灵活性使得企业能够更好地应对市场竞争和变化,提高市场反应速度和客户满意度。

4. 可视化

工业数字化通过采集和分析数据,可视化呈现生产和运营过程的关键指标和细节。通过可视化的展示方式,管理者可以直观地监控生产状态、资源配置和运营效益,及时进行决策和调整。例如,通过仪表盘、报表和图表等可视化工具,企业可以实时了解生产线的运行情况、设备的效率和产品的质量。这种可视化使得管理者能够及时发现异常情况和潜在问题,并采取相应的措施进行调整和改进。同时,可视化还可以促进信息的共享和沟通,不同部门和人员可以通过共享可视化信息,加强协调和协作,提升工作效率和生产质量。

5. 安全性

工业数字化注重建立网络安全体系和保护数据。随着数字化技术的广泛应用,工业系统面临着越来越多的网络安全威胁和风险。因此,建立完善的网络安全体系,保护工业数字化系统的数据和运行安全至关重要,包括采用先进的网络安全技术,如防火墙、入侵检测系统等,对网络进行保护;制订合规的安全政策和操作规范,加强员工的安全意识和培训;建立安全监控和应急响应机制,及时发现和应对安全事件。这些措施可以有效保护工业数字化系统的数据和运行,防止黑客攻击和数据泄露,维护企业的声誉和品牌形象。

6. 可持续性

工业数字化致力于提高资源利用效率、减少能耗和环境影响,实现可持续发展。通过优化生产和运营过程,减少物料浪费和能源消耗,工业数字化既能为企业降低成本、提高竞争力,也可以对环境产生更小的负面影响。例如,在制造业中,通过数字化技术的应用,可以实现材料的精确控制和使用,减少废料的产生;通过优化生产计划和物流配送,可以减少能源消耗和碳排放。这种可持续性的理念和实践使企业能够更好地满足社会责任,并为未来的可持续发展做出贡献。

第二节　工业数字化的核心技术与应用

一、工业数字化的核心技术

(一) 物联网技术及其应用

物联网通过将传感器、设备和系统连接到互联网,实现了设备之间的通信和数据交换。它将物理世界和数字世界紧密结合,为企业提供了实时数据采集和监控的能力,进而实现智能化的生产和运营。在工业数字化中,物联网的应用可以分为三个层面:设备层、网络层和应用层。

1. 设备层

物联网的核心是通过各种传感器和智能设备收集数据。这些设备可以监测和测量温度、压力、湿度、振动等物理参数,也可以感知位置、运动、光线等信息。设备层的应用使得企业可以实时获取设备状态、性能和维护需求的数据,并对设备进行远程控制和管理。例如,在制造业中,通过在生产设备上安装传感器,可以实时监测设备的运行状态和负载情况,从而进行智能调度和预测性维护。

2. 网络层

物联网需要通过可靠的网络基础设施来传输数据,并确保数据的安全和完整性。传统的有线网络和无线网络(如 Wi-Fi、蓝牙、Zigbee 等)都可以用于物联网的连接。此外,为了满足工业数字化的需求,专用的工业物联网网络(如 LoRaWAN、NB-IoT 等)也得到广泛应用。这些网络提供了稳定和安全的数据通信环境,支持物联网设备之间的实时数据传输和互操作。在工业领域中,网络层的建设是实现工厂智能化、物流追踪、供应链管理等关键应用的基础。

3. 应用层

工业数字化的应用需求涉及生产、供应链、安全、能源管理等多个领域。借助物联网技术,企业可以基于实时数据进行智能分析和决策,实现生产计划优化、供应链协同、预测性维护和质量控制等功能。例如,在智能制造中,物联网可以实现生产设备的自动化监控和调度,优化生产流程,并减少生产故障。在供应链管理中,物联网可以实现货物追踪和库存管理的自动化,提高供应链的可见性和可靠性。

(二) 大数据技术及其应用

大数据技术在工业数字化中扮演着至关重要的角色。它提供了强大的能力,帮助企业从海量实时和历史数据中提取有价值的信息,并做出准确的决策。大数据技术的应用可以分为数据采集、数据存储和管理、数据分析和挖掘三个方面。

1. 数据采集

随着物联网和其他数据源的发展,企业可以收集到大量的实时和历史数据。这些数据来自各种传感器、设备和系统,涵盖了生产过程、供应链、质量控制等多个领域。大数据技术可以帮助企业高效、准确地采集这些数据,并确保其完整性和一致性。例如,在制造业中,通过与生产设备和传感器的连接,企业可以实时获得设备状态、过程参数和质量数据,从而实现对生产过程的全面监控和控制。

2. 数据存储和管理

大数据技术提供了各种存储和处理方案,如分布式文件系统(如 Hadoop HDFS)、列式数据库(如 Cassandra)、内存数据库(如 Redis)等。这些技术可以以高可扩展性和高性能的方式存储和管理大规模的数据。此外,数据管理技术还包括数据清洗、整合和安全等方面,以确保数据的质量和可靠性。通过有效的数据存储和管理,企业能够快速访问和处理数据,并进行实时监控和分析应用。

3. 数据分析和挖掘

数据分析和挖掘可以帮助企业从数据中发现潜在的模式、趋势和关联性,可以基于机器学习、统计分析和数据挖掘等算法,对大规模数据进行处理和分析。通过运用这些技术,企业可以发现隐藏在数据中的洞察力,并将其转化为具体的行动。例如,在质量控制中,通过分析历史质量数据和生产参数,企业可以识别出影响产品质量的关键因素,并采取相应的改进措施。大数据分析还可以帮助企业进行预测性维护、优化生产计划和供应链管理等方面的决策。

(三) 人工智能技术及其应用

人工智能技术在工业数字化中具有重要的应用前景,通过分析大数据和模式识别来实现自动学习和改进系统性能。其应用提供了智能化决策和自动化过程的能力,为企业带来了诸多益处。

1. 应用于生产过程

人工智能技术在生产过程的优化和控制中起到关键作用。通过分析实时生产数据和历史记录,机器学习算法可以识别出生产过程中的异常情况,并及时采取纠正措施。例如,在制造业中,通过对生产设备和传感器的数据进行监控和分析,可以实时检测设备故障和预测性维护需求,以避免停机和提高设备利用率。人工智能技术还可以优化生产计划、调度和资源配置,从而提高生产效率和降低成本。

2. 应用于质量控制

在质量控制中,人工智能技术通过对大量质量数据的分析和模式识别,机器学习算法可以快速识别出导致产品质量问题的关键因素,并提供相关的改进方案。例如,在制造业中,通过分析生产过程和质量指标之间的关系,机器学习可以识别出对产品质量影响最大的工艺参数,并优化工艺控制,从而提高产品质量,降低废品率,还可以实现实时质量监控和预警,及时发现和处理质量异常。

3. 应用于供应链管理

在供应链管理中,人工智能技术通过分析历史销售数据、市场趋势和供应链参数,机器学习可以提供准确的需求预测和库存优化建议。这有助于企业实现更精细化和敏捷化的供应链运作。例如,在零售业中,通过运用人工智能技术,企业可以根据历史销售数据和促销活动情况,预测商品的需求量,并优化库存水平,以最大限度地满足顾客需求,同时降低库存成本和避免过剩或缺货的问题。

此外,人工智能技术还在安全管理、设备故障诊断、生产调度和物流优化等领域得到应用。通过自动化分析和学习,人工智能技术可以有效地处理大规模的数据,并发现隐藏的关联和模式。由此,企业可以减少人为错误和决策延迟,提高整体运营效率。

(四)云计算及其应用

云计算作为工业数字化的关键技术之一,正在推动企业在生产和运营方面的转型和创新。它通过提供灵活的存储和计算资源,支持实时数据处理和分析,为企业提供了高可扩展性和高可用性的计算环境。

1. 弹性计算能力

云计算为工业企业提供了弹性计算能力。传统的本地计算环境往往无法满足工业数字化中海量数据的处理需求。通过云计算,企业可以根据实际需要,快速调整计算资源的规模和能力。无论是处理实时数据、进行大规模数据分析,还是执行复杂的模拟和建模,云计算平台都能够提供所需的计算能力和存储容量。这种弹性计算的能力使得企业能够更加灵活地应对变化的业务需求,并更加高效地利用计算资源。

2. 数据存储和管理

云计算为工业数字化提供了数据存储和管理的解决方案。随着工业领域数据量的不断增长,如何高效地存储和管理数据成为一项挑战。云计算提供了多种存储选项,包括对象存储、文件存储和块存储等,以满足不同数据类型和访问需求。企业可以将数据存储在云端,并根据需要快速访问和共享数据。此外,云计算平台还提供了数据备份和恢复的机制,保证数据的安全和可靠性。通过云计算的数据存储和管理,企业能够快速获取所需数据,并支持实时监控和分析应用。

3. 协作和共享平台

云计算为工业数字化提供了高效的协作和共享平台。在工业生产和运营过程中,不同部门和团队之间需要协同工作,共享数据和知识。云计算提供了基于云的协作平台,使得不同地点和团队的成员能够方便地共享和访问数据、文档和应用程序。通过云计算平台,工程师、运维人员、技术支持团队等可以实时协作,共同解决问题,并优化生产和运营过程。这种协作和共享的模式大大提高了团队的工作效率和信息流通速度。

4. 服务模型

云计算通过提供 SaaS、PaaS 和 IaaS 等服务模型，为企业提供了灵活且经济高效的解决方案。通过选择合适的云服务模型，企业可以根据实际需求快速构建和部署应用程序、平台和基础设施。云计算提供的预置和自动化的环境能够降低企业的 IT 成本，并缩短系统部署和配置的时间。此外，云计算还提供了高可用性和容错性的架构，以确保系统的稳定和可靠运行。

当然，云计算的应用也面临一些挑战，如数据安全和隐私保护、网络延迟和带宽等问题。

（五）自动化和机器人技术及其应用

自动化和机器人技术在工业数字化中扮演着重要的角色。自动化技术旨在使用各种控制系统和设备来实现工业过程的自动化和优化，涵盖了例如传感器、执行器、PLC（可编程逻辑控制器）等硬件设备，以及用于控制和监视工艺的软件系统。自动化技术的核心是通过将任务自动分配给机器来减少人工干预，并实现高速、精确和一致的生产。

1. 应用于装配和加工过程

传统的生产线通常需要大量的人工操作，但随着自动化技术的发展，很多重复性和烦琐的操作可以交给机器人完成。机器人可以根据预设的程序执行任务，不仅可以提高生产效率，还可以保证产品的质量和一致性。

2. 应用于物流和仓储管理

在传统的物流过程中，人工操作和运输会带来很多不确定性和错误，而通过使用自动化设备，如 AGV（自动导引车）、无人机和自动仓储系统，可以实现快速而准确的物品检索、存储和运输，提高物流效率，并降低错误率。

3. 应用于安全控制系统

自动化技术可以应用于安全控制系统。例如，在危险环境下，如化工厂或核电站，自动化系统可以监控和控制各种参数，及时发现并处理潜在的危险情况，保障生产过程的安全性。

机器人技术是自动化技术的重要组成部分，是通过使用机械臂、传感器、视觉系统和智能控制算法等技术，来实现对物理世界的感知、识别和控制的一种技术。机器人可以根据预设的任务和环境条件执行各种操作，如装配、焊接、喷涂、包装等。

在工业数字化中，机器人技术的应用范围也非常广泛。例如，在汽车制造业中，机器人可以完成复杂的装配操作，提高生产线的效率和质量。在食品加工行业，机器人可以执行精确和卫生的操作，确保产品的安全和卫生。在医疗行业，机器人可用于手术操作，提高手术的精确性和准确性。此外，随着人工智能和机器学习技术的发展，机器人还可以具备更高的智能和自主性。例如，机器人可以通过学习和适应，不断提高自己的执行能力和适应能力，可以根据环境变化做出相应的决策，并与其他设备和系统进行协同工作。

（六）虚拟现实和增强现实及其应用

虚拟现实和增强现实是工业数字化中经常应用的技术，通过将计算机生成的虚拟内容与真实世界进行交互，为工业领域带来了许多创新和改进，具体表现在以下几个方面。

1. 虚拟现实技术应用于模拟和培训

在工业领域,许多操作需要扎实的专业知识和技能,通过使用虚拟现实技术,可以创建真实感十足的虚拟场景,以模拟各种复杂的操作和任务。工人可以在虚拟环境中进行实践,并获得实时反馈和指导,从而提高技能水平和安全性。例如,在飞机维修领域,工程师可以使用 VR 技术来学习复杂的维修程序,避免在真实场景中犯错误。

2. 虚拟现实技术创建虚拟原型

在产品开发和工艺设计阶段,使用虚拟现实技术可以创建虚拟原型,进行设计验证和优化。设计师和工程师可以在虚拟环境中评估产品的外观、功能和性能,并进行实时修改和调整。这有助于减少物理原型的制造成本和时间,并提高设计质量和用户满意度。

3. 虚拟现实技术应用于远程协作和沟通

在全球化和分布式团队的背景下,虚拟现实可以为远程团队成员提供沉浸式的协作环境。通过穿戴 VR 设备,团队成员可以共享虚拟空间、展示和编辑模型,并进行实时讨论和交流。这种远程协作方式提高了跨地域合作的效率和质量。

与虚拟现实不同,增强现实技术将虚拟内容与真实场景进行叠加,提供增强的感知和信息展示,具体表现在以下两个方面。

1) 增强现实技术应用于可视化数据和分析

在工业场景中,大量的传感器和监测设备用于采集数据,通过使用 AR 技术,这些数据可以以可视化的形式直接叠加在设备或场景上。工作者可以通过观察增强现实界面来了解设备状态、参数变化等信息。这种实时的数据可视化使操作者能够更好地理解和分析数据,及时做出决策。例如,增强现实技术用于维修和保养,当维修人员面对复杂的设备或机器时,可以使用 AR 设备来获取实时的指导和说明。AR 技术可以将操作步骤、故障排除信息等以虚拟文字或图像的形式直接叠加在设备上。这样,维修人员就能获得准确的指导,快速解决问题,提高维修效率和质量。

2) 增强现实技术应用于培训和教育

类似于虚拟现实技术,增强现实可以为学生提供与实际场景相结合的沉浸式学习休验。例如,医学学生可以使用 AR 设备在真实患者模型上进行手术训练,而无需真正的患者参与。这种实践性的学习方式可以提高学生的技能水平和自信心。

二、工业数字化的应用案例

(一)中国汽车制造行业中的自动化生产线

随着中国汽车市场的迅猛发展,中国汽车制造行业已经成为全球最大的汽车市场之一。为了满足不断增长的需求,并提高竞争力,中国的汽车制造商正在积极采用工业数字化技术,特别是自动化和机器人技术,来改进生产过程(见图 8-2)。

1. 自动化技术的应用

自动化技术在汽车制造的各个环节中扮演着重要角色。在焊接过程中,通过引入自动化焊接设备和系统,取代了传统的手工焊接,实现了焊接操作的高速、精确和一致性。自动化焊接设备可按照预设的程序进行自动操作,提高焊接质量和效率,并减少焊接变形和杂质。在装配过程中,自动化技术可用于完成复杂的装配任务。传统人工装配存在操作复杂、

图 8-2　自动化汽车生产线

效率低下和错误率高等问题。通过引入机器人和自动化装配线,汽车制造商能将装配任务分配给机器人,实现高效精准的装配过程。机器人根据预设程序完成装配任务,并可灵活适应不同型号和配置的汽车。此外,自动化技术在质量控制方面也能发挥关键作用。通过自动化传感器和检测系统,汽车制造商可以实时监测和检测生产过程中的关键参数和质量指标。这些传感器可以实时采集数据,并传输至质量控制系统进行分析和判断。一旦出现异常情况,自动化系统可立即发出警报,并采取相应措施,确保产品质量符合标准。

2. 机器人技术的应用

机器人技术广泛应用在中国汽车制造行业,为生产过程带来重大改进。在焊接环节,引入机器人进行自动焊接,可实现高度精确和稳定的焊接质量。机器人通过精准定位和高速运动能力,确保在短时间内完成焊接过程,并保证焊缝的一致性和质量。在涂装环节,机器人也起到重要作用。传统喷涂过程需要人工操作,容易受操作人员技术水平和外界因素影响。而引入机器人喷涂,可确保涂层均匀性、准确控制厚度和高效完成过程。机器人按预设程序移动,并通过传感器实时监测和调整喷涂过程,达到最佳效果。在装配环节,机器人也广泛应用于汽车零部件的装配任务。机器人根据预设程序和精准定位执行各种装配操作,如紧固螺栓和线束安装等。机器人可以提高装配效率和准确性,减少人力成本和劳动强度,提升工作环境的安全性。

3. 效益与影响

自动化生产线在中国汽车制造业的应用带来多方面效益和影响。自动化生产线减少了对人力资源依赖,降低了人为因素导致的错误和变异,提高了生产线的稳定性和一致性。自动化系统可实时监测和控制生产过程中的关键参数,确保产品质量符合标准。尽管引入自动化和机器人技术的初期投资较高,随着时间推移,可逐渐回收成本。自动化生产线可以减少对人力的需求,降低劳动力成本和市场的不确定性。此外,自动化系统可以有效利用资源,减少能源和原材料浪费,降低生产成本。

自动化生产线的应用对员工工作环境和职业发展也产生了影响。引入自动化和机器人技术,可使工人从危险和重复性劳动中解放出来,转向更高级的技术工作,如操作和维护自动化设备。这提高了员工的工作满意度和专业能力,并带来新的职业发展机会。

中国汽车制造行业中的自动化生产线是成功的工业数字化案例。通过引入自动化和机器人技术,汽车制造商实现了生产过程的自动化、优化和智能化,提高了生产效率、产品质量和竞争力。这也说明了工业数字化技术在汽车制造行业的重要性和潜力,并为其他行业的数字化转型提供了启示和借鉴。

(二) GE 风电场的远程监控与预测性维护

在可再生能源领域,通过利用物联网技术和大数据分析,GE 风电场的远程监控与预测性维护项目提高了发电机组的运行效率和可靠性。

1. 物联网技术和大数据分析的应用

GE 公司作为全球性的工业技术公司,在风力发电领域采用物联网技术和大数据分析,成功实现了风电场的远程监控和预测性维护。物联网技术的核心在于将传感器、设备和云服务连接起来,实现设备之间的数据交互和远程监控。在 GE 风电场中,每个风力发电机组都连接到云平台上,通过物联网技术收集各种传感器和设备的数据。这些数据包括风速、温度、压力、振动等信息,为后续的大数据分析提供了基础。大数据分析技术能够从庞大的数据中提取有价值的信息,并进行模式识别和故障预测。GE 公司开发了先进的算法和模型,通过对实时数据进行监测和分析,可以精确地预测设备的性能状况和故障风险。这为风电场的运维管理提供了重要的支持。

远程监控使得工程师和技术人员可以随时随地远程访问风电场,并实时了解设备的运行状况。通过监控仪表盘和报警系统,可以追踪设备的健康状态,及时发现潜在的故障和异常情况。这种实时监控大大缩短了故障诊断和维修的响应时间,提高了设备的可用性和生产效率。通过大数据分析和模型预测,GE 公司能够提前发现设备的故障风险,并实施预测性维护措施。预测性维护可以避免因设备突发故障导致的停机时间和生产损失,同时可以降低维修成本和风险。

2. 效益与影响

GE 风电场的远程监控与预测性维护项目带来了多重价值和影响,可以提高发电机组的运行效率和稳定性,并可最大化发电能力和产量。通过预测性维护,维修过程更加精确和高效,减少了停机时间和生产损失。通过人数据分析的持续积累和优化,GE 能够改进产品设计和运维策略,进一步提升整个风电场的效率和可靠性。

GE 风电场的远程监控与预测性维护案例充分展示了物联网技术和大数据分析在工业数字化中的重要性和实际应用,为其他行业和企业提供了宝贵的经验和启示,推动了工业数字化技术的广泛应用与发展。

(三) 波音公司的增强现实技术应用

波音公司作为航空制造行业的领军企业,一直致力于应用前沿技术来提高飞机设计、生产和维修的效率和质量。其中,AR 技术在飞机设计和维修过程中的应用引起了广泛关注。借助增强现实技术,波音公司成功地在飞机设计和维修过程中实现了突破性的变革。

1. AR 技术应用

波音公司利用增强现实技术在飞机设计阶段进行验证和评审,大大提升了设计的效率和准确性。设计师通过 AR 设备将虚拟的飞机模型叠加在现实世界中,以更直观的方式观察和评估设计细节。这种虚实结合的展示方式使得设计师能够更深入地理解设计决策的影响,及时发现问题并进行调整。通过提前发现和解决潜在的问题,波音公司可以减少后续生产阶段的错误和重复设计的情况,从而节省时间和成本。

在飞机维修和保养过程中,增强现实技术为维修人员提供了实时的虚拟信息和指导,极大地提高了维修效率。维修人员可以佩戴 AR 设备,通过摄像头和传感器捕捉机械部件的图像,并将相应的维修说明、步骤和操作指南叠加在真实场景中。维修人员可以直接在实际维修过程中查看和操作虚拟信息,提高维修的准确性和效率。不仅如此,AR 技术还能够提供实时的故障排除指引,减少错误操作和时间延误。

通过应用增强现实技术进行员工培训和教育,波音公司改变了传统的培训方式。借助 AR 设备,新员工可以参与虚拟的培训课程,以更直观、实践性的方式学习飞机装配和维修的技能。通过模拟真实场景和操作,员工能够在虚拟环境中获得与实际相似的体验,提前掌握实际工作中所需的技能和知识。这种基于 AR 的培训方法不仅提高了培训的吸引力和效果,还减少了对真实设备和资源的依赖,节约了成本和时间。

2. 效益与影响

波音公司应用增强现实技术为自己获得了巨大的效益。设计验证和评审过程的改进加快了飞机设计周期,减少了设计错误和返工次数。提高维修和保养的效率,减少了停机时间和生产损失,提高了客户满意度。基于增强现实的培训与教育方法使得员工能够更快速地掌握技能,降低了培训成本和时间。AR 技术在飞机设计和维修过程中的成功应用,展示了工业数字化在航空制造业中的广阔应用前景。

第三节 工业数字化的驱动因素与实施路径

一、工业数字化的驱动因素

(一) 技术进步和创新

在发展新质生产力背景下,技术进步和创新在驱动工业数字化方面扮演着关键角色。

1. 技术进步和创新提供了基础设施和工具,为工业数字化的实施提供了支撑

随着信息技术的快速发展,诸如物联网、云计算、大数据分析、人工智能等领域的创新技术不断涌现,这些技术为企业提供了数据采集、存储、处理和分析的能力,从而能够实时、准确、全面地获取和管理数据。企业可以借助这些技术构建数字化平台和系统,实现生产过程、供应链、销售渠道等各个环节的数字化,并通过运用物理设备、传感器和软件等工具对工业生产进行有效监控和控制。

2. 技术进步和创新提高了生产效率和质量,推动了工业数字化的深入发展

新型的生产技术和工艺的引入,例如自动化、机器学习和机器人技术,使得生产流程更加高效、灵活和可控。生产过程中的人工干预减少,生产效率得到提升。同时,技术进步还带来了智能制造和预测性维护等概念的发展和应用,通过实时监测和分析设备状态以及生产数据,可以做到精确地预测故障和维护机器,降低停机时间和生产成本。

3. 技术进步和创新推动了工业产品的创新和升级

利用先进技术的不断演进,企业能够开发出更加智能化、功能丰富、可定制的产品。例如,传感器和物联网技术的应用,使得机械设备可以实现智能监控和远程操作;虚拟现实和增强现实技术的发展,为产品设计和维护提供了新的方式;人工智能技术的应用,使得产品具备更强大的分析和决策能力。这些创新的产品不仅满足了市场对新功能和更好体验的需求,也提高了企业的竞争力和市场份额。

4. 技术进步和创新改变了工业组织和管理的方式

数字化技术的广泛应用,使企业内部和供应链之间的信息流动和共享变得更加便捷和高效,促进了各方的协同合作和决策。数字化技术使得企业能够实现生产过程的可视化和追溯,提高了管理的透明度和效率。同时,通过引入新技术和工具,例如协同机器人和各类管理软件,企业可以实现生产过程的灵活调整和资源优化,提升生产能力和响应速度。

(二)成本压力和效率要求

成本压力和效率要求是驱动工业数字化发展的重要因素,其驱动机制主要体现在以下几个方面。

1. 成本压力和效率要求推动了企业寻求降低生产成本和提高生产效率的方式,从而促进了工业数字化的发展

在竞争激烈的市场环境中,企业面临着不断上升的成本压力,包括上涨的原材料价格、增加的劳动力成本以及高昂的能源消耗等。为了应对这些挑战,企业需要通过数字化技术来提高生产效率,降低生产成本。通过引入自动化和智能化的生产设备和系统,企业可以实现生产过程的自动化、准确性和高效率。例如,在流水线上使用机器人代替人工操作,可以提高生产效率和一致性。此外,通过物联网技术和传感器的应用,企业可以实时监测和控制生产设备的状态,及时发现问题,并进行调整,避免在生产过程中发生浪费和损失。企业引入这些数字化技术和工具,能够大幅提高生产效率,降低人力资源投入和生产成本,从而应对企业面临的成本压力和效率要求。

2. 成本压力和效率要求驱动了企业更加关注生产过程中的资源利用效率和能源消耗

数字化技术提供了实时数据采集和分析的能力,使得企业可以全面掌握和管理生产过程中的各项指标和数据。通过监测生产过程和设备以及分析数据,企业能够发现并优化能源消耗,减少废物产生,提高资源的利用率。例如,在工厂中应用智能能源管理系统,可以对能源消耗进行实时监测和调整,有效控制能源消耗,并降低相关的生产成本。

3. 成本压力和效率要求推动了企业供应链和物流管理的数字化转型

应用数字化技术和物联网技术,企业可以实现供应链的可视化和协同管理,从而提高供应链的响应速度和效率。例如,通过数字化平台和系统,企业可以实现与供应商和合作伙伴的实时信息共享,及时了解原材料的库存和交付情况,避免因为物料短缺或延迟交付而带来生产停滞和损失。此外,数字化技术也可以应用于物流管理中,优化货物配送路线和仓储管理,降低物流成本,并提高物流效率。

4. 成本压力和效率要求对企业的管理和决策提出了更高的要求,促使企业引入数字化技术来优化管理和提高决策能力

在数字化时代,企业可以利用大数据分析和人工智能等技术,处理和分析海量的数据,帮助企业进行预测性分析和决策支持。通过对数据的深入挖掘和分析,企业可以全面了解市场需求和消费者行为,从而更好地规划和调整生产计划、市场营销策略和供应链管理。这样的数字化决策支持系统可以提高决策的准确性和效率，帮助企业更好地应对成本压力和效率要求。

（三）市场需求和消费者期望

1. 市场需求和消费者期望引领着企业的产品创新和业务转型

随着社会进步和科技发展，消费者对产品和服务的期望也在不断提高。他们对个性化、定制化、高质量和独特体验的需求越来越强烈。在这种背景下，企业需要不断创新和调整自己的产品和服务，以满足消费者的期望。工业数字化提供了丰富的工具和解决方案来实现这一目标，例如通过物联网和传感器技术实现智能家居、智能汽车等个性化定制需求；通过大数据分析和人工智能技术，了解消费者的行为和偏好，提供更准确的推荐和个性化服务。

2. 市场需求和消费者期望驱动着企业的生产方式和供应链创新

消费者对产品的要求越来越多样化和个性化，这对企业的生产方式和供应链管理提出了新的挑战。工业数字化可以通过实时数据分析和先进的管理技术，优化生产计划和资源调配，提高供应链的灵活性和反应速度。同时，数字化技术也能够实现更高效的生产过程和资源利用，降低成本，提高产品质量。通过工业数字化，企业可以更好地满足市场需求，提供快速、定制化的产品和服务。

3. 市场需求和消费者期望也推动着企业的服务转型和增值创新

消费者对产品的关注不再仅仅局限于产品本身，而更关注与产品相关的服务和体验。工业数字化为企业提供了更多增值服务的机会。通过数字化技术，企业可以提供更精准的售后服务和技术支持，借助远程监控，能够快速响应并解决故障。数字化还能够帮助企业构建新的商业模式，例如基于数据分析和智能算法的预测性维护服务，通过提前识别设备的故障和损坏，及时介入维修，提高设备的可靠性和可用性，从而提升企业竞争力。

总之，市场需求和消费者期望是驱动工业数字化的核心力量。企业需要通过数字化技术和创新，不断调整自身的产品、服务、生产方式和商业模式，以满足市场需求和消费者的期望。工业数字化提供了丰富的工具和解决方案，使企业能够更好地理解市场需求、个性化需求和消费者行为，并据此进行精确有效的生产、供应链和服务创新。企业应积极把握市场机遇，加快数字化转型的步伐，不断提升自身的竞争力和市场份额。

（四）可持续发展和环境保护

随着环保需求的上升，可持续发展和环境保护在促进工业数字化发展方面发挥着重要的推动作用。

1. 可持续发展和环境保护提供了工业数字化发展的动力和方向

伴随全球环境问题的加剧和社会对可持续发展的需求不断增长，工业企业意识到环境保护已成为企业的责任和使命，这也为企业提供了商业机会，通过更好地满足消费者对环境友好产品和可持续生产的需求，以获得竞争优势。工业数字化作为一种强大的技术手段，能够帮助企业实现可持续发展的目标，并可以保护环境，以及提升企业的竞争力。

2. 工业数字化为可持续发展和环境保护提供了技术支持和解决方案

数字化技术能够提供更准确和实时的数据收集与分析，帮助企业优化对能源、资源的使用，降低碳排放和废物产生的数量。通过物联网技术和大数据分析，企业可以实现对能源和环境的实时监测和管理,从而更加精细地控制和优化生产过程。例如,智能电网、智慧物流和智能制造等数字化应用,通过增强对能源消耗、物流管理和生产效率的监控和控制,实现了对资源的高效利用和对环境的保护。

3. 工业数字化促进了可持续产品和服务的创新与发展

随着消费者对环境友好产品的需求日益增长,企业通过数字化技术能够更好地开发和推广可持续产品和解决方案。数字化技术为企业提供了设计定制化产品、进行供应链优化、开展循环经济等方面的机会。例如,通过物联网技术和大数据分析,企业可以实现产品的追踪与回收利用,降低产品生命周期对环境的影响。这些创新和数字化的应用不仅满足了消费者对可持续产品的需求,也能够带动企业转型与发展,增强企业的可持续竞争优势。

4. 可持续发展和环境保护成为政策和法规的推动力,进一步促进了工业数字化的发展

各国政府和国际组织纷纷出台了环境保护和可持续发展的政策和法规,以鼓励和引导企业采取环保措施,并提供相应的支持和激励措施。这些政策鼓励企业采用数字化技术来提高资源利用效率,降低污染排放,实现更加可持续的生产方式。在政策的推动下,工业数字化得到更为广泛的应用和推广,推动了数字技术在企业环境保护领域的发展和转型。

(五)政策和法规支持

政策和法规通过提供支持和引导,激励企业采取数字化措施和创新,扩大数字经济的发展范围和规模。

1. 政策和法规为工业数字化提供了发展框架和指导方针

政府通过制定数字经济发展战略、政策和法规,明确了发展数字化技术和促进工业数字化的目标、重点和措施,为企业提供了方向和参考,帮助企业明确自身数字化发展的定位和路径。

2. 政策和法规在资源投入和技术支持方面起到了推动作用

政府通过资金、税收和融资等方式,为数字化技术的研发、推广和应用提供了相应的资源和支持。政府通过建立数字化创新中心和研发基地,提供技术指导和资源整合,帮助企业加快数字化技术的创新和应用,推动工业数字化的发展。政策和法规的支持和资源投入为企业提供了更好的政策环境和发展条件,推动工业数字化的广泛应用和转型。

3. 政策和法规通过激励和奖励机制推动企业采取数字化措施

政府通过设立数字化转型的奖励和激励政策,降低数字化技术的成本,并提供激励措施,引导企业加大对工业数字化的投入。例如,政府可以通过税收减免、科研资金扶持、知识产权保护等方式鼓励企业进行数字化研发、应用和创新,促进工业数字化的发展。

4. 政策和法规在国际合作和标准制定方面具有重要的作用

数字经济是全球性的,涉及跨国企业和全球市场。政府间的合作和国际标准的制定对于推动工业数字化具有重要意义。政府可以积极参与国际合作,制定和推动跨国合作的数字经济政策和标准,促进数字技术和工业数字化的国际交流与合作。通过国际合作和制定标准,政策和法规为企业提供了统一的规范和参考,加强了全球数字经济的一体化发展,推动了工业数字化的国际化进程。

二、工业数字化的发展路径

从数字经济学的角度看,工业数字化的发展路径包括建立数据化基础设施,转型为数据驱动的业务模式,实现智能化生产和供应链管理,促进跨界合作和共享经济。这些路径有助于企业提升竞争力,融入数字经济的浪潮,并在数字时代中保持持续创新和发展。

(一) 建立数据化基础设施

建立数据化基础设施,需要明确数据需求和目标,设计数据架构和流程,建立数据收集和传输机制,具备数据分析和处理能力,重视数据安全和隐私保护,并建立组织和人才支持,以帮助企业建立稳固的数据化基础设施,促进工业数字化的发展,并为企业创造更大的业务价值和竞争优势。

1. 确定数据需求和目标

企业需要明确自己的数据需求和目标,根据业务需求确定要收集和分析的数据类型、频率和粒度。同时,明确数据分析的目标,确定需要从数据中获得的信息和决策支持。

2. 设计数据架构和流程

建立数据化基础设施的关键是设计适合企业需求的数据架构和流程,包括构建数据采集系统,选择合适的传感器和设备,确保数据的安全和质量。同时,需要建立数据管理和存储系统,包括数据仓库、数据库和云存储等,以便有效地存储和管理数据。

3. 建立数据收集和传输机制

建立数据化基础设施,需要确保数据的准确收集和传输,通过安装传感器、采集设备或与现有设备集成来实现。使用物联网技术,可以实现设备之间的数据交换和传输,确保数据的实时性和准确性。

4. 数据分析和处理能力

建立数据化基础设施时,要考虑如何处理和分析收集到的数据,通过建立数据分析平台和应用程序来实现,选择合适的数据分析工具和算法,例如机器学习和人工智能技术,以从数据中提取有价值的信息模式。

5. 数据安全和隐私保护

在建立数据化基础设施的过程中,要重视数据的安全和隐私保护,确保数据加密和身份验证,防止数据泄露和未经授权的访问。同时,要遵循相关法规和隐私保护政策,保护用户和企业的数据权益。

6. 建立组织和人才支持

在建立数据化基础设施的过程中,要重视组织和人才的支持,建立专门的数据团队,包括数据科学家、数据分析师和数据工程师等,能够处理和分析数据,并为企业提供专业的数据洞察和决策支持。同时,要培养组织内部的数据文化,鼓励员工使用数据进行决策和创新。

(二) 转型为数据驱动的业务模式

将数据驱动嵌入业务运营的各个方面,企业才能更好地了解市场需求、优化产品和服务,提高客户满意度、推动创新发展。

1. 制订清晰的数据策略

企业应明确数据的收集、分析和应用范围，确定数据所支持的业务目标和关键绩效指标。同时，明确数据的质量要求和安全保护措施，制订数据治理和管理的规范和流程。通过制订清晰的数据策略，企业能够明确数据驱动业务转型的方向和目标，为后续的执行提供指导。

2. 建立完善的数据生态系统

数据生态系统包括数据采集、存储、处理和分析等环节。企业需要建立适应业务需求的数据采集系统，确保数据的全面和准确收集。同时，要建立高效可靠的数据存储系统，包括数据仓库、数据库和云存储等，以便对数据进行长期存储和管理。此外，建立强大的数据分析和处理能力也很关键，通过采用先进的数据分析技术和算法，从数据中提取有价值的见解和模式。通过建立完善的数据生态系统，企业能够更好地利用数据进行业务决策和创新。

3. 培养数据驱动的组织文化

数据驱动的业务模式要求企业各级员工都能够理解和使用数据，从而更准确地做出决策和创新。企业应鼓励员工积极采用数据来支持业务决策，推动数据驱动的实践。此外，企业还应建立具有开放分享和学习氛围的组织文化，鼓励员工在数据分析和应用方面进行交流和协作。通过培养数据驱动的组织文化，企业能够将数据应用贯穿于业务决策和运营管理的各个方面。

4. 转型为数据驱动的业务模式需要持续的监测和改进

企业应建立数据指标和评估体系，对数据驱动的业务模式进行跟踪和评估，及时发现问题和改进机会。企业应该保持与市场的紧密联系，关注新兴的技术和趋势，不断寻求创新和突破。通过持续的监测和改进，企业能够不断提升数据驱动的业务模式的效果和价值，保持竞争优势，创造更大的商业价值。

（三）实现智能化生产和供应链管理

实现智能化生产和供应链管理是企业迈向工业数字化的关键一步，企业应用先进的技术和创新的解决方案，能够实现生产过程的智能监控、优化和管理，提高企业整体的效率和灵活性。

1. 数据的实时监控和分析

在生产设备和物流环节中安装传感器和连接设备，企业能够实时收集和监测生产和供应链的关键数据，如温度、湿度、压力、速度等。这些数据可以在实时中转换为有用的指标，以支持决策和优化。应用数据分析和智能算法，企业可以发现生产过程中的潜在问题、优化关键流程，并做出实时调整，提高生产效率和资源利用率。

2. 应用自动化技术和机器人

引入自动化技术和机器人，在生产线上完成一些重复和简单的工作，可以提高生产过程的效率和精确度。例如，通过使用机器人来完成物料搬运和装配等任务，不仅可以降低人工成本，还可以提高生产过程的灵活性和准确性。同时，智能化系统能够实现与其他设备和系统的无缝协作和信息交流，实现更加协调的生产计划和供应链配送。

3. 建立合作和共享的机制

在数字经济时代，合作和共享已经成为企业实现创新和增长的重要方式。企业之间可以通过共享数据和资源，共同解决生产和供应链中的问题，提高整体效益。例如，基于供应链的协同平台,可以实现不同企业之间的数据共享、信息协同和资源调配,以降低供应链成本,提高生产效率。同时,供应链中的参与方可以通过合作推动新产品的开发和创新,实现更快的上市时间和更高的市场反应速度。

(四)跨界合作和共享经济

跨界合作是指不同行业、领域的企业之间合作与共享资源,共同开展创新与发展的行为。随着工业数字化的浪潮,传统行业之间的界限逐渐模糊,跨界合作的机会越来越多。数字技术的应用使得企业可以更加便捷地寻找并建立合作伙伴关系,共同开展创新和业务拓展。通过跨界合作,不同行业的企业可以共享技术、资源和渠道等优势,互补不足,实现协同效应。

1. 跨界合作在工业数字化的路径中促进了技术创新

数字技术的发展,带来了许多新的技术和解决方案。通过跨界合作,不同行业的企业可以将各自的技术优势与经验进行交流与整合。例如,制造业和互联网技术领域的合作,可以在产品设计、工艺优化和供应链管理等方面实现共同创新。这种合作模式可以促进技术进步和跨行业融合,推动工业数字化的发展。

2. 跨界合作在工业数字化路径中带来了资源共享和优化利用

不同行业的企业拥有不同的资源和能力,通过合作共享这些资源,可以更好地实现资源利用和优化分配。例如,传统制造业企业可以与物流和运输企业合作,共享配送网络和仓储设施,提高供应链的效率和响应速度。这种资源共享的模式可以降低企业的成本,提升市场竞争力,推动工业数字化的发展。

3. 跨界合作在工业数字化路径中促进了业务模式创新

工业数字化不仅仅是技术的应用,更是对企业业务模式的重新思考和创新。通过跨界合作,企业可以与其他行业的合作伙伴进行探索、协同创新,将数字技术与市场需求相结合,创造新的商业模式。例如,制造业企业可以与互联网企业合作开展共享经济模式,将产品转变为服务,实现个性化定制和增值服务,满足消费者的多样化需求。

此外,共享经济通过共享和利用闲置资源和能力,实现资源的最大化利用,推动经济的发展。在工业数字化的背景下,共享经济通过数字平台和网络连接不同行业、企业和个人,促进资源的共享和交换。企业可以共享设备、生产线和技术服务等资源,降低成本,提高效率,实现资源优化配置和合作创新。

然而,跨界合作和共享经济在工业数字化的路径中也面临一些挑战和问题。其中之一是合作伙伴的选择和管理。跨界合作需要找到与企业目标和文化相契合的合作伙伴,建立长期稳定的合作关系。同时,跨界合作还需要解决信息共享、利益分配和管理机制等问题,这需要企业具备跨界合作的战略眼光和良好的合作能力。

三、工业数字化的发展趋势与挑战

(一)工业数字化的发展趋势

在数字经济的快速发展和技术创新的推动下,工业数字化作为重要的经济转型路径,具有巨大的发展潜力,未来的工业数字化将呈现以下发展趋势。

1. 数据驱动的工业运营

未来的工业数字化将以数据为核心,实现工业生产和运营的智能化、高效化和个性化。通过物联网和传感技术的应用,企业可以采集大量的实时数据,并通过数据分析和人工智能的技术挖掘数据的价值。这有助于企业实现生产过程的优化、资源的精细化管理和产品的个性化定制。数据驱动的工业运营将进一步提高生产效率和质量水平,降低生产成本,推动工业数字化的发展。

2. 智能制造的普及与深入

智能制造是工业数字化的核心内容之一,将在未来得到更广泛的应用和深入发展。智能制造借助数字化技术和物联网的支持,实现生产设备的自动化、协同化和智能化。工厂将通过机器人、自动化设备和智能传感器等技术,实现物料的自动处理、生产过程的智能调整和质量的自动检测等。智能制造将提高生产线的柔性和应变能力,缩短产品的上市周期,提高产品质量和创新能力。

3. 供应链的数字化和智能化

供应链是工业数字化的重要组成部分,未来将实现更加数字化和智能化的运作。通过数字化的供应链管理系统,企业可以实现与供应商、物流公司和零售商之间的实时协同,提高供应链的可视化和透明度。供应链的数字化还可以通过预测分析和自动化需求交付,实现物料和产品的准确配送与库存控制,提高供应链的灵活性和响应速度。

4. 人工智能的广泛应用

人工智能是工业数字化的重要驱动力之一,未来将在工业应用中得到广泛的应用与发展。工业领域将通过机器学习、深度学习和自然语言处理等技术,实现生产、质检、预测分析、故障诊断等方面的智能化。企业可以利用人工智能技术,对海量数据进行分析和挖掘,发现潜在的市场需求和创新机会。

5. 边缘计算和 5G 技术的推进

边缘计算和 5G 技术的发展将加速工业数字化的进程。边缘计算将实现数据存储和处理的离散化,将计算资源更加贴近生产现场,降低数据时延和传输成本,增强生产线的响应速度和数据安全。5G 技术将实现更高速、更低时延的无线通信,为工业数字化提供更强大的网络支持,推动工业物联网的发展和智能设备的应用。

6. 网络安全和隐私保护的重视

随着工业数字化的深入发展,网络安全和隐私保护将成为关注的焦点。企业需要加强网络安全意识和防护能力,建立安全的信息系统和数据管理系统,保护企业的核心技术和数据资产。同时,政府及相关部门也需要制定和完善相关的法律和法规,保护个人隐私和数据安全,营造可信的数字经济环境。

7. 可持续发展和绿色制造的推动

未来的工业数字化将更加注重可持续发展和绿色制造。企业将致力于降低能耗、减少废物的产生和污染的排放,实现资源的循环利用和生产的环境友好性。数字化技术可以通过数据分析和优化控制,提升生产过程的能源效率和环保效益。推动绿色制造,将促进企业的可持续发展,对工业数字化的进一步发展具有重要意义。

(二)面临的挑战

随着技术的不断进步,数字化对于工业领域的影响日益显著。然而,工业数字化要实现其最大价值,仍然面临一些挑战需要克服。

1. 数据安全是工业数字化面临的重大挑战

工业数字化的核心是数据的收集、存储和分析。然而,随着数据规模和价值的增加,数据的安全性成为关键性问题。保护数据的隐私和完整性,防止数据被未经授权的访问和篡改,是一个巨大的挑战。需要建立完善的数据安全体系,包括加密技术、权限管理和网络安全等,以确保工业数字化的可信度和稳定性。

2. 技术标准和互操作性是工业数字化的另一个挑战

工业领域的数字化包含了多个不同领域和行业的技术和设备。不同设备和系统之间的互操作性问题,以及缺乏统一的技术标准,阻碍了工业数字化的进一步发展。为了实现工业数字化的互联互通,政府及相关部门需要制定统一的技术标准,并提供相应的互操作性解决方案。

3. 人才和组织变革是工业数字化的重要挑战

工业数字化需要具备相关技术和业务知识的人才,同时需要组织进行相应的变革和调整。然而,由于技术的不断进步和创新,工业数字化所需的人才需求不断变化,现有的人才储备和组织结构可能无法满足要求。因此,培养和吸引具备工业数字化技能和知识的人才,以及进行组织变革和管理创新,是每个企业面临的挑战。

4. 工业数字化所需的投资也是一个重要挑战

实施工业数字化需要涉及设备更新、系统集成、数据分析和培训等方面的高投入。特别是对于小型和中小型企业来说,投资可能是一个负担。因此,需要提供相应的政策和支持措施,降低投资成本,鼓励企业开展工业数字化。

5. 工业数字化还涉及法律和政策的问题

随着技术的迅猛发展,工业数字化可能引发一些法律和伦理问题,例如数据隐私、知识产权保护和人工智能的伦理问题等。为了确保工业数字化的可持续发展,需要建立相应的法律和政策框架,明确相关的规则和责任,保护相关利益,同时推动技术的创新和应用。

综上所述,工业数字化面临着诸多挑战,只有克服这些挑战,才能推动工业数字化的广泛应用,实现数字经济的快速发展。

本章小结

本章讨论了工业数字化的概念、核心技术、应用案例以及实施路径等内容,阐述了工业数字化的概念与意义,介绍了工业数字化的核心技术及其应用。通过具体案例展示了工业数字化技术在实际生产中的应用效果和商业价值,探讨了工业数字化的实施路径和发展趋势。

巩固与提升

1. 简述工业数字化的内涵与特点。
2. 工业数字化有哪些关键要素?
3. 工业数字化有哪些核心技术?试列举应用场景。
4. 工业数字化的发展有哪些驱动因素?
5. 工业数字化发展的路径是什么?
6. 简述工业数字化未来的发展趋势和面临的挑战。

第九章　服务业数字化

🔷 **本章导读**

　　Facebook 基于区块链 2.0 技术推出 Libra 币,旨在为全球范围内的用户提供一种新的支付手段和服务,给欧洲多国货币当局带来不小的压力,以致这些国家反对 Libra 币进入欧洲市场。数字人民币是由中国人民银行发行的法定数字货币。据调查,试点地区,无网络、银行账户、二维码等条件下,可以匿名使用数字人民币,比支付宝或微信便捷、安全。这些看似陌生、神秘的数字金融领域事物已悄然发生在我们身边。本章将揭开数字金融的神秘面纱。另外,还将讨论数字贸易、数字物流等目前数字化比较为成功的服务业数字化问题。

🔷 **学习目标**

　　通过学习,了解数字金融、数字贸易、数字物流等服务业数字化先驱领域发展概况;了解数字金融、数字贸易、数字物流等的内涵、特征及其技术支撑。熟悉数字金融、数字贸易、数字物流等在现实生产和生活中的典型应用场景。

第一节　数　字　金　融

　　数字金融发源于欧美,盛行于中国。以移动支付为代表的数字金融在中国广泛使用,对经济和社会的发展产生深远的影响。本节对数字金融的内涵特征、发展现状作了全面的解析和梳理,对数字金融如何驱动经济高质量发展从机理与路径等方面作了相应的阐述。

一、数字金融的内涵特征

(一) 数字金融的内涵

　　对数字金融概念的界定,学术界目前尚未达成统一的认识,主要存在狭义数字金融和广义数字金融之争。其中,狭义数字金融说认为,数字金融泛指传统金融机构与互联网公司利用数字技术实现融资、支付、投资和其他新型金融业务模式。广义数字金融概念界定则强调与互联网金融、金融科技的区别,认为数字金融是在新阶段、新形势、新背景下,结合数字化技术与传统金融服务业务所产生的新型金融服务手段、模式等。

(二) 数字金融的特征

1. 数字金融是金融与科技的深度融合,但并未改变金融业的本质

　　例如,从数字金融的第三方移动支付来看,第三方移动支付是借助信息技术实现支付功能,是金融业的创新,并没有改变支付的功能和本质。再如,从数字货币来看,数字货币没有改变货币属性,仅仅改变了货币的储存方式。可见,数字金融并未改变资金融通、支付清算等金融属性,仅是在技术应用、储存方式、交易方式等方面改变金融的商业模式,但并未改变金融体系的本质。

2. 数字金融是金融监管业"放松"下的金融创新

值得一提的是,相比美国等世界主要发达国家,我国数字金融处于国际领先地位,在金融创新方面取得不错的成绩。这是我国长期金融监管和反监管博弈的产物:其一,我国传统金融的垄断格局,导致金融服务水平不完善,为数字金融发展提供空间;其二,我国金融监管业放松了对数字金融的监管压力,激发了数字金融创新活力,从而促进我国数字金融体系的形成,例如数字金融第三方移动支付兴起后,金融监管业并没有急于进行规范,而是为其留足了发展空间;其三,数字金融的本质是科技驱动下的金融创新。数字金融通过运用数字化、信息化技术,创新了金融服务模式、运营模式、风险控制模式等,提升了金融行业的经济效益。

3. 数字金融在服务对象上仍然是实体经济

数字金融与传统金融是同根同源的,其目标都是为实体经济服务。这既是数字金融的天职、宗旨与最终目的,也是数字金融防范风险的根本举措。数字金融只是将数字技术融入传统金融业务流程,没有改变金融业务依靠信用、使用杠杆进行交易的本质属性,而只是利用数字技术来降低业务的风险水平,进而提升自身的风险管理能力。

二、国内外数字金融发展现状

(一)国外数字金融发展概况

国外金融行业开展数字化起步较早,数字技术已广泛应用于金融界,并且主要在数字金融服务、数字金融监管以及数字货币等方面运用得较为普遍。

1. 数字金融服务

发达国家的数字金融服务率先从金融行业数字化开始。其中,英国于 1968 年、美国于 1970 年相继建立了电子自动结算系统。到 1973 年,美国建立纳斯达克(NASDAQ)电子交易系统,开启证券领域电子化交易的先河。到 1980 年,网络银行首次在美国出现,拉开消费领域的金融数字化改革序幕。到 21 世纪初,英、美等发达国家银行内部流程已实现数字化。2008 年全球金融危机爆发,人们对银行的信任大打折扣,促成金融服务的供给不再仅仅依靠传统的金融机构,金融科技公司在金融服务领域的角色日益突出。在西方发达国家,数字金融服务的另一个领域是第三方支付和 P2P 网贷较为盛行。美国早在 1998 年,以 PayPal 公司为代表的第一批第三方线上支付公司开始出现,此后 Square(2009)、Stripe(2010)、Google Wallet(2013)以及 Apple Pay(2014)等第三方支付平台和电子钱包相继出现。在 P2P 网贷市场上,英国的数字金融比美国发展得稍早一点,2005 年英国首先创立了网贷平台 Zopa。作为 P2P 行业的发源地,英国已经于 2013 年草拟出针对 P2P 行业的法规,并于 2014 年 4 月正式生效并启用,这是全球第一部 P2P 法规。2006 年 Prospe 在美国上线,标志着美国网贷行业的开始,同年,Lending Club 诞生,并在 2014 年成功登陆纽约证券交易所,成为全球首家上市的 P2P 公司。必须指出,美国 P2P 网贷仅仅盛极一时,其缘于政府因 2008 年金融危机导致美国社会信用骤紧,美国普通民众无法获取低廉方便的个人消费信贷,而P2P网络借贷恰逢其会,成为美国消费者和小微企业信贷的首选。然而,随着金融市场的逐步完善和金融监管的持续加强,发展初期的P2P网络借贷的弊端也逐渐突显,到2016年各类P2P网络借贷的风险事件逐渐爆发,其中也波及了Lending Club,从此一蹶不振。

2. 数字金融监管

科学技术产生数字金融,但同时造就数字金融与传统金融领域不间断的摩擦。为了平衡数字金融与传统金融的发展,同时加强数字金融创新与金融合规的监管,美国秉承"建章立制、立法先行"的理念,于2019年出台《金融科技法案2019》,建立了数字金融监管法律框架,从而避免数字金融发展的"偏移"。该法案不仅通过引入"监管沙箱"机制来保护金融科技初创企业,还提出创建金融创新办公室与金融科技董事顾问委员会,以稳定金融体系的风险。

3. 数字货币

美国数字货币是基于区块链技术所提出的Fedcoin加密货币。具体而言,Fedcoin加密货币是在RSCoin基础上进行改进,并采用零知识证明技术的匿名性货币。Fedcoin作为中央银行加密货币,有效降低了信息处理延迟,并避免了比特币的高成本,从而可以满足货币的流通性。Fedcoin之所以能成为美国中央银行的加密货币,一方面是点对点的处理速度和资产可用性,另一方面增加了交易的透明性和不可篡改性,从而降低了数字货币引发的金融风险。然而,美国数字货币Fedcoin并未投入使用,还处于研发、准备阶段。未来随着各国数字货币的广泛应用,以及用户的不断增长,目前美国也在考虑推出数字货币的可行性。

(二)国内数字金融发展概况

早期,我国在金融科技领域发展较为缓慢,当发达国家的传统金融行业已经实现数字化时,我国的传统金融机构的数字化还不普遍。但近年来,得益于技术的进步和监管环境的相对宽松,我国的数字金融得以迅速发展。从传统金融机构开始使用互联网,到互联网巨头涉及金融行业,再到传统金融机构与金融科技公司相互竞争与合作,数字金融在我国得到长足的发展,尤其是在第三方支付、网络信贷等领域,其发展规模已经遥遥领先于西方发达国家。

1. 最为突出的移动支付业务

1996年2月,中国银行建立并推出了自己的互联网主页,成为我国诸多银行中的第一家;1998年,中国银行和招商银行依托互联网技术实现了网上银行服务,之后工商银行等各大全国性商业银行纷纷试水。此后,一直到2003年,我国数字金融发展以商业银行、证券公司等传统金融机构为主体,表现为传统金融机构对科学技术的广泛应用,即传统金融业在商业模式上的电子化、信息化。2004年支付宝成立,标志着金融科技公司正式参与到我国数字金融发展的路径中,尽管支付宝并不是我国企业的创新,但其便捷的商业模式极大地释放了人们的消费潜力,优化了商业结构。之后,2013年微信支付入局,更是进一步加速了第三方支付在移动端的扩张。据中商情报网显示:截至2023年12月,我国网络支付用户规模达9.54亿人,较2022年12月增长4243万人,占网民整体的87.3%。移动支付深度融合普惠金融,数字红利普惠大众,体现出良好前景。其一,移动支付方式便捷,不受时间和地域限制,省时间和传统的收银找零过程;其二,支付利用生物识别技术完善交易,提高账户安全保障,避免收用假钞;更进一步,利用移动支付,可以在充分记录消费数据后进行二次推广、促销,驱动销售的倍增效应。移动支付涉及高校、商超、餐娱、酒店等丰富的行业体系,满足百姓差异化需求。

2. 风靡一时的 P2P 网络借贷

我国 P2P 网络借贷平台在发展初期基本与美国一致,2007 年在上海拍拍贷正式成立,成为我国 P2P 第一家网络借贷平台,但同样受制于融资渠道、审核效率等劣势,在此后 6 年中平台发展速度相对缓慢。2013 年,受金融监管政策影响,传统金融机构陆续减少对外贷款规模,更多的企业无法得到信贷支持。在这一背景下,P2P 网络借贷平台作为一个新的融资渠道而被广泛接受,由此该行业得到了爆发式发展,当年新增平台数就超过同期的 4 倍。此后,增速虽有所放缓,但整体规模仍处在上升趋势。到 2016 年年底,我国 P2P 网络借贷平台达到 4800 多家,然而其中正常经营的仅 1600 多家,这反映出问题平台增加,行业暴露出风险。2016 年,国家开启 P2P 整治大幕,面对监管的强力收紧,大量的 P2P 问题平台倒闭,一些 P2P 平台则退出,还有一些 P2P 平台走上了转型之路。

3. 在线投资日益盛行

互联网金融发展迅速,在产品带动和业务深度渗透下,大众理财意识和金融需求也大大提高。据支付宝数据统计,2020 年 7 月,在"理财热"影响下,金融类相关搜索次数增加 2 倍,搜索人才增长近 50%,体现出用户的理财热情。互联网理财是一种"互联网+金融"的新模式,一方面,可以通过 App 随时在线理财,占据灵活、方便、安全的理财优势;另一方面,一些理财产品起步门槛低,且期限选择多,更广泛覆盖各阶层投资者,零钱通和余额宝利用长尾理论抓稳大规模的小微客户,促进互联网金融发展。在线投资产品丰富、手续简洁,依托数字技术、大数据等分析手段和互联网的信息收集优势,满足客户不同需求的投资服务,推广线上理财模式,提高理财服务普惠性和业务转型升级。

三、数字金融底层技术与典型案例

(一)数字金融的底层技术

数字金融领域最为关键的数字技术有人工智能、区块链、云计算、大数据等,也可将它们简称为数字金融的"ABCD"。其中,人工智能通过智能机器执行与人类智能有关的智能行为,具有拟人化、强交互性、全感官化等特征。区块链是利用块链式数据结构验证与存储数据,利用密码学的方式保证数据传输和安全访问的共享分布式账本技术,具有去中心化、开放性、不可篡改、匿名性四大特征。依据其开放程度,区块链可分为公有链、联盟链和私有链。云计算通过软件实现自动化管理,作为一种商品,可以在互联网上流通,就像水、电、煤气一样,可以方便地取用,且价格较为低廉。大数据具有海量的数据规模、快速的数据流转、多样的数据类型和价值密度低四大特征。

(二)数字金融典型案例:移动支付

1. 移动支付原理

移动支付通常是指采用类似智能手机等智能终端,通过无线网络(Wi-Fi)、电信网络等通信手段,实现账单支付、购物付款、小额交费等金融消费行为。相比传统支付,移动支付需要诸如支付宝、微信等第三方的配合。因此,该支付方式又称为第三方支付。第三方支付的产生,使得客户不直接与银行进行支付清算,由此产生如下优势:一是在电子商务领域可以起到担保作用;二是第三方支付可以集成众多银行,且不用开通网上银行和手机银行也能进行支付,方便快捷;三是可以节约交易成本。

2. 移动支付的常见分类及典型运用

根据移动支付的距离远近,业界通常将移动支付分为近场支付、远场支付以及连接线上与线下(即 O2O 移动支付)三种模式。远场支付主要有网上购物支付、各种缴费等,而近场支付主要用于交通支付、超市购物等。O2O 移动支付模式则是介于近场支付与远场支付之间的一种移动支付模式,既包括远场支付(如网上团购),也包括近场支付(如自动售货机购物),主要目的在于通过支付实现线上与线下的闭环,典型代表如扫描支付。

1)近场支付

近场支付在大部分情况下,可以离线交易,不需要联网,典型代表如 NFC 移动支付。如果是基于 LBS 技术的近场支付,则需要网络来配合,典型代表如支付宝的"碰碰刷",用户双方同时"摇一摇"手机,就能找到对方账号并进行快速支付,不再需要手动输入对方的支付宝账号。当然,"碰碰刷"也可以通过 NFC 技术"滴"一下,即可找到对方,前提需要双方手机都具有 NFC 功能。近场移动支付主要基于如下技术:一是 LBS 技术,指基于位置的服务,是由移动网络和卫星定位系统结合在一起提供的一种增值业务,利用移动网络与移动终端的配合,来获取移动终端用户的位置信息;二是 NFC 技术,指近场通信;三是 RFID,指射频识别技术,如翼支付的 RFID-UIM 卡,它是一种具有无线射频功能的手机卡。

2)O2O 移动支付

O2O 移动支付是连接线上与线下进行的支付,典型代表如扫描支付,基于 LBS 技术的移动支付。看见心仪的商品,扫一扫二维码,用手机完成支付后,即可取走商品,这就是扫描支付,完全自主化。二维码扫描支付可以实现近场支付(自动售货机购物等),也可以实现远场支付(团购等),目前二维码扫描是连接线上与线下的主要纽带。O2O 移动支付也可以通过手机刷卡器来完成,手机刷卡器是通过手机音频口与手机连接的移动配件(能够识别不同的 IC 卡)。这种终端不仅可以实现远场刷卡,也可以完成近场支付。

3)远场支付

日前大多数移动支付表现为远程支付,典型代表如微信支付、手机银行支付、短信支付、语音支付、支付宝支付。这主要通过移动互联网技术来实现支付。远程支付可以通过如下几种模式来实现:一是客户端模式;二是内嵌插件支付模式;三是手机刷卡器模式。

四、数字金融驱动经济高质量发展的机理、路径与对策

自 2017 年党的十九大提出推动高质量发展以来,社会各界就如何驱动经济高质量发展进行了深入的研究与实践。在这一过程中,数字金融在驱动经济高质量发展方面积累了一些经验。

(一)数字金融驱动经济高质量发展的机理

1. 优化资源配置机制

数字金融之所以能够优化金融领域资源配置,其基本机理是数字金融凭借数字技术的介入,降低金融交易中信息不对称,进而减少金融交易各方的交易成本,最终促进金融业整体效益的提升,起到为经济高质量发展保驾护航的作用。具体而言,一是数字金融降低金融

交易中信息不对称。相比传统金融,数字金融依托大数据等数字技术,金融供给方面能够更加准确、全面及时地搜集金融交易需求方的相关信息。这能为准确评估金融交易需求方的信用创造条件,减少不良信贷的发生率。另外,区块链等技术应用于金融领域,增加了金融领域各类信息的透明度,交易双方能够准确、及时地了解金融相关信息,重塑信任机制,减少传统金融活动因信息不对称而发生的欺诈行为。二是减少交易成本。引入数字技术,数字金融突破时间和空间的限制,解决过去因距离金融机构网点较远、办理业务等候时间较长等困扰,有效地帮助贷款人节约了经济和时间成本,间接地降低了企业的贷款成本,并提高了企业的盈利空间。另外,借助互联网平台开展网络借贷、众筹等数字金融活动,投资者降低了入市门槛,增加了其入市途径,从而减少了投资成本。

2. 创新机制

近年来,数字金融之所以能够激发创新,一是借助新兴信息技术革新生产技术;二是调动经济创新主体的积极性。其中,革新生产技术的主要表现是催生新型支付方式,同时变革传统金融产品的供给方式与服务流程,从而提高金融业运行效率,进而提高生产效率和运营效率。另外,大数据、人工智能等数字信息技术的运用,加速了数字金融的推广与普及。在这种背景下,中小企业可以借助互联网平台进行直接或间接融资。有了资金的支持,中小企业在研发、生产及运营等方面的创新性大大提高,进而为实现经济高质量发展提供动力源泉。

3. 机会公平机制

首先,数字金融促进了金融机会的公平。比如,数字金融依托数字技术优势降低了弱势群体金融服务准入"门槛",为弱势群体提供平等的金融机会,增强了金融服务实体经济能力,驱动经济高质量发展。其次,数字金融改善了金融体系的机会公平性。譬如,借助大数据、精准画像等技术精准匹配需要金融服务的实体企业,中小微企业能够获得更多的间接融资,进而优化了金融体系。最后,数字金融促进了企业获取信贷、资产管理等的机会。具体表现是,数字金融利用人工智能等技术打破了产业、地域等方面的金融服务限制,让行业企业获得更多的信贷机会,资产管理机遇,从而激活企业活力,促使其参与经济活动,驱动经济高质量发展。

(二) 数字金融驱动经济高质量发展的路径

1. 数字金融通过促进创新发展驱动经济高质量发展

创新作为引领经济高质量发展的核心驱动力,已经得到广泛共识,然而,对于市场主体而言,创新并非易事。从理论与现实来看,数字金融的推出,极大地降低了创新主体的融资约束,进而有助于市场主体开展创新活动。究其原理,一方面,数字金融利用数字技术减轻了投融资过程中供给双方的信息不对称现象,降低了信息搜寻成本和交易成本,使得风险和收益更加匹配;另一方面,数字金融也通过场景重塑和模式变革等,将大量小规模的投资者高效吸引到资金供给体系,增加了资金供给水平,减轻了信贷扭曲程度,降低了企业融资成本。

2. 数字金融通过促进协调发展驱动经济高质量发展

经济高质量发展的重要内涵之一是实现产业协同和城乡区域联动。然而,受计划经济的惯性影响,我国长期以来产业发展并不协调,城乡二元结构明显,区域发展水平差异巨大。造成这种局面的原因众多,但金融体系本身的制度性缺陷是重要原因之一。具体表现是资金从弱势的农业涌向强势的第二、三产业,从萧条的农村涌向繁华的城镇,长期在价值链中低端循环,甚至金融系统内部空转。最终的结果是加剧了我国经济发展的不协调。普惠数字金融具有"普惠包容"的属性,很大程度上改善了传统金融体系"嫌贫爱富"的属性,将资金引入弱势产业和弱势地区。同时,数字金融扩大了信息搜寻范围,改变了数据处理方式,能够更加有效地识别和防范风险,从而也为这些领域和金融体系自身的健康发展提供了保障。此外,数字技术带来的"无界金融"的概念,也进一步模糊了城乡和不同区域之间原始金融禀赋的差异,使得不同区域都处于同样的金融服务覆盖之下,促进了各区域的协调发展。

3. 数字金融通过促进绿色发展驱动经济高质量发展

通常绿色金融被界定为,通过金融体系影响环境改善、应对气候变化和资源节约利用的经济活动,但是绿色金融在我国的实践中遭遇了内生动力不足、金融资源(期限)错配、产品和服务单一与市场机制建设滞后以及信息不对称等诸多现实困境的制约,阻碍了其发挥助力实体经济增长新动能的功效。以数字支付、网络信贷等为代表的数字金融活动在一定程度上将环境问题的外部性内部化,从而促进了绿色金融的发展。另外,通过数字金融平台,可以引导绿色金融资源向社会大众、环境友好型企业和产业经济的绿色生产生活方式倾斜,建立基于数字金融平台的绿色金融资源配置与管理生态系统,并将信息化的环境相关数据传递给政府环境治理部门,最终打造金融资源对生态环境处置"奖优罚劣"的环境治理闭环。

4. 数字金融通过促进开放发展驱动经济高质量发展

一个国家的贸易技术结构在很大程度上影响着该国经济增长的质量,而这种贸易结构不仅取决于比较优势,也取决于可能的潜在成本。根据这一理论,一方面,数字金融通过其提供的普惠与精准的金融服务,为广大从事外向型生产的企业提供了更广泛、更低成本的融资支持,从而帮助其扩大生产、占领外部市场,同时有助于这些企业有更多资本投入研发创新,从而融入全球价值链的中高端。另一方面,数字金融推动、优化了我国金融结构,并促进了要素禀赋结构的提升,提升了我国对外贸易中的比较优势。另外,利用数字技术改造的支付清算等金融服务流程,为跨境资本带来了极速到账、终端到终端支付追踪等便利,同时分布式账本技术和数字加密技术使得机构间得以安全可靠地处理支付业务,这为我国吸引外国投资以及境内资本走出国门都提供了巨大便利。

5. 数字金融通过促进共享驱动经济高质量发展

数字金融的核心属性是金融普惠,即通过提供普惠型的金融服务,实现各阶层共享的包容性增长,这与高质量发展的最终目标相耦合。数字金融作为近十年来推动普惠金融发展的伟大创新,其在支付与清算中,创新了第三方支付、生物密码识别等服务方式,在借贷与融资中,带来了网络借贷、众筹、大数据征信等服务方式,在投资理财上发展了互联网基金、证券、智能投顾、量化投资等服务模式,在风险管理中形成了大数据智能风控、区块链加密等服务模式,同时催生了云计算平台、数字货币、智能催收等数字化金融服务。这些都成功地提高了广大低收入人群、年轻人、妇女、农村居民以及其他原本被传统金融排斥的人群的经济福利,为这些人发现并利用创业机会、提高个人收入、小额资金拆借、实现信用消费等提供了便利渠道。

（三）数字金融促进经济高质量发展的对策

1. 加快推进金融体制改革，推动数字金融和传统金融深度融合发展

一是要完善数字金融相关制度安排，降低金融服务门槛与成本，为数字金融发展提供保障，充分发挥数字金融普惠的特点，让金融行业为实体经济提供更优质的服务。二是要深化对数字金融管理体制机制变革，对传统数字金融管理职能部门内部机构设置模式进行改革，优化业务主导型机构设置，实现数字金融工作职责和职责关系合理化。三是要不断革新传统金融中阻碍数字金融健康发展的体制和机制，继而提高数字金融响应市场需求的速度和能力，努力推进数字金融向现实生产力转变，促进经济高质量增长。

2. 增加科研投入和加快数字金融人才培养，为创新提供持续动力

科技创新是我国经济增长和产业升级的重要驱动力之一。加大数字金融领域的科研投入，既能加速现有数字技术在金融领域中的应用，也有利于我国形成自主产权的数字金融技术，切实服务我国实体经济的发展。另外，数字金融的发展离不开人才，特别是复合型人才，即数字金融复合型人才。培养数字金融复合型人才，需要关注国际化、复合化和本土化问题。数字金融专业学生不仅要掌握专业知识和技能，还要具有广阔的国际视野，既应是懂得金融和科技的复合型人才，又要有把理论知识应用到数字金融创新战略实践中去的能力。

3. 加快数字金融基础设施建设，打造数字金融共享服务平台

一方面，通过加大服务数字金融基础设施发展的资金投入规模，以及优化服务数字金融基础设施的资金结构，来打造科学与管理工程型科技创新基地和成果转化型科技创新基地。另一方面，通过加快数字金融基础设施建设，加快同国际科技创新企业的合作，提升科技创新技术的吸收、转移和转化的能力。数字金融共享服务平台的建立，有助于大众对金融政策动向、各类金融信息、海量数据内容等的及时理解与把握。这能够有效地减少公众和金融机构之间的信息不对称性问题，使双方能够准确地进行投融资，并减少投融资风险。同时，可以促使金融资源的适当搭配，确保科技企业与金融机构之间的相互衔接，达到金融资源的合理、有效分配。

4. 加强数字金融风险防控管理，推动数字金融稳定发展

数字金融的出现延伸了金融服务链条，提高了服务实体经济的效率，但不可避免地会出现新的金融风险，如银行数据窃取、隐蔽的金融欺诈等。因此，加强养成数字金融风险防范意识，同时要利用新型技术有效控制数字金融风险，避免发生系统性的金融风险。另外，还应该充分利用新的手段加强监管，对数字金融业务模式与行为进行合规管理。最后，通过整合新兴技术来对各种信息资产的安全状态进行监控，对安全事件进行管理，打造智能风险防控与管理体系，从而提高数据保护与网络安全的能力。

第二节　数字贸易

数字贸易是在数字化背景下产生的一种贸易新业态，其典型代表是跨境电商。为把握数字贸易的发展现状，本节从国际视野对全球数字贸易进行系统性概括。为抓住数字贸易对我国经济高质量发展的战略机遇，本节从机理与路径两个方面分析了数字贸易与经济高质量发展的内在关系。

一、数字贸易的内涵特征

（一）数字贸易的内涵

数字贸易是指在数字经济背景下，以数字产业中的数字产品、数字服务或数字技术为标的贸易业态。

数字贸易的内涵以及统计测度标准是当前主要国家和国际组织关注的焦点。

世界上大部分国家采用的是《数字贸易测度手册》中定义的概念，该手册由经济合作与发展组织（Organization for Economic Co-operation and Development，OECD）、世界贸易组织（World Trade Organization，WTO）和国际货币基金组织（International Monetary Fund，IMF）联合编制，将数字贸易定义为"所有通过数字订购和/或数字交付的贸易"。数字贸易包括数字订购贸易和数字交付贸易两部分。数字订购贸易引用 OECD 关于电子商务的定义，强调通过专门用于接收或下达订单的方法在计算机网络上进行的交易；数字交付贸易引用联合国贸易和发展会议（United Nations Conference on Trade and Development，UNCTAD）工作组提出的可数字化交付服务的概念，强调通过信息通信技术（information and communication technology，ICT）网络，以电子可下载格式远程交付的所有跨境交易。

我国商务部服务贸易和商贸服务业司发布的《中国数字贸易发展报告（2021）》认为，数字贸易是以数据资源作为关键要素，以信息网络作为重要载体，以信息通信技术作为效率提升和结构优化手段的对外贸易活动。数字贸易通过数字产品和数字要素的跨国流动，深化全球国际分工，促进制造业和服务业的跨行业融合，推动产业的数字化转型，开发新的贸易模式。

（二）数字贸易的特征

1. 以安全有序的跨境数据流动为驱动

麦肯锡（MGI）《数据全球化：新时代的全球性流动》报告指出，自金融危机以来，传统的商品贸易、服务贸易和资本流动增长已经趋于平缓，而跨境数据流动却异军突起，增长迅速，在促进其他类型的跨境流动方面独占鳌头，对全球经济增长的促进作用也日益凸显。跨境数据流动一方面为不同国家经济主体之间传递信息提供支持，促进了货物、服务、资金等产品和要素的成本降低与效率提高，从而更高效地配置和协同全球价值链。另一方面促进了数字服务贸易的发展，将基于数据流动的新业态，如搜索引擎、云计算等纳入国际贸易。数字贸易的健康发展除了需要降低跨境数据流动的限制，更需要在跨境数据流动方面建立安全有序的国际制度，解决跨境数据流动中伴随的个人隐私、商业秘密和国家安全等数据安全问题。

2. 以平台和平台服务体系为支撑

联合国《数字经济报告（2019）》指出，全球范围内基于数据驱动模式的数字平台，在过去的十年里强有力地推动了数字经济的发展。《数字经济报告（2021）》则认为，最大的数字平台——苹果、微软、亚马逊、谷歌、Facebook、腾讯和阿里巴巴——正越来越多地投资于全球数据价值链的每个环节。超大型平台企业，如阿里巴巴、腾讯、微软、苹果、亚马逊、谷歌等，不仅在平台所在国提供服务，而是将业务拓展至全球，以获取更多的数据资源和用户资源,深度整合资源和构建生态。平台企业在全球范围内拓展业务与数字贸易的联系在以下两方面得以体现,一是平台企业以提供跨境平台服务的方式开展服务贸易,为使用跨境平台开展国际贸易的进出口双方提供了促进交易的有利环境;二是跨境平台优化了国际分工环境,软件技术服务商通过平台相互配合,共同推动全球数字服务分工。

3. 以全球性数字化生态为发展方向

由于金融、物流等生产性服务业服务能力的提升,IT线上技术能力的发展,农业、制造业数字化转型的需求,细化的国际分工和服务外包需求的扩大,以及跨境融合数字生态的加速形成,数字化生态迅速从国内市场延伸到国际市场。"研发＋生产＋供应链"的数字化产业链逐步打通了上下游企业数据通道,并逐渐实现全渠道和全链路的精准对接,促进了产业链的高效协同发展。"生产服务＋商业模式＋金融服务"的数字化产业生态与生产性服务业从相互配合发展到跨界融合。

二、国内外数字贸易发展现状

(一) 国外数字贸易发展概况

随着数字技术迭代的加速,数字产业化和产业数字化的应用场景日益丰富,数字贸易推动全球贸易迅速发展,全球数字贸易发展得如火如荼。

1. 数字服务贸易快速发展

根据商务部发布的《中国数字贸易发展报告(2024)》,2023年全球可数字化交付服务出口额同比增长9.0%,达42504亿美元,占全球货物和服务出口总额的13.8%。占全球服务出口的54.2%。2019—2023年,全球数字化交付服务出口年均增速达10.8%,高出同期服务出口增速4.9个百分点。图9-1显示了2019—2023年全球数字化交付服务出口额及增速。

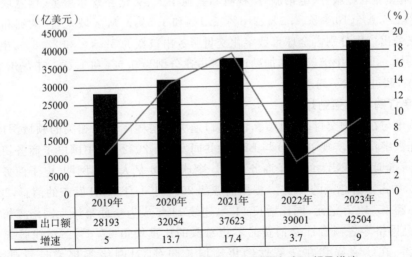

(亿美元)	2019年	2020年	2021年	2022年	2023年
■ 出口额	28193	32054	37623	39001	42504
— 增速	5	13.7	17.4	3.7	9

图 9-1 2019—2023 年全球数字化交付服务出口额及增速

从出口看,2023年全球数字化交付服务出口排名前5位的经济体为美国、英国、爱尔兰、印度和德国,出口额分别为6492.6亿美元、4380.9亿美元、3280.9亿美元、2571.2亿美元和2476.5亿美元,在全球的占比分别为15.28%、10.31%、7.72%、6.05%和5.83%,出口额合计占全球比重达45.2%。表9-1展示了2019—2023年全球数字化交付服务出口前十大经济体的出口额及增速。

表 9-1　2019—2023 年全球数字化交付服务出口前十大经济体

排名	国别	2023 年		2022 年		2021 年		2020 年		2019 年	
		出口额/亿美元	增速/%	出口额/亿美元	增速/%	出口额/亿美元	增速/%	出口额/亿美元	增速/%	出口额/亿美元	增速/%
1	美国	6492.6	2.9	6307.6	4.7	6024	12.9	5338	13.3	4711.8	5.9
2	英国	4380.9	16.3	3766.6	−1	3803.7	19.8	3175.6	15.7	2743.6	−3.2
3	爱尔兰	3280.9	11.1	2954.3	0.1	2951.8	22	2420.4	42.9	1693.2	14.9
4	印度	2571.2	17.3	2192.6	26.7	1731.2	20.4	1438.3	16.4	1235.4	11.6
5	德国	2476.5	3.9	2384	−3.3	2464.8	21.2	2034	11.4	1825.8	0.6
6	中国	2070.1	4.3	1984.1	7.2	1850.8	26.2	1466.6	28.7	1139.8	8.6
7	荷兰	1936.4	13.3	1709.3	6.5	1604.7	9.5	1465.2	−10.8	1642.4	11.3
8	新加坡	1818.8	6.2	1712.2	9.5	1563.4	20.7	1295.6	20.6	1074	7.5
9	法国	1698.1	12.7	1507.3	0	1507.1	15.4	1305.9	1.6	1284.9	−2.8
10	卢森堡	1217.4	4.1	1169.8	−8.9	1284.2	23.4	1041	4.6	995.5	7.2
以上合计		27942.9	8.8	25687.8	3.6	24785.7	18.1	20980.6	14.4	18346.4	5.1
全球		42504.1	9	39000.7	3.7	37623.1	17.4	32054	13.7	28192.8	5

根据 WTO 发布的《2024 年全球贸易展望与统计》，从细分领域来看，2023 年商业、专业和技术服务占全球可数字化交付服务出口额的 41.2%，计算机服务、金融服务、知识产权相关服务、保险和养老金服务、电信服务、视听和其他个人、文化和娱乐服务、信息服务占比分别为 20.5%、16.0%、10.9%、5.2%、2.6%、2.1% 和 1.5%。从区域来看，欧洲和亚洲可数字化交付服务出口额分别占全球可数字化交付服务出口额的 52.4% 和 23.8%，出口分别增长 11% 和 9%。非洲、中南美洲和加勒比地区占比分别为 0.9% 和 1.6%，市场增速强劲，达 13% 和 11%，超过全球平均水平。

2. 数字订购贸易强劲增长

数字技术与在货物交付、支付结算、进出口通关等与国际贸易相关的领域深度融合，跨境电商依托数字技术，实现了 B2B 与 B2C 的共同发展。2022 年，中国电子商务销售总额达 45 万亿元，是全球规模最大的电子商务市场。全球 25.6 亿人参与网购，电子商务零售额逾 5 万亿美元，约占零售总额的 20%。根据商务部 2024 年 1 月 19 日发布的消息，2023 年，我国网上零售额 15.42 万亿元，同比增长 11%，连续 11 年成为全球第一大网络零售市场。其中，实物商品网络零售额占社会消费品零售总额的比重增至 27.6%。在线服务消费更多元，在线旅游、在线文娱和在线餐饮销售额增长强劲，对网络零售增长贡献率达到了 23.5%。预计全球电子商务零售额将在 2025 年突破 7 万亿美元。

3. 数字技术创新步伐加快

信息通信技术（ICT）成为全球各行各业转型升级的重要基础。2022 年，全球 ICT 服务出口 9686 亿美元，同比增长 6.1%。全球 ICT 服务出口占服务出口总额的比重从 2011 年的 17.0% 上升至 2022 年的 23.2%，年均增速 9.2%。跨境流动的数据呈指数级增长，成为数字贸易新业态的基础和关键。据预测,数据流动量每增加10%,GDP增长0.2%,2025年全球数据对经济增长的贡献率约为11万亿美元。

4. 全球治理体系加速变革

数字贸易规则已广泛纳入全球120多个区域和双边的贸易协定中。目前,已经基本达成共识的领域主要包括无纸化贸易、电子认证和电子签名、电子商务用户信息保护、在线消费者权益保护、非应邀商业电子信息监管合作等;尚在推动制度兼容的领域主要包括个人隐私保护、网络安全、互联网服务、知识产权保护、强制性技术转让等;还需要进行规则协调的领域包括跨境数据流动、数据存储本地化、数字产品非歧视待遇等。数字贸易规则已不仅仅局限于贸易便利化,而是扩展到建设安全有序、风险可控的自由贸易体系。这些规则有利于增强经济体在数字贸易方面的互信互通,有利于营造良好的数字贸易环境,为推动国际贸易领域的制度建设和政策提供保障。

(二) 国内数字贸易发展概况

1. 总规模再创历史新高

中国可数字化交付的服务贸易规模再创新高,2022年,进出口额为3727.1亿美元,同比增长3.4%,其中,出口额为2105.4亿美元,同比增长7.6%;进口额为1621.7亿美元,同比下降1.6%;实现顺差为483.7亿美元,比上年增长175.4亿美元。全年跨境电商进出口额达2.11万亿元人民币,同比增长9.8%。其中,出口额达1.55万亿元人民币,同比增长11.7%。2023年我国可数字化交付的服务进出口额为3859亿美元,同比增长3.5%。其中,出口额约为2190.4亿美元,同比增长4%;进口额约为1668.6亿美元,同比增长2.9%;贸易顺差为521.8亿美元。据海关总署统计,2023年中国跨境电商进出口总额为2.37万亿元人民币,增长15.3%,占中国外贸进出口总额的比重逐步提升。其中,出口额为1.84万亿元人民币,进口额为5335亿元人民币。图9-2展示了2019—2023年中国可数字化交付服务出口情况。

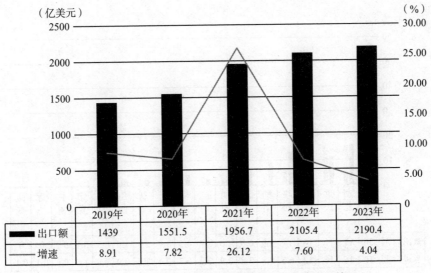

	2019年	2020年	2021年	2022年	2023年
■ 出口额	1439	1551.5	1956.7	2105.4	2190.4
— 增速	8.91	7.82	26.12	7.60	4.04

图9-2　2019—2023年中国可数字化交付服务出口情况

2. 东部地区数字贸易规模优势突出

2023年,东部地区可数字化交付服务进出口规模达3530.7亿美元,全国占比高达91.5%,同比增长4%。其中,出口2001.8亿美元。如图9-3所示,进出口规模排名前五位的省(区、市)为上海、广东、北京、江苏和浙江,金额分别为1023.9亿美元、893.3亿美元、694.7亿美元、334.8亿美元和307.4亿美元。

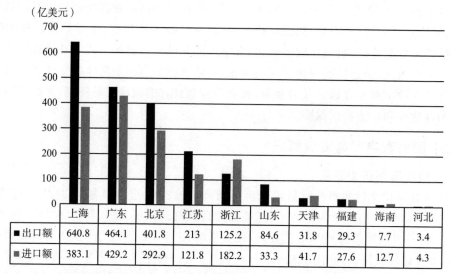

（亿美元）	上海	广东	北京	江苏	浙江	山东	天津	福建	海南	河北
■出口额	640.8	464.1	401.8	213	125.2	84.6	31.8	29.3	7.7	3.4
■进口额	383.1	429.2	292.9	121.8	182.2	33.3	41.7	27.6	12.7	4.3

图9-3　2023年东部地区可数字化交付服务贸易情况

3. 中西部地区增长潜力进一步释放

2023年,中西部地区可数字化交付服务进出口规模达233.2亿美元,占全国的比重为6%。其中,出口额为143.4亿美元。如图9-4所示,进出口规模排名前五位的省(区、市)为四川、湖北、重庆、安徽和陕西,金额分别为72.6亿美元、32.7亿美元、27.6亿美元、21.8亿美元、20亿美元。

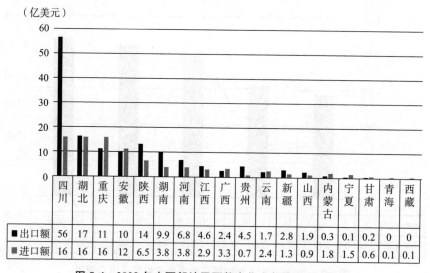

（亿美元）	四川	湖北	重庆	安徽	陕西	湖南	河南	江西	广西	贵州	云南	新疆	山西	内蒙古	宁夏	甘肃	青海	西藏
■出口额	56	17	11	10	14	9.9	6.8	4.6	2.4	4.5	1.7	2.8	1.9	0.3	0.1	0.2	0	0
■进口额	16	16	16	12	6.5	3.8	3.8	2.9	3.3	0.7	2.4	1.3	0.9	1.8	1.5	0.6	0.1	0.1

图9-4　2023年中西部地区可数字化交付服务贸易情况

4. 东北地区稳步发展

2023 年,东北地区可数字化交付服务贸易规模为 95.2 亿美元,同比增速 2%,占全国的比重达 2.5%。其中,出口额为 45.2 亿美元。如图 9-5 所示,进出口规模排名依次为辽宁、吉林和黑龙江,金额分别为 64.5 亿美元、20.3 亿美元、10.4 亿美元。

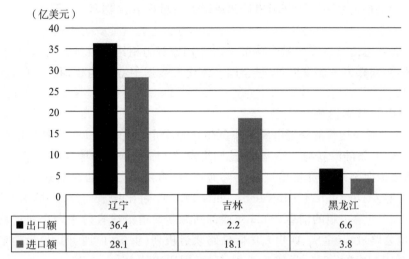

（亿美元）

	辽宁	吉林	黑龙江
■ 出口额	36.4	2.2	6.6
■ 进口额	28.1	18.1	3.8

图 9-5　2023 年东北地区可数字化交付服务贸易情况

三、数字贸易底层技术与典型案例

（一）数字贸易的底层技术

1. 信息基础设施

我国信息基础设施布局不断优化,截至 2022 年年底,我国光缆线路总长度为 5958 万千米,比 2021 年净增 477 万千米。4G、5G 用户普及率较高,4G 网络规模等长期稳居世界第一,中国累计建成开通 5G 基站 231.2 万个,5G 用户达 5.61 亿户,这两项指标的全球占比均超过 60%。根据工业和信息化部《2023 年通信业统计公报》,2023 年,我国新建光缆线路长度 473.8 万千米,全国光缆线路总长度达 6432 万千米;其中,长途光缆线路、本地网中继光缆线路和接入网光缆线路长度分别达 114 万千米、2310 万千米和 4008 万千米。截至 2023 年年底,互联网宽带接入端口数达到 11.36 亿个,比上年末净增 6486 万个。作为拥有全球最大规模移动宽带网络的国家,我国信息基础设施布局正在持续优化。

2. 互联网技术

自 1993 年建设海底光缆以来,我国的海底光缆可以直接联通亚洲、欧洲、非洲和美洲,目前已经构建了 130 套跨境陆缆系统,与美国、日本、新加坡、英国等国家进行网络互联。我国广泛建设数据中心、云计算中心等基础设施,全国共有 47 个城市拥有互联网数据专用通道,探索国际通信服务的数字化水平不断提高,国际互联互通水平持续增强。在国际通信服务模式方面,我国在 2021 年正式开通运营了海南自由贸易港、上海自贸试验区临港新片区的国际互联网数据专用通道。

3. 算力基础设施

2022 年中国服务器市场整体规模增长 6.9%,占全球市场比重达 25%。我国在用数据中心机架规模为 760 万标准机架,算力总规模达到每秒 197 百亿亿次(exa floating-point operations per second,EFLOPS),位居全球第二。截至 2023 年年底,全国在用数据中心标准机架超过 810 万架,2023 年算力总规模达到 230 EFLOPS,位居全球第二,算力总规模近 5 年年均增速近 30%,存力总规模约 1.2ZB。截至 2023 年年底,智能算力规模达到 70 EFLOPS,增速超过 70%。全国累计建成国家级超算中心 14 个,全国在用超大型和大型数据中心达 633 个、智算中心达 60 个(AI 卡 500 张以上),智能算力占比超 30%。我国服务器、计算机、智能通信设备等产量全球第一,8 个国家算力枢纽节点进入落地应用阶段,推动"东数西算",协调算力平衡发展,促进全国一体化大数据中心的构建,我国算力产业跻身国际领先行列。

4. 跨境电商基础设施

我国在全球建设运营的跨境电商海外仓有 1500 余个,面积约 1900 万平方米。2022 年,我国西部新开通 78 条陆海新通道线路,物流网络覆盖 119 个国家和地区的 393 个港口。西部陆海新通道成为西部地区货物出境的主要通道,仅重庆经西部陆海新通道的集装箱就达 14.8 万标准箱(twenty feet equivalent unit,TEU),同比增长 32%。根据《人民日报》2024 年 3 月 26 日第 7 版的消息,2023 年西部陆海新通道沿线省份平台企业运营的铁海联运班列、跨境公路班车(重庆、四川)、国际铁路联运班列(重庆、广西、四川)运输集装箱共计 61.52 万标箱,同比增长 7%,货值 643.26 亿元,同比增长 16%。

(二)数字贸易典型案例

如前所述,OECD、WTO 和 IMF 联合发布的《数字贸易测度手册》将数字贸易定义为"所有通过数字订购和/或数字交付的贸易",包括"数字订购贸易"和"数字交付贸易"两个部分。数字订购贸易分为跨境电商交易的货物和服务。我国商务部服务贸易和商贸服务业司在细化国家统计局《数字经济及其核心产业统计分类(2021)》的基础上,发布《中国数字贸易发展报告 2021》,根据交易标的的不同,将数字交付贸易分为数字技术贸易、数字服务贸易、数字产品贸易和数据贸易。

1. 跨境电商

我国是全球最大的跨境电商零售出口国,拥有全球最大的跨境电商交易市场,电子商务生态链完善。近年来,跨境电商 B2B 市场呈加速发展态势,是跨境电商的主体,占比已超过 70%。2022 年,跨境电商进出口额 2.11 万亿元人民币,同比增长 9.8%。其中,出口额 1.55 万亿元,同比增长 11.7%;进口额 0.56 万亿元,同比增长 5.6%。根据国务院新闻办公室 2024 年 1 月 12 日新闻发布会的消息,2023 年我国跨境电商进出口 2.38 万亿元,增长 15.6%,其中,出口 1.83 万亿元,增长 19.6%;进口 5483 亿元,增长 3.9%。跨境电商主体已超 10 万家,建设独立站已超 20 万个,参与跨境电商进口的消费者人数逐年增加,2023 年达到 1.63 亿。

我国跨境电商向海外新兴市场拓展布局,贸易伙伴覆盖了全球 220 多个国家和地区。除了开拓传统的欧美日市场,中国跨境电商还不断开拓东南亚、非洲、中东、拉美等新兴市场,对"一带一路"共建国家和 RCEP 成员国的比重迅速增加。2021 年,我国跨境电商出口的主要国家是美国、英国、马来西亚、法国、德国、日本、西班牙及俄罗斯等。随着共建"一带一路"的深入,2022 年我国与"一带一路"共建国家的跨境电商进出口占比已超 50%,其中与新加坡、马来西亚、韩国等国的贸易规模位居前列。根据国务院新闻办公室 2024 年 1 月 12 日新闻发布会的消息,2023 年,我国对共建"一带一路"国家进出口 19.47 万亿元,增长 2.8%,占进出口总值的 46.6%,提升 1.2 个百分点;对拉美、非洲分别进出口 3.44 万亿和 1.98 万亿元,分别增长 6.8% 和 7.1%。

2. 数字技术贸易

数字技术贸易是指通过信息通信网络交付应用于智能生产的信息技术服务,包括计算机软件服务、通信技术服务、大数据服务、云计算、区块链技术服务、工业互联网服务等。

2022 年,中国电信、计算机和信息服务贸易规模约为 1209.6 亿美元,同比增长 3.3%。其中,出口规模达 829.2 亿美元,同比增长 7.7%,图 9-6 展示了 2012—2022 年中国电信、计算机和信息服务贸易的发展情况。我国数字技术贸易国际竞争力持续增强。其中,我国云计算市场发展迅速。中国信息通信研究院数据显示,2022 年中国云计算市场规模为 4550 亿元,较 2020 年增长 40.9%。根据中国信息通信研究院发布的《云计算白皮书（2024 年）》,2023 年我国云计算市场规模达 6165 亿元,同比增长 35.5%,仍保持较高活力,AI 原生带来的云技术革新和企业战略调整,正带动我国云计算开启新一轮增长,预计 2027 年我国云计算市场规模将突破 2.1 万亿元。

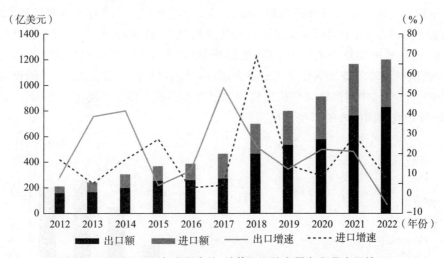

图 9-6　2012—2022 年中国电信、计算机和信息服务贸易发展情况

3. 数字服务贸易

数字服务贸易是指全部或部分以数字形式交付的跨境服务贸易,互联网平台服务、数字金融与保险、远程教育、远程医疗、数字交付的管理与咨询服务等均属于数字服务贸易的范畴。我国数字服务贸易增长迅速,表现在以下几个方面。一是数字服务平台的国际影响力稳步提升。数字服务平台是国际贸易的重要枢纽,也是助力外贸企业深度融入全球供应链的重要载体和途径。截至 2022 年,中国市值超 10 亿美元的数字贸易企业已超 200 家;独角兽企业数量为 316 家,占比 23.3%,居全球第二,主要集中在电子商务、医疗健康、人工智能等领域。二是跨境支付业务增长迅速。2022 年,人民币跨境支付系统（CIPS）共有参与者 1360 家,处理业务 440.04 万笔,金额 96.70 万亿元,同比分别增长 31.68% 和 21.48%。日均处理业务 1.77 万笔,金额 3883.38 亿元。数字人民币跨境支付业务发展潜力也得到了进一步的释放。截至 2023 年 12 月底,人民币跨境支付系统（CIPS）共有参与者 1484 家,其中

直接参与者139家,间接参与者1345家。截至2024年6月底,人民币跨境支付系统(CIPS)共有参与者1544家,其中直接参与者148家,间接参与者1396家。2022年冬奥会期间,数字人民币为境外消费者提供金融服务。中国人民银行与香港金管局也对数字人民币跨境支付开展第二阶段技术测试。三是数字服务贸易场景日渐丰富。2022年,中国金融服务、保险与养老服务、知识产权使用费服务进出口规模分别为89.2亿美元、254.3亿美元、579.7亿美元,在可数字化交付服务中的占比分别为2.4%、6.8%和15.6%,区块链的31项应用在金融领域落地。2023年,知识密集型服务进出口27193.7亿元,同比增长8.5%。其中,知识密集型服务出口15435.2亿元,增长9%,增长最快的领域为保险服务,增幅达67%;知识密集型服务进口11758.5亿元,增长7.8%,增长最快的领域为个人文化和娱乐服务,增幅达61.7%。知识密集型服务贸易顺差3676.7亿元,同比扩大423.5亿元。

4. 数字产品贸易

数字产品贸易是指通过信息通信网络以数字形式传播的数字产品贸易,包括数字游戏、数字动漫、数字内容出版、数字广告、数字音乐、数字影视等。我国数字产品贸易焕发增长新活力。

一是数字文化产品海外市场优势进一步巩固。《2022年中国游戏出海情况报告》显示,2022年中国自主研发游戏海外市场销售收入173.5亿美元。2023年收入规模达1239.9亿元,同比增长4.5%。《中国网络文学国际传播发展报告》显示,2021年我国向海外传播文学作品1万余部,其中实体书超4000部,翻译作品3000余部,在线阅读用户超过1亿人;2022年,我国向海外传播文学作品1.6万余部,海外用户超过1.5亿人,除了涌现出一大批头部出海平台企业,中国网络文学出海格局也已初步形成。图9-7展示了2012—2022年中国自主研发游戏在国内外的市场情况。

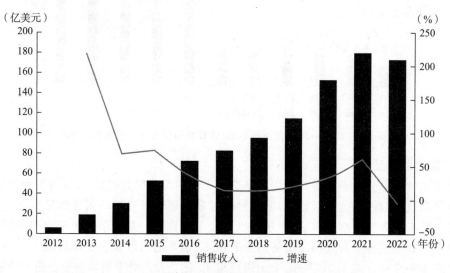

图9-7 2012—2022年中国自主研发游戏国内外的市场情况

二是数字产品助力中国文化对外传播。2021年,商务部会同宣传部、文化和旅游部、广电总局,先后公布两批29个国家文化出口基地。制度和政策创新让文化出口基地引领着国家影视的出口,放大了数字影视的规模效应,国家广播电视总局在海外建立了62个电视中国剧场,优秀节目通过电视和网络媒体在100多个国家和地区实现常态化播出。优秀的影视作品在潜移默化间讲好"中国故事"。华语影视作品 2022 年在东南亚市场的份额达10％,是 2019 年的 2.5 倍。

5. 数据贸易

数据贸易是指内嵌在数字产品贸易、数字服务贸易、数字技术贸易中的跨境数据流动。随着数据产权、数据确权、数据治理等相关方面的交易规则和法律法规的发展和完善,未来数据贸易将分离成为独立的贸易形态。

数据作为生产要素,是数字贸易的关键基础和重要载体。2022 年 12 月,《中共中央　国务院关于构建数据基础制度更好发挥数据要素作用的意见》对构建数据基础制度体系作出重要部署。该文件提出,数据作为新型生产要素,是数字化、网络化、智能化的基础,已快速融入生产、分配、流通、消费和社会服务管理等各个环节,深刻改变着生产方式、生活方式和社会治理方式。我国数据要素资源充实,数据贸易枢纽地位强化,2022 年,我国数据产量8.1ZB,同比增长 22.7％,全球占比 10.5％,居世界第二位。截至 2022 年年底,中国数据存储量达 724.5EB,同比增长 21.1％,全球占比 14.4％。新增建设 5 个国家级互联网骨干直联点,互联网国际出口带宽 38Tb/s。2023 年,全国数据生产总量达 32.85ZB,同比增长22.44％。截至 2023 年年底,全国数据存储总量为 1.73ZB。随着跨境电商渗透率的不断上升,社交媒体视频数据的海量增加,工业互联网平台的数字基础设施建设的不断发展,我国数据贸易的规模将快速增长,数字贸易发展空间也不断拓展。

四、数字贸易驱动经济高质量发展的机理、路径与对策

(一) 数字贸易驱动经济高质量发展的机理

1. 数字贸易驱动经济高质量发展的直接机制

数字贸易通过促进市场主体多元化、打破时空限制、降低成本、提高效率等路径直接促进经济的高质量发展。

作为一种新的贸易形式,数字贸易打破了时间和空间限制,降本增效,通过对经济的创新协调和开放共享的方式直接促进经济的高质量发展。从创新协调的角度看。相对于传统贸易,数字贸易依托可共享的数字技术,降低了数字贸易市场的准入条件,中小企业和个人加入数字贸易市场,使市场主体更加多元,竞争更加激烈,提高市场在资源配置方面的效率,降低成本,提高产量。同时,数字技术提升了贸易主体的沟通效率,在降低交易的时间成本和经济成本之外,让贸易出口方能够以更加迅速、准确的方式获取进口方的偏好,降低试错成本。进出口双方能够迅速供需适配,促进经济可持续协调发展。

从开放共享的角度看,数字贸易通过数字技术打破了时间和空间的限制,大幅缩减交易双方之间的"距离",扩大了贸易范围;同时,数字技术的交流方式给确定贸易条件与贸易过程的实现增加了透明度,促进了经济的开放发展。由于数字贸易的市场准入门槛降低,收入水平低的贸易主体也可凭借自己拥有的数字资源参与其中,提高收入,实现共同富裕。涵盖医疗、教育等数字交付的数字产品贸易和数字服务贸易,在提高居民生活质量和便捷性方面有着更为出色的表现。

2. 数字贸易驱动经济高质量发展的间接机制

数字贸易促进了市场的多元化,降低了交易成本,提高了信息的完全性,对现有的产业

进行优化升级。在此基础上,通过对产业技术的赋能、要素流动的加速,助力经济的高质量发展。

如前所述,数字贸易降低了交易双方的经济成本、时间成本和试错成本,一方面,这些节省的成本可以投入技术创新当中,促进产业升级,提高产业效率,优化贸易流程;另一方面,节约的成本还能减少成本制约,优化融资条件,进一步促进产业的发展,加快贸易速度。数字贸易市场主体的多元化深化了市场竞争的程度,为了能够获得更多的市场份额,数字技术创新成为市场主体提高贸易竞争力的重要途径,也为其他产业数字技术赋能奠定了基础,促进产业结构的合理化。此外,竞争的市场加快了资本、技术、人才、数据等生产要素的流动速度,推动要素从低效率生产部门往高效率生产部门配置,提高要素的使用效率,促进产业链的升级,推动价值链的延伸,增加产出和收入,扩大国内经济循环,加快构建经济发展的新格局。

(二)数字贸易驱动经济高质量发展的路径

在数字经济高速发展的时代,数字要素在全球资源配置和利用方面辐射广泛、影响深刻,改变了国际分工的格局,是影响国家竞争力的关键因素。我国丰富的数据资源和强有力的基础设施赋予数字贸易巨大的发展潜能。但我国在数字创新能力、数据安全问题、数字治理体系和数字规则参与度等方面存在短板,也影响了数字贸易的高质量发展。我国应当增强风险意识,把握数字贸易的发展机遇,掌握数字经济大国的主动权,通过数字贸易促进经济的高质量发展。

1. 以数字贸易领域制度型开放促进全球数字大市场建设

党的二十大报告指出:"稳步扩大规则、规制、管理、标准等制度型开放"。制度型开放是推动我国数字贸易高质量发展的推进剂。2022 年 1 月,商务部、国家发展和改革委、工业和信息化部、人民银行、海关总署和市场监管总局等六部门联合印发《关于高质量实施〈区域全面经济伙伴关系协定〉(RCEP)的指导意见》,提出高水平履行跨境电子商务规则,促进深层次改革,通过把握 RCEP 发展机遇,与更多 RCEP 成员国开展电子商务合作,推动地方质量发展战略的实施。2023 年 6 月,国务院印发《关于在有条件的自由贸易试验区和自由贸易港试点对接国际高标准推进制度型开放的若干措施》,聚焦知识产权、竞争政策、线上消费者权益保护等高标准经贸领域,增加透明度,进一步深化改革,增加透明度,建设公平透明的营商环境,将数字贸易便利化水平推向纵深方向,促进经济高质量发展。

2. 以经济发展领域深入型融合培育中国数字贸易新业态

2023 年 2 月,中共中央、国务院印发《数字中国建设整体布局规划》,明确数字中国建设按照"2522"的整体框架布局,即夯实数字基础设施和数据资源体系"两大基础",推进数字技术与经济、政治、文化、社会、生态文明建设"五位一体"深度融合,强化数字技术创新体系和数字安全屏障"两大能力",优化数字化发展国内国际"两个环境"。数字经济和实体经济的融合是全球经济高质量发展的必然趋势,发展数字经济,加强数字技术创新,推动贸易数字化,提升实体经济的综合竞争力,是抢抓科技与产业革命的关键。展望未来,我国将建设和完善数字贸易基础设施,强化贸易企业创新主体地位,提高数据流通效率,多方位支持提升数字贸易国际竞争力,促进数字贸易,推动经济高质量发展,强化数字贸易枢纽地位。通过数字技术与金融、文化、教育、医疗等行业的深度融合,推进传统贸易的转型升级,放大数字贸易的外部效应,推动数字中国战略和贸易强国战略的实施。

3. 大力推动数字产业创新发展,全面提升数字贸易国际竞争力

党的二十大报告指出:"必须坚持创新是第一动力""深入实施创新驱动发展战略""坚持创新在我国现代化建设全局中的核心地位"。针对核心数字技术的问题,我国将加快战略布局,充分利用国内外资源,提升通信技术、云计算等关键核心技术,形成技术攻关的合力,创新数字技术应用;通过推进具有国际竞争力的产业集群建设,全面提升数字贸易国际竞争力;通过培育数字经济领军企业,促进中小企业及其产品和服务"走出去",大力推动数字贸易生态创新发展,推动数字贸易全球价值链攀升,提高数字贸易国际竞争力,促进经济高质量发展。

4. 健全完善法律法规体系,夯实数字贸易高质量发展的制度基础

党的二十大报告指出:"加强重点领域、新兴领域、涉外领域立法,统筹推进国内法治和涉外法治,以良法促进发展、保障善治。"2022 年 1 月发布的《国务院关于印发"十四五"数字经济发展规划的通知》强调,"以数字化驱动贸易主体转型和贸易方式变革,营造贸易数字化良好环境。完善数字贸易促进政策,加强制度供给和法律保障。"2022 年 7 月,《数据出境安全评估办法》出台,对数据出境的评估适用情形、评估事项、评估程序、过渡期等作出明确规定。2022 年 12 月,中共中央、国务院印发《关于构建数据基础制度更好发挥数据要素作用的意见》,要求从数据产权、流通交易、收益分配、安全治理等方面构建数据基础制度,围绕数据要素市场规则、隐私保护、公共安全、数据资源确权,跨境传输等方面制定一系列法律法规,为我国数字贸易发展提供了制度和法律保障。未来,我国将加大数字贸易领域治理规则和标准的研究,形成适应中国国情的数字贸易监管治理模式,保障数字贸易和经济的高质量发展。

5. 积极深化数字贸易国际合作,携手推进全球数字治理体系建设

党的二十大报告指出:"积极参与全球治理体系改革和建设,践行共商共建共享的全球治理观,坚持真正的多边主义,推进国际关系民主化,推动全球治理朝着更加公正合理的方向发展。"2022 年 8 月,中国加入《数字经济伙伴关系协定》(DEPA)工作组正式成立,全面推进中国加入 DEPA 的谈判。目前已经举行了三次首席谈判代表会议和三次技术磋商。自正式申请加入《全面与进步跨太平洋伙伴关系协定》(CPTPP)以来,中国对 CPTPP 的条款进行了深入全面的研究和评估,并在市场准入领域作出开放承诺,承诺的开放水平超过中方现有缔约实践。中国秉持积极开放立场,以提案为引领,全面深入参与世贸组织电子商务谈判。自 2019 年加入谈判以来,先后就电子支付、物流服务等 20 余个议题提交 9 份"中国方案"。展望未来,我国将在多边贸易框架下推进全球数字贸易治理体系,促进各国在全球数字贸易规则方面达成一致,建设高标准数字贸易规则和国际经贸规则。

(三) 数字贸易驱动经济高质量发展的对策

我国在数字贸易发展的过程中,将秉承全球化发展理念,加强顶层设计,坚持合作共赢,积极参与制定国际标准与规则,为数字贸易的发展贡献"中国智慧"和"中国方案"。

1. 强化数字贸易顶层设计

数字贸易顶层设计方面需要做好以下几方面的工作。一是要明确数字贸易发展的总体思路、发展目标和重点任务。通过政策文件促进数字贸易的改革创新发展，搭建数字贸易发展的顶梁柱。二是要形成数字贸易发展的政策管理框架。通过建立数字贸易改革创新发展机制，制定数字贸易政策，促进数字贸易谈判。三是加强数字贸易标准的制定。通过组建数字贸易标准化委员会制定行业标准，以满足数字贸易的发展需求。四是建立健全数字贸易检测体系。通过制定中国数字贸易测度方法，明确数字贸易统计口径，为数字贸易改革发展提供保障。

2. 扩大数字领域对外开放

数字领域开放需要在以下几方面开展工作，一是完善数据治理体系。通过建立完善国际数据流动机制，规范数据依法自由流动。二是扩大数字市场外资准入。通过互联网的有序开放，降低金融、教育、医疗等领域的外资准入门槛。三是大力发展数字贸易新业态。通过逐步放宽电信服务市场，在自贸试验区进行数据中心、云计算服务的探索。四是优化数字贸易营商环境。通过法律法规保障政府采购、招投标的公平公开，依法保障外资企业的平等权利和合法权益。

3. 支持企业拓展海外市场

拓展企业海外市场，需要做好以下几方面的工作，一是培养数字贸易领军企业，通过提升企业全球范围内配置资源的能力和创新能力，促进企业融入全球供应链、产业链和价值链，提升数字贸易企业的国际竞争力。二是支持数字贸易企业走"专精特新"的发展道路。培养其细分领域的独特竞争优势，拓展数字贸易企业，特别是中小型数字贸易企业的外向度。三是开拓"数字丝绸之路"建设，通过与"一带一路"国家共建数字基础设施，加强电子商务、数字产业和服务外包等领域的合作。四是提升数字企业国际化水平。支持云计算、数字文娱等新型数字贸易企业走出去，开展广泛的数字贸易合作。

4. 加强数字贸易相关平台建设

加强数字贸易平台建设，需要做好以下几方面的工作。一是培育科技与制度双创新的数字贸易示范区，在数字服务市场准入、跨境数据流动、数据规范化采集等方面做强做优。二是建立服务外包示范点。除了在研发设计、检测维修等生产性服务外包，还要大力推进高端服务外包的数字化。三是推进数字展会平台建设。通过打造全球数字贸易领域的品牌展会和其他综合性展会，如全球数字贸易博览会（数贸会）、中国国际数字和软件服务交易会（软交会）、中国国际服务外包交易博览会（服博会）、中国国际进口博览会（进博会）、中国国际服务贸易交易会（服贸会）等，拓宽数字贸易渠道。

5. 积极参与国际规则制定

参加制定数字贸易领域国际规则时，需要做好以下几方面的工作。一是继续深化多边框架下的数字贸易规则谈判。深入开展世贸组织电子商务议题谈判，推动二十国集团（G20）、亚太经合组织（APEC）数字贸易规则的制定等工作。二是要推动数字贸易领域的务实合作，推动数字化转型平台与数字健康系统的建设，开启与上合组织、金砖国家数字贸易合作的新征程。三是要积极推进《数字经济伙伴关系协定》（DEPA）和《全面与进步跨太平洋伙伴关系协定》（CPTPP）的加入进程。四是要共同探讨制定数字治理的国际规则。积极营造尊重各方利益，且开放、公平、公正的数字发展环境。

第三节 数 字 物 流

数字物流代表物流行业发展的新模式。本节从数字物流的内涵特征入手进行介绍,并回顾数字物流的来龙去脉。为了快速而又准确地了解数字物流发展现状,本节通过大量典型案例作了通俗性介绍。最后,还讨论了数字物流驱动经济高质量发展的问题。

一、数字物流的内涵和特征

(一)数字物流的内涵

目前,关于数字物流的内涵,有以下有代表性的观点。

第一,数字物流是采用数字化技术,面向物流全要素、全过程对物流系统进行优化,以实现物流管理过程、管理手段、管理技术的数字化,提高供应链物流服务和效率水平,降低供应链、价值链、产业链的全要素物流成本。

第二,基于理论层面、技术层面、应用层面构建数字物流的理论体系,认为数字物流(digital logistics)是基于数字经济、数字技术、机器学习、计算机思维等理论方法而产生的,核心是用数字化技术改造传统物流,不仅需要采用先进的数字技术,也需要有先进的物流管理技术。

数字物流的内涵界定也是国家和有关组织关注的焦点。中国物流与采购联合会发布的《2022 中国数字物流发展报告》认为,数字物流即通过数据获取价值,采用数字化技术,面向物流全要素、全过程对物流系统进行优化,以实现运输、储存、装卸、搬运、包装、流通加工、配送、信息处理等物流功能的数字化,产生新的服务。

(二)数字物流的特征

5G、AI、物联网、互联网、虚拟现实、人工智能等新兴科技蓬勃发展,在物流行业深入应用,使物流行业向数字化的方向不断发展,数字物流将呈现出一些新特点。

1. 平台化

伴随着"互联网＋物流"的深入发展,物流平台不断涌现,市场上出现了大量面向物流行业的管理软件、信息系统、数字货运平台、园区信息化平台、同城配送平台、生鲜冷链物流平台、共享物流平台等。物流企业平台化和企业物流平台化是"互联网＋物流"大背景下快递产业转型升级的趋势。

2. 智能化

物流运作流程中的大量运筹与决策,如仓储水平的设定、物流路线的选定、手动导引车辆的工作轨迹与作业管理、手动包装机的操作、物流配送中心运营管理的决策支撑等方面,都必须通过大量的信息与有效的管理才能解决。运用智能化技术开发,能够降低人工的劳动强度,提高劳动条件,提升物流作业效能。

3. 技术性

应用于物流的信息技术涉及 EDI、GIS、GPS、条形码、射频技术、自动化仓库管理技术、人工智能、智能标签、专家系统和数据库技术等。各种信息技术的有效应用,显著地提升了物流作业的效率和质量。

4. 敏捷性

数字物流运用现代数据信息技术,进行信息数据的高速优化分析,使物流业务的信息在跨区域间实现即时获取、管理与运用,进而实现物流业务各阶段无缝连接,精确、快捷是现代物流的根本特点。

5. 融合性

数字物流存在明显的融合性。一方面,现代物流产业与制造业、零售业、农产品加工业等产业之间存在着很大的联系,数字物流赋能相关产业转型升级;另一方面,在供应链上下游,如采购、生产、运输、仓储、配送、销售等环节,数字物流可以降低供应链运营成本,提高供应链运营效率,优化供应链结构。

6. 绿色化

数字物流节约了大量的人力、物资、能源、资金等资源,杜绝了传统物流对有形资源、能源的过度消耗,避免发生更大的环境污染和生态破坏。可以说,数字物流是实现低碳物流的重要途径,具有绿色化的特点。

二、国内外数字物流发展现状

目前,在数字化的大变局之下,全球物流行业发展进入新格局,物流链条上的企业正在加快数字化转型进程,通过数字化手段来降本增效、提升物流服务能力、拓展增值服务。同时,希望通过数字化转型使整个物流供应链具备更好的韧性,改变物流与供应链业务中各个节点和角色的关系,驱动整个物流业从人力密集型向技术密集型转型。

(一)国外数字物流发展概况

随着物联网、互联网、通信网络等技术的发展,尤其是大数据和云计算技术大量应用到物流领域,促进了物流系统及业务运营方法发生较大变革,目前国外数字化应用从业务数字化逐步朝着流程自动化、经营智慧化的方向深入发展,数字化技术在物流领域的应用范围也将进一步扩大,全面推动物流行业朝着资源的最优化配置、满足顾客多样化需求、给客户全新物流体验的方向发展。国外的物流数字化进程主要历经了以下三个阶段。

1. 业务数字化(数字化转型的基础阶段)

实现物流数字化的第一步是业务数字化,业务数字化是物流数字化转型的基础阶段。业务数字化阶段主要是利用电子化、信息化的方式传递和保存物流信息,实现物流业务的在线受理,物流节点的全面可视,信息、资金的可靠流转等。在数字化推动下,物流链条上物流企业的业务由交易撮合向客户黏性更强的方向转变,业务也从单一运输向供应链服务转变。

2. 流程自动化(数字化转型的过渡阶段)

实现物流数字化的第二步是流程自动化,流程自动化是物流数字化转型的过渡阶段。流程自动化阶段是在业务数字化的基础上,利用自主机器设备、数字机器人、自动驾驶等相关技术来实现物流链条全流程操作的自动化,将人们从烦琐、重复的工作中解放出来。

3. 经营智慧化(数字化转型的高级阶段)

实现物流数字化的第三步是经营智慧化,经营智慧化是物流数字化转型的高级阶段。

经营智慧化阶段是在流程自动化的基础上,利用人工智能、大数据、数字孪生等相关技术,在无需人工干预的条件下实现智能决策、自主运行,并能够"柔性"应对突发情况。

📝 **案例**

1. 业务数字化:普洛斯智慧园区管理平台

普洛斯智慧园区管理平台应用了 SaaS 工具、物联网、大数据等应用技术,包含了智慧安防管理、智慧月台管理、智慧消防管理、智慧客户服务管理、智慧出入园管理、智慧设施设备管理等功能;能够实现以下主要应用场景:基于物联感知对园区物理资产进行数字化,整合园区运营流程体系,实现对物流园区现场的人、车、设施设备、能源能耗、空间、货的数字化管理。应用效果显著,实现了园区高效协同和绿色安全运营,为园区数字化智慧化转型赋能。

2. 流程自动化:亚马逊智能机器人 Kiva 技术

亚马逊智能机器人 Kiva 技术,创新了电商仓储应用场景,智能机器人颠覆传统电商物流中心作业"人找货、人找货位"模式,通过作业计划调动机器人,实现"货找人、货位找人"的模式。Kiva 系统作业效率要比传统的物流作业提升 2～4 倍,机器人每小时可跑48.3 千米,准确率达到 99.99%。

3. 经营智慧化:运去哪船期预测系统

运去哪船期预测系统应用了大数据分析与决策、人工智能、云计算等技术。可提供船期预测服务,基于全球 6000 艘船舶实时定位数据,以及 1200 个港口的电子围栏的进出港时间监测,实时预测在运船舶的进港及离港时间。该技术可抓取全球 99.9% 的靠离泊数据,精准预测船期,7 天内预测误差率平均小于 24 小时。可持续为交通管理部门、货代企业、外贸企业提供重要可靠的决策支持,调整出货及收货安排,降本增效。

资料来源:《2022 年国际物流产业数字化发展报告》。

(二)国内数字物流发展概况

我国数字物流发展主要历经了以下四个阶段。

数字物流 1.0 阶段:社会上宣传推广数字物流理念,物流公司意识到数字化提升对物流运营的巨大影响,但是理论、科技、设施、人才等因素导致没有进行实质性的数字化工作。

数字物流 2.0 阶段:物流公司开始实施数字化,通过应用条码、射频、网络通信、自动识别控制、电子数据交换、仓储管理、物流配送管理、地理信息系统、物流配送管理、全球定位管理系统等信息技术,在订单管理、仓库管理、物流配送等物流环节实现了便捷管理、货物感知、动态定位、智能调配、信息追踪、线路优化,大幅提升了物流作业的信息化、自动化、智能化、高效化水平,在物流作业中的人工处理越来越少。这一时期的关键就是物流局部环节的数字化,公司内部各单位的信息化,数字化执行上"各自为战"。物流运营分散、复杂,各单位电子化水平不一,导致企业物流运营仍然是按照需要的多条线完成,信息归集困难。

数字物流 3.0 阶段:物流公司全面承受国际数字化理念,逐步步入数字化物流的全面贯通阶段,并广泛利用信息化技术进行物流运营数字化、信息化、电子化、可视化、智能化和自动化改造,完成了公司内部各环节的数据集成和纵向整合。公司各个环节都基本进行了数字化管理,各个环节的数字化信息能够互相融会贯通,建立高效的数字化网络系统,推动了整个物流经营的协作与效率提升。这一时期,尽管数字物流的重心还在公司内部,但已经开始形成与企业以及经销商间的数字化连接。

数字物流 4.0 阶段:5G、互联网、网络、虚拟现实、人工智能等崭新科学技术的推广与应用,有效推进了各个产业数字化、互联网、智能化发展。公司数字化物流系统全面冲破了公司界限,向供应链上游公司拓展,从而完成了公司客户端,公司和合作伙伴,一直到供应链上游的数字化整合。公司内部物流运营进行了互联网的电子化整合,数据进行了纵向交叉的互联网传输,从而达到公司内部物流运作的智能化、协同化、智能化,进而提高物流配送质量。这一阶段,现代物流管理与商流、信息化、资本流的深度协调,有效运作。

目前,全国个别实力雄厚的中小企业处于数字物流 4.0 阶段,部分中小企业处于数字物流 3.0 阶段,多数中小企业处于数字物流 2.0 阶段。

并且,随着数字技术的飞速发展,国内数字物流行业发展呈现出以下状况。

1. 企业数字化转型步伐加快,新成立数字物流企业逐年增多

《2023 年中国数字物流发展报告》显示,截至 2023 年 12 月 31 日,经营范围涉及数字物流的企业(包括在业、存续)达到 22000 多家。其中,2023 年成立的企业数量达到 5900 余家,占总数的 26.37%。新成立数字物流企业数量从 2018 年的 1094 家增长至 2023 年的 5937 家,数量逐年攀升。可见,在数字化浪潮下,新成立的物流企业积极拥抱数字技术,走上数字化创新之路。

2. 数字物流市场高速增长,数字物流企业营收规模增长

根据中国物流与采购联合会区块链应用分会与链上数字产业研究院不完全统计,2020 年度数字物流整体市场规模 356.7 亿元,到 2023 年度增长至 1945.05 亿元,年均复合增长率达到 76.01%。整体数字物流市场呈现高速增长态势。具体到业务板块,从 2020 年度到 2023 年度,数字物流技术市场规模由 17.5 亿元增长至 122.7 亿元,年均复合增长率约为 91.39%;数字物流服务市场规模由 339.2 亿元增长至 1822.3 亿元,年均复合增长率约为 75.14%。

3. 数字物流重点项目增加,产业数字物流情况成效显著

根据中国物流与采购联合会区块链应用分会与链上数字产业研究院统计,2020—2023 年国内头部企业和部分企业应用情况好,影响力大的数字物流重点项目共计 3007 个。其中,仅 2023 年度新增重点项目数就达到 1647 个,占比达到 54.77%。在 2023 年数字物流重点项目中,通用产业数字物流重点项目共计 699 个,占比约为 42.44%;汽车与机械产业数字物流情况也成效显著,重点项目数量分别为 207 个和 192 个,占比分别为 12.57% 和 11.66%;食品与农产品(占比 9.47%)、家电与电子(占比 7.29%)、钢铁与有色(占比 5.83%);医药与医疗(占比 3.10%);建筑与地产(占比 1.46%)等产业的数字物流应用已经进入探索应用阶段。从特色领域角度看,数字化平台作为数字物流的重要组成部分,2023 年成为物流数字化转型最火热的领域,物流信息服务项目的数量达到 660 个;物流金融服务、大宗物流、跨境物流、冷链物流等领域也积极探索数字化技术的应用,成效日益凸显,如 2023 年,物流金融服务领域的数字物流重点项目达到 393 个,跨境物流领域的数字物流重点项目达到 192 个。

4. 物联网和大数据等数字技术在数字物流领域应用火热

2020—2023 年数字物流重点项目中,涉及物联网和大数据的数量最多,分别为 1947 个和 1736 个;区块链和人工智能位于第二梯队,分别为 1047 个和 652 个。

5. 数字物流渗透率逐年攀升,大型企业遥遥领先

2020—2023 年,全国数字物流渗透率逐年攀升,从 2020 年度的 13% 增长至 2023 年度的 49.5%。大型企业基于自身的业务需求和发展规划,数字物流渗透率更是达到 70% 以上。

6. 国家政策引领,数字物流营商环境良好

2021 年,《"十四五"规划和 2035 年远景目标纲要》明确提出,要建设现代物流体系,深入推进服务业数字化转型,培育众包设计、智慧物流、新零售等新增长点。2022 年 12 月,《"十四五"现代物流发展规划》明确指出,现代物流一头连着生产,一头连着消费,高度集成,并融合运输、仓储、分拨、配送、信息等服务功能,是延伸产业链、提升价值链、打造供应链的重要支撑,在构建现代流通体系、促进形成强大国内市场、推动高质量发展、建设现代化经济体系中发挥着先导性、基础性、战略性作用。2023 年,习近平总书记高度重视智慧交通和智慧物流发展,多次作出重要指示,强调"要大力发展智慧交通和智慧物流,推动大数据、互联网、人工智能、区块链等新技术与交通行业深度融合,使人享其行、物畅其流";明确"努力打造世界一流的智慧港口、绿色港口",为智慧交通发展指明了前进方向,提供了发展依据。

各级政府日益重视数字物流的发展,陆续出台数字物流相关政策。根据中国物流与采购联合会区块链应用分会与链上数字产业研究院不完全统计,2023 年 1—12 月,国家部委和各省级政府部门发布的与数字物流相关的政策达 78 项,这对我国数字物流的发展有着重要的引导作用。

三、数字物流技术及典型案例

(一) 数字物流技术

1. 数字物流离不开数字物流技术

数字物流离不开数字物流技术,可以说数字物流技术是数字物流的核心组成部分。数字物流技术是发展数字物流的核心基础和必要条件。

第一,数字物流技术将对物流生产要素进行有机重组。例如,物联网与互联网技术将传统物流产业正由人工分拣向高度自动化、智能化趋势迅速成长,而智慧感知技术、数据传输技术、机器人、无人机等智慧硬件装置也将应用在各个环节。

第二,数字物流技术将对物流运作流程进行科学重构。如云计算与大数据技术将实现对供应链、实体物流的数字化、智能化、标准化与统一的综合控制系统,将实现数字物流的实际物流体系和虚拟物流体系实现完全同步,优化物流流程,实现货物优先入仓和配送,提升产业链效能。

第三,数字物流技术将创造全新的数字物流生态系统。通过人工智能技术,可真正实现智慧化多式联运、智能化无人仓库、数字化物流园区等一系列中国物流产业创新应用。打造集线上与线下的配送、商品交易、金融、配送诚信等服务于一身的一站式、全面数字化物流生态系统,能够有效降低物流成本,并提升物流服务质量。

2. 数字物流技术包含的内容

如今,物联网、5G、虚拟现实、人工智能、区块链等信息技术已经彻底改变了人们的生活

方式和工作方式,而物流业也早已成为这些新技术竞相角逐的舞台,物流业的数字化转型升级,关键正是数字物流技术。

数字物流技术涉及数字技术、物流管理技术以及两者的结合应用。数字技术包含两类,第一类是数字化、信息化、互联网技术,主要包括互联网、物联网、移动互联网、5G 等;第二类是利用收集的数字进行精细加工和提升,比如大数据、云计算、区块链、边缘计算等技术应用,实现物流过程的可视化、智能化、集成化。两项技术的融合,需要利用数字化的技术手段来武装物流管理技术,建立数字物流的体系平台。

据此,本书将数字物流技术分为双网技术(物联网技术、互联网技术)、5G、云计算、大数据、区块链、人工智能、数字物流的平台等七个层次。

(二)数字物流典型案例——5G 物流

1. 5G 物流

按照圆通研究所推出的"5G 网络技术在新一代物流行业中的应用",把 5G 在物流场景中的运用分成四大阶段:EMBB(增强型移动宽带)、MMDS(大规模机器类型编程语言)、URLLC(超安全、低延时通信)、任意场景切换。

5G 物流强调 5G 技术在物流场景中的运用。在仓储环节,利用 5G 技术与 AR 技术完成分拣、复核、仓库的设计和优化工作,有效支持机器人、穿梭车、可穿戴设备、分拣装置、AGV 等的应用;在货运环节,运用 5G 技术优化装卸、配载顺序,提高装货效率,支持物流货车自动化驾驶、无人机快递等全自动化物流运输系统;在配送环节,利用 5G 技术优化配送线路,实现"最后一公里配送"物流网络覆盖,支持智能化的无人配送。

5G 物流强调将 5G 与物联网、虚拟现实、互联网、人工智能等行业科技相结合,将无人仓、无人驾驶、无人配送等智能应用落到实处。

2. 5G 物流的典型运用

1)5G 智慧物流园区

物流园区是指为了实现物流设施集约化和物流运作共同化,或者出于城市物流设施空间布局合理化的目的,而在城市周边等各区域集中建设的物流设施群,以及与众多物流从业者在某个地域上建立的物理集结地。综合而言,我国有很多物流园区的形式,作为城市物流功能区,我国物流园区主要包含物流中心、配送中心、运输枢纽设施、运输组织及管理中心和物流信息中心,以及适应城市物流管理与运作需要的物流基础设施。

5G 智慧物流园区,即将 5G 技术与物联网、虚拟现实、大数据分析、人工智能等技术相结合,进行物流园区的智慧化建设。具体内容如下:包括负责人脸辨识、员工定位、多级权力管理等的员工管理;包括自动识别车辆签到标记、月台停靠标识、园区汽车引导、园区停车位管理等的园内车辆管理;包括商品布局、订单处理、分拣转运、包装、货载匹配、作业路径等的物流管理;包括车辆监控、人员监测、园区内异常情况监测等的全域监控;包括无人车辆巡防、路面清障辨识、特殊动作抓拍辨识等智能安全。

2)基于 5G 的全自动化物流运输——自动驾驶汽车

基于 5G 的全自动化物流运输——自动驾驶汽车,车辆内置中央处理器,可以脱离人类驾驶员自动执行加速、转弯、临时制动等操作,通过数据计算借助网络对物流车辆进行远程操控驾驶行为,并利用计算机对运输路径进行规划,通过智能计算对周边的环境进行感知和分析,实现货物配送全智能化。5G 主要用于货物配送的终端通信环节,帮助自动驾驶汽车与远程控制中心和物流服务中心进行数据交换,各终端负责采集数据,接收指令,并发送信息。如终端可以实时采集车辆信息、交通信息、车载感知设备信息、路侧感知设备信息等各种行驶信息,远程控制中心和物流服务中心就能对这些信息进行深度融合分析,构建自动驾驶决策模型,规划运输路线,并对车辆进行远程操控驾驶,以实现汽车自动驾驶。

3)基于 5G 的无人配送——无人送货机器人

"最后一公里配送"一直是物流行业发展的痛点和难点,物流配送不仅需要配置大量的车辆和人员,还面临配送效率不高、配送成本高等问题。而如果采用无人送货机器人和无人机进行无人配送,实现"最后一公里配送"的自动化,则不仅可以提高配送效率,还能降低物流配送的成本,实现物流配送的现代化升级。

各个公司研发的无人送货机器人主要有自动送货机器人、无人机、无人地面车辆等。例如,京东 X 事业部智能配送实验室开发了实现农村物流配送的京东新型无人机,以及实现城市配送的京东物流配送无人车、顺丰方舟无人机。

✏️**案例**

京东物流 5G 碳中和智能物流园区

京东物流已在智能物流园区方面探索多年,目前在全国已运营数十座"亚洲一号",拥有高度智能的处置功能,融货物暂存、订单管理、分类运输功能于一身,组成了全亚洲规模最大的智能仓群。2021 年,京东物流成功将 5G 技术应用到物流园区管理中,打造出 5G 全连接智能仓解决方案,率先实现了稳定延时 30ms@99.9% 以内的"高可靠、低延时"。2023 年,京东物流又提出了 5G 碳中和智能物流园区解决方案,在此前"智能+5G"的基础上,进一步融合了碳管理技术,打造成行业首个集成"5G、碳中和、智能"三个元素的现代物流园区。5G 碳中和智能物流园区解决方案,是京东物流依托大量实践和数字技术编织的 5G 一张网和碳管理一张网。其中,5G 一张网通过京东物流打造的 5G 管理系统和 5G 应用驾驶舱等全局管控系统,不仅能够实现 100% 设备联网,达成高效的数字孪生交互,还集成了 5G 套件,支持机器人集群协同控制调度和机器人设备的远程运维指导、异常响应,确保全链路全生命周期连接的高可靠性。而碳管理一张网借助京东物流研发的国内首款面向物流运输行业的 SCEMP 供应链碳管理平台,能够构筑以碳排放为导向的管理网络,搭建园区全生命周期碳能监测、报告、审核(MRV)管理体系。

资料来源:行业首个! 京东物流 5G 碳中和智能物流园区"搬进"中关村论坛.https://new.qq.com/rain/a/20230529A08OHV00.html.

(三) 数字物流典型案例——AIoT 物流

1. AIoT 物流

AIoT 融合 AI 技术和 IoT 技术,利用物联网产生、获取来自不同维度的大量信息,并将其保存在云端、边缘终端,并利用大数据挖掘技术,以及人工智能技术,达到万物信息化、万事智联化。AIoT 物流服务是依托于人工智能技术和物联网的关键技术,进行现代物流运作,如图像识别、智能运营、仓库选址、决策辅助、智能调度等。

2. AIoT 物流的典型应用

1）图像识别

填写运单是物流作业中不可或缺的一个环节。但通过人工输入的方式填写运单,不仅工作量大,而且会导致一定的错误率。而借助神经网络、地址库以及图像识别等技术,则可以大幅提升运单填写的效率和准确率,以自动化、智能化的方式完成文书工作。

2）智能运营

随着人工智能技术的发展,运营规则引擎将具备机器学习能力,实现自适应和自学习。比如,在运营规则引擎与人工智能技术的辅助下,物流公司可以分别对高峰期和日常的订单设置不同的运营规则,比如运费、交付时效等,改善用户的物流体验。

3）仓库选址

借助人工智能技术,物流系统可以自动分析建筑成本、劳动力可获得性、运输经济性、生产商的地理位置等,并持续进行优化和学习,从而给出最为理想的仓库选址方案。

4）决策辅助

借助人工智能技术,物流系统具备较强的机器学习能力,在具体的应用场景中,物流系统能够基于对人、车、物等状态的识别实现自动决策或辅助决策。

5）智能调度

而基于人工智能对物品的体积、数量等进行分析,就能够对物品的包装以及运输等环节进行智能调度。比如,对包装箱的尺寸以及物品的体积进行测算后,便可以通过应用算法技术,对所需的耗材和包装的顺序进行计算,从而更加合理地对商品进行包装和摆放;对车厢或船舱进行三维模拟,智能控制装载率、装载流程和装载时间。

✎ **案例**

智能挂车"数字货舱"

G7 在货舱上已研发出了 15 种 AIoT 功能,包含头挂匹配、AI 量方、载重检测、防侧翻预警、振动监测、厢内监测、高精度定向、远程冷机管理等。G7 通过和中集在内的多个OEM 联合,将这些 OEM 定制挂车以经营性租金的形式提交给车队。通过大数据分析积累和 AI 的深度学习算法,G7 数字货舱将能够即时了解货物量方,并自动记录量方变动曲线,随时了解装载率。利用 AI 相机和精确感应器对厢内货物进行图像三维模拟,实现了货物运输状态全程可视化,并智能控制装车流程和装车时间。"量方"技术使用了传感器＋AI 方法,对舱内货物进行精确拍摄＋三维图形模拟,并自动测算出舱内积占用比例,实现精准装载。不仅如此,货舱在装载过程中"哪里空""哪里满",都将以全 3D 方式呈现。通过更合理地利用货舱空间,时刻保证车辆可以真正满载。

资料来源:G7 智能挂"数字货仓"实时了解货舱状态.https://www.360che.com/news/190116/105761.html.

(四）数字物流典型案例——数字物流平台

1. 数字物流平台

2022 年,国务院政府办公室印发了《有关加速建立国家统一大市场的若干意见》,明确提出以下几点:大力发展第三方物流配送,扶持数字化第三方配送交易网络平台建立,积极推进第三方配送行业技术与商业合作模式不断创新,努力培养一大批具有世界影响力的数字化服务公司与供应商。国家政策正在逐步推动物流企业的创新和发展,"互联网+"物流平台正在驱动物流产业变迁。

物流平台是由物流技术、物流教育、物流管理、物流基础设施共同构筑的环境,它支持和制约物流运行,对各种物流活动起到承载和支撑作用,使物流活动能够高效率、顺畅地进行,使不同的物流活动能够有效地衔接,能够给物流开发提供标准化的环境。物流网络平台具有整合物流资源、网络性、外部性、利他性、可访问性、价值共创性等特征,而数字化物流平台更体现出数字化、标准化、绿色化、产业化和生态化等发展趋势。

2. 数字物流平台的典型应用

典型数字物流平台主要有以下几种类型。

1) 数字货运平台

数字货运平台主要包含资讯发布、线上交易、全程监测、金融服务提供、咨询与投诉、在线评价等八个基本服务功能,为托运人和驾驶员解决车货匹配难题。如公路货运物流平台——满帮集团,其主要业务是连接货车司机及货主,帮助双方完成运输交易,旨在通过大数据与人工智能降低货车司机的空驶率、提高货运效率,试图打造一个连接人、车、货三个维度的数据平台,为个人用户提供精确便利的信息平台服务。

2) 同城配送平台

同城配送物流领域已经存在诸多物流平台,如美团外卖、饿了么等外卖配送平台,顺丰、通达系等快递公司,叮当快药、盒马生鲜、UU 跑腿、货拉拉、云鸟等即时配送的 B2C 平台,日日顺等大件物流平台。

3) 生鲜冷链物流平台

生鲜冷链物流平台可以从两个方面展开:一方面是通过装备工业产业链下移,依托物流基础设施建立"互联网+"冷链物流资源共享平台,如"冷链马甲";另一方面是通过零售服务业产业链下沉,产生接近顾客资源的"生鲜电商+"冷链物流服务共享平台,如"盒马鲜生""达达集团"。

4) 共享物流服务平台

共享物流服务平台为货主提供广泛的配送信息,精准匹配货主和驾驶员,为驾驶员提供有效的物流业务方案,并为驾驶员和货主进行物流交易支持。如标准托盘循环共用平台——招商路凯,物流包装循环共用平台——箱箱共用,物资循环运送平台——紫菜云商。

四、数字物流驱动经济高质量发展的机理及路径

(一) 数字物流驱动经济高质量发展的机理

数字物流驱动经济高质量发展的机制,是通过实现质量变革、效率变革、动力变革来提高高质量发展的机制。

1. 质量变革机制

第一,物流企业在数字化转型中在提供物流服务时,通过数据了解客户的需求,能够更好地满足客户的需求,进而实现高质量发展的质量变革。

第二,数字物流具有绿色化的特征,通过减少资源浪费,避免了更大的环境污染和生态破坏,符合经济高质量发展特点,即通过绿色发展实现高质量发展的质量变革。

第三,数字物流催生物流企业经营模式和业务模式创新,通过催生新产品与新业态实现高质量发展的质量变革。

第四,数字物流发展必然需要信息技术的支撑,数字物流发展促进物流产业与信息技术产业融合发展,发展新技术,进行物流产业数字化转型升级,通过信息技术创新驱动实现高质量发展的质量变革。

第五,物流数字化转型将改变传统物流业的业务流程、业务经营模式和业务服务模式,逐步打造数字化供应链,进一步提高服务质量,通过催生服务质量实现高质量发展的质量变革。

2. 效率变革机制

物流企业在数字化转型发展过程中,为提高产出效益,通过新技术在物流产业应用,以技术创新驱动机制实现资源要素集约节约化配置,通过提高创新能力实现效率变革。如网络化、平台化、智能化的数字物流,使得企业的运行效率得到提高,提升管理水平,业务流程更加优化,通过提升组织运行效率实现高质量发展的效率变革;通过网络化、平台化、数字化的数字物流,以数字化丰富生产要素,通过网络化提高要素的配置水平,通过提高管理效率和要素配置效率实现高质量发展的效率变革。

3. 动力变革机制

数字物流的动力变革机制是通过数字物流与实体经济深度融合发展,改造传统产业、形成新产业而形成的。物流业通过与数字技术业、农业、制造业、商贸业融合发展,提升产业技术能力,提高资源配置效率,促进经济结构优化,推动产业转型升级。

(二) 数字物流驱动经济高质量发展的路径

1. 建立一种融合企业、政府和社会组织的"三位一体"推进新机制

首先,物流企业作为数字物流生态系统中的重要组成部分,承担着数字技术运用,提供服务和数据管理等关键职责。在推进我国数字物流发展的过程中,物流企业应积极配合政府的监管要求,建立健全自律机制,保障用户信息安全和交易透明度;应当坚持诚信经营,保障用户权益;同时积极参与社会公益活动,践行企业社会责任。

其次,用户在数字物流生态系统中是主要的使用者和参与者。为了吸引用户的共同参与,我们需要加强用户教育,提高数字化素养,让用户充分了解数字物流的便利和优势。同时,政府和物流企业可以提供激励政策,推动用户积极参与数字物流的运用。

再次,社会组织在数字物流生态系统中发挥着重要的桥梁和服务作用。物流企业可以加强与社会组织的合作,借助社会组织的力量,共同推动数字物流规制和服务体系的完善。同时,社会组织可以组织相关的培训、研讨和宣传活动,增强数字物流意识,推动数字物流的可持续发展。

最后,政府在数字物流生态系统中起着决定性的引导和监管作用,引导和监督数字物流生态系统的健康运行。

综上所述,数字物流的良性发展需要各方一致参加,充分调动各利益相关方的主动性和创造性,共同推动数字物流的健康发展,为实现高质量经济发展贡献力量。

2. 促进物流企业数字化转型,驱动经济高质量发展

物流企业数字化转型要经过数据化、自动化和智能化三个阶段。从供应端、制造端到销售端的供应链全过程的物流服务实现业务数据化、物流作业自动化、物流场景智能化,最终满足消费者需要,并提高物流效率。

物流企业可以通过推动企业内部管理进行数字化转型、关注客户个性化需求、开展经营模式和业务模式创新、数字化核心运营等途径进行数字化转型。

1)推动组织架构和管理流程等内部管理进行数字化转型

物流企业应利用数字技术,推动企业组织形式转型为数字化机构的新型组织,重构企业的业务组合、协同方式和业务流程。

2)关注客户个性化要求

物流企业通过信息技术建设网络化物流平台,线上拓展客户服务,公司利用网络平台对接用户,及时回应用户的个性化需求。

3)开展经营模式和业务模式创新

物流企业利用数字化工具和服务,通过数字赋能,实现与供应链上下游企业的互联互通,企业即可根据客户个性化需求,进行经营模式创新和业务模式转变,为用户企业提供多样化的链式服务。

4)促进企业运营的数字化转型

在企业运营方面,物流企业可通过各种途径进行数字化运营,例如:运用高级数据分析工具进行物流产品定价、运输线路规划、仓储选址与布局规划、货物拣选策略等操作;运用物流管理系统及平台,实现便捷式、可视化、自动化的物流业务流程的运营操作;探索物联网、5G、大数据分析、虚拟现实、新一代人工智能、区块链等新型技术在企业中的应用,为未来改善运营做好准备,进一步提高物流企业在采购、分销、仓储、运输、拣选、装卸搬运和包装等环节的运营效率。

3. 数字物流赋能物流行业实现降本增效,驱动经济高质量发展

物流行业通过数字物流实现降本增效,提升核心竞争力,驱动经济高质量发展,重点应该从物流行业内部,产业链上下游,以及与三产融合发展三个方面着手。

1)物流行业内部:优化物流体系,实现物流管理数字化

企业可以通过数字技术完善物流体系。借助如 GIS、大数据、物联网等现代技术,完善订单接收、车辆调度和车辆确认等环节的数字化,使仓储、装卸搬运、仓储、包装、流通加工、物流配送等物流环节充分衔接,减少反复无效的作业活动,做到资源有效匹配与精细化运作,减少综合运作成本。

2)供应链上下游:优化物流服务,实现业务运作数字化

搭建数字化信息平台,实现供应链上下游业务在线化、流程可视化和数据业务化,通过对供应链上下游的资源整合、业务流程优化,逐步转变业务功能,由单一的物流服务商向综合的物流服务商过渡,从而提高了上下游资源配置效能,降低了供应链成本。如京东物流在荔枝一体化供应链解决方案中,从最初单纯提供农产品物流服务,到向渠道、制造端、投资、销售、个性化生产、售后服务等的全流程服务,有力地促进了供应链全流程的数字化改造。

3)三产融合发展:优化技术应用,实现各行业深度融合

物流公司借助自身资源优势,与农产品、制造业与商贸业协调发展,推进生产与消费的

衔接,提高供应链的流通效率,助力供应链的全面跃迁。如京东物流中心在陕西武功建立了一个产地智能供应链中心,并运用其庞大的物流网络,进行了从"田头一公里"至"最后一公里"包括仓储、运输和物流配送等的全链条业务服务,大大提高了当地农产品的销售额,有力地促进了当地农业的发展。

4. 促进数字物流与实体经济深度融合发展,驱动经济高质量发展

数字物流与实体经济深度融合发展,可以从以下五个方面着手。

1) 产业融合,构建数字化条件下的物流产业新模式

打破产业边界,促进物流与农业、工业和商贸业融合发展,形成数字物流增长点和物流产业模式创新。构建数字化条件下的物流产业新模式,促进数字物流产品与服务的价值链、供应链的创新应用。

2) 构建数字化农业物流体系,加快农业产业化经营的变化与创新

在县域及农村地区,构建数字化农业物流体系,不仅能够根据数据布局产地仓实现就地配送,还能够有效调整冷链运输与仓储,减少农产品损耗,有利于构建农业领域内"产、运、销、服"一体的供应链,加快农业产业化经营的变化与创新。

3) 加快物流装备制造领域的数字化,深化数字物流技术的制造业应用

数字物流必然要以数字化的物流装备为支撑,要推进数字物流发展,就要推进数字物流技术深入嵌入制造业,加快物流装备制造领域的数字化。应将人工智能、物联网、大数据挖掘等新技术与传统工业相结合,开展数字物流技术研发和物流装备产品研制,深化数字物流技术在制造业的应用。

4) 打造数字化物流体系,促进新零售模式发展

在 2016 年,马云明确提出了"新零售"的概念,"在未来的十年、二十年,没有电子商务这一说,只有新零售"。"新零售"是指企业以互联网为依托,通过运用大数据、人工智能等技术手段,对产品的生产、流通与销售过程进行升级改造,并对线上服务、线下体验以及现代物流进行深度融合。简单来说,新型零售业是以大数据分析和驱动,通过创新技术发展和提升使用体验,改变零售业形态。不论是"线上+线下",还是"零售+体验",或是"零售+供应链生态链"的新零售模式,都是对"人、货、场"的重构,都离不开物流,数字物流将是新零售的下一个主角,助力新零售的加速布局。

5) 积极推进数字物流平台建设,培育新业态平台经济

构建统一、共享、开放的物流平台成为全球趋势,物流企业对专业化物流平台的需求能够进一步推动平台的功能迭代、服务创新,培育跨物流产业跨物流领域的平台,促进平台经济领域的发展。

5. 构建数字物流驱动经济高质量增长的基础系统

数字物流推动企业的成长必须构建起相应的支持系统,包含以下支撑体系。

1) 强化数字基础设施建设保障体制建设

强化数字基础设施建设保障体制建设,一是抓住推进新型物流基础设施建设的机遇,加快制订数字物流基础设施建设的战略规划;二是推进新兴基础设施建设,加快建设数字基础设施改造与建设,将公路、铁路、港口、物流园区、物流中心等传统基础设施与网络、物联网、大数据分析、人工智能等新兴科技结合,打造世界智慧港区、无人仓等数字化、智能化基础设施;三是加快大数据中心建设,加快建设航空、铁路、港口等区域大数据中心;四是构建基于

新一代信息技术的物流平台。

2）加强数字物流人才培养体系建设

随着数字经济和物流行业的发展，人才需求量不断增加、人才需求结构发生变化，目前我国数字物流人才稀缺，应加强数字物流人才培养力度，一是加强学科专业建设；二是创新人才培养模式，加强产教研融合，协同育人。

3）加强数字物流发展的制度和政策体系

政府应加强数字物流领域的法律法规建设，完善监管体系，确保数字物流的健康运行。政府还可以制定鼓励政策，支持创新和发展，推动数字物流技术和服务的升级和优化。

本章小结

本章讨论了数字金融、数字贸易、数字物流等服务业数字化的典型应用。主要从界定数字金融、数字贸易、数字物流等核心概念入手，然后详细阐述了服务业数字化的底层技术及其应用领域、现状和面临的问题。另外，基于数字金融、数字贸易和数字物流等视角讨论了数字经济驱动经济高质量发展的机理、实现路径和政策等问题。

巩固与提升

1. 数字金融的主要特征是什么？

2. 国内外数字金融发展主要经历了哪些阶段？

3. 支撑数字金融发展的主要底层技术是什么？

4. 为什么说数字金融能够驱动经济高质量发展？其主要机理、路径是什么？

5. 数字贸易的特征有哪些？

6. 我国数字贸易可以分为哪几类？

7. 迄今数字物流经历了哪几个发展阶段？

8. 数字物流对我国实现经济高质量发展的作用是什么？

第五篇

数字治理安全篇

第十章 社会治理数字化

本章导读

    雄安新区是河北省管辖的国家级新区,是以习近平同志为核心的党中央在 2017 年作出的一项重大的历史性战略选择,是继深圳经济特区和上海浦东新区之后又一具有全国意义的新区,是千年大计、国家大事。雄安新区的建设与以往城市建设有很大的不同,不同在于其规划建设与数字中国、数字经济、智慧社会的兴起是同步的。因此,雄安新区在谋划过程中不仅关注了传统基础设施与公共服务,也将大量精力关注在智慧化、数字化时代的新机遇。到 2035 年,雄安新区目标基本建成绿色低碳、信息智能、宜居宜业、具有较强竞争力和影响力、人与自然和谐共生的高水平社会主义现代化城市。那社会主义现代化城市究竟如何体现出现代化? 现代化的标志又是什么? 建成的雄安新区与以往传统城市建设的最大不同又体现在哪些地方?

学习目标

    了解社会治理数字化内涵特征;掌握多元化社会治理理论及其典型案例应用。理解数字政府、智慧城市、数字乡村等社会治理领域中的核心概念及特征。了解数字政府、智慧城市及数字乡村场景中的重点建设内容。

第一节 社会治理数字化概念、建设内容及特征

    数据不仅是一种重要的生产要素和新型的战略性社会资源,能够带来巨大的经济效益,而且可以通过全球价值链参与国际生产和分工,帮助小型企业进入全球市场,彻底改变市场原有格局,充分发展生产力,释放一个国家的发展潜力,使得一国可以面貌一新,弯道超车,改变世界整体格局。当今,流动的数据已经成为连接世界、呈现现实的载体,也成为促进经济社会发展,便利人们生产生活的原动力。数据在日常生活中的运用及其日新月异的重要性,使得"数据化治理"越来越引起人们的重视。

一、社会治理数字化概念

    治理是指政府、企业、个人以及非政府组织等主体为了管理公共事务,以正式制度、规则和非正式安排的方式相互协调并持续互动的过程。社会治理数字化就是将高科技手段运用到社会治理体系中,将数字技术融入社会治理全链条、全周期,以科技为基础创新的社会治理模式,以期提高社会治理在不同场景下的能力,从而使生产力和生产方式得到极大的改

善,从根本上使社会治理变得更加精准和融洽。

二、社会治理数字化建设内容

2022 年 1 月 12 日,国务院发布的《"十四五"数字经济发展规划》指出,社会数字治理体系建设内容包括三个方面。

(一)建设与强化协同治理和监管机制

规范数字经济发展,坚持发展和监管两手抓。探索建立与数字经济持续健康发展相适应的治理方式,制定更加灵活有效的政策措施,创新协同治理模式。明晰主管部门、监管机构职责,强化跨部门、跨层级、跨区域协同监管,明确监管范围和统一规则,加强分工合作与协调配合。深化"放管服"改革,优化营商环境,分类清理、规范不适应数字经济发展需要的行政许可、资质资格等事项,进一步释放市场主体创新活力和内生动力。鼓励和督促企业诚信经营,强化以信用为基础的数字经济市场监管,建立完善信用档案,推进政企联动、行业联动的信用共享共治。加强征信建设,提升征信服务供给能力。加快建立全方位、多层次、立体化监管体系,实现事前、事中、事后全链条全领域监管,完善协同会商机制,有效打击数字经济领域违法犯罪行为。加强跨部门、跨区域分工协作,推动监管数据采集和共享利用,提升监管的开放、透明、法治水平。探索开展跨场景跨业务跨部门联合监管试点,创新基于新技术手段的监管模式,建立健全触发式监管机制。加强税收监管和税务稽查。

(二)建设和增强政府数字化治理能力

加大政务信息化建设的统筹力度,强化政府数字化治理和服务能力建设,有效发挥对规范市场、鼓励创新、保护消费者权益的支撑作用。建立完善基于大数据、人工智能、区块链等新技术的统计监测和决策分析体系,提升数字经济治理的精准性、协调性和有效性。推进完善风险应急响应处置流程和机制,强化重大问题研判和风险预警,提升系统性风险防范水平。探索建立适应平台经济特点的监管机制,推动线上与线下监管有效衔接,强化对平台经营者及其行为的监管。具体包括以下举措。

(1)加强数字经济统计监测。基于数字经济及其核心产业统计分类,界定数字经济统计范围,建立数字经济统计监测制度,组织实施数字经济统计监测。定期开展数字经济核心产业核算,准确反映数字经济核心产业的发展规模、速度、结构等情况。探索开展产业数字化发展状况评估。

(2)加强重大问题研判和风险预警。整合各相关部门和地方风险监测预警能力,健全完善风险发现、研判会商、协同处置等工作机制,发挥平台企业和专业研究机构等力量的作用,有效监测和防范大数据、人工智能等技术滥用可能引发的经济、社会和道德风险。

(3)构建数字服务监管体系。加强对平台治理、人工智能伦理等问题的研究,及时跟踪研判数字技术创新应用发展趋势,推动完善数字中介服务、工业 App、云计算等数字技术和服务监管规则。探索大数据、人工智能、区块链等数字技术在监管领域的应用。强化产权和知识产权保护,严厉打击网络侵权和盗版行为,营造有利于创新的发展环境。

（三）建设和完善多元共治新格局

建立完善政府、平台、企业、行业组织和社会公众多元参与、有效协同的数字经济治理新格局，形成治理合力，鼓励良性竞争，维护公平有效市场。加快健全市场准入制度、公平竞争审查机制，完善数字经济公平竞争监管制度，预防和制止滥用行政权力，排除限制竞争。进一步明确平台企业主体的责任和义务，推进行业服务标准建设和行业自律，保护平台从业人员和消费者的合法权益。开展社会监督、媒体监督、公众监督，培育多元治理、协调发展的新生态。鼓励建立争议在线解决机制和渠道，制定并公示争议解决规则。引导社会各界积极参与推动数字经济治理，加强和改进反垄断执法，畅通多元主体诉求表达和权益保障渠道，及时化解矛盾和纠纷，维护公众利益和社会稳定。具体包括以下举措。

（1）强化平台治理。科学界定平台的责任与义务，引导平台经营者加强内部管理和安全保障，强化平台在数据安全和隐私保护、商品质量保障、食品安全保障、劳动保护等方面的责任，研究制订相关措施，有效防范潜在的技术、经济和社会风险。

（2）引导行业自律。积极支持和引导行业协会等社会组织参与数字经济治理，鼓励出台行业标准规范、自律公约，并依法依规参与纠纷处理，规范行业企业经营行为。

（3）保护市场主体权益。保护数字经济领域各类市场主体尤其是中小微企业和平台从业人员的合法权益、发展机会和创新活力，规范网络广告、价格标示、宣传促销等行为。

（4）完善社会参与机制。拓宽消费者和群众的参与渠道，完善社会举报监督机制，推动主管部门、平台经营者等及时回应社会关切的问题，合理引导预期。

三、社会治理数字化特征

数字技术的发展为社会治理提供了若干新的方案和新的路径。从空间维度上看，数字技术可以突破地域的限制，补齐传统治理的短板，释放出巨大的治理效能。从时间维度上看，信息是否能够及时传达，处置结果是否有效，是数字化社会治理的特征，而数字技术恰在处理数据和数据流通的速度方面具有独特的潜能和优势，将使社会治理的速度得到改善。社会治理数字化特征可以从以下几方面体现出来。

（一）依靠通信网络技术，使得社会治理更加智慧化

5G网络、互联网、宽带网络是信息流通的高速公路。如果信息高速公路建好了，就可以扩大社会治理的覆盖面，实现社会万物互联、广泛连接、智能感知，全方位地把控社会的各个方面，将之前触及不到的方面纳入管理。以城市治理为例，随着5G的大规模部署和物联网的广泛应用，全面感知、交叉互联、智能判断、及时响应、融合应用的智慧型城市已经初步成形。同时，5G等数字技术以其特有的技术优势，可以改善地区的经济发展水平，提高人口的汇合汇聚能力，开创网络化共享、协作、开放、开发的新局面，已初步形成社会治理新模式。

（二）大数据的运用，导致社会治理更加精细化、科学化

大数据应用于社会治理中，不仅能够丰富信息的获取渠道，保证数据的真实性和事实性，还可以提升社会治理的精细化，使治理成本随之降低。如今，面对风险监测、政府办公、公共服务、紧急情况响应等社会治理数据日趋海量化的发展趋势，利用大数据技术，可以使

治理决策的前瞻性、科学性、合理性得到有效的保证,使传统的"依靠经验治理"向"依靠数据精准治理"转变。

未来,随着人们对于大数据技术及应用认知的进一步加深,政府的舆情预警、决策水平、社会互动水平将不断提高,以大数据为基础的社会化数字管理将在人类社会中发挥愈加重要的作用。科学的分析、决策、处理将成为常态化,社会治理的精准程度和预防性将得到极大的提高。

(三)区块链技术的推广,提升社会治理公信力

在众多数字技术中,区块链技术是一项非常热门的高新技术,它本身具有战略性和前沿性,可以为社会治理路径创新带来新的机会。例如,区块链技术能从组织结构、主体地位、社会信用、治理效率等方面解决数据泄露和信任危机等,驱动社会治理创新。

区块链技术具有共识性、可信性、共享性、自发性等优势,其多重特性与当前基层社会治理"公共性信任"的价值追求相契合。借助区块链,能建立信任网络,适用于多环节、多方协同参与的场景,促进社会管理从单元向多元的转换。

(四)人工智能推动社会治理愈加协同高效

人工智能是社会治理现代化改革进程中的主要着力点,共治、法治、标准、规则逐渐成为数字化治理的标签。社会治理体系在人工智能时代也发生了变化,以往政府组织、社会组织和经济组织主要担任社会管理的职责,而如今每个个体都能作为管理主体参与社会治理,进一步提升了社会治理的政治认同感和凝聚力。

作为一项辅助技术,人工智能可以在一定程度上缓解政府在及时有效回应公众多样化和个性化需求方面的压力,从而改善社会治理的服务水平与效率。例如,运用人工智能,可以更加便利、智能化地对公路、铁路、电力、通信、桥梁等基础设施进行管理,以人民群众的切身利益为出发点,进一步提高公共设施的服务水平,使其能够更好地满足社会公众的需求。以 5G、云计算、大数据等高新技术为基础,将人、机、物更好地串联在一起,实现三者之间的有效互动,能进一步提升公共设施的综合服务水平。

第二节 社会治理数字化理论基础及其体系

一、社会治理数字化理论基础:协同治理理论

(一)协同治理理论发展演变

协同治理理论发源于公共管理,而公共管理理论起源于 19 世纪末,经过 100 多年的发展,经历了传统公共行政、新公共行政、新公共服务、自主治理、多中心治理、整体治理、网络治理、协同治理等理论演变。具体路径如图 10-1 所示。

数字经济在创新构建新动能的同时,也给政府治带来了新的挑战。传统的多中心治理、自主治理、网络治理和整体治理模式等已经难以满足数字经济的发展。新的经济模式急需利益相关各方的互动和参与,达到多行动主体的协同治理,做到公开、透明、公平、公正、协调

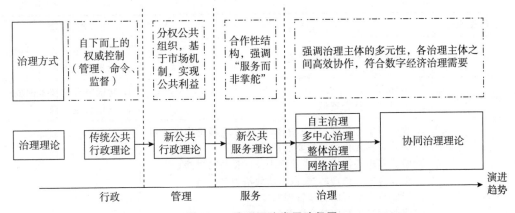

图 10-1　治理理论发展路径图

和有序。于是，协同治理理论应运而生。所谓协同治理，是指运用系统思维与协同方法，树立"一体化"意识、"一盘棋"思想，处理好区域社会的整体与部分、内部与外部的关系，全过程、全方位地推进区域社会数字化协同治理的一种模式。这就要求必须构建有利于区域社会治理的权、责、利落实的协同机制，驱动落实区域社会数字化协同治理责任，合理挖掘出区域社会协同治理中多元主体间数字化的协商空间，从而进一步优化区域社会数字化协同治理结构，构建完善的区域社会数字化协同治理的规范体系，夯实区域社会协同治理数字化转型的技术支撑。

公共行政学习惯于通过制度、组织及法律的手段实现主体间、组织间的资源整合，然而时间和空间的物理阻隔在很大程度上限制了实现协同的程度。而数字化技术恰好突破了时间和空间的物理阻隔，数字化协同治理的关键在于组织自身结构的调整优化。数字化协同治理不仅仅是对技术的简单应用，还蕴含着技术与组织的互动过程。协同是实体资源的整合或隐形资源的共享所产生的整体效应。

（二）协同治理理论比较优势

在多中心治理、整体治理、自主治理、网络治理、协同治理等理论中，都是围绕政府、市场和社会三者间的关系，也分别开展了一系列多视角、多维度的探索和多国别的实践。随着数字经济社会的不断发展，以上理论对数字经济协同治理机制又具有重要的借鉴作用。公共管理创新实践表明，上述理论均存在各自的优劣势。总体而言，协同治理理论博采众长，符合时代发展趋势，具有明显的比较优势，也对构建形成数字经济协同治理机制具有重要的借鉴意义。总体比较情况如表 10-1 所示。

表 10-1　不同治理理论的优劣势对比

治理理论	优　势	劣　势
自主治理	1. 公民参与； 2. 具有有序管理制度	1. 理论不具有普适性； 2. 组织具有封闭性
多中心治理	1. 多元化治理； 2. 治理主体平等性	治理主体同质性假设

续表

治理理论	优　势	劣　势
整体治理	强调横向和纵向协调的思想和行动	1. 以协商方式确定目标； 2. 治理环境不确定
网络治理	1. 主体多元； 2. 通过网络整合资源	1. 功能整合的技术困境； 2. 责任机制模糊
协同治理	1. 吸收多中心治理、自主治理、网络治理理论中关于社会管理多元化治理的要求； 2. 吸收多中心治理、自主治理中公民参与的思想； 3. 吸收多中心治理的"要以承认政治为基础"； 4. 吸收自主治理的有序管理制度； 5. 吸收网络治理中整合资源的功能； 6. 解决了网络治理责任推卸的缺陷； 7. 解决了整体治理责任机制模糊的问题； 8. 解决了网络治理环境不确定的缺陷	

二、社会治理数字化体系

社会治理数字化体系是基于"政府＋市场＋平台"三方协同联动，形成"有为政府＋有效市场＋有责平台"为目标的新治理模式，旨在最终构建出"治理体系＋市场机制＋创新机制＋安全机制"协同治理体系的一种四维治理模式。

（一）治理体系

应加快政府治理体系变革。针对监督治理、新型生产关系等调节不到位的问题，政府部门需要从完善法律体系、构建协同机制、创新监管方式、优化政务服务、优化营商环境等方面入手落实，加快政府治理体系改革。

1. 完善法律体系

加强数字经济制度安排，确保多元主体的共同行动能力，主要是完善数字经济法治环境，通过法治建设维持公平的市场竞争秩序，维护各个主体的合法权益，严厉打击各种数字经济违法和侵权行为。这既是数字经济协同治理的前提，也是治理的重点。

2. 构建协同机制

明确协同数字经济监管的界定标准。由于数字经济发展快，具有新经济的特征，法治监管往往很难跟上节奏，各地对数字经济企业的违法行为的处置也就存在一定的非标准化和随机化等现象。因此，就要从法律层面对标准和规则等问题进行明确的界定，为各地执法机构提供统一的依据。

协同企业规则和法律体系。数字经济具有自组织性，维护数字经济秩序时，需要依托数字经济企业完善的规则体系。协同企业规则和法律体系，重点是将数字经济企业规制与相关的法律法规进行有效的连接和协同。比如，裁判者在裁定有关纠纷时，如果其适用的法律规范本身存在内容模糊等问题，就很难获得准确、令人信服的判决，而法律规范本身也可能被错用、滥用，以致无法有效实施法律文本。

制定面向社会主体的协同治理规则。数字经济涉及众多公民主体，既要通过建立激励规则来刺激公民参与,又要通过建立制约规则来防止公民滥用参与权。数字经济属于蓬勃发展的新生事物,相关的治理规则刚刚起步,很多地带还是治理和监管的盲区,对于社会治理主体如何分工、如何合作,尚未达成共识。

3. 创新监管方式

针对我国数字经济发展对政府市场监管治理带来的新的挑战,需要尽快建立适应数字经济发展的市场监管手段和模式,以更好地促进国家治理能力和现代治理体系建设。具体包括以下措施。

1) 包容审慎,底线监督

对于数字经济的政府监管,主要问题是明确监管尺度和原则。

2) 开放协同,多元监管

数字经济具有更加复杂的运行规律,需要发挥有为政府与有效市场的作用,加强政府、市场与社会组织协同共治的扁平化治理和监督。一方面,针对存在的多头执法、重复检测、标准不一等问题,要按照权责匹配的原则,构建形成统一的数字经济治理框架和规则体系,形成跨部门、跨地区、跨领域、跨行业、跨系统的协同监管机制,实现监管尺度统一、监管标准互动、监管工作协同、监管结果互认,消除监管盲点,降低执法成本。另一方面,要发挥好平台的自律作用。平台是数字经济的重要载体,连接着产业上下游的多元参与主体,既是交易的平台、数据的平台,也是信用的平台和消费者保护的平台,形成了一系列产业生态内部的重要业务规则,有很强的影响力和带动性。

3) 数据赋能,智慧监管

大数据已成为提升政府治理能力的重要手段。在对数字经济的政府监管创新中,要十分重视大数据技术的应用,形成用数据说话、用数据决策、用数据治理、用数据创新的治理能力。

4. 优化政务服务

深入推进"放管服"改革,优化政务服务是提升治理效能、建设人民满意型政府、构建数字经济发展环境的重要途径。

5. 优化营商环境

营商环境是各地区发展数字经济的重要软实力和核心竞争力,主要从以下几个方面着手。

1) 完善营商环境顶层设计

首先,推出优化营商环境专项行动,明确优化营商环境的总体目标、工作重点、保障措施,细化各项重点任务的进度安排,厘清各区各部门的职责和分工。其次,建立健全组织领导机制。最后,加强营商环境监测评比工作,将营商环境评价纳入领导干部绩效考核范畴,奖优惩劣。

2) 优化政府公共服务供给

首先,保护产权。完善平等保护产权的规范性文件,严格落实财产征收征用制度,大力推进法治政府和政务诚信建设,实施最严格的知识产权保护制度。其次,加强监管。按照国家机构改革部署要求,进一步集中监管职能,进一步完善市场主体信用信息公示的系统功能,建立健全跨部门联合惩戒机制。最后,维护公平,鼓励、支持、引导非公有制经济发展,保证各种所有制经济依法同等受到法律保护,支持民营企业家创业发展。

3) 构建多元化投融资体系

首先,优化金融信贷营商环境,鼓励金融机构建立专业化分类、批量化营销、标准化审贷、差异化授权机制,探索建立知识保护权、应收账款及与其环境相关的收益权、排放权、排污权担保抵押机制,解决小微企业融资难的问题。其次,定制专属融资服务,量身定制包括风险投资、股权投资、供应链融资在内的专属投融资服务。最后,构建多层次资本市场,加大对企业股份制改造、挂牌交易和上市发行股票的支持力度,发挥政府的引导和带动作用。

4) 培育人才创新创业沃土

首先,运用大数据技术,提高人口的精细化管理水平。其次,坚持引域用流一体化发展。最后,推进基本公共服务均等化改革。

(二) 市场机制

健全数字经济市场机制。针对市场失灵、新生产力潜能释放不充分等问题,政府部门需要从数据要素流通、新型设施构建、产业数字化等方面入手,健全数字经济市场机制。

1. 完善数据要素市场

我国已经在建设数据要素市场体系、推动数据要素市场化配置等方面开展了多个区域性试点,形成较好的示范效应,但也存在诸多问题,政府部门需要通过多措并举完善数据要素市场。例如,推动数据交易流通,助力各行业转型升级;引导鼓励社会各类创新主体加快对数据交易流通相关技术的研发、应用,强化技术保障,加快对5G、边缘计算、云计算、人工智能等技术的研发、应用,全面提升数据传输、存储、计算、分析能力,提升数据交易流通应用效率;构建安全高效的数据交易体系,支撑数据要素跨行业、跨地域流通;完善法规政策及监管体系,确保数据交易健康有序地流通;完善公共治理相关数据的流通应用体系,助力打造共建、共治、共享的社会治理格局。加强公共治理相关数据的规范标准建设,加快公共治理相关数据的开发应用,建立公共治理相关数据流通的协同考核、追责问责机制。

2. 构建新型基础设施

推动新型基础设施建设是建设现代化经济体系、发展数字经济、提升我国经济国际竞争力的必由之路。具体措施如下:构建高质量的5G网络,推进新一代人工智能基础设施建设,构建全国一体化国家大数据中心,构建全国工业互联网基础设施体系,构建支撑数字乡村的新型基础设施体系。

3. 推进产业数字化

优化政府服务,提高政策精准度。统筹研究制定相关政策及配套措施,整合财税、金融、人才、土地等方面的政策力量,全力推动传统产业的数字化转型。具体措施如下。第一,加快建设数字技术高效供给体系。第二,加快建设一批数字经济创新平台载体,提升技术创新水平,尤其是要有效提升原创技术以及基础理论研究创新水平;着力解决数字创新人才紧缺问题。首先,明确数字创新人才的能力素质标准。其次,深化校企合作、政企合作,通过建设企业大学、企业培训基地等方式,鼓励高校根据市场人才需求开设相应的培训课程,为培育既精通信息技术又熟悉经营管理的人才队伍夯实基础。再次,激发行业协会、培训机构、咨询公司等在数字技术人才培育中的作用,促进数字技术人才培育体系的形成。最后,积极营造良好的环境,探索高效灵活的人才引进、培养、使用、评价、激励和保障措施;加强对传统产业数字化转型的政策支持,优化政府服务,提高政策精准度,统筹研究、制定相关政策及配套措施,整合财税、金融、人才、土地等方面的政策力量,全力推动传统产业的数字化转型。

(三)创新机制

构建数字经济创新体系。针对创新失灵、核心生产要素自主化程度低等问题,政府部门需要从平台协同创新、新型科创平台、核心技术突破等方面入手,加快构建数字经济创新体系。

1. 加快平台协同创新

加快平台协同创新具体措施如下:深化校企合作,形成协同创新机制;设立产业并购基金、知识产权基金和协同创新基金等,构建多元化的投融资渠道,促使资金向具有竞争优势的实体经济企业汇聚;推进数字经济基础性信息服务向网络化、平台化和智能化发展。支持行业性网络信息服务大平台建设,强化互联网、大数据、人工智能等技术应用,推动行业资源集聚、产业协同服务创新;发挥互联网的优势,搭建数字设备共享平台、数字基础孵化共享平台、创新创业基础条件共享平台、人力资源共享平台等,形成以数字经济为基础的技术共享平台。依靠信息技术创新驱动,鼓励产业链各环节市场主体进行数据交换和交易,有利于持续激发数据资源活力和红利价值,不断催生新产业、新业态、新模式。

2. 构建新型科创平台

构建新型科创平台具体措施如下:打造国家数字科创生态系统;搭建数字基建融合创新平台;整合区域产业资源,打造数字经济生态群落。

3. 推进核心技术突破

推进核心技术突破具体措施如下:完善科研攻关体制;打造凝聚人才的强磁场,大力培养技术钻研深刻、创新思维活跃、有商业前瞻眼光的技术创新型人员和团队,培养跨界融合、服务创新、客户体验等意识强烈的跨界运营推广人才,形成专业型人才、市场型人才、融合型人才、领军型人才相互融合发展的人才队伍;打造新型科研机构,以地方特色主导产业为应用场景,以科技成果转化及创新应用为核心,服务于中小微科技企业的应用发展、产品孵化,打造服务地方产业转型升级的新型科研机构。

(四)安全机制

加强数字经济安全治理。针对数字经济发展中"安全失灵,系统性风险需高度警示"等问题,政府部门需要从产业生态安全、平台运营安全、网络信息安全等方面入手,加快构建数字经济安全治理体系。

1. 构建产业生态体系

坚持包容、审慎、底线监督原则,坚定不移地支持各类平台信息服务发展;突出重点产业关键技术,明确要求,落实责任,扩大新产品应用。

2. 保障平台运营安全

规范平台运营机制,健全相关标准体系;改善平台内部管理模式,弱化潜在安全风险;多措并举,健全我国漏洞安全应急响应体系建设。

3. 加强网络信息安全

树立安全的底线思维,夯实网络安全基础,坚持技术的自主可控,尽快在核心技术上取得突破,加快安全可信的产品推广应用,建立健全安全防护体系,保障物理设施、网络平台、应用数据等各个层面的平稳、高效、健康运行；完善网络安全保障制度。重点是加快建设重点领域、复杂网络、新技术应用、大数据汇集、互联系统等各类型条件下的网络安全保障制度，切实提高政府部门在系统访问、技术应用、复杂网络、数据流通等方面的安全管理能力。

第三节　社会治理数字化实践典型案例

一、数字政府

（一）数字政府的内涵特征

1. 数字政府的内涵

美国政治学家达雷尔在他出版的《数字政府3.0白皮书》中，把数字政府定义为以新一代信息技术为支撑，重塑政务信息化管理架构、业务架构、技术架构，通过构建大数据驱动的政务新机制、新平台、新渠道，进一步优化调整政府内部的组织架构、运作程序和管理服务，全面提升政府在经济调节、市场监管、社会治理、公共服务、生态环境等领域的履职能力，形成"用数据对话、用数据决策、用数据服务、用数据创新"的现代化治理模式。

从《数字政府3.0白皮书》及当前政府发展历程及规划可以看出，数字政府是信息技术革命的产物，是工业时代的传统政府向信息时代演变的一种政府形态，本质上并非要取代传统政府、电子政府，而是在原有政府形态的基础上进行创新。我们可以把数字政府定义为政府借助新一代信息通信技术，以实现政府决策科学化、社会治理精准化、公共服务高效化为目标，以数据为驱动要素，通过连接网络社会与现实社会，重构政府组织模式，再造政府治理流程，提升政府履职能力，优化政府服务供给能力，推动政府对施政理念、方式、手段、工具等进行全局性、系统性、根本性变革，促进经济社会运行全面数字化而建立的一种新型政府形态。

2. 数字政府的特征

根据上述数字政府的定义，与传统政府相比，数字政府具有以下特征。

（1）协同化：主要强调组织互联互通，业务协同方面能实现跨层级、跨地域、跨部门、跨系统、跨业务的高效协同管理和服务。

（2）云端化：是政府数字化的最基本技术要求，政务上云是促成各地各部门由分散建设向集群还有集约式规划与建设的演化过程，是政府整体转型的必要条件。

（3）智能化：是政府应对社会治理多元参与、治理环境越发复杂、治理内容多样化趋势的关键手段。

（4）数据化：是现阶段数字政府建设的重点，是建立在政务数据整合共享基础上的数字化的转型。

（5）动态化：是说数字政府它是在数据驱动下动态发展不断演进的过程。

（二）数字政府的建设内容

1. 数字政府的建设内容演变

数字政府建设从政府管控，到政府治理，再到政府与居民共建、共治、共享的这一过程，要分阶段进行，逐步完成。

第一阶段是实现城市中各个垂直业务系统的信息化,即面向单个业务部门,解决部门业务应用中的需求和难点,比如交通信息系统、环境信息系统等,各系统之间不互联、不互通。

第二阶段是实现一网通办,在这个阶段,政府把对居民和企业的政务服务集中到一个办事大厅,或者整合到一个 App 上,实现一站式办理或不见面办理。

第三阶段是构建垂直领域的智能大脑,这个阶段开始打通一些部门的数据,但这些数据和智能算法仍然只服务于单个部门的业务,比如交通大脑、环境大脑等。

第四阶段是实现城市治理一网统管,也就是市域治理现代化。它是城市管理的新一代基础设施,架构于各部门已有的垂直业务系统之上,将城管、应急、综合治理等市域治理网络(和系统)全面打通,向上可为市委、市政府领导提供辅助决策,向下可以连接社区、街道、村镇,支撑基层治理。

第五阶段是完成一网通办和一网统管的双网融合阶段,即面向全市域范围,实现政府办公一网协同、城市治理一网统管和政务服务一网通办,以协同办公带动"双网"融合,"三屏"联动。"大屏"用于指挥中心实现平时观指标、看态势,战时做会商、观处置;"中屏"用于电脑桌面上,为工作人员提供事件接入、分拨流转、指挥调度、平台管理等能力;"小屏"用于支持一线工作人员在移动终端上接受指令、处置事件和上报信息,同时支持城市管理者随时随地了解城市运行态势,科学研判辅助决策,进行远程指挥调控。

2. 数字政府的建设内容框架

从数字政府的建设目标来看,数字政府的建设内容可以划分七大板块,如表 10-2 所示。

表 10-2　数字政府具体建设板块

板块序号	板块标题	板块内容介绍	板块建设效用
1	数字政务	数字政务通常是指,政府通过网络等线上信息化渠道,实施政务的推进、落实、查询等功能,方便公众利用数字化信息了解政府机构相关政策的实施情况	数字政府推动政务工作的数字化转型,包括电子政务、在线政务、电子政务平台等,通过网络和信息技术提供政府服务,提高行政效率和透明度
2	数据管理与共享	数据管理是指对数据进行有效组织、存储和维护的过程。 数据共享是指数据提供给其他组织或个人使用的过程	数字政府倡导有效的数据管理和共享机制,促进政府内部和政府机构之间的数据交换和共享,实现数据资源的整合和高效利用
3	电子政务服务	电子政务是指国家机关在政务活动中,全面应用现代信息技术、网络技术、办公自动化技术等进行办公、管理并为社会提供公共服务的一种全新的管理模式	数字政府通过各种电子化的方式提供公共服务,包括在线申请办理、电子支付、网上预约等,方便公民和企业获取政府服务,提升服务质量和效率
4	智慧城市与物联网	智慧城市实际上就是运用信息和通信技术手段感测、分析、整合城市运行核心系统的各项关键信息,从而对包括民生、环保、公共安全、城市服务、工商业活动在内的各种需求做出智能响应。 物联网是新一代信息技术的重要组成部分,也是"信息化"时代的重要发展阶段	数字政府在城市治理中推动智慧城市建设和物联网应用,通过连接和集成城市的各种智能设备和传感器,实现城市基础设施的优化和管理

续表

板块序号	板块标题	板块内容介绍	板块建设效用
5	数字安全与隐私保护	数字安全与隐私保护是指识别用户身份、建立访问权限管理体系,保障个人数据的机密性、完整性、可用性和安全性	数字政府重视数字安全和隐私保护,采取措施保障政府信息系统的安全性,保护公民和企业的隐私和个人信息
6	数字化决策与治理	数字治理是指利用数字技术与工具,对社会、企业、政府等进行管理和决策的一种管理模式	数字政府运用数据分析和人工智能等技术手段,提供决策支持和制定政策的科学依据,优化政府决策和治理效果
7	电子参与与民主	利用因特网加强民主过程,为个人或社群提供与政府互动的机会,并为政府提供从社群中寻找输入的机会	数字政府倡导公众参与和民主决策的数字化方式,通过在线平台和社交媒体等渠道,促进公众参与政府事务和表达意见

(三)数字政府建设的未来场景

1. 新技术将驱动数字政府网络基础设施由"人人互联"逐步走向"万物互联"

5G、区块链、大数据、云计算、人工智能等新一代信息技术为数字政府生态圈加速赋能,成为推动数字政府发展演进的新引擎。数字政府时代,所有的终端将实现全域数据采集,更广泛的新数据源将通过极速泛在的城市信息网络直达"云端",加速创新能力与政务流程的深度融合,催化人工智能在政府领域的应用创新,通过开放高效的智能应用系统为万物赋能。基于5G的云边协同将点亮边缘智能、激活政务数据价值、拓展服务边界、打破城市治理的屏障,推动城市实现智能运行和自我完善。

2. 数字政府建设将推动政府运行由分散化、多层化、手工化逐步走向整体化、扁平化、智能化

相对于传统政府运行,数字政府运行在空间分布、组织结构、工作方式等方面也会发生深刻的变化。第一,政府运行将由物理空间分散化向虚拟空间整体化转变;第二,政府组织结构将由科层制逐步走向扁平化;第三,行政工作方式也将从传统手工业走向机器自动化处理。

3. 数字政府建设将推动政府治理由部门封闭化、单一化逐步走向开放化、协同化

数字政府融合多种技术,对政府治理理念、治理方式、治理流程进行优化和重构,客观上提升了政府治理的技术水准。数字政府建设可以提高政府组织的数据运营能力,联系政府、社会、市场等不同主体之间的治理数据,优化社会治理资源的网络化配置,发挥多元主体协同共治的功能优势,协调多种资源,以创造社会治理新篇章。

4. 数字政府建设将推动公共服务供给以机构为中心逐步走向以市民为中心

在数字政府时代,公共服务的供给主体、供给模式、供给渠道将产生深刻变革,供给主体由过去公共服务部门转向政府、企业、社会组织和市民,供给模式由过去以部门为中心转向以市民为中心,供给渠道由过去线下分散办理转向线上与线下相融合的统一集中办理,全面提升公共服务效率。

(四)数字政府高质量建设路径、对策

目前我国正有效推进数字政府的建设和发展,相关政策环境日渐成熟,各省级政府都已

经陆续推出了数字政府建设规划和实施措施。同时,信息基础设施的建设也在不断健全,云计算、5G 基础设施等都占有较大的市场投资规模。数字政府的建设,使政府在公共服务、社会治理、市场监管和环境保护方面的职能进行了进一步的深化。但是,我国数字政府的建设仍存在不容忽视的矛盾和问题,数字鸿沟仍然有待弥补,地区间数字政府建设发展不平衡,呈现"南强北弱、东强西弱"的整体格局和发展态势。同时,各地方的数字政府建设模式是基于地方治理模式探索形成,建设方法和标准不尽相同,这对数字政府建设绩效评价考核也提出了一定的挑战。此外,部分干部的数字素养和数字技术仍有待进一步提升,数字政府建设中面临的安全风险仍需要靠进一步出台相关措施进行规避,这些问题都需要得到正视和解决。

建设数字政府,促进治理能力和治理方式的现代化,要从宏观和微观两个层面着手,从政府、企业、社会等多个维度发力,统筹推进政府数字化转型改革。

1. 优化数字政府的顶层设计

数字政府的建设应注重"一盘棋规划""一盘棋建设"以及"一盘棋发展",实现数字政府建设的均衡化发展。同时,要做好统筹协调与统一规划,明确中央与地方的职责,建立完善的分工体系和合作机制,形成"省市县乡村"的完备数字政府体系,充分调动各方积极性,发挥各自优势,在全国范围内统一推进数字政府的建设。此外,深入推进试点示范制度,鼓励各地方在全国统一框架下因地制宜,探索符合地方治理特点的数字政府建设模式。在数字政府建设发展成效评估方面,制定相应的绩效评价标准,优化数字政府的建设。要加强数字政府相关法律法规的顶层设计,通过法律法规规范数字政府的建设模式,做到标准化、规范化、程序化建设。

2. 改善数字政府发展环境

数字政府建设要始终秉持"以人民为中心"的发展理念,数字政府建设既要符合国家的要求,也要达到人民的期望。在建设数字政府的过程中,要广泛听取公众意见和建议,让数字政府真正为企业和民众提供公平可及、优质高效的服务,为企业发展和群众办事增便利。同时,要努力提升公众的数字素养,提升社会公众的数字经济意识、数字经济知识、数字经济技能以及数字安全水平等,提升政府部门、市场主体、社会主体、公民个体等治理参与主体的素养水平,进而推动数字政府的建设效率。

3. 完善数字政府技术支撑

数字政府作为新时代下电子政务的表现形态,它的发展离不开数字技术的发展。5G、人工智能、物联网、区块链、云计算及大数据等新兴技术在全国范围内的普及,不仅带来了经济的数字化转型,也为数字政府的建设提供了技术支持。数字政府通过平台化应用促进部门间高水平联通,智能化应用促进服务高质量供给,移动化应用实现高效率推进。只有不断优化数字基础设施的布局,对基础设施进行相应的迭代更新,完善基础设施架构设计,才能更好地盘活数据要素资源。

4. 加强数据开放共享

加强数据开放共享,首先需要明确不同职能部门采集数据、管理数据、提供数据和应用数据的责任,进而通过持续建设和完善国家公共数据资源体系、国家数据共享交换平台、国家公共数据开放平台和开发利用端口、国家电子政务网络、全流程一体化在线服务平台等"大平台""大系统",推动各级各类平台整合,打破信息孤岛,实现应联尽联、数据共享,实现政府、企业之间数据的跨区域、跨层级、跨部门融合。

5. 防范数据安全风险

数字政府建设,数据安全是底线。提升信息安全技术水平是防范数据安全风险的关键,也是实现政府政务数据开放共享的保障。信息安全技术的水平越高,越有利于降低遭受网络信息攻击和阻止信息安全漏洞出现的概率。加快构筑数据安全规范体系,是应对网络攻击和安全漏洞相关措施的根本途径,也是信息数据不被滥用与不易泄露的根本保障。数据安全规范体系越健全,越能够降低信息数据滥用及信息泄露的概率,越有利于发挥数字政府数据开放带来的经济价值、科技价值和社会价值。

6. 探索数据要素市场

在信息化、网络化、智能化发展的时代,数据资源愈发凸显出其独特价值,数据要素市场化便显得尤为重要,要让数据真正实现资产化,应通过市场机制完善数据要素的定价机制。建立健全数据治理、数据质量评价和数据开发利用技术服务体系,健全数据要素市场架构体系的四梁八柱,健全数据要素市场化配置的法律法规,完善数据权属、数据交易规则和协同监管等相关制度规范,明确各相关主体的角色定位、责任担当,实现要素交易和监管的全流程闭环,为市场的有序运转和高质量应用服务奠定基础。

二、智慧城市

(一)智慧城市的内涵特征

1. 智慧城市的内涵

随着物联、云计算等新一代信息技术的快速发展,2009年1月,IBM公司首席执行官彭明胜在一次美国工商业领袖圆桌会议上提出了"智慧地球"这一概念。当"智慧地球"传到国内,就出现了"智慧城市"的概念。智慧城市是指通过广泛采用物联网、云计算、移动互联网、大数据等新一代信息技术,提高城市规划、建设、管理、服务、生产生活的智能化、智能化水平,使城市运转更高效、更敏捷、更低碳。智慧城市是继数字城市、信息城市之后城市信息化的高级阶段,是中国城市转型发展的重要方向。

2. 智慧城市的特征

根据智慧城市的定义,其特征大致可以描述为以下五个方面。

1)智慧驱动

智慧驱动是智慧城市最本质的特征。一般认为,智慧城市发展需要经历四个阶段:数字化、网络化、智能化、智慧化。建设智慧城市,第一阶段是推进数字化,使我们生活的世界可以通过数字表述出来;第二阶段是通过互联网将数字化的城市部件传输连接起来,实现网络化,如电子商务、电子政务等;第三阶段是在网络传输的基础上实现局部智能反应与调控,即智能化阶段,如智能收费、智能交通、智能工厂等;第四阶段则是万物互联阶段,城市各部分功能在人类智慧的驱使下优化运行,实现城市智慧化,基本建成智慧城市。这四个阶段不是截然分开的,后一阶段应以前一阶段为基础。

2)全面感知

更全面、更加透彻的感知是智慧城市的基础,也是其基本特征之一,即利用各种传感技术和设备,使城市中需要感知和被感知的人与物可以相互感知,且能够随时获取需要的数据和信息。实现全面、透彻的感知,是一项非常艰巨的任务,传感技术和设备的发展是关键,传感设备在智慧城市中的广泛嵌入是基础,传感设备广泛嵌入智慧城市中,就形成了智慧城市的"感觉器官"。

3) 可靠传递

在广泛的连接基础上形成可靠传递是智慧城市的基本特征之一,即融合移动互联网、电信网、互联网、物联网形成泛在化的网络承载系统,并安全可靠地将各种采集信息和控制信息进行实时传递。基于广泛联结的可靠传递是智慧城市信息来源的基础,广泛连接如同智慧城市的"经络",而可靠传递如同智慧城市传递来自外界的准确"刺激"信息,是智慧城市对外界信息的准确通信。

4) 智能处理

更加集中和更有深度计算的智能处理能力是智慧城市的基本特征之一,即利用云计算、数据挖掘、智能模糊识别等各种智能计算技术,对海量的数据进行快速、集中、准确的分析和处理,并做出智能化的控制与处理。利用数据挖掘、云计算、模糊识别等智能技术对海量的数据进行智能化处理,是实现智慧城市的关键和标志,是智慧城市区别于数字城市的重要特点。

5) 人性化管理与服务

智慧原本是对人的灵性的描述,现在移植到城市建设之中,其目的是要实现城市的智能化、自动化、智慧化、人性化等,即城市像人一样,既有灵性,也有智慧。当城市的运行建立在全面的感知、可靠的传递以及智能的处理的基础之上时,城市也如同人一般具有了灵性和智慧即成为智慧城市。

(二) 智慧城市的建设内容

从当前各城市的智慧城市建设内容来看,大致可以分为两个方面:一方面是加强城市基础通信网络建设,提高通信网络带宽及覆盖率;另一方面是在一个云计算平台上提供智慧应用服务,如智慧的公共服务、智慧的社会管理、智慧交通、智慧医疗、智慧物流、智慧安居等一系列的应用。具体而言,可以将智慧城市的建设内容归纳为五个方面。

1. 通信层

有线方面,继续加快城市光纤宽带网的建设,实现城镇化地区全覆盖,继续加强提升网络基础设施能级、带宽建设。无线方面,城市将继续加强 4G、城市 Wi-Fi 以及 5G、6G 等方面的进一步建设投入,构建起多层次、广覆盖、多热点的城市无线宽带网络。

2. 感知层

进一步加强普及高清摄像头的建设,建立更完整、更完善的高精度城市地理位置信息系统。

3. 数据层

在系统规划的现有云计算中心计算能力的基础上,将各政府职能部门数据统一在一个云平台上进行整合、共享、挖掘和分析。真正让数据说话,使得数据"活过来",实现城市的智慧、智能特性。

4. 应用层

加强智慧城管、电子政务、智慧医疗、智能交通、平安城市、食品安全、环境监测、智慧社区、智慧校园、智慧旅游、智慧物流、智慧企业等的建设。持续加大对各应用层系统的投入，激发创新，让城市更智慧，让生活更美好。

5. 安全层

数据安全是一个全新的安全问题，智慧城市的建设也必须要加强和完善基于云的安全和基于终端的安全建设。

（三）智慧城市建设的未来场景

1. 智慧城市建设将助推城市治理和服务模式新变革

智慧城市建设以系统科学为指引，通过新一代信息技术应用，将促进城市治理和民生服务更加精细化、普惠化、便捷化，让城市变得更聪明、更智慧，让生活也更美好。

城市大脑、一体化综合指挥平台等智慧城市治理平台将改变各部门间的协作方式，推动公共安全、应急救灾、生态环保等领域从线下转向线上与线下相融合，从单一部门监管向更加注重部门协同治理转变，推动多部门跨领域的协同合作，提高行政执法资源配置效率。

2. 智慧城市建设将激发城市变革、创新发展新动能

智慧城市发展极大地推动了城市运行管理数据汇聚、共享与交换，加速构建城市数据底座，将可预见地推动经济社会大数据应用创新发展新功能。

智慧城市大脑建设为新技术创新应用和新业态孵化推广提供全方位、全产业链的智能化实践平台；打通市、县、乡一体化的信息服务平台，为城市数据资源开放提供安全平台。

3. 智慧城市建设将促进城市发展产城融合

部分地方城市通过城市大脑平台建设，吸引了互联网、大数据、云计算、人工智能等新兴技术型公司汇聚，促进新技术探索实践，将极大地推动产业创新和产权融合。

4. 智慧城市建设将拓展城市高质量发展新路径

智慧城市大脑促进了城市创新发展，智慧城市大脑建设为新技术创新应用提供了支持。智慧城市大脑在能力、业务和技术方面将为城市高质量提供全面支撑，夯实智慧城市的数字底座，促进城市创新、绿色、开放发展，打造数字经济时代智能、安全、宜居的城市新名片。

（四）智慧城市高质量建设路径、对策

根据智慧城市的内涵，可以知道建设好智慧城市，当注重四大方面，其分别是基础设施、应用创新、产业发展和体制机制。

1. 建设智慧的城市基础设施

建设智慧的城市基础设施可以分为两个方面。一方面是指要建设智慧的城市道路以及给排水管网、燃气管网、路灯等市政基础设施。例如，路灯可以根据周围明暗程度自动开启或关闭。另一方面是指要建设智慧的网络基础设施、计算基础设施、数据基础设施、安全基础设施等城市信息基础设施。在网络基础设施方面，建设无线城市，推进三网融合。在计算基础设施方面，建设城市云计算中心，用户可以像用水、用电一样使用计算资源。在数据基础设施方面，建设城市大数据中心，建立和完善城市人口基础信息库、法人单位基础信息库、自然资源和地理空间基础信息库、宏观经济信息库、电子证照库和社会信用数据库等。在安全基础设施方面，建设公钥基础设施、统一身份认证系统和异地灾备中心等。城市信息基础设施，应该作为城市基础设施的一部分，纳入城市规划建设的范畴。

2. 开展智慧城市创新应用

利用物联网、云计算、移动互联网、大数据、人工智能等技术,推进智慧政府、智慧经济、智慧社会三大领域的创新应用。

在智慧政府方面,重点围绕市场监管、应急管理、社会治理、公共服务等专题领域,加强电子政务信息共享和业务协同。将物联网技术应用于城市公共安全管理、城市交通管理、城市环境管理等领域,对监管对象进行自动监控。加强建设政务云,把各个城市政府部门的信息系统迁移到政务云平台。运用大数据技术,对市场主体实行分级分类监管,科学配置执法资源,提高市场监管水平,对市场进行精准治理。建设政务智能系统,提高对相关领导做出适当决策的支持能力,促进政府决策科学化。建设政府支持管理系统,提高公务员的业务水平和综合素质。

在智慧经济方面,大力发展工业物联网,推进互联网与制造业的深度融合。将物联网技术运用到物流管理、生产过程控制、生产设备监控、产品质量溯源、节能减排和安全生产等领域。建设互联工厂、数字化工厂,通过进料设备、生产设备、包装设备等的联网,提高企业的生产效率和产能。实施企业上云计划,降低中小企业的信息化门槛,推动大数据在研发设计、生产制造、经营管理、市场营销、售后服务等关键环节的应用。鼓励企业使用工业机器人,引导企业采用物联网、云计算、移动互联网、大数据、人工智能等新一代信息技术,构建智慧企业。

在智慧社会方面,深化新一代信息技术在教育、卫生健康、文化旅游、人力资源和社会保障、民政等领域的应用,促进社会事业发展。在教育方面,重点办好网络教育,促进优质教育资源共享。在卫生健康方面,推行"电子病例",建立远程诊疗系统,把大数据应用到城市居民健康状况分析、医疗资源优化配置、疫情监测预警等领域。在文化旅游方面,建设智慧图书馆、智慧博物馆、智慧文化馆等,推动"互联网+文化"发展。发展智慧旅游,为游客提供基于位置的一体化信息服务。在人力资源和社会保障方面,运用大数据分析就业形势、人才结构等。在民政方面,把大数据应用到社会救助核对、婚姻状况分析、社会养老服务、民政资金监管等领域,杜绝重婚等违法违规行为。此外,还要建设智能社区、智能住宅和智能家居系统。

3. 发展智慧城市相关产业

一个地方的信息化发展水平与当地的信息通信技术产业发展程度存在一定的正相关性。在建设智慧城市的过程中,要注重培养和发展当地互联网产业、云计算产业、移动互联网产业、大数据产业、人工智能产业、虚拟现实产业等新一代信息技术产业。以用促业,把智慧城市建设和发展新一代信息技术产业等数字经济统一结合起来。此外,还要发展智慧城市教育培训、IT咨询等相关服务业。

4. 理顺智慧城市体制机制

智慧城市建设涉及很多方面,需要有一个统筹协调的部门,统一负责智慧城市规划、建设、管理和运营等工作。为此,可以设立智慧城市领导小组办公室,把市府办、市工业和信息化、发展改革、科技、住建等部门的信息化职能统一纳入智慧城市领导小组办公室,统筹推进智慧城市建设。值得指出的是,智慧城市涉及城市政治、经济、社会等的各个方面,建设内容很多,不可能一蹴而就。因此,智慧城市建设要大处着眼,小处着手,结合本地的实际情况,统筹规划,分步实施。要着力推进跨部门、跨地区、跨层级政务信息共享和业务联动,构建整体政府。推行"互联网＋政务服务",构建服务型政府。通过互联网促进社会组织、社会公众等社会力量参与城市治理,形成社会共治局面,实现从城市管理到城市治理的转变。有序开放公共数据资源,深化大数据应用,促进城市治理精细化、精准化。

三、数字乡村

（一）数字乡村的内涵特征

1. 数字乡村的内涵

2018年,中央一号文件提出实施数字乡村振兴战略,这是"数字乡村"首次在政府文件中出现;2021年,中央网信办等七部门联合发布了《数字乡村建设指南1.0》,以指导各地的数字乡村建设;2023年2月,中央网信办、农业农村部又结合实际启动了《数字乡村建设指南2.0》的联合制定工作。习近平总书记强调:"要用好现代信息技术,创新乡村治理方式,提高乡村善治水平。"

数字乡村是指通过现代信息技术和大数据、互联网、智能化、区块链等手段的集成,对乡村经济社会的运行和发展进行赋能和重塑的过程。简单来说,数字乡村就是将数字化、信息化的各种发展模式普及至乡村,通过数字技术和信息化手段来改善农村生活和农业生产的一种现代化发展模式。数字乡村代表着先进乡村形态的未来发展方向。

2. 数字乡村的特征

根据数字乡村的内涵定义,可以从以下六个方面描绘数字乡村的主要特征。

（1）乡村网络高速泛在。高速、泛在、安全的基础信息网络在乡村地区深入普及,农村网络与城市网络同质、同价、同服务。智慧水利、智慧电网、智慧交通新型基础设施有力支撑着农业生产和农民生活。

（2）数字农业蓬勃壮大。数字技术渗透在农业生产经营管理的各个环节,智慧农田、智慧牧场、智慧渔场等新型农业生产载体成为主流。农村电商成为工业品下乡和农产品出村进城的重要渠道,农产品借助互联网实现标准化、品牌化和价值化。

（3）生态保护智慧先进。农业物联网在生产领域普及应用,现代设施农业等绿色农业实现规模化发展。对农业投入品实施信息化监管,化肥、农药减量应用得到普及。信息技术和传感设备广泛应用于农村饮用水水源、水质监测保护,农村污染物、污染源实时全程处于被监测状态。

（4）网络文化繁荣发展。面向农民的数字文化资源产品丰富充足,乡村优秀文化资源实现了数字化留存和传承。互联网成为宣传中华优秀传统文化的重要阵地,"三农"题材网络文化内容优质丰富。

（5）乡村治理数字化高效便捷。面向农村的电子政务实现了网上办、马上办、少跑快办。借助互联网不断创新村民自治形式,实现农村"三务"(党务、村务、财务)网上公开,农民自治能力显著提高。

（6）普惠服务城乡一体。数字化的公共服务在乡村普及,城市优质教育资源与乡村中小学对接落地。"互联网＋医疗健康"在农村得到广泛应用,民生保障信息服务丰富完善,社会保障、社会救助系统全面覆盖乡村。

（二）数字乡村的建设内容

与传统乡村相比,数字乡村的建设内容可以从以下三个方面进行阐述。

1. 发展智慧农业

传统农业存在农作物产量低、农产品销售困难、技术落后等诸多问题,智慧农业是"信息技术在农业中的全面应用,是以促进和实现农业系统的整体目标为己任的"。智慧农业依托数字化技术,实现了种业、种植业、畜牧业、渔业等产业数字化。前端主要通过传感器等物联设备获取各类数据,监测温度、湿度、天气等常规指标以及耕地质量、墒情、虫情等深层指标,汇聚到数据平台后生成图表报告,供相关人员分析决策;决策者依托管理平台,结合报告对种子播种、作物施肥、畜牧投喂等计划进行调整,实现智能灌溉、智慧养殖、远程控制;后端电商平台拓宽农户、企业的农产品销售渠道,解决农产品滞留问题、优化交易流程,溯源平台保证农产品产前、中、后信息不可篡改、全流程透明可追溯、质量安全放心,冷链物流平台使农产品保鲜适温、维持品质、运输损耗降低。

2. 促进乡村基层数字治理

乡村基层是社会治理的重心,基层数字治理有助于提高农村基层的治理能力。注重培育专业的网格员队伍,网格员是一支专注乡村基层治理工作的庞大队伍,数字化技术打造的乡村基层治理平台是城市社会治理平台的复制和推广,可以显著改善基层工作任务重、压力大的问题,同时实现基层风险预警、线上调解、流程透明等功能。平台对基层的人像、地理信息、视频等数据进行采集处理,精准预测违法、治安、矛盾纠纷等事件,减少违法犯罪事件的发生,优化事件处理流程,提升群众对解决矛盾的满意度。针对网格员的日常工作,移动终端整合不同条线需求,云端调用公共数据,流程操作做到简单便捷,实现基层治理工作中网格员少跑腿、群众不跑腿、数据云上跑的办事状态。另外,平台整合公、检、法、司等部门业务,为乡村基层提供线上法律援助、普法教育、反诈宣传等服务,提升农民网络安全意识,降低网络诈骗、高回报投资、法律问题等事件的发生。

3. 完善乡村应急管理数字化

乡村同城市一样,也需面对地震、洪水、台风等自然灾害以及类似新冠肺炎疫情的突发公共卫生安全事件,利用数字乡村建设契机,促进农村应急管理数字化。通过数字化技术建设防汛防台、地震预警类的应急管理平台,可以实现灾前预警、灾后精准处置、人员救助调度等功能。建设疫情防控类的应急管理平台,可以实现把控区域内疫情流行情况、追踪人员运动轨迹、保障物资分发等功能。建设乡村应急管理平台,将提升区域内相关单位遇到自然灾害和突发事件的应急处置能力,建立健全应急事件处理机制,保障群众的生命和财产安全。

（三）数字乡村建设的未来场景

新一代信息技术给农业农村的发展将带来新的动力,从农业生产和经营、公共服务供给、乡村治理现代化等角度带来全面、全方位的提升。

1. 数字乡村建设带来新型农业生产经营方式

数据已经成为新的生产要素,大数据、人工智能、互联网、物联网等新一代信息技术改变了农业生产的经营方式。通过联网农业机械,可以实现自动播种、自动收割,大大降低了农民的劳动强度,提高了生产效率。互联网依靠特有的传播效应,带动观光农业、体验农业、创意农业等新型农业经营方式蓬勃发展,信息技术与农业的融合应用,还催生了订单农业、共享农业等新型业态。

2. 数字乡村建设促进农村公共服务均等化

互联网拉近了农村居民与城市公共服务机构的距离,使农村居民享受优质公共服务资源成为可能。过去,由于城乡之间距离远,农村居民得不到良好的医疗救治,也享受不到优质的教育资源。特别是在一些偏远山区,进一趟城可能要花费大半天的时间,农民享受公共服务资源极为不便。互联网突破了时空限制,为推动城乡要素双向流动,打破城乡"二元结构"提供了新的手段。"互联网＋医疗"向偏远和欠发达地区延伸,利用互联网实现精准治疗、一站式结算、医疗众筹,可以为农民提供便捷的医疗服务。"互联网＋教育"可以提升农村地区的教育教学水平,通过远程教学、网络助学等方式,改善农村办学的基础条件,为农村地区的学生带来优质的教育资源。

3. 数字乡村建设促进乡村治理现代化

数字化技术能够显著提高政务服务的便捷程度。搭建扁平化的对话交流平台,拓宽居民的自治渠道,提供便捷的政务服务,推动基层治理模式的转变,以此加强农村基层的基础工作,打造共建、共治、共享的现代社会治理格局。数字化技术为农民办理政务带来了便捷,通过电子政务向县乡一级延伸和广泛建立政务农村服务站,农民足不出村就可以办理各项基础性的业务。

4. 数字乡村建设促使乡村生态环境得以改善

移动互联网、大数据、物联网等与农业装备融合,能够推动智慧农牧场建设,推广精准农业、精细农业,推动减量使用化肥农药,形成再生资源循环利用机制。同时,发挥无人机、高清视频等技术 360° 全程监测的优势,可以建立完善的农村生态系统监测平台、人居环境监测平台等,实时监测农村污染物、污染源,维护农民生活的良好环境。

5. 数字乡村建设促进农民生活质量的提高

数字化技术改变了农村居民的消费方式、休闲方式和社交方式,缩小了农村居民与城市居民的差异。随着农村电商渠道的快速下沉,农村居民学会了通过网络购买物美价廉的生活用品,提高了消费的便利性。在信息化的影响下,农村居民的休闲方式从单一向多元化发展,通过网络学习、休闲娱乐,极大丰富了休闲时间。互联网的发展扩宽了农村居民的社交范围,农民交往借助微博、微信等工具从封闭转向开放,形成了文明和谐的新型农村社会关系。

(四) 数字乡村高质量建设路径、对策

目前数字乡村建设仍面临着诸多的难题,如数字化水平地区发展不平衡,互联网使用率比较低,农村居民信息化应用水平不高,数字化技术使用场景不够全面丰富及数字化专业人才匮乏等问题日益突出。面对当前现状,我们可以从以下几个方面来着手,促进数字乡村高质量发展。

1. 做好数字乡村建设整体规划

由于数字乡村建设带有一定的综合性,地方各级人民政府要根据本区域的特点和农村生产生活特征,逐步细化数字乡村工程建设措施,统筹规划农村信息化工程建设计划,确定具体的实施项目和工作要点。同时,研究提出适合本地农村实际的数字乡村试点实施方案,

以促进数字乡村建设有序推进。

2. 丰富农村数字化产品和应用服务

我们应当从农村生产、生活、生态等方面的实际需求出发,充分利用现有工作基础,开展符合农村居民切实需求、实用有效的项目建设,为农村居民提供数字化产品和服务。加快研发推广一批数字农业成套解决方案和应用。筛选成熟完善的各地区数字农业试点项目,将其经验转化为能够广泛推广的数字化农业生产模式,为农民提供数字化种植养殖、农产品质量安全管理、农资进销存管理、农业科技信息查询、农业市场信息查询等满足农业生产需求的产品与互联网应用;积极探索信息惠农新模式。从农村居民生活出发,围绕农村电商、生态环保、文化服务、健康医疗、教育等领域,不断丰富满足广大农民群众实际需求的数字化应用。

3. 扶持小微企业,保障乡村经济活力充分释放

随着县域和乡村小微企业不断涉足以电子商务为代表的数字商业,它们将有力地促进城乡融合与新型城镇化,支撑县域和乡村成为我国经济增长的核心区域。因此,应针对与数商业态相关的县域和乡村小微企业,出台并实施在资金、房租、用工成本、税收等方面的专项优惠政策和税费减免措施,大幅度减少、简化审批程序,使这些企业能够轻装上阵、继续创新、不断成长,从而持续释放县域和乡村的经济发展活力。

4. 注重学以致用,力推数字乡村人才有效培养

建设数字乡村,主要需要相关的技术人才和管理人才,应该主要从这两方面入手开展人才的建设工作,而人才的建设工作最主要的就是培养人才和留住人才。应该加强对于人才的培养工作,通过政府或者企业与院校合作的方式培育数字乡村建设对口的人才,这对于经济欠发达地区的数字乡村建设活动更为重要。相比经济发达地区,经济欠发达地区缺乏对于人才的吸引力,数字乡村建设的相关人才基本均出自当地院校,培育一支符合地方特色、服务地方的人才队伍尤其重要。欠发达地区应该在自身可接受的范围内加大对人才的吸引力度,除吸引当地的人才,也可以积极关注人才过剩的发达地区,吸纳其过剩的人才资源,以助力自身的数字乡村建设。

📖 本章小结

本章首先介绍了社会治理数字化的内涵特征;其次介绍了社会治理数字化的理论基础和如何构建以及构建一个什么样的社会治理数字化治理体系;最后介绍了社会治理数字化的三个应用场景,即数字政府、智慧城市和数字乡村。

📝 巩固与提升

1. 什么是社会治理数字化?
2. 数字乡村的建设内容是什么?当前制约数字乡村建设的最大阻碍是什么?
3. 简述数字政府与传统政府模式的异同。
4. 智慧城市的智慧是如何体现出来的?

第十一章 数字经济法治治理体系

本章导读

数字经济作为一种新的经济形态,是我国"加快构建以国内大循环为主体、国内国际双循环相互促进的新发展格局"的重要依托和发展动能。数字经济以互联网、大数据、人工智能算法技术为基础,推动了我国经济的高质量发展,改变了传统的生产、经营及消费关系,突破了传统规则约束,从而引发个人、企业、国家的安全风险,出现了相关制度供给不足和实施乏力的问题。由此引发的诸如平台强制"二选一"、大数据"杀熟""封禁"行为、个人数据信息泄露等影响较大、案情复杂的案件,对国家的治理体系与治理能力、数字经济市场运行以及消费者合法权益产生巨大影响。数字经济法治治理体系的构建,关系着数字经济的发展以及网络强国、数字中国的建设,更关系着全面建成社会主义现代化强国、中华民族伟大复兴宏伟目标的实现。

学习目标

通过学习,了解数字经济法治治理体系的内涵与外延,熟悉数字经济法治治理的法律规范;能够根据数字经济法治治理的发展状况,分析其特点及规律性,构建合适的数字法治治理体系;了解数字经济法治治理的重要性;培养法治思维,提升法律意识。

第一节 数字经济法治治理的内涵与外延

数字经济是以数据资源作为关键生产要素,依托大数据、云计算、区块链、人工智能、5G等技术,旨在优化产业结构,提升经济发展和社会治理的效率,增进民众福利的一系列经济活动。数字经济的发展也引发了一系列法律问题,如数据权属问题、隐私保护问题、算法歧视、平台垄断等。因此,亟须加快数字法治的变革和社会整体治理模式的优化,为人民群众充分享受数字时代的经济社会发展红利提供法律保障。

一、数字经济法治治理的内涵

1. 数字治理

数字治理是指在政治、经济、文化、社会、生态文明等领域,运用现代信息技术,实现治理机制、方式和手段的数字化、网络化、智能化,推进治理体系和治理能力现代化。

2. 数字经济法治治理

数字经济法治治理是指通过建立完善的法规体系,规范数字经济领域参与者的行为,维护社会主义市场经济秩序,保护数据安全,促进数字经济繁荣发展的过程。数字经济法治治理主要包括三方面:一是完善网络安全治理体系,构建网络空间的法治化,营造清朗的网络空间;二是数据安全法治,构建数据安全与治理保障的法治体系架构;三是数字经济安全风险防控,为数字经济持续高质量发展提供有效保障。

二、数字经济法治治理的外延

1. 国家层面数字经济法治治理立法

2015 年 9 月 5 日,国务院印发《促进大数据发展行动纲要》,系统部署大数据发展工作,将大数据从一个 IT 术语带到人民群众普遍接受的概念,为大数据的发展进行顶层设计和战略部署。彼时,我国在大数据的发展和应用方面已具备一定基础,拥有市场优势和发展潜力,但也存在政府数据开放共享不足、产业基础薄弱、缺乏顶层设计和统筹规划、法律法规建设滞后、创新应用领域不广等亟待解决的问题。为贯彻落实党中央、国务院的决策部署,全面推进我国大数据发展和应用,加快建设数据强国,特制定该行动纲要。

2015 年 10 月 29 日,党的十八届五中全会通过的《中共中央关于制定国民经济和社会发展第十三个五年规划的建议》中,首次提出实施国家大数据战略和网络强国战略。

2016 年 12 月 18 日,工业和信息化部印发《大数据产业发展规划(2016—2020)》对大数据重点行业、重点领域的发展要点进行了规划,提出多项保障措施建议。

2017 年 6 月 1 日,《中华人民共和国网络安全法》的实施,正文总则部分第一条列明:"为了保障网络安全,维护网络空间主权和国家安全、社会公共利益,保护公民、法人和其他组织的合法权益,促进经济社会信息化健康发展,制定本法。"第七十六条:"本法下列用语的含义:(一)网络,是指由计算机或者其他信息终端及相关设备组成的按照一定的规则和程序对信息进行收集、存储、传输、交换、处理的系统。(二)网络安全,是指通过采取必要措施,防范对网络的攻击、侵入、干扰、破坏和非法使用以及意外事故,使网络处于稳定可靠运行的状态,以及保障网络数据的完整性、保密性、可用性的能力。(三)网络运营者,是指网络的所有者、管理者和网络服务提供者。(四)网络数据,是指通过网络收集、存储、传输、处理和产生的各种电子数据。(五)个人信息,是指以电子或者其他方式记录的能够单独或者与其他信息结合识别自然人个人身份的各种信息,包括但不限于自然人的姓名、出生日期、身份证件号码、个人生物识别信息、住址、电话号码等。"第七十七条:"存储、处理涉及国家秘密信息的网络的运行安全保护,除应当遵守本法外,还应当遵守保密法律、行政法规的规定。"

2019 年 10 月 31 日,中国共产党第十九届中央委员会第四次全体会议通过《中国共产党第十九届中央委员会第四次全体会议公报》,公报首次从国家发展战略高度将"数据"定位为新型生产要素。

2021 年 1 月 1 日,《中华人民共和国民法典》开始实施,其中第一百二十七条规定:"法律对数据、网络虚拟财产的保护有规定的,依照其规定",明确了数据财产的权属。

2021 年 3 月 11 日,十三届全国人大四次会议表决通过《中华人民共和国国民经济和社会发展第十四个五年规划和 2035 年远景目标纲要》,进一步围绕大数据这一生产要素作出重要部署,为数字经济发展指明方向。

2021 年 9 月 1 日,《中华人民共和国数据安全法》的施行,成为数字经济法治治理的重要里程碑,该法第三条规定:"本法所称数据,是指任何以电子或者其他方式对信息的记录。数据处理,包括数据的收集、存储、使用、加工、传输、提供、公开等。数据安全,是指通过采取必要措施,确保数据处于有效保护和合法利用的状态,以及具备保障持续安全状态的能力。"

2021年11月1日,《中华人民共和国个人信息保护法》的实施,其中第四条规定:"个人信息是以电子或者其他方式记录的与已识别或者可识别的自然人有关的各种信息,不包括匿名化处理后的信息。个人信息的处理包括个人信息的收集、存储、使用、加工、传输、提供、公开、删除等。"第五条规定:"处理个人信息应当遵循合法、正当、必要和诚信原则,不得通过误导、欺诈、胁迫等方式处理个人信息。"明确了个人信息的权利及内涵。

2021年11月30日,工业和信息化部发布《"十四五"大数据产业发展规划》,提出了"十四五"时期的总体目标,到2025年我国大数据产业测算规模突破3万亿元,年均复合增长率保持25%左右,创新力强、附加值高、自主可控的现代化大数据产业体系基本形成。"提出了大数据发展的四大主要任务,促进大数据产业从规模增长向结构优化、质量提升转型。"

2023年4月15日,浙江省、市两级法学会,经全国人大批准发布《中华人民共和国数字经济促进法(专家建议稿)》,全文共八章六十六条,包括总则、数字基础设施建设、数字产业化与产业数字化、数据资源开发利用与保护、数字治理、数字经济促进保障、法律责任和附则。

2. 地方层面数字经济法治治理立法

2020年12月24日,浙江省第十三届人民代表大会常务委员会第二十六次会议通过《浙江省数字经济促进条例》,自2021年3月1日起施行,是全国第一部以促进数字经济发展为主题的地方性法规。该条例首次在法律制度层面对数字经济作出明确界定。《浙江省数字经济促进条例》第二条:"本条例所称数字经济,是指以数据资源为关键生产要素,以现代信息网络为主要载体,以信息通信技术融合应用、全要素数字化转型为重要推动力,促进效率提升和经济结构优化的新经济形态。"

2021年6月29日,深圳市第七届人民代表大会常务委员会第十八次会议表决通过《深圳经济特区统计条例》(以下简称"《条例》"),自2023年8月1日起施行。该条例是国内数据领域首部基础性综合性立法。《条例》共六章,三十五条,分为总则、统计机构和统计人员、统计调查、统计监督管理、法律责任、附则。《条例》的制度性突破是提出了"数据权益",规定自然人对个人数据依法享有人格权益,自然人、法人和非法人组织对其合法处理数据形成的数据产品和服务享有财产权益。

2021年11月25日,上海市第十五届人大常委会第三十七次会议表决通过《上海市数据条例》,自2022年1月1日起正式施行。该条例全文,共十章九十一条,分为总则、数据权益保障、公共数据、数据要素市场、数据资源开发和应用、浦东新区数据改革、长三角区域数据合作、数据安全、法律责任和附则。该条例涉及数据交易,通过明确数据交易民事主体享有"数据财产权",确立数据交易价格"自定+评估"原则,建立公共数据授权运营机制,禁止"非法"数据交易,强调重要数据和国家核心数据交易"过滤机制",浦东设立数据交易所,建设临港新片区"离岸数据中心",构建数据交易服务体系,建立数据交易的数字信任体系,培育数据交易市场。该条例直面数据交易确权难、定价难、互信难、入场难、监管难等数据交易的关键共性难题,探索出上海的创新制度,以规则之力,保护私权,促进数据利用。

2021年12月31日,广州市第十五届人民代表大会常务委员会第六十二次会议表决通过《广州市数字经济促进条例》,自2022年6月1日起施行。该条例为全国首部城市数字经济地方性法规。条例以数字产业化和产业数字化为核心,推进数字基础设施建设,实现数据资源价值化,提升城市治理的数字化水平。

2022年5月27日,河北省十三届人大常委会第三十次会议表决通过《河北省数字经济促进条例》,自2022年7月1日起施行。条例共九章八十一条,围绕数字基础设施建设、数据资源开发利用、数字产业化、产业数字化、数字化治理、京津冀数字经济协同发展、保障和监督等方面作出规范。该条例还专设京津冀数字经济协同发展一章,推进与京津执行统一的数据技术规范,实现公共数据信息系统兼容。

2023年3月2日,湖北省人民政府第6次常务会议审议通过《湖北省数字经济促进办法》,自2023年7月1日起施行,该法适用于湖北省行政区域内数字基础设施建设、数字产业化、产业数字化、数据资源开发利用保护和数字技术创新等相关活动。该法对数字经济的定义是,以数据资源为关键要素,以现代信息网络为主要载体,以信息通信技术融合应用、全要素数字化转型为重要推动力,促进公平与效率更加统一的新经济形态。

第二节　网络安全治理体系

网络安全治理体系是屏蔽网络风险、确保网络安全的可靠保障。网络安全治理体系的构建正面临着不断完善的客观需求。本节主要从网络安全治理体系的提出、架构以及构建国内网络安全治理体系所面临的难题及治理对策等方面开展讨论。

一、网络安全治理体系概述

1. 网络安全治理体系的提出

2017年10月18日,习近平总书记在中国共产党第十九次全国代表大会报告中强调,"要建立健全网络综合治理体系",不仅认识到网络社会治理的风险,而且在国内外现实状况基础上强调应对网络治理挑战的紧迫性,并提出网络治理基本原则和具体措施,反映了认识论和唯物辩证法的有机统一,即从战略、法律、经济、技术、文化、道德和舆论导向等方面,建立网络综合治理体系。

2. 网络安全治理体系

网络安全治理体系主要包括网络制度治理体系、网络技术治理体系、网络价值治理体系和网络意识形态治理体系。其中,网络制度治理体系是指通过对网络制度和规范进行研究,发现网络制度的特征,从社会机制和运作机制两方面,总结出多种制度对网络发挥治理作用的系统;网络技术治理体系是指为了保障网络环境的发展安全和稳定,进行一系列的技术研发和创新而形成的对技术综合管理的系统;网络价值治理体系是指围绕网络安全、合作、有序为目标,构建网络空间共同遵循的价值核心,维护网络空间有序的价值的系统;网络意识形态治理体系是指针对多元主体在互联网空间影响社会关系而形成的认知系统进行分析,构建立体互动、协同运作、综合施策的管理系统。

3. 网络安全治理体系的模式演变

网络安全治理体系的模式经历了不同的发展演变过程,由独立的治理模式向整合式模式演变,这种演变使网络安全治理体系更加体系化、协调化。整合式治理的核心在于把制度、技术、价值、意识形态四个方面整合为内在统一式的治理,使四个方面的治理既都能体现公平正义,又都能受总体国家安全的约束,不断有效地防止四者的割裂式治理或者悖论式治理。

二、数字经济时代网络安全治理面临的新问题

1. 总体国家安全的主体多元化

习近平总书记在党的二十大报告中指出:"要贯彻总体国家安全观。""在原则问题上寸步不让,以坚定的意志品质维护国家主权、安全、发展利益。"互联网形成的互联网逻辑,给传统总体国家安全带来了整体性的改变。总体国家安全必须进行互联网逻辑思维的重构,以适应当前总体国家安全发展的需要。如果说传统总体国家安全的主体是以国家为核心的单元主体,那么在互联网时代,现代总体国家安全则是以国家与社会二元为核心的双元主体。网络社会又可再分为以个体、群体、阶层、阶级、集团等"小圈子"为核心的多元主体。总体国家安全不但要面对他国,还要面对社会。总体国家安全的范围已经扩大,地缘政治变成全球化政治,地缘安全带动全球安全。总体国家安全的内涵也已经扩大,"小圈子"安全已经纳入总体国家安全。在总体国家安全视野下,网络治理应如何应对冲击和挑战,是一个严峻的理论与现实问题。

2. 总体国家安全与网络安全治理体系整体的协调难

总体国家安全与网络安全治理体系的关系需要进一步厘清,纲与目、战略与策略、表与里不可处于割裂、分离、对立的理论状态和实践状态。从一般意义上说,总体国家安全与网络安全治理体系具有三重关系:一是纲与目的关系。总体国家安全是纲,网络安全治理体系是目,国家总体安全是构建网络安全治理体系的基本目的,网络安全治理体系必须为总体国家安全服务。二是战略与策略的关系。总体国家安全是战略,网络安全治理体系是策略。三是辩证统一关系。总体国家安全观与网络安全治理体系是辩证统一的,二者互为表里,互相影响,互相渗透,互相推动。构建网络安全治理体系时,只有把总体国家安全作为前提和基础,有效融入,才能使网络安全治理体系成为保障总体国家安全得以落实的重要平台。目前面临的新问题是,总体国家安全与技术治理之间存在矛盾,同时技术上的治理又带来不安全,人工智能对网络舆论治理的"一刀切",反而带来了次生安全舆论和次生安全危机,影响了网络安全。大数据治理带来了客观性和相关性,网络安全治理体系依存于大数据的客观性、科学性、公正性,但也侵犯了公民的个人隐私问题,破坏了总体国家安全中的人民安全问题。

3. 网络安全治理体系内部的平衡难

网络安全治理体系包括网络制度治理、技术治理和价值治理的综合运用。网络安全治理体系既具有稳定性,又具有动态性。具体来说,网络治理制度体系和网络治理价值体系具有稳定性,网络技术治理体系需要不断更新,网络价值体系则概括治理的具体内容,具有价值排序性。问题在于,网络安全治理体系的三个维度治理不协调,网络制度治理体系、网络价值治理体系与网络技术治理体系的不协调尤其明显,网络技术治理体系在存在权力滥用

的情况下,会背离了公平正义的制度和价值,影响公共权力的公信力,危害政权安全、执政安全,进而危害总体国家安全。也就是说,网络技术治理体系如何与网络制度治理体系、网络价值治理体系相一致,既是理论上的挑战,更是实践上的挑战。网络安全治理体系的协调性不足,会影响甚至破坏网络安全,并使网络安全、总体国家安全、传统安全、非传统安全之间关系不协调,产生不安全的多米诺骨牌效应。

4. 总体国家安全与网络社会价值的协调矛盾

总体国家安全核心价值与网络社会多元价值既具有统一性,又具有矛盾性。确定和阐明总体国家安全与网络安全治理体系价值目标的一致性,化解矛盾性是一个重大的理论与实践课题。总体国家安全的核心价值是安全与稳定,网络社会的价值则日趋多元,既包括安全与稳定,也包括自由与平等;既包括主流意识形态价值观,也包括非主流意识形态价值观。网络安全治理体系既包括安全与稳定的价值,也包括主流意识形态的价值。矛盾之处在于,网络安全治理体系的价值观是平等多元的,这既影响甚至冲击网络主流意识形态价值,也会影响和冲击安全与稳定的价值。即使网络非主流意识形态价值与网络主流意识形态价值具有一致性,网络非主流价值的极端化和群体极化也会对网络主流意识形态造成影响和破坏,比如网络极端民族主义对网络主流意识形态价值的破坏。从现实的意义来说,总体国家安全难以统领网络价值观、意识形态观和道德观,尤其是在"后真相时代",网民个体和群体对网络主流价值进行解构性重组,在解构重组的基础上产生集群效应,溢出了与网络主流价值设定的边界。与此同时,多元道德观互相激荡、互相渗透、互相对立,网络价值体系复杂多变,不可化约,难以取得共识。不同的价值观、意识形态、道德观对网络治理的诉求不同,这既给总体国家安全提出了挑战,也给网络价值治理体系造成了困境,使得以总体国家安全统摄网络价值更具挑战性。

5. 网络安全治理体系应对新问题的滞后性

在网络安全治理体系已经建立起来的情况下,更需要检验网络安全治理体系的有效性问题。应对网络治理的现实样态进行经验评估与论证,对网络治理进行系统分类,甄别成功型治理、失败型治理、无效型治理、应急型治理、预警型治理等。通过研究和分析网络政治、经济、文化、社会政治生态的干预性转变,在总体国家安全的条件下,重新确立网络安全治理体系的坐标,使网络安全治理体系本身具有可行性和可操作性。网络安全治理体系只有在经验基础上进行建构,才会具有可行性。理性主义的建构,只会让网络安全治理体系华而不实,使总体国家安全空转。经验分析不是不需要理性,而是要让理性在经验中获得限度,也是理性建构的现实基础。在经验分析的基础上,不但要采取良好的应对策略,而且应提出并概括网络安全治理体系的对策学,寻找应对的基本规律,摒弃无效对策、垃圾对策和低劣对策。这就需要构建网络安全治理体系机制和网络差序治理体系,即直接威胁到总体国家安全,且威胁程度较深部分加强加快网络安全治理体系建设,对威胁总体国家安全度较低的部分,可以通过社会自治体系进行自我修复,从而符合网络多元化的要求,保证网络输入畅通无阻,使得网络政策输出在反馈中得到净化和优化。

6. 网络安全治理核心技术薄弱

在互联网时代,谁掌握了网络核心技术,谁就有网络意识形态主导权。先进的网络信息技术,是占领和主导网络意识形态的重要工具,我国的网络核心技术仍受制于美国,美国通过拥有网络核心技术的领先地位,对全球网络行使管理权,独自设立网络规则,分配世界大部分网络基础资源。目前,美国占据了支撑全球互联网运行的网络资源有服务器、CPU、系统软件、大型数据库等。美国对中兴和华为的制裁事件,充分暴露其通过技术控制和垄断实施霸权的意图。我国虽然已经拥有先进的 5G 技术,并能制造 5G 芯片,技术科研创新水平显著提升,但是跟美国的网络核心技术相比,还具有一定的差距。

7. 网络安全治理安防技术和人才短缺

网络安全管理主要包含计算机信息管理系统安全、网络资源安全、网络存储技术安全以及网络规划、设计和实施安全四个方面。通常,政府确定网络安全范围,并根据国家总体网络安全需求制定网络安全策略和 Internet 网络安全规划内容。但是,网络安全治理面临着网络风险评估,在识别网络安全事故的危害、评估和控制安全风险方面还经验不足,网络安全问题潜藏在现实环境中,来自境内外的网络攻击每天都在发生。网络安全保障体系从主机时代单维地保障主机安全发展,到互联网时代的网络安全,再到数字时代多维的数字安全,国家整体网络安全保障始终围绕着业务和数据进行。现在尽管"大系统、大平台、大数据"的建设不断推进,但在构建国家整体网络安全防御体系的思考、完善以及网络安全等级保护工作方面仍存在不足。

三、数字经济时代加强网络安全治理体系的对策

习近平总书记在党的二十大报告中指出,"确立和坚持马克思主义在意识形态领域指导地位的根本制度""党高度重视互联网这个意识形态斗争的主阵地、主战场、最前沿,健全互联网领导和管理体制,坚持依法管网治网"。"加强互联网内容建设,建立网络综合治理体系,营造清朗的网络空间""牢牢掌握意识形态工作领导权,建设具有强大凝聚力和引领力的社会主义意识形态"。构建网络安全治理体系,一方面是指,"网络治理的基本目标是在线行为的有序化与合秩序,这需要持续地进行网民生活状态的范式化、网络合作关系的模式化,以达成网络自由与社会秩序的均衡状态。"另一方面是指,在此基础上,要服从总体国家安全的要求。因此,有必要采取以下几方面的措施来加强网络安全治理体系建设。

1. 构建多中心网络安全治理体系

总体国家安全是多中心的,网络安全治理体系构建也必须是多中心的。总体国家安全的每个组成部分都具有核心内容,网络安全治理体系要围绕着总体国家安全的每个核心内容构建网络安全治理体系,以适应总体国家安全观的各个组成部分,从而形成以总体国家安全各个不同组成部分的多中心治理体系。总体国家安全的核心是安全,要以总体国家安全构建网络由内到外、由上到下的多中心多层级治理体系。总体国家安全具有差序性,网络安全治理体系也要具有差序性,因此要根据总体国家安全的重要地位、程度、层级来构建差序性治理体系。

2. 构建多维度网络安全治理体系

多维度网络安全治理体系包括制度维度、技术维度、价值维度、政治维度、战略维度、策略维度、预警维度等。从制度维度构建网络安全治理体系,核心是建立与网络密切相关的公平正义治理制度体系,维护网络空间的公平正义。通过技术对网络进行善治,建立保障公民权利的技术治理体系,防止大数据侵犯公民隐私,防止人工智能治理的"一刀切"方式伤害公民权利。网络政治治理体系的核心是维护政权及其意识形态的稳定,为此,可以采取应急性治理。构建网络安全治理体系,既要有战略维度的考量,保证网络治理的长治久安;也要有

策略维度的应对,防止网络政治舆论即时性极化和癌变。要加强对网络预警体系的建设,防止出现严重危害政权的政治言论。

3. 构建多层面网络安全治理体系

网络安全治理体系包括经济、政治、文化、社会、生态、娱乐等方面。经济是总体国家安全的基础和前提,也是总体国家安全的基本组成部分。网络安全治理体系建设的核心内容就是经济安全,从而要防止不利于经济安全的言论、谣言、舆论不断传播,影响经济稳定和增加人们对经济的不安全感,进而导致经济滑坡和资本逃离。政治安全是核心,没有政治安全,经济安全就会受到严重影响,网络安全治理体系的核心是必须牢固树立政治安全理念,构建网络政治治理体系。文化是灵魂,文化安全涉及国家和民族的发展方向,网络安全治理体系必须以文化安全为使命和目标。社会安全是经济安全和政治安全的晴雨表,构建网络安全治理体系,必须充分考虑到社会安全的基本问题。

4. 构建多元联动网络安全治理体系

网络安全治理体系既要吸纳传统安全内容,也要吸纳非传统安全内容,并通过网络安全治理体系实现传统安全和非传统安全的优化和升级联动。利益诉求及信息表达常因为权力、信息、资源、技术的博弈而发生偏差,进而隐藏着社会潜在风险,使信息表达主体无法处于"共生"状态。互联网分散式网络的特殊性决定了其信息流的多元性,进而决定了集中监督和控制信息流的难度。因此,必须优化治理思维,转变治理理念,加强不同社会主体之间的协同,建立政府主导、社会协同、网民自律、上下联动的网络安全治理体系。从现行的网络治理实践看,"在现有国家行政管理体制中默认、授权或者指定某些传统的行政管理机构,来行使互联网的各种政府管理职能。"这种按照"功能等同"和"现实对应"的原则,依据需要和属性对网络管理职能进行任务分解的通行做法,值得在建立中国特色协同联动网络安全治理体系时借鉴。

5. 形成以法律与道德良性互补的网络安全治理体系

习近平总书记指出:"要坚持依法治网、依法办网、依法上网,让互联网在法治轨道上健康运行。"用法律法规清晰地界定网民在网络空间中话语叙事和价值诉求表达的权利、义务和应当遵循的基本行为规范,同时依法约束各个网络治理主体的责任、义务、权力,使网络运行、网络治理均纳入法治化轨道。失去法律约束,网络安全治理体系的构建可能超越宪法与法律,使得公共权力具有通过网络及其技术滥用权力的可能性与现实性,因此网民也具有滥用公民权利的可能性与现实性。没有道德伦理的约束,公共权力和公民权利都有可能突破道德的底线。网络安全治理体系必须在法律和道德两个架构内不断完善,网络不是法外之地,也不是德外之地。构建网络安全治理体系的目的,一方面要捍卫宪法和法律,另一方面要有效地维护和保障道德建设,使宪法和法律成为人们的内在信仰,使道德成为网民发表言论的底线思维。

6. 构建综合动态的网络安全治理体系

网络技术的不断发展进步,决定了网络治理也绝不是一劳永逸的静态治理,需要构建综合动态平衡的治理体系。有学者认为,网络安全治理体系"可以围绕综合统筹的安全观,网络强国的目标愿景观,一体两翼的双轮驱动观,携手应对的共同安全观,交会融通的刚柔并济观,积极主动的防攻兼备观,建章立制的依法治理观,平衡有序的持续发展观,以及民主平等的全球治理观九个方面进行战略分析和构建。"习近平总书记的网络治理思维内容,包括网络治理目标、原则、战略、方式、动力、网络技术保障等,为中国特色互联网发展道路指明了方向。总之,无论从何种角度和路径构建网络安全治理体系,都需要进行战略上统筹、策略上应对、技术上改进、主流意识形态和主流价值观的深度注入。

第三节　数据安全治理体系

在数字经济时代,数据资源蕴含着丰富的战略价值,但也是最脆弱的资源。当前,全球重大数据安全事件频发,数据安全风险的危害性和外溢性已对政治、科技、经济和社会等多个领域产生了负面影响。为切实保障数据安全,国际社会各方在实践中不断探索治理路径,并基于不同价值理念,形成了各具特色的数据安全保护措施。本节对这些相关知识、问题进行介绍与探讨。

一、数据安全治理概述

1. 数据安全治理的概念界定及其基本属性

传统数据安全是指数据自身安全层面的静态风险,主要表现为某些人利用网络系统漏洞破坏数据内容的完整性、保密性和可用性。人类社会进入数字经济时代以来,实现数据价值的最大化往往依赖于大量多样性数据的汇聚、流动、处理和分析活动,而这种流动性的数据密集型活动所涉及的治理主体更加多元,利益诉求更加多样,治理议题更加丰富,从而使数据安全治理的内涵与外延均在不断扩充、延展。

“数据安全治理”概念的出现,是人类社会信息化发展的不断深入以及智能技术融合推进的综合结果。2021 年 3 月世界银行报告对其的界定,“数据安全治理”是一种新的数据社会契约方式,应从国家和国际的层面展开治理:国家层面(即政府)应当充分了解各行为体的利益诉求,并完善相关法律法规以保障数据安全的使用;国际层面应加强双边、地区间和全球范围的国际合作,促进数据治理的协调统一。

国内学术研究则按照人类社会信息化发展三个阶段的划分,对“数据安全治理”作出了不同界定。首先,在始于 20 世纪 80 年代的数字化(信息化 1.0)阶段,由于通信技术的落后,数据安全即指静态层面的信息内容,侧重于保护信息的完整性、保密性和可用性。其次,在 20 世纪 90 年代中期的网络化阶段中,由于计算机和数字技术的大规模应用和普及,随之出现了具有极强破坏性、复制性和传染性的蠕虫和木马等网络传播病毒,因此,这一阶段对数据安全的治理不仅要确保数据安全的完整性、保密性和可用性,而且要求网络系统能够提供“稳定可靠运行”和“持续提供服务”的能力。最后,在以“人、机、物”三元融合为特征的智能化阶段,数据安全风险的内涵已扩展到对其承载的个人权益和国家利益的安全保护,具体分为三个层次。第一层次是确保数据载体上的信息内容安全。第二层次是对数据主体权益的保护。其中又可细分为维护主体尊严的权利、消极控制数据使用的权利以及数据移转权(数据携带权)等。第三层次是维护敏感性数据上所承载的国家利益、公共安全以及社会经济发展等方面。鉴于此,虽然国内外研究对“数据安全治理”的概念界定略有差异,但综合来看,可以将其定义为国际行为体对数据产生、收集、储存、流动等活动环节提供的安全保护,既包含制定并完善数据治理议题领域中的相关政策、法律法规,协调各行为体之间的利益诉求,也涉及国际行为体提供数据安全保障的能力。

2. 数据安全治理的特征

"数据安全"问题的缘起与深化是数字技术的发展、数据增量的累加以及国际环境的变化等多方面因素交织的综合结果,全球数据安全治理可被视为大国权衡经济利益后从多维度、多角度、多层次做出的战略抉择。相较于数字化、网络化阶段中的静态数据安全特征,智能化阶段中的数据安全问题更具复杂性、动态性、平衡性以及整体性等特点。

1) 数据安全治理主体和利益诉求多元化

在智能化阶段之前的数据安全问题,无论是主体还是内容,都呈现出单一化、固定化和模式化的特征。例如,在数据活动中以"点对点"的数据交换为主,即公司内部对客户信息、客户对服务的评价等信息的传输。由于在整个数据处理过程中数据主体清晰、过程明确,数据流动发生频次有限和零散,因此相应的规制措施也只需聚焦传输主体而不用考虑更为复杂的数据流动过程。但进入智能化阶段后,基于数据呈指数级增长以及常态化跨境流通的形势,数据的流通广泛分布于国家、企业、社会组织与公民个人之间,传统的治理结构经历调整之后,更为平权化、多元化的治理模式正在崛起。由于数据治理主体的多元化,也必然呈现出利益诉求以及治理手段等差异化的特征,重点表现在主权国家数据治理战略不兼容、主权国家与企业和个人之间出现数据权益冲突、利益难以平衡等方面,这些都对数据的存储、管理及使用带来压力。有学者指出,"数据安全治理可以通过建立一个强大的数据治理框架以增强数据的流通性、准确性和安全性"。而当前的困难在于,无法协调不同类型组织之间的战略目标和规则制度,进而导致数据治理框架的不兼容。

2) 数据安全治理是契合数据安全性和可用性的体系

"相对安全"理念认为,安全价值仅具有首要和基础地位,而不具有终极和最高地位,安全只是发展的基础和前提,应努力摒弃追求绝对安全的行为。在智能化阶段,数据活动是一种牵涉多主体、多环节的复杂性问题,这也意味着数据安全并不存在绝对的安全,而是应确保数据处于有效保护和合法利用的状态。在此逻辑下,数据安全涵盖了两方面特征。其一,从数字经济的角度出发,数据作为社会政治经济发展的新引擎,各类新技术、新产业的研发正是建立在海量数据的开发利用之上,"数据治理"和"数据管理"则是实现安全性和可利用性之间平衡的关键。信息网络能成为"促进发展的机器"的关键,主要来自它与"颠覆性创新"机制的耦合。应把数据的安全和利用看作一体之两翼、驱动之双轮,而最佳的数据安全治理在于能够实现最大限度地利用数据与使风险最小化之间的平衡。其二,由于各国的政策目标、政策措施和数据处理能力存在差异,进而对数据安全的利益诉求与面临的外在现实约束均有所不同。因此,相应的数据安全治理机制及制度选择并不存在绝对的一致性,也不存在"绝对模板",而是应根据各国的国情特点,在"良好的数据保护"与"数据开发利用"两个目标之间展开。

3) 数据安全治理属于动态治理的过程

由于传统数据安全风险主要指数据泄露、数据篡改等行为所导致数据的保密性、完整性和可用性遭到破坏,传统数据安全治理更加强调数据自身层面所承载信息的静态安全。但是在当前智能化的阶段中,这种孤立且缺乏弹性的安全治理框架远远不够。数据只有在自由流通过程中才会对社会发展产生重要的经济价值,数据的价值也会随着数据的流动速度、活跃程度及传输规模而日益递增。因此,面对处于快速流转之中的数据体系,相应的数据安全治理也应从动态发展的角度进行持续性补充与更新。从其表现形式来看,一方面应维持数据的"流入"与"流出"的动态平衡性,实现数据质量从"无序杂乱"趋向"清晰治理"。例如,在政府数据开放与共享过程中,通过对杂乱无序的数据进行分析、挖掘及可视化输出后,能有效提高数据服务的匹配度与精确度,从而激发数据的最大效用价值。另一方面应借助数据技术,通过对数据的全面采集,构建从"事前预警""事中监管"到"事后追责"相结合的动态数据安全防护体系,从而为各行各业提供全方位、全过程的数据安全保障。

二、数字经济时代数据安全治理面临的问题

随着全球数字经济化的加速发展,数据对各国经济发展的重要性不言而喻,与之相伴的数据安全风险也与日俱增。主权国家均意识到数据资源背后所蕴含的战略价值,同时,对数据安全治理的理解已经上升至"国家安全"和"国家竞争力"层面。在此背景下,数据安全治理领域正成为世界各国竞争的新高地,各国参与数据安全治理也是确保对内安全和强化对外竞争的关键所在。

1. 数据安全治理体系构建缺乏有效的国际合作

当前,各国对数据的依赖因数据缺乏安全性而面临越来越大的威胁。物联网、人工智能等前沿数字技术的快速发展,已经衍生出更具有持续性和隐蔽性的数据安全风险,皆给数据安全风险保障工作带来极大的挑战。数据安全问题的爆发性、危害性与日俱增,对国家安全、经济发展、社会发展和个人隐私安全皆带来了严峻挑战。自"棱镜门"事件曝光以来,各国际行为体就深刻意识到,数据安全带来的威胁不只是停留在网络和物理层面的入侵,而且是以窃取商业机密、国家敏感数据为首要目标,存在干预政治、操控舆论、颠覆政权等风险。更有甚者,数据安全领域面临以美国为首的数据霸权国家在网络空间以"善良的管家"面目来掩盖其变相侵犯他国数据主权、对他国进行监控的事实。由此,数据安全被迅速提升到备受国际社会关注的层面。由于各国对数据安全问题的顾虑增加,发展中国家不断强化数据出入境的约束与限制,而部分西方发达国家的经济战略显露"保护主义"思维,并在全球数字领域实施"战略围剿",进而引发"数字失序"的现象。总体来看,虽然主权国家已经意识到数据安全治理的重要性,但由于各国治理理念、价值诉求、规则制度等方面的差异,难以从全球层面形成统一的数据安全治理框架,再加上各国对数据安全的保障能力显著不平衡,共同制约了全球数据安全治理的发展与合作。

2. 发展中国家数据控制权、话语权缺乏

"全球经济"是一台数据永动机:它消耗数据,处理数据,并产生越来越多的数据。根据中国信息通信研究院发布的《全球数字经济新图景(2020年)》统计,全球数字经济体量连年增长,47个国家的数字经济总规模超过31.8万亿美元,占国内生产总值(GDP)的比重高达41.5%。数据作为数字经济的核心要素,正成为塑造国家核心竞争力的战略制高点,数据资源的多寡则决定了一国参与国际竞争能力的高低,也直接影响该国在国际社会中的数据影响力乃至政治经济影响力。美国以及欧洲的发达国家已将数据安全治理纳入政治议题,数据安全立法也已经纵深化和精细化,各国政府在数据安全领域的战略博弈与数据资源争夺加剧。例如,美国依托《澄清境外数据的合法使用法案》(*Clarifying Lawful Overseas Use of Data Act*,以下简称"云法案"),实施跨境数据流动领域内的"长臂管辖原则";欧盟依托《通用数据保护条例》(*General Data Protection Regulation*,GDPR),实施"内松外严"的个

人数据流动保护体系等,皆对境内外的数据处理活动作出了具体规定,也对其他国家的数据安全立法产生直接影响。可见,为了抢先获得数据资源领域的话语权,以美国为首的西方发达国家正凭借其在网络空间和数据技术上的优势,不遗余力地攫取发展中国家的数据资源,争夺数据控制权。在此态势下,发展中国家如何完善数据安全相关法律法规,更有效地获取数据资源、提升国际竞争力,是亟需考虑的问题。同时,面对后疫情时代全球经济下滑的态势,如何进一步推动数字经济治理,有效地优化产业结构,促进就业和推动经济增长,也是发展中国家需要探索的重大问题。

3. 数据安全风险持续上升

在数字经济时代,国家对数据资源掌控力以及保障数据安全的能力,也将成为该国竞争力的体现。事实上,2013 年美国"棱镜门"事件的爆发,推动了各国政府将数据治理与国家安全、网络安全、隐私保护等政策紧密挂钩,加剧了世界各国在数据空间的战略博弈。欧盟发布的《欧洲数据保护监管局战略计划(2020—2024)》报告,旨在从前瞻性、行动性和协调性三个方面应对数据安全的风险挑战;美国发布《美国全球数字经济大战略(2021)》,设立"新兴技术与数据的地缘政治影响委员会"(Geo Tech Commission),将"数字现实政治"作为数据基础战略,以全面保障美国利益。2020 年,中国发起《全球数据安全倡议》,向国际社会呼吁应全面客观看待数据安全问题。当前,国家竞争焦点已经从资本、土地、人口资源的争夺转向对数据的争夺,数据安全上升至国家战略层面已成为全球共识。主权国家也正通过密集出台数据竞争战略、提升数据安全保障能力、构建配套政策、加大资金投入等方式,不断抢占数据安全治理领域的制高点。同时,由于数据价值的敏感性以及主权国家围绕数据不断变化的规则战略,数据安全风险持续上升,数据安全治理领域也正成为未来中长期大国规则博弈的聚焦点。

三、数字经济时代数据安全治理的法治化路径

近年来,中国高度重视数据安全治理工作,陆续出台了《中华人民共和国网络安全法》《中华人民共和国数据安全法》《中华人民共和国个人信息保护法》等一系列数据安全治理的法律法规、政策文件和标准规范。习近平总书记强调:"要切实保障国家数据安全。要加强关键信息基础设施安全保护,强化国家关键数据资源保护能力,增强数据安全预警和溯源能力。"然而,在当前全球数据安全治理现状下,中国依然存在立法体系不够完善、数字技术研发创新能力薄弱、国际合作不足等问题。因此,如何在准确把握国际数据安全问题趋势的基础上,进一步夯实参与全球数据安全治理实力的基础,对于中国来说意义重大。

1. 坚持数据安全流动与保护发展的价值平衡

哥本哈根学派创始人巴里·布赞(Barry Buzan)指出,"安全化的本质是把公共问题通过政治化途径上升为国家的安全问题,并以非常措施应对威胁"。当前,面对日趋严峻的大国"数据战",尤其是在以美国为首的西方发达国家数据霸权和单边主义盛行的态势下,中国在参与全球数据安全治理的过程中,应坚守维护国家安全、公共安全以及个人隐私安全的底线,同时兼顾数据保护和数据流动。首先,结合中国的具体国情和所处的发展阶段,确定中国对于数据应用发展"开放"与"限制"的程度,在数据利用与维护国家安全之间找到恰当的平衡点。不同于美国"宽松型"以及欧盟"严格型"的数据安全治理战略,中国始终奉行"折中型"数据安全治理战略,旨在全面提升中国参与全球数据安全治理的能力。2020 年以来,中

国已相继签署《区域全面经济伙伴关系协定》(RCEP)和《中欧投资协定》,并向国际社会发起《全球数据安全倡议》,又积极申请加入《全面与进步跨太平洋伙伴关系协定》(CPTPP),呼吁各国秉持发展和安全并重的原则,平衡处理技术进步、经济发展与保护国家安全和社会公共利益的关系,但如何真正将该理念贯彻、融入中国对外交往的实践,还值得进一步思考。其次,面对各主权国家差异化的数据安全治理模式,中国秉持求同存异的立场,在尊重他国数据主权和利益诉求的基础上,推进全球数据安全有序流动。此外,在当前变幻莫测的国际形势下,中国也需实时追踪、持续研判全球数据安全领域内的规则新变化,及时评估国际博弈各方力量及利益,这既能够有效借鉴域外有益经验,更有利于调整国内规范,科学应对全球数据安全的挑战。

2. 建立科学完善的数据安全治理体系

"宜细不宜粗"的数据安全立法风格是提高数据安全立法效力的关键因素。从当前的情况看,除了美国和欧盟等部分国家或国家集团已经具备较为成熟的数据安全治理体系,包括中国在内的许多国家均在数据安全治理体系中处于不断探索和完善的阶段。中国数据安全治理制度体系主要由《中华人民共和国网络安全法》《中华人民共和国数据安全法》《中华人民共和国个人信息保护法》三部法律构成。这些法律法规的出台顺应了国内外形势的发展,已经初步形成数据安全治理的总体制度框架,但在实践操作中还需立足于全球视野,进一步细化数据安全治理细则,为中国深度参与全球数据安全治理建立对话基础。首先,要根据不同类型的数据提出不同的安全要求。全面分析"关键数据"面临的安全形势与风险,建立分级分类保护制度,有针对性地提出安全防控要求。其次,要对数据的全生命周期进行全程安全风险评估和审查监管,重视数据的产生、形成、采集和存储等环节可能产生的安全漏洞以及安全风险,做到提前预警,并建立统一的数据安全相关标准。最后,要对政府、企业、个人和其他组织在维护数据安全中的权利和义务作出明确的规定。在赋予数据主体对数据的所有权、使用权、财产权、人格权、访问权、被遗忘权和可携权等诸多权利时,还要明确维护数据安全的职责和义务,做到责任和权利相统一。

3. 强化数据安全技术研发及标准的制定

数据技术是数据安全和隐私保护的治理基础及有效工具。从个人隐私保护到国家数据主权,从事前防范到事后追溯,形成全方位、全流程和全领域的数据安全治理防护,都离不开关键技术的应用与突破。近年来,中国虽然在数字技术应用领域取得较大进展,基本建立起围绕个人隐私保护、平台运营安全和网络安全等层面的数据安全技术架构,但是在基础理论、核心器件和算法及软件等层面,较之美国等技术发达的国家仍明显落后,这也导致中国信息技术长期存在"空心化"和"低端化"问题,不利于中国提升全球数据安全话语权以及规则制定权。特别需要注意的是,全球数据安全治理的深入发展为国际社会在新兴技术层面提供了更多合作需求,各国际行为体加强合作是实现技术进步和增强数据安全防护的关键因素。然而,当前中美博弈等因素正不断压缩中国的对外合作空间,美国在技术、投资及科研项目合作等方面不断对中国设置障碍。美国不仅以国家安全为由,依托"长臂管辖"原则,施压域外企业和国家限制中国技术出口及合作;同时,联合其盟友在技术标准等方面意图对中国进行联合压制。在此态势下,中国必须从长期战略规划角度予以政策激励,加快关键技术领域的自主研发,为全球数据安全治理筑牢根基。一方面,应加大在芯片、操作系统和传感器等关键前沿技术领域"卡脖子"技术方面的科研攻关,尽快打造相关技术领域的自主创新能力;另一方面,应加大相关人才的培养力度。中国在云计算、大数据、人工智能和区块链等技术领域的前沿基础理论与高端人才储备尚存在不足,要从应用研究和基础研究两个方向加强基础人才队伍建设。再者,应加强数字技术国际交流与合作,以全球视野谋划、推动和鼓励创新,充分利用全球创新资源,实施安全、包容和公平的数据合作治理战略。

4. 加强数据领域的国际交流与合作

互联网技术的发展使得世界各国的依存程度日益加深,国际社会日益成为"一荣俱荣、一损俱损"的命运共同体。面对层出不穷的数据安全问题,没有任何一个国家能够置之度外、独善其身。虽然主权国家在制定数据治理规则时存在分歧和冲突,但积极开展国际合作依旧是当前促进全球数据安全治理成功的关键因素。同时,为了最大限度地发挥数据的创新和生产力优势,主权国家应基于包容性、互操作性和公平透明的原则,就全球数据安全治理的核心原则达成共识,并制定共同规则。中国数据安全领域内的国际合作机制相对滞后,而且存在与现行国际规则不兼容、监管制度灵活性不够以及国际规制缺失等问题。在此形势下,中国应加快探索建立相适应的国际治理机制、全球数字规则以及安全治理框架。一方面,中国应积极主动参与数据安全治理的多边或双边谈判,在以对等原则、尊重他国数据主权和利益诉求的前提下,建立统一的跨境数据流动规则,形成共同认可的数据保护机制,实现数据有序和安全的流动;另一方面,面对各主权国家努力扩大数据安全流通"朋友圈"的形势,中国也应积极联合友好国家,扩大数据安全流通的国际"朋友圈"。例如,中国可以借鉴亚太经合组织、G20 等已有多边机制建构的数据治理规则,依靠与"一带一路"共建国家、金砖国家、上海合作组织的友好关系,在发展和平衡中提升全球数据安全治理"中国方案"的影响力,并进一步建立"数据命运共同体",推动构建全球数据安全合作治理的新秩序、新格局。

第四节　数字经济安全风险防控体系

数字经济已全方位、全过程嵌入我国经济社会发展当中,其发展速度之快、辐射范围之广、影响程度之深前所未有,正成为重组要素资源、重塑经济结构、改变社会格局的关键力量,是推动我国国民经济发展的主要动力。相较于传统经济形态,数字经济的网络化、融合化、共享化、智能化和全球化特征更为明显,面临来自黑客攻击、网络谣言、信息泄露、数据损毁、供应链断供、平台垄断以及核心技术依赖等安全威胁,其风险更泛化,安全问题更突出,安全风险防控也更迫切。

一、我国数字经济安全风险防控现状

当前我国数字经济安全的风险主要涉及数字基础设施、关键核心技术、数据信息运行、数字经济产业和数字经济市场等五个领域。数字经济安全风险一旦引爆,若未能得到有效处置和化解,将会导致数字经济产业链的停摆或瘫痪,甚至影响社会稳定,进而危及国家安全。缺乏科学有效的数字经济安全风险防控机制,很难确保我国数字经济持续高质量发展,也就谈不上保障经济安全和国家安全。

西方发达国家高度重视数字经济的安全风险问题,已将维护数字经济安全提升至国家战略。从我国的现实情况来看,维护数字经济安全,既是保障数字经济可持续健康发展的需要,也是确保国民经济安全和国家安全的重要举措。因此,发展数字经济,要把安全风险问题摆在更加突出的位置,把安全贯穿数字经济发展的全过程,进一步强化我国数字经济安全风险的防控机制。

二、数字经济安全风险防控面临的挑战

数字经济在发展过程中,不仅面临个人、企业以及国家安全风险,还存在一些现实挑战,主要包括企业合规管理、市场监管、数据法律治理体系、参与国际数字贸易规则制定等四方面问题。

1. 企业合规管理机制不完善,风险意识不足

首先,企业合规数据管理机制不完善。大、中、小企业对数据管理的情况不统一,未建立相应的数据管理规范,管理部门职责与管理主体不明确,各工作部门自成一派,不利于数据流通与数据安全管理。而且对数据采集、数据传输、数据存储、数据处理、数据交换、数据销毁等数据全生命周期的管理不足,对不同数据未分级分类管理,导致数据泄露、数据盗取、网络攻击事件时有发生,造成大量个人数据、企业数据被迫公之于众,对企业的用户以及企业造成严重损失。

其次,数据安全风险意识不足。企业面临来自内、外部的风险,比如未健全数据安全风险评估制度,对风险识别、风险分析、风险评价不足,不能有效应对数据安全事件。

再次,数据安全应急处置机制不完善。企业针对数据安全事件应对滞后,未设立应急工作机构,未明确应急工作流程,未针对具体数据安全事件进行具体部署,导致企业在发生数据安全事件时应对不及。

最后,数据交易服务机制不明确。在现有的数据交易服务场景中,未明确数据交易规则、数据交易原则、数据交易主体、数据交易客体、数据交易范围、数据交易流程、数据交易价格、数据支付模式、搭建数据交易平台以及数据安全保障等内容。

2. 市场监督措施分散,合力不够

首先,市场监督部门信用档案管理分散。一方面,在海量数据场景下,个人信用档案、企业信用档案分散在政府机构、工商、税务、司法、银行、证券等处,缺乏统一的管理机构与管理主体进行集中收集、储存、传输、归档、共享,易导致对相关数据的分析效果、利用率相对低下,难以有效为个人、组织、企业精准画像以及评估其行为,不能及时识别风险。另一方面,个人、组织、企业非法授权或超越授权过度采集公民个人信息,以牺牲个人数据换取服务,以及征信数据的真实与否与信用评价好坏,都会极大地影响数据主体的合法权益,大数据征信的公共秩序性与个人隐私权存在挑战,不利于社会信用体系的建设。

其次,数字经济税收监管机制缺乏。数字经济给传统的税收框架带来难以识别纳税主体、难以确定收益归属、税收征管范围模糊、难以划定税收征管职能、税收征管模式单一等挑战,导致税基侵蚀和利润转移等问题。

3. 数据治理法律缺乏,体系尚未形成

首先,缺乏数据治理法律法规体系。针对数据犯罪案件具有侵犯个人、组织、企业、国家安全的风险,我国陆续颁布了《国家安全法》《网络安全法》《数据安全法》《个人信息保护法》《数据安全管理办法》《网络数据安全管理条例》(征求意见稿)等法律法规,这些法律法规在

一定程度上有效治理了数据犯罪,使执法部门有法可依,但这些法律法规规定零散,存在交叉内容,在不同领域与不同层级的法律规范衔接不足,在一些前沿问题研究立法滞后,未形成系统的数据治理法律法规体系。

其次,尚在建构政府数据治理模式。我国现行的政府数据治理模式为"混合式治理",中央层面以"分布式治理"为主,地方政府以"集中式治理为主"。而这种"混合式治理"模式缺乏自上而下的数据管理职责体系,中央层面的数据治理机构不能与地方政府数据治理机构有效衔接,难以统筹国内数据治理工作。全国统领性数据管理机构与管理体系缺位,不利于明确数据管理机构的职能定位与数据治理的均衡。

最后,数据犯罪没有进行专门立法。针对数据泄露、数据盗取等数据犯罪,一般由基层法院、中级人民法院以侵犯公民个人信息罪、侵犯商业秘密罪、非法获取计算机信息系统数据、非法控制计算机信息系统罪定罪量刑。传统的刑事法庭、民事法庭主要依照现行的《刑法》《民法典》《网络安全法》《数据安全法》《个人信息保护法》等法律的规定进行定罪量刑,缺乏相应的数据处理方面的知识,难以有效地解决数据犯罪纠纷,因此需要建立数据资源法庭对数据犯罪进行专门立法,加大惩罚力度。

4. 制定国际数字贸易规则的参与度低

我国已先后与27个国家和地区签署了20项自由贸易协定(FTAs),如《中国—澳大利亚自由贸易协定》《中国—韩国自由贸易协定》中最先包含数字贸易章。但上述自由贸易协定只包含了一些常规议题,主要包括海关关税、国内监管框架、电子认证和电子签名、个人信息保护、电子商务合作等内容。而对于美、欧等发达经济体争议的数据跨境流通、数据本地化存储、数字产品待遇、电子传输关税和数字服务税、密码算法与源代码等内容,则缺乏相关的规定。此外,我国与东盟签署了《区域全面经济伙伴关系协定》(RCEP)。RCEP推进了数据在各成员国跨境流动、贸易便利化,减少了不必要的技术性贸易壁垒,促进了区域贸易合作与经济增长。我国参与的另一个主要国际合作机制是亚太经济合作组织(APEC)。APEC下设专门的数字经济领导小组,就数字基础设施、数据流动、数字贸易等议题组织成员方展开讨论,已达成了《APEC保障数字经济框架》。目前,我国所参与的国际贸易协定与申请加入的《数字经济伙伴协定》(DEPA)与《全面与进步跨太平洋伙伴关系协定》(CPTPP),仍存在较大差异。CPTPP规定了货物贸易自由化、扩大市场准入、数据自由流动、计算机设施位置、数字产品非歧视待遇等内容,DEPA对商业与贸易便利化、数字产品及相关问题处理、数据问题、新兴趋势与技术、数字包容等方面作出了规定。因此,我国需完善相关规定,满足相关申请条件,持续推进加入CPTPP与DEPA。

三、数字经济安全风险防控体系法治化路径

1. 健全数字经济安全风险的预警研判平台

只有科学预警研判数字经济安全风险,正确把握数字经济安全风险的现状、趋势与特征,才能构建科学有效的防范机制。首先,要加强对我国数字经济安全风险的科学研究,把握数字经济安全的基本特征、影响因素和形成机制,正确认识数字经济安全的演化过程和演化规律,制定数字经济安全的预警指标、预警方法和预警模型,科学编制数字经济安全的预警指数。其次,对现行中央和地方层面上的网络安全监管平台、市场监管平台、经济信息平台和金融监管平台等进行迭代升级,并实现纵向贯通、横向协同和整体智治,建立我国数字

经济安全风险的预警研判平台。最后,借助云计算、大数据、区块链和人工智能等技术,对数字经济安全风险进行动态预警研判,并设立"蓝色""绿色""黄色""红色"安全信号灯,定期发布安全风险等级,及时发现我国数字经济安全风险防控的短板和漏洞,为各级地方政府和数字企业防范、整改、处置和化解数字经济安全风险提供有力支撑。

2. 建立数字经济安全风险常态化的协同防控体系

要破解当前数字经济安全风险防控体制的弊端,必须构建数字经济安全风险常态化的协同防控体系。首先,明确职责分工,针对不同层级的防控单位,应严格按照工作职责和要求落实责任。同时,应理顺上、下级之间的工作关系,形成整体协同防控效应。其次,应构建我国数字经济安全风险防控的战略规划体系。通过修订国家网络空间安全战略,完善数字经济安全风险防控的顶层设计,重抓数字基础设施、关键核心技术等领域的安全风险防控专项规划,构建全局性、系统性、协同性战略规划体系。再次,应研究制定《中国数字经济安全风险防控指引》,明确数字经济安全风险防控的总体要求、主要目标、重点任务和保障机制,对数字经济安全风险管理原则、安全风险数据采集、识别评估、管理策略制定、管理解决方案、管理监督以及信息发布等作出原则性规定,指引各级地方政府和数字经济企业科学地开展数字经济安全风险管控,科学地应对处理安全风险和危机。最后,构建数字经济安全风险的教育体系,强化监管人员和从业人员的安全风险意识,牢固树立数字经济安全风险理念,提高应对数字经济安全风险的本领。

3. 发挥群众的监督作用,完善数字经济安全风险的监管体系

我国数字经济安全风险治理属于典型的自上而下的政府垄断和多部门分段监管的治理模式。这种模式表面上看似乎存在多重保障机制,然而实践中会出现各部门事前竞争预算和治理权力,事后推卸责任的困境。其主要缺陷体现在以下几点:一是各个部门之间存在机会主义,相互指望,无人负责交叉模糊地带,形成监管的空当,一旦出现问题,很容易造成各部门之间的相互推诿;二是大量的重复监管,提高了治理成本,降低了治理效率;三是缺少必要的民意沟通,忽视了人民群众的智慧和力量。数字经济安全风险治理是一项复杂的系统工程,既需要"自上而下"的政府监管,更需要"自下而上"的民众参与和舆论压力。因此,有必要将人民群众引入数字经济安全风险治理的全领域和全过程,构筑公众参与的数字经济安全风险公共治理机制。

通过理性选择的公众参与途径,精心设计的公众参与制度,不仅有助于达成公众参与的实质效果,而且可以预防由非制度化公众参与带来的不良后果。可以重点从三个层面构建公众参与的数字经济安全风险公共治理机制:首先,让公众有序参与制定数字经济安全风险法规和政策,推进立法和决策的民主化,提高立法和决策质量;其次,让公众有序参与数字经济安全风险法规和政策的宣传,提高法规和政策的普及率和知晓度,促进法规和政策的落地;最后,让公众有序参与数字经济安全风险的法规和政策的实施、监督,提高法规和政策实施效率和数字经济安全治理绩效。

4. 强化数字人才培养体系

人才是赢得国际竞争主动的战略资源,是维护数字经济安全的战略保障。中国信息通信研究院发布的《数字经济就业影响研究报告》指出,中国数字化人才缺口已接近1100万,而且伴随着全行业数字化的快速推进,数字人才需求缺口还会持续加大。紧缺的数字人才不仅包括数字产业化创造的数字技术、数字研发岗位,也包括产业数字化转型过程中产生的

大量数字技能人才。数字经济安全风险防控人才队伍,关乎数字经济安全风险防控的全局以及数字经济可持续健康发展,必须把人才队伍建设摆在数字经济安全风险防控更加突出的位置。首先,应充分利用一流大学的教育资源,对相关人员进行针对性订单式教育培训,系统学习数字经济安全风险防控的理论、模型、方法与技术,提升数字经济安全风险防控队伍的专业素质和实操能力。其次,支持、鼓励在数字基础设施安全、关键核心技术安全、数据信息运行安全、数字经济产业安全和数字经济市场安全等拥有扎实研究基础和学科基础的一流大学,设立跨学科的"数字经济安全风险"专业硕士点和博士点,加快面向应用的数字经济安全风险专业的研究生培养,为我国数字经济安全风险防控输送一批高层次、复合型的专业技术人才和管理人才。

5. 强化数字经济核心技术的自主研发,牢牢掌握主动性

科学技术是第一生产力,关键核心技术是国之重器。只有把关键核心技术牢牢地掌握在自己手中,才能在危机中逆势而上,在竞争中占据主动,才能从根本上保障数字经济安全和国家安全。首先,加强研究我国数字经济关键核心技术的主要领域、发展水平和优势短板,科学编制国产自主可控替代项目清单,梳理和明确当前要强化投入、大力支持、攻坚突破的国产自主可控替代项目类型,并给出优先等级。其次,充分发挥我国社会主义制度优势、新型举国体制优势、超大规模市场优势,加大对拥有自主知识产权的数字经济关键核心技术研发的政策扶持、资金投入、人才供给和要素保障,特别是芯片、基础软件、操作系统等"卡脖子"技术,要强化技术攻关,全面提升原始性创新能力,夯实关键技术领域,补齐能力短板,提高防范水平,稳步推进国产化替代,形成数字经济关键核心技术的整体安全合力。最后,应集聚创新要素,加强对数字经济共性技术平台的前瞻性研究,加快数字经济共性技术平台建设,构建风险可防和安全可控的数字经济共性技术平台体系。

✏️ **案例**

数据不合规,滴滴公司天价被罚案

2021 年 7 月,为防范国家数据安全风险,维护国家安全,保障公共利益,依据《国家安全法》《网络安全法》,网络安全审查办公室按照《网络安全审查办法》对滴滴公司实施网络安全审查。

根据网络安全审查结论及发现的问题和线索,国家互联网信息办公室依法对滴滴公司涉嫌违法行为进行立案调查。其间,国家互联网信息办公室进行了调查询问、技术取证,责令滴滴公司提交了相关证据材料,对本案证据材料深入核查分析,并充分听取滴滴公司意见,保障滴滴公司合法权利。经查明,滴滴公司共存在 16 项违法事实,归纳起来主要是 8 个方面。一是违法收集用户手机相册中的截图信息 1196.39 万条;二是过度收集用户剪切板信息、应用列表信息 83.23 亿条;三是过度收集乘客人脸识别信息 1.07 亿条、年龄段信息 5350.92 万条、职业信息 1633.56 万条、亲情关系信息 138.29 万条、"家"和"公司"打车地址信息 1.53 亿条;四是过度收集乘客评价代驾服务时、App 后台运行时、手机连接视觉记录仪设备时的精准位置(经纬度)信息 1.67 亿条;五是过度收集司机学历信息 14.29 万条,以明文形式存储司机身份证号信息 5780.26 万条;六是在未明确告知乘客的情况下分析乘客出行意图信息 539.76 亿条、常住城市信息 15.38 亿条、异地商务/异地旅游信息 3.04 亿条;七是在乘客使用顺风车服务时频繁索取无关的"电话权限";八是未准确、清晰说明用户设备信息等19项个人信息处理目的。

此前,网络安全审查还发现,滴滴公司存在严重影响国家安全的数据处理活动,以及拒不履行监管部门的明确要求,阳奉阴违、恶意逃避监管等其他违法违规问题。滴滴公司违法违规运营,给国家关键信息基础设施安全和数据安全带来严重的安全风险隐患。因涉及国家安全,依法不公开相关信息。

滴滴公司成立于2013年1月,相关境内业务线主要包括网约车、顺风车、两轮车、造车等,相关产品包括滴滴出行 App、滴滴车主 App、滴滴顺风车 App、滴滴企业版 App 等41款 App。

滴滴公司对境内各业务线重大事项具有最高决策权,所制订的企业内部制度规范对境内各业务线全部适用,且对落实情况负监督管理责任。该公司通过滴滴信息与数据安全委员会及其下设的个人信息保护委员会、数据安全委员会,参与网约车、顺风车等业务线相关行为的决策指导、监督管理,各业务线的违法行为是在该公司统一决策和部署下具体落实的。据此,本案的违法行为主体认定为滴滴公司。

滴滴公司董事长兼 CEO 程维、总裁柳青,对违法行为负主管责任。

此次对滴滴公司的网络安全审查相关行政处罚,与一般的行政处罚不同,具有特殊性。滴滴公司违法违规行为情节严重,结合网络安全审查情况,应当予以从严从重处罚。一是从违法行为的性质看,滴滴公司未按照相关法律法规规定和监管部门要求,履行网络安全、数据安全、个人信息保护义务,置国家网络安全、数据安全于不顾,给国家网络安全、数据安全带来严重的风险隐患,且在监管部门责令改正情况下,仍未进行全面深入整改,性质极为恶劣。二是从违法行为的持续时间看,滴滴公司相关违法行为最早开始于2015年6月,持续至今,时间长达7年,持续违反2017年6月实施的《网络安全法》、2021年9月实施的《数据安全法》和2021年11月实施的《个人信息保护法》。三是从违法行为的危害看,滴滴公司通过违法手段收集用户剪切板信息、相册中的截图信息、亲情关系信息等个人信息,严重侵犯用户隐私,严重侵害用户的个人信息权益。四是从违法处理个人信息的数量看,滴滴公司违法处理个人信息达647.09亿条,数量巨大,其中包括人脸识别信息、精准位置信息、身份证号等多类敏感个人信息。五是从违法处理个人信息的情形看,滴滴公司违法行为涉及多个 App,涵盖过度收集个人信息、强制收集敏感个人信息、App 频繁索权、未尽个人信息处理告知义务、未尽网络安全数据安全保护义务等多种情形。

综合考虑滴滴公司违法行为的性质、持续时间、危害及情形,对滴滴公司作出网络安全审查相关行政处罚决定的主要依据是《网络安全法》《数据安全法》《个人信息保护法》《行政处罚法》等有关规定。

7月21日,国家互联网信息办公室对滴滴全球股份有限公司处人民币80.26亿元罚款,对滴滴全球股份有限公司董事长兼 CEO 程维、总裁柳青各处人民币100万元罚款。

近年来,国家不断加强对网络安全、数据安全、个人信息的保护力度,先后颁布了《网络安全法》《数据安全法》《个人信息保护法》《关键信息基础设施安全保护条例》《网络安全审查办法》《数据出境安全评估办法》等法律法规。网信部门将依法加大网络安全、数据安全、个人信息保护等领域的执法力度,通过执法约谈、责令改正、警告、通报批评、罚款、责令暂停相关业务、停业整顿、关闭网站、下架、处理责任人等处置处罚措施,依法打击危害国家网络安全、数据安全、侵害公民个人信息等违法行为,切实维护国家网络安全、数据安全和社会公共利益,有力保障广大人民群众合法权益。同时,加大典型案例曝光力度,形成强大声势和有力震慑,做到查处一案、警示一片,教育引导互联网企业依法合规运营,促进企业健康规范有序发展。

资料来源:中央网络安全和信息化委员会办公室.国家互联网信息办公室有关负责人就对滴滴全球股份有限公司依法作出网络安全审查相关行政处罚的决定答记者问.https://www.cac.gov.cn/2022-07/21/c_1660021534364976.htm.

本章小结

本章首先介绍了数字经济法治治理的内涵与外延;其次介绍了构成数字经济法治治理体系的三大部分,分别是网络安全治理体系、数据安全治理体系和数字经济安全风险防控体系;通过总结具体案例提炼适应数字经济发展的法治治理模式,提出了网络安全、数据安全、数字经济安全风险防控三个维度上优化数字经济发展法治化的路径,构建数字经济法治治理体系,推动数字经济发展的同时,有效防范潜在的风险。

巩固与提升

1. 什么是数字经济法治治理?
2. 简述数字经济与数据治理的内涵。
3. 如何理解"数字经济就是法治经济"?
4. 简述数据权属的法律问题。

第六篇

政　策　篇

第十二章　国内数字经济发展政策

📖 本章导读

党的十八大以来,我国坚持实施网络强国战略,对发展数字经济的重视度不断提升,相继出台了《网络强国战略实施纲要》《数字经济发展战略纲要》《"十四五"数字经济发展规划》《"十四五"大数据产业发展规划》《数字中国建设整体布局规划》等数字经济发展战略,推动实施了"互联网十"行动、大数据行动纲要、企业数字化转型、新型数字基础设施、"东数西算"等一系列数字经济发展工程,助推我国数字经济从小到大、由大到强,2022年我国数字经济规模占GDP比重超过40%。

🏆 学习目标

通过学习,应了解我国的数字经济政策沿革,意识到制定、实施数字经济发展政策的必要性和重要性。关注我国数字经济政策框架,掌握产业数字化、数字产业化和数字化治理政策相关内容,理解我国各地区数字经济政策布局,并能够剖析当前我国数字经济政策现存问题和发展动向。

第一节　我国数字经济政策概述

随着新一代信息技术驱动的数字技术的广泛而深入地应用,数字化已成为经济社会转型发展的重要驱动和核心引擎,对经济社会生活的各个方面产生了深远的影响。世界许多国家竞相将数字经济作为抢抓新一轮科技革命和产业变革的重大机遇,纷纷制定、出台战略和规划,加快构建国家竞争新优势,抢占国际竞争制高点。

一、我国数字经济政策发展脉络

通过对近年来政府工作报告中有关数字经济的论述进行梳理,现对我国发展数字经济的政策脉络进行阐述。从"数字中国"到"数字化转型",数字经济发展重点特色鲜明、日益明确,数字经济重视度愈加提升,从"互联网十"到全面数字化的发展路径日渐清晰。

如图12-1所示,2016年,《网络强国战略实施纲要》发布,提出建设网络强国"三步走"计划,我国数字经济行业发展已具雏形;2018年,我国正式发布《数字经济发展战略纲要》,明确数字经济发展基础设施、服务等方面的系统战略部署,并首提数字中国建设;2019年,《国家数字经济创新发展试验区实施方案》发布,国家数字经济创新发展试验区工作开展法规颁布;2020年,《关于推进"上云用数赋智"行动培育新经济发展实施方案》颁布,以"上云用数赋智"深入推进企业数字化转型,提出全面推进"互联网＋",打造数字经济新优势;2021年,《"十四五"大数据产业发展规划》发布,促进了我国数字经济发展所需要的底层技术的发展,提出推动产业数字化智能化改造,协同推进数字产业化和产业数字化,加快数字化发展,建设数字中国;2022年,《"十四五"数字经济发展规划》发布,从顶层设计上明确了我国数字经济发展的总体思路、发展目标、重点任务和重大举措;2023年,《数字中国建设整体布局规划》发布,明确了数字中国建设的整体战略部署。

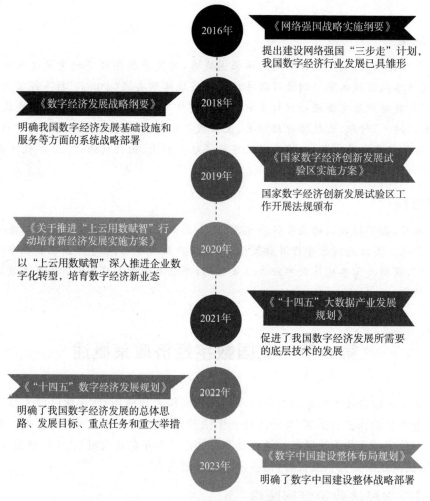

图 12-1　中国数字经济政策脉络

资料来源:前瞻产业研究院.

二、国家数字经济相关政策的发展阶段

我国国家层面数字经济相关政策的发展大致经历了三个阶段的演变历程。

第一阶段是 2015 年以前,我国信息设施发展比较薄弱,互联网进入中国之初,相关政策主要集中在信息化建设方面,包括对移动通信网络、空间信息基础设施、软件产业等信息化基础设施、服务和行业的构建和扶持。

第二阶段是 2015—2016 年,在此期间全球经济疲弱,中国经济下行压力骤增,国内经济发展进入新常态,经济增速放缓,产业结构优化升级,"互联网+"相关政策呈现快速增长势头,移动互联网时代到来,平台经济、共享经济兴起,展现出无限潜力,这促进数字经济政策大量涌现,主要集中在互联网和大数据建设方面。以 2015 年 7 月发布的《国务院关于积极推进"互联网+"行动的指导意见》为重要开端,习近平总书记围绕数字经济相关议题发表了一系列重要讲话,同时各部委密集出台了鼓励数字经济发展的相关政策和指导意见。

第三阶段是 2017 年至今,2017 年的政府工作报告中首次提及数字经济,进一步体现了中国国家层面对数字经济的高度关注,同时表明数字经济的发展已经上升到国家战略的高度。同时,"数字经济"已经连续六年出现在政府工作报告中。据统计,为促进数字经济相关产业的发展,国务院及各部委出台了 100 多项国家层面的相关政策。就政策内容而言,以产业规划和指导意见为主,形成了较为明确的产业发展方向和发展目标。地方层面也在根据自身数字经济的发展情况而不断加强对数字经济的战略引导,包括数字经济发展行动计划、产业规划、补贴政策等,至此,我国数字经济国省二级政策体系基本成型。

总体来说,我国的数字经济政策在早期以信息化建设和鼓励电子商务发展为主,包括对集成电路、软件产业、通信基础设施、电子商务、新一代信息技术的政策文件。自 2015 年起,"互联网+"相关政策呈现井喷式增长,2017 年"数字经济"一词首次出现在政府工作报告中。以《国务院关于积极推进"互联网+"行动的指导意见》为关键节点,国家层面和省市层面均出台了一系列配套政策,旨在促进数字经济相关产业发展,同时鼓励企业"走出去",在国际市场中率先建立数字经济规则。

与数字经济相关的政策大致可分为"十四五"规划、综合性政策、三年行动计划、数字化转型政策、数字政府政策、数字经济产业政策、四年行动计划、数字城市政策、高质量发展政策、人才政策、一年行动计划、数字基础设施政策以及其他等十三个类型。地方政策为响应中央出台的《"十四五"数字经济发展规划》,也纷纷依据自身优势和特点,出台本地数字经济"十四五"规划,通过发展数字经济来推动地方经济转型升级,提高城市治理水平和公共服务能力,进一步提升地方数字经济的核心竞争力。据统计,2022 年以后,中央及各地方政府出台了 137 部数字经济相关政策,其中中央 9 部,地方政府 128 部。在中央政府出台的政策文件中,数字政府、促进中小企业数字化转型、社会治理和民生数字赋能、数据安全均为发展重点。地方政府出台的政策文件中,侧重点主要包括数字产业、数据中心/基础设施和数字化转型等十个方面(见图 12-2)。

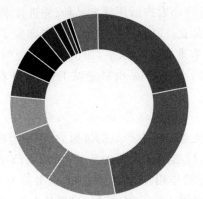

- ■ "十四五"规划
- ■ 综合型政策
- ▨ 三年行动计划
- ▨ 数字化转型政策
- ▨ 数字政府政策
- ■ 数字经济产业政策
- ■ 四年行动计划
- ■ 数字城市政策
- ■ 高质量发展政策
- ■ 人才政策

图 12-2　2022 年 1 月—2023 年 3 月数字经济相关政策类型占比

第二节　我国数字经济重点政策

近年来,我国数字经济发展的政策不断由务虚转为务实,由框架性政策深入具体领域,对数字经济发展的顶层设计已经由方向性深入到重点领域,数字经济发展的顶层设计图景不断明晰。数字化对经济变革的作用主要体现在产业数字化、数字产业化和数字化治理三条主线。因此,本节主要从产业数字化、数字产业化和数字化治理三方面剖析我国的数字经济政策发展体系。

一、产业数字化政策

产业数字化是数字技术与实体经济深度融合的系统工程。产业数字化与企业数字化转型密切相关,主要指数字技术对传统产业设计、生产、销售、管理、服务等全生命周期的升级改造,是在数据要素驱动和各类要素协调配置下,数字技术与实体经济深度融合的系统工程,即通常所说的数实融合。

产业数字化对产业效率提升、产业结构优化、生产方式升级等均具有不容忽视的推动作用,是拉动经济增长的核心动力,在数字经济中占据主导地位,因此我国通过制定三大产业领域的相关政策来推动产业转型升级,助力数字经济健康良好发展。

(一)农业政策

与国外相比,我国农业产业数字化起步较晚,早期的发展以政府政策引导和资金支持为主。1998 年,中国科学院院士大会和中国工程院院士大会提出了发展"数字中国"战略。随后,全面展开"数字农业""数字城市""数字水利"等领域的探索与研究。

1. 智慧农业方面

为利用好互联网提升农业生产、经营、管理和服务水平,2015 年,《国务院关于积极推进"互联网＋"行动的指导意见》出台,提出要发展"互联网＋"现代农业,培育一批网络化、智能化、精细化的现代"种养加"生态农业新模式。2019 年 2 月,《关于促进小农户和现代农业发展有机衔接的意见》发布,该文件指出,要加强小农户科技装备应用,建立健全产业农村社会化服务体系,实施科技服务小农户行动,支持小农户运用优良品种、先进技术、物质装备等发展智慧农业、设施农业、循环农业等现代农业。2022 年 6 月,江西省印发了《江西省"十四五"数字经济发展规划》,强调要大力提升农业数字化水平,加快智慧农业"123＋N"平台建设,建设农业物联网示范基地,实施"互联网＋"农产品出村进城工程,提升农业生产、加工、销售、物流等各环节的数字化水平。

2. 农业电子商务方面

农业电子商务发展迅猛,正在深刻改变着传统农产品的流通方式,成为加快转变农业发展方式、完善农产品市场机制、推动农业农村信息化发展的新动力,日益凸显对发展现代农业、繁荣农村经济、改善城乡居民生活水平的作用。2019 年 6 月,国务院发布了《关于促进乡村产业振兴的指导意见》,该文件提出,要深入推进"互联网＋"现代农业,全面推进信息进村入户,实施"互联网＋"农产品出村进城工作,推动农村电子商务公共服务中心和快递物流园区发展。

2021年以后,农村电商的发展进入"数商兴农"高质量发展新阶段。2021年10月,《电子商务"十四五"发展规划》出台,明确将电子商务与一、二、三产业加速融合,全面促进产业链供应链数字化改造,成为助力传统产业转型升级和乡村振兴战略的重要力量。2021年中央一号文件提出,应加快完善县、乡、村三级农村物流体系,改造提升农村寄递物流基础设施,深入推进电子商务进农村和农产品出村进城。2022年的中央一号文件提出,要实施"数商兴农"工程,推进电子商务进农村,这是发展农村电商的新举措,也是农村电商发展的新方向。

"数商兴农"是发展数字商务振兴农业的简称。"数商兴农"就是充分释放数字技术和数据资源对农村商务领域的赋能效应,全面提升农村商务领域的数字化、网络化、智能化水平,推动农村电子商务高质量发展,进而支持和促进农业生产发展与乡村产业振兴。

农村电商的快速发展,有力促进了农村消费升级、消费品下乡、农产品出村,电商示范服务中心、农村电商产业园、电商产品生产基地、直播基地、网红小镇等建设快速发展,平台电商、垂直电商、内容电商、乡村团购、直播电商、兴趣电商等新产业新业态新模式在乡村遍地开花。电商也改变了农民的观念和习惯,提升了农村的生活品质,缩小了城乡差距。农村电商对助力乡村振兴战略的作用日益凸显。下一阶段,农村电商应以实现自身高质量发展为基础,以带动农村产业发展、助力乡村振兴战略为核心目标,大力培育农村电商"新农人"和相关企业,继续补齐基础设施短板,加强规范与引导,实现农村电商可持续健康发展。

✐ 案例

湖北省五峰土家族自治县农村电子商务助推兴业富农

我国高度重视农村电商发展,近年来颁布了包括《中华人民共和国电子商务法》在内的多个法规和政策文件,有力推动农村电商发展,各类社会资源投资参与农村电商建设热情不减,农村电商的发展取得可喜的成绩。

湖北省五峰土家族自治县是典型的山区农业县,农业人口占全县总人口的70%。五峰特色产业资源丰富,但产品销售渠道不畅、市场价格不高,制约了产业的发展。近几年该县紧抓机遇,大力发展农村电子商务。

一是严控网销农产品质量。建立了包括可视化实时监管系统、农产品质量溯源系统和快速检测检验中心等在内的网货质量监管体系,确保网销农产品安全。

二是重点培育本土电商龙头企业。充分调动社会资源,在电商增值培训、政策扶持、发展规划、融资服务、环境建设等方面给予重点倾斜,加速形成满足市场需求、集约化、现代化的特色产业,提升特色产品市场竞争力。

三是深挖好山货,培育好品牌。一方面推进产品大数据建设,将全县2623种产品统一建库,进行开发培育;另一方面完成40多个本土网货品牌注册,五峰茶叶、牛庄天麻、土家腊肉等一批绿色农产品走出大山。

四是对接电商平台。建立本土电商平台"五峰蓝",先后在供销E家、当当网、京东等平台开通五峰地方特色馆,积极对接天猫、苏宁、1号会员店、一亩田、"832平台"等交易平台,拓宽五峰茶叶等特色农产品、手工艺品的线上销售渠道。

五是建设大物流。优化物流服务平台,建立三条物流专线,由县电商物流公共服务中心统一调配、协同配送,实现快递 24 小时到乡镇、48 小时到村,快递物流价格下降 55%,县内运输时效平均缩减 16 小时。

六是探索新模式。通过"电商企业＋合作社＋农户"模式,积极完善农产品产业链,合作社与农户签订包销协议,发展订单农业,统一提供种子、技术指导、回购包装等,线上与线下共同发力,扩宽农产品销售渠道,提高农产品交易速度。

目前,五峰已建成较为完善的县、乡、村三级电商公共服务体系,涌现出五峰印象、采花毛尖、万绿电商、五峰老腊味、重泰磨具等一批电子商务龙头企业,全县电商从业人员 5600 多人,带动就业人员超过 3000 人,2021 年网络零售额总额达 5.71 亿元,较 2020 年增长近 20%,其中农产品网络零售总额为 3.25 亿元,比 2020 年增长 29.48%。

(二)工业政策

近年来,我国全力推进工业与数字经济融合发展,先后制定出台了《国务院关于积极推进"互联网＋"行动的指导意见》《国务院关于深化制造业与互联网融合发展的指导意见》《加强工业互联网安全工作的指导意见》等一系列政策文件。这些决策部署和规划政策,为我国工业数字化转型指明了方向,提出了要求,增添了动力。

1. 智能制造方面

制造业是我国立国之本、兴国之器、强国之基。作为制造业大国,我国十分重视国内制造业的转型升级。随着 5G 等新一代通信与信息技术的不断发展,制造业的智能化发展成为我国制造业的重点发展方向。2015 年 7 月,《国务院关于积极推进"互联网＋"行动的指导意见》发布,该文件提出,将推动互联网与制造业融合,提升制造业数字化、网络化、智能化水平,发展基于互联网的协同制造新模式;大力发展智能制造,以智能工厂为发展方向,开展智能制造试点示范,加强工业大数据的开发与利用,有效支撑制造业智能化转型。2021 年 12 月,工业和信息化部公布了《"十四五"智能制造发展规划》。《规划》提出,"十四五"及未来相当长一段时期,应推进智能制造,要立足制造本质,紧扣智能特征,以工艺、装备为核心,以数据为基础,依托制造单元、车间、工厂、供应链等载体,构建虚实融合、知识驱动、动态优化、安全高效、绿色低碳的智能制造系统,推动制造业实现数字化转型、网络化协同及智能化变革。

2. 工业互联网方面

工业互联网是新一代信息通信技术与工业经济深度融合的新型基础设施、应用模式和工业生态,通过对人、机、物、系统等的全面连接,构建起覆盖全产业链、全价值链的全新制造和服务体系,为工业乃至产业数字化、网络化、智能化发展提供了实现途径,是第四次工业革命的重要基石。

工业互联网不是互联网在工业的简单应用,它以网络为基础,以平台为中枢,以数据为要素,以安全为保障,既是工业数字化、网络化、智能化转型的基础设施,也是互联网、大数据、人工智能与实体经济深度融合的应用模式,同时是一种新业态、新产业,将重塑企业形态、供应链和产业链。工业互联网是制造业转型升级的发展趋势。

为深入推进"互联网＋先进制造业",规范和指导我国工业互联网发展,2017 年 11 月,国务院印发了《关于深化"互联网＋先进制造业"发展工业互联网的指导意见》。该文件提出,应加强工业互联网标识,解析体系顶层设计,加快工业互联网平台建设,加快构建工业互联网标准体系,加大关键共性技术的攻关力度。2020年3月,《工业和信息化部办公厅关于推动工业互联网加快发展的通知》发布。该文件提出,要加快工业互联网等新型基础设施建设,推动工业互联网在更广范围、更深程度、更高水平上融合创新,培植壮大经济发展新动能,支撑实现高质量发展。2023年11月,工业和信息化部办公厅印发《"5G＋工业互联网"融合应用先导区试点工作规则(暂行)》《"5G＋工业互联网"融合应用先导区试点建设指南》,提出统筹利用5G、工业互联网、信息化、技术改造升级等各类支持资金,加大对"5G＋工业互联网"的支持力度,鼓励以5G、工业互联网的应用情况衡量企业的信息化发展水平。

(三) 服务业政策

生活性服务业是促消费、惠民生、稳就业的重要领域。应通过数字化赋能推动生活性服务业高质量发展,以数字化驱动生活性服务业向高品质和多样化升级,增强消费对经济发展的基础性作用,助力数字中国建设,更好满足人民日益增长的美好生活需要。

1. 电子商务方面

电子商务是通过互联网等信息网络销售商品或者提供服务的经营活动,是数字经济和实体经济的重要组成部分。我国电子商务已深度融入生产生活各领域,在经济社会数字化转型方面发挥了举足轻重的作用。2017年8月,《国务院关于进一步扩大和升级信息消费持续释放内需潜力的指导意见》印发。该文件提出,将提高信息消费供给水平,培育基于社交电子商务、移动电子商务及新技术驱动的新一代电子商务平台,建立完善新型平台生态体系,积极稳妥推进跨境电子商务发展。2018年8月,《中华人民共和国电子商务法》出台。该文件鼓励发展电子商务新业态,创新商业模式,促进电子商务技术的研发、推广和应用,推进电子商务诚信体系建设,营造有利于电子商务创新发展的市场环境。2019年10月,《国务院关于进一步做好利用外资工作的意见》印发。该文件提出,应完善电子商务知识产权保护机制。

2. 互联网金融方面

互联网金融是传统金融机构与互联网企业利用互联网技术和信息通信技术实现资金融通、支付、投资和信息中介服务的新型金融业务模式。2019年1月,《关于金融服务乡村振兴战略的指导意见》发布。该文件提出积极实施互联网金融服务"三农"工程,着力提高农村金融服务覆盖面和信贷渗透率;规范互联网金融在农村地区的发展,积极运用大数据、区块链等技术,提高涉农信贷风险的识别、监控、预警和处置水平。2019年12月,《中国银保监会关于推动银行业和保险业高质量发展的指导意见》印发。该文件提出,增强金融产品创新的科技支撑,银行保险机构要夯实信息科技基础,建立适应金融科技发展的组织架构、激励机制、运营模式,充分运用人工智能、大数据、云计算、区块链、生物识别等新兴技术,改进服务质量,大力发展移动互联网终端业务,探索构建互联网金融服务平台。2022年1月,《金融科技发展规划(2022—2025年)》发布,提出开展金融数字化转型提升工程,构建金融数字化能力成熟度评估体系和优秀实践专栏库,强化国际合作与交流互鉴,推动金融数字化转型从多点突破迈入深化发展新阶段。

✏️**案例**

浙江省电子商务发展成效

近年来,浙江省主动顺应商业新模式、新业态发展的时代潮流,紧抓电子商务发展机遇,出政策、构体系、搭平台、促应用,不断推动电子商务发展取得新进展,电子商务在壮大数字经济、助力乡村振兴、带动创新创业、促进经济转型升级等诸多方面发挥了重要作用,成为推动浙江省经济高质量发展的新引擎。

浙江省的电子商务市场交易平稳增长。2022年,浙江省网络零售市场总体稳步增长,实现网络零售额2.7万亿元,同比增长7.2%,规模稳居全国第二,有效拉动内需;跨境电商发展取得显著成效,实现跨境电商进出口4222.8亿元,同比增长18.7%,有效助力外贸转型升级;直播电商蓬勃发展,实现直播电商交易规模7785.2亿元,同比增长27.4%,交易规模位居全国前列;农村电商交易规模不断创新高,实现农村网络零售额11681.8亿元,同比增长8.2%。

电商平台经济快速发展。2022年,浙江省电商平台交易量和第三方支付能力位居全国第一,杭州拥有电商"独角兽"企业39家,"准独角兽"317家,宁波等地也培育出一批较好的本土化生活服务平台。省商务厅认定百家省级重点培育平台,建立赴重点平台"值班"制度,深度剖析电商面临的新形势、新挑战和新对策,明确把"擦亮浙江电商金名片,推动电商高质量发展"作为当前工作主线。

跨境电商助力品牌出海。2020—2022年省级专项激励资金累计投入2亿元。实施"店开全球""品牌出海""独立站领航""海外仓建设"专项行动,认定92个省级知名品牌,出口活跃网店达17.6万家,亿元销售企业达到440家。推进物流体系建设,嘉兴、舟山等地开通机场异地货站。成功举办全球跨境电商峰会等标志性展会,支持亚马逊、阿里等平台和服务商举办商家活动。

下一步,浙江省将继续以电子商务等新兴业态为牵引,以赋能市场主体经济活动为核心,持续培育、引进电子商务领域的先进企业参与浙江省数字经济发展,着力推动跨界融合、线上与线下融合、国内外市场融合,加快引导各领域向信息化、数字化、智能化方向发展,努力为浙江省建设现代化经济体系提供新动能。

3. 中小企业转型政策

中小企业受资金、技术、人才等因素制约,数字化转型方面,不敢转、不愿转、不想转、不会转的问题和矛盾依然突出,数字化转型步伐整体落后于大型企业,加速推进和助力中小企业数字化转型是当前我国数字化转型的难点,也是痛点,更是突破数字化发展短板的当务之急。我国多层面助力中小企业数字化转型。2020年,国家发展改革委、中央网信办印发《关于推进"上云用数赋智"行动,培训新经济发展实施方案》。2022年,工业和信息化部发布《中小企业数字化水平评测指标》和《中小企业数字化转型指南》,以及还在进行中的"数字化转型伙伴行动"等均是助力中小企业数字化转型的重要举措。

伴随数字经济快速发展,产业数字化转型进入改革攻坚期,传统产业的数字化转型已经成为决定我国数字经济发展质量及效益的关键瓶颈。然而,传统产业数字化转型是一个涉及很多方面的系统工程,数字化转型绝非一蹴而就的短期工程,需要持续不断聚焦传统产业数字化转型的基础设施、组织再造、流程重组等方面持续发力,因此,加速推动传统产业数字化转型仍是今后较长一段时期的政策及工作重点之一。

二、数字产业化政策

数字产业化是指为产业数字化发展提供数字技术、产品、服务、基础设施和解决方案,以及完全依赖于数字技术、数据要素的各类经济活动,属于数字经济核心产业的范畴。

数字产业化广泛作用于经济社会生活的各个方面,加速重构生产、分配、流通、消费等经济活动的数字化、网络化、智能化运作体系。数字产业化的创新成果,如高德打车、阿里云计算等新兴业态,持续向经济社会各领域全过程渗透融合,既推动传统产业的数字化转型,又促进数字经济蓬勃发展,为数字经济发展注入发展活力与动力。

(一) 数字技术政策加快完善

伴随物联网、云计算等技术快速发展,我国出台了数字经济相关政策,深化数字技术研发应用,促进新兴产业加快发展。

2016年,《"十三五"国家信息化规划》首次将区块链作为战略性前沿技术列入国家级战略规划。2019年1月,国家互联网信息办公室发布《区块链信息服务管理规定》,旨在明确区块链信息服务提供者的信息安全管理责任,规范和促进区块链技术及相关服务健康发展,规避区块链信息服务安全风险,为区块链信息服务的提供、使用、管理等提供有效的法律依据。2019年7月,国家互联网信息办公室、国家发展和改革委员会联合印发了《云计算服务安全评估办法》,旨在提高党政机关关键信息基础设施运营者采购使用云计算服务的安全可控水平,降低采购使用云计算服务带来的网络安全风险,增强党政机关、关键信息基础设施运营者将业务及数据向云服务平台迁移的信心。2020年3月,重庆市发布了《关于统筹推进城市基础设施物联网建设的指导意见》,提出"推进物联网在城市基础设施领域的应用和发展,有利于促进城市基础设施建设向精细化、信息化、智能化方向转变,对于提升建设行业管理和公共服务水平,推动产业结构调整和发展方式转变具有十分重要的意义",将在扎实有序推进城市基础设施物联网建设,打造万物互联的城市基础设施数字体系,全面提升信息化、智能化水平的指导思想下,重点发展"物联网+智慧排水""物联网+智慧路网""物联网+智慧停车""物联网+智慧管网"等"物联网+"其他城市基础设施。2022年,中央网络安全和信息化委员会发布《"十四五"国家信息化规划》,提出建立高效利用的数据要素资源体系。"十四五"时期,应充分发挥数据的基础资源作用和创新引擎作用,精准谋划、有序推进数据资源开发利用,促使数据要素价值释放迈上新台阶,为网络强国、数字中国、智慧社会建设奠定坚实基础。

(二) 数据政策不断优化

近年来,我国逐渐认识到发展大数据的重要性,已加快推进大数据与实体经济融合发展。2014年,大数据被首次写入政府工作报告。从这一年起,大数据逐渐成为各级政府关注的热点,政府数据开放共享、数据流通与交易、利用大数据保障和改善民生等概念逐渐深入人心。2015年8月,国务院印发了《促进大数据发展行动纲要》(以下简称"《行动纲要》"),《行动纲要》继而成为作为我国推进大数据产业发展的战略性、指导性文件,充分体现了国家层面对大数据发展的顶层设计和统筹布局,为我国大数据应用、产业和技术的发展提供了行动指南。

1. 大数据开放应用

各省市重视公共大数据开放,致力于推进大数据开放发展,提升大数据使用效率和多元化数据开放质量。2021年9月,甘肃省印发了《甘肃省"十四五"数字经济创新发展规划》,持续完善甘肃省数据共享交换平台体系,加强政务信息共享应用。探索运用数据沙箱、多方安全计算、联邦学习等新技术,建立公共数据定向开放和开发利用机制,促进政务数据库和公共数据库依法合规向社会开放,深化公共数据资产化开发利用。2024年1月,国家数据局会同有关部门制定了《"数据要素×"三年行动计划(2024—2026年)》,提出推动科学数据有序开放共享,促进重大科技基础设施、科技重大项目等产生的各类科学数据互联互通,支持和培育具有国际影响力的科学数据库建设,依托国家科学数据中心等平台强化高质量科学数据资源建设和场景应用。

2. 大数据保障措施

为推动大数据健康发展,我国各省市建立了大数据发展标准体系,采取了保障措施。2016年2月,浙江省出台了《"十四五"大数据产业发展规划》,围绕数据资源、基础硬件、通用软件、行业应用、数据安全等大数据产业链环节,积极培育大数据企业主体。该省在工业与信息化重点领域提升发展工作中,对城市发展云计算大数据产业予以专项资金支持。并积极参与大数据关键共性技术国际标准、国家标准、行业标准的制(修)订工作,推进大数据产业标准体系重设,探索建立大数据市场交易标准体系。2021年12月,贵州省出台了《贵州省"十四五"数字经济发展规划》,提出要落实《贵州省实施大数据战略行动问责暂行办法》,运用综合评价、目标考核、政策审计等手段,及时跟踪督办数字经济推进过程中存在的困难和问题。基于大数据产业统计核算体系研究成果,建立数字经济发展评估体系,综合运用第三方评估、社会监督评价等多种方式,科学评估建设效果。

(三)产业政策持续推进

数字领域政策是引导、激励和规范数字化发展的重要抓手,是加快数字中国建设的重要保障。国家和各省市为数字中国建设搭建顶层设计框架,为当前以及未来一段时间提升数字中国建设的整体性、系统性和协同性作出总体安排。

1. 提升产业核心竞争力

2017年7月,《国务院关于印发新一代人工智能发展规划的通知》作出了面向2030年我国人工智能发展的战略性部署,确立了"三步走"战略目标:到2020年,人工智能总体技术和应用与世界先进水平同步;到2025年,人工智能基础理论实现重大突破、技术与应用部分达到世界领先水平;到2030年,人工智能理论、技术与应用总体达到世界领先水平。按照"构建一个体系、把握双重属性,坚持三位一体、强化四大支撑"布局,形成人工智能健康持续发展的战略路径。2019年8月,科学技术部印发了《国家新一代人工智能开放创新平台建设工作指引》,提出通过建设开放创新平台,着力提升技术创新研发实力和基础软硬件开放共享服务能力,鼓励各类通用软件和技术的开源开放,支撑全社会创新创业人员、团队和中小微企业投身人工智能技术研发,促进人工智能技术成果的扩散与转化应用,使人工智能成为驱动实体经济建设和社会事业发展的新引擎。

2. 突破产业核心技术

各地重视基础前沿技术攻关,提升数字产业核心基础技术支撑能力。2019 年 7 月,辽宁省大连市发布了《大连市新一代人工智能发展规划》,提出加快构建具有大连特色的人工智能自主创新体系,突出研发部署前瞻性,在重点前沿领域探索布局,并进行长期支持。增强人工智能原始创新能力,力争在理论、方法、工具、系统等方面取得突破,实现高端引领发展。2018 年 5 月,安徽省印发了《安徽省新一代人工智能产业发展规划(2018—2030 年)》,将加强人工智能基础理论和核心技术研发,每年编制人工智能基础理论和核心技术导向计划,指导企业、高校、科研院所等组织实施人工智能技术重大科技专项。2020 年 8 月,湖北省发布了《湖北省新一代人工智能发展总体规划(2020—2030 年)》,提出"推动人工智能与机械、电气、光电子、测绘遥感、认知科学、心理学、经济学、社会学等相关基础学科的交叉融合,加强支撑人工智能发展的数学基础理论研究,积极开展人工智能法律伦理的基础理论问题研究,在基础研究领域形成一批原创性成果",强化应用基础研究与前沿理论研究。

3. 推动产业化应用

各省(直辖市)积极推进人工智能等数字技术产业化应用,并优化人工智能产业布局。

2020 年 3 月,辽宁省出台了《辽宁省新一代人工智能发展规划》,提出并推进在人工智能领域建设若干国内领先的科技创新平台。支持和鼓励省内高校和科研院所设立人工智能相关学科,成立人工智能研究院,引导相关领域科技创新平台充分发挥聚集人才、资金等创新资源的作用,开展人工智能基础前沿理论和关键共性技术研究,并进行应用示范。2023 年 10 月,安徽省发布了《安徽省通用人工智能创新发展三年行动计划(2023—2025 年)》,提出推动通用大模型能力率先赋能智慧政务、智慧教育、智慧医疗、智慧政法、智慧办公、工业互联网等有应用基础的领域,形成成熟产品,列入本省"三新"产品目录。对获评"三首"产品的,列入"三首产品推广应用指导目录",适合政府采购的推荐进入安徽省"三首"产品馆,按规定享受相关采购支持政策。打造安徽省通用人工智能产业应用标杆,力争逐步在全国范围内推广应用。

✍ **案例**

上海的 AI 产业雄心

上海市作为"长三角"经济圈中心,拥有雄厚的技术创新资源。目前,上海规模以上的 AI 企业数量已经达到 350 家,5 年来几乎翻了一番;产值达到 3800 多亿元,几乎是五年前的 3 倍;而产业人才更是达到 23 万,约占全国的三分之一。

这些成绩与上海在人工智能方面的提前谋划、长期布局密不可分。早在 2017 年,上海就发布了《关于本市推动新一代人工智能发展的实施意见》,首次将 AI 上升为上海优先发展战略。此后,又相继制定了《关于加快推进人工智能高质量发展的实施办法》《关于建设人工智能上海高地 构建一流创新生态的行动方案(2019—2021 年)》《上海市人工智能产业发展"十四五"规划》等重要文件。

2022 年 9 月 22 日,《上海市促进人工智能产业发展条例》正式公布,这也是全国人工智能领域的首部省级地方性法规。

在组织保障方面,上海成立了人工智能产业工作领导小组、上海市人工智能战略咨询专家委员会;在资源整合方面,上海建设了全国首个人工智能创新应用先导区、国家新一代人工智能创新发展试验区;在生态体系方面,上海相继成立了市人工智能行业协会、全球高校人工智能学术联盟、青年 AI 科学家联盟等行业组织。

同时,上海高度重视发挥自身作为国际金融中心的优势,为 AI 产业发展提供源源不断的活水。比如,成立上海人工智能产业投资基金,推动一批领军企业科创板上市;给予 AI 关键技术项目不超过项目投资 30％的资金支持;鼓励民企投资 AI 基建,提供利息补贴;发放"AI 算力券",重点支持租用市智能算力且用于核心算法创新、模型研发的企业……

当前,上海人工智能产业正处在从局部探索到整体推进、从试点应用到赋能百业、从以会聚智到兴业引才的"蝶变期"。牢牢把握人工智能等新科技革命浪潮,不仅有助于加快推动上海的科技跨越发展、产业优化升级、生产力整体跃升,还将为建设具有世界影响力的现代化国际大都市注入澎湃动力。

资料来源:打造人工智能"上海高地",上海正在做什么.澎湃新闻,https://news.cctv.com/2023/07/08/ARTIV8GuPiroS1Fr9Ogh4SS8230708.shtml.

(四)数字基础设施政策升级

数字基础设施除了包括信息基础设施,还包括电网、水网、物流等传统基础设施的数字化转型。在数字经济时代,传统基础设施的数字化、网络化、智能化程度不断提高,需提供与数字经济相适应的基本功能,支撑新业态、新模式的孵化与商业模式的创新。因此,有必要推进数字基础设施政策,强化数字经济发展支撑。

稳定的网络基础设施、强大高效的算力基础设施等数字基础设施,是数字经济健康可持续发展的先决条件,更是数字中国建设的前提条件。不断深入实施的"宽带中国"战略,持续推进的网络提速降费,全面开展的"互联网＋",后续的数字化新基建等均是我国在不同阶段着力夯实数字基础设施、扫清数字经济发展障碍的重要战略举措。

2019 年 3 月,工业和信息化部、公安部等 24 个部门联合印发了《关于推动物流高质量发展促进形成强大国内市场的意见》。该文件提出将实施物流智能化改进行动,大力发展数字物流,加强数字物流基础设施建设,加强信息化管理系统和云计算、人工智能等信息技术应用,提高物流软件的智慧化水平。2019 年 9 月,中共中央、国务院发布了《交通强国建设纲要》。该文件提出要发展"互联网＋"高效物流,创新智慧物流的经营与运行模式。2022 年 1 月,国家发展和改革委联合国家能源局印发《"十四五"现代能源体系规划》,提出加快能源领域关键核心技术和装备攻关,推动绿色低碳技术重大突破,加快能源全产业链数字化智能化升级,统筹推进补短板和锻长板,加快构筑支撑能源转型变革的先发优势。2023 年 2 月,中共中央、国务院印发了《数字中国建设整体布局规划》,明确提出:数字中国建设必须要有强大的数字基础设施作为支撑,指出应从两方面夯实数字中国建设基础的数字基础设施建设路径。一是打通数字基础设施大动脉,主要是发力建设网络基础设施和算力基础设施。二是畅通数据资源大循环,应着重推进内容数据开放和循环,让数据资源流动起来。

三、数字化治理政策

随着移动互联网的发展,社会治理模式正在从单向管理转向双向互动,从线下治理转向线上与线下相融合,从单一的政府监管向更加注重社会协同治理转变。目前,数字经济蓬勃发展,数字技术在提升经济运行效率、重塑社会形态时,也给传统治理理念、治理模式、治理手段等带来巨大挑战。我国政府高度重视数字化治理,主要从多元共治、技管结合和数字化公共服务三方面提升数字经济治理能力。

(一)引导多元共治

在数字经济时代,平台成为经济社会协调和配置资源的基本单元,在平台上,用户、消费者、第三方、政府等广泛参与,形成一种生态,极大激发了多方参与治理的能动性,平台治理责任与义务更加突出。

2015年开始,多元共治成为我国政府治理政策中的重要内容,它主要应用于市场监管、质量安全、贸易仲裁调解等领域。随着"互联网+"、共享经济等新模式、新业态的快速涌现,多元共治成为数字化治理的重要议题。2018年,十三届全国人大常委会第五次会议制定电子商务法的议案中,首次提出"明确电子商务经营者的范围,建立多元共治的管理模式,营造公平有序的竞争环境,加强个人信息保护和交易安全保障,明确各方主体责任,处理好电子商务法与民法总则、消费者权益保护法等法律的关系等",并在电子商务法中体现。自此,多元共治的理念正式应用于数字经济领域,平台被纳入治理体系,推动多元共治成为数字经济核心治理方式及政策关注的焦点。

从政策内容来看,多元共治政策主要包括两部分:一是落实平台责任,将平台纳入治理体系,充分履行平台在数字治理中的作用及义务;二是充分调动数字化治理中的各方力量参与治理。交通运输部等七个部门联合发布《关于加强网络预约出租汽车行业事中事后联合监管有关工作的通知》。该文件提出,要完善协作机制,密切沟通配合,探索建立政府部门、企业、从业人员、乘客及行业协会共同参与的多方协同治理机制,共同推动网约车行业健康发展。2019年,《国务院办公厅关于促进平台经济规范健康发展的指导意见》印发。该文件明确提出,鼓励行业协会、商会等社会组织出台行业服务规范和自律公约,开展纠纷处理和信用评价,构建多元共治的监管格局。2020年3月,江苏省发布《关于促进平台经济规范健康发展的实施意见》。该文件提出,应清晰界定平台企业的责任边界,落实平台运营企业的主体责任,鼓励、支持平台运营企业制定涉及平台内经营者、消费者、第三方服务商等各参与主体的行为规则,维护交易秩序和平台生态环境;合理界定政府监管、平台治理和平台内经营者的责任,避免平台企业责任无限时扩大,防止平台治理责任转嫁。

✏️**案例**

贵州大数据智库平台助推政府管理和社会治理创新

2018年1月,在贵州贵安新区举行的"政产学研"大数据融合应用(贵州)研讨会上,由贵州省政府与中国知网联合打造的"贵州大数据智库平台"正式发布。这一平台将推进政府管理和社会治理模式创新。

贵州大数据智库平台的核心理念是以大数据驱动为基础,以服务政府智慧决策为核心,以新一代信息技术和人工智能为支撑,打通"云上贵州"56朵云(46朵专题云、9朵市州云和1朵贵安新区云)各平台之间的数据及业务通道,汇聚数据、知识、专家、知网、"云上贵州"平台等资源,面向贵州省各级政府的科学决策,提供针对具体问题的全过程精确知识服务和决策支撑数字化报告。

近年来,贵州省大力实施大数据战略行动,以大数据引领经济转型升级,提升政府治理能力,服务改善民生,实现了大数据的跨越式发展。贵州省政府大力实施"数字贵州"建设,推进大数据与实体经济、政府治理和社会管理深度融合发展。贵州省与中国知网合作,是集中各方面的智慧、凝聚最广泛的力量来建立以大数据辅助科学决策和社会治理的机制,推进政府管理和社会治理模式创新,最终实现政府决策科学化、社会治理精准化、公共服务高效化。

资料来源:贵州大数据智库平台:助推政府管理和社会治理创新.新华社,https://www.sohu.com/a/217816032_734862.

(二)加大技管结合

随着大数据、人工智能等应用的不断深入,适应信息技术快速发展趋势,强化技管结合,应用数字化手段提升政府的治理能力与管理水平,成为近年来各级政府高度关注的政策重点。早在 2011 年,全国政务公开领导小组发布了《关于开展依托电子政务平台加强县级政府政务公开和政务服务试点工作的意见》。该文件指出,通过试点方式,以统一的电子政务平台为载体,推进行政权力公开透明运行,逐步实现政务服务均等化,全面提高县级政府政务公开和政务服务水平,探索利用数字化手段提高基层的政务服务能力。

2020 年 1 月,上海市出台《加快推进上海金融科技中心建设实施方案》。文件指出,将持续深化金融市场科技应用,运用区块链技术,加快票据交易全流程数字化建设;运用数据估值、高性能计算等技术,推进民营企业债券融资支持工具发行和清算结算。2021 年 12 月,国家发展改革委印发《"十四五"推进国家政务信息化规划》,强调要顺应数字化转型趋势,以数字化转型驱动治理方式变革,充分发挥数据赋能作用,全面提升政府治理的数字化、网络化、智能化水平。要加快转变政府职能,加强新技术创新应用,推动政府治理流程再造和模式优化,不断提高决策科学性和行政效率。

(三)完善公共服务

数字技术加速向经济生活各领域拓展,渗透到人类生活的各个方面,带动并逐步形成数字化社会,为数字化公共服务提供广阔的空间。各级政府纷纷加快数字化公共服务政策实施,具体包括以下智慧城市、医疗健康和交通等三方面。

1. 智慧城市管理方面

智慧城市是以发展更科学、管理更高效、生活更美好为目标,以信息技术和通信技术为支撑,通过透明、充分的信息获取,广泛、安全的信息传递和有效、科学的信息处理,提高城市运行效率,改善公共服务水平,形成低碳城市生态圈而构建的新形态城市。

随着科技的飞速发展和信息化社会的到来,智慧城市已成为今后城市规划的新方向。应用互联网、物联网、云计算和大数据等技术,汇聚城市人口、建筑、街道、环境、交通等数据信息,加强智慧城市统筹,提升电力、燃气、交通、水务、物流等公共基础设施精细化管理等,这些都是各地政府积极推动的政策方向。2020 年 2 月,上海市印发《关于进一步加快智慧城市建设的若干意见》,提出要将上海市建设成为全球新型智慧城市的"排头兵"、国际数字经济网络的重要枢纽,并强调统筹完善"城市大脑"架构,依托上海市大数据中心的定位,优化公共数据采集质量,实现公共数据集中汇聚,建立健全跨部门数据共享流通机制,加快"一网通办""一网统管"这"两张网"的建设。2022 年 5 月,由国家工业信息安全发展研究中心等五部门共同编制的《依托智慧服务　共创新型智慧城市——2022 智慧城市白皮书》发布,指出智慧城市基础设施(如物联网、环境传感器、全光网络、5G 全覆盖、人脸识别与物体识别摄像头、智能抄表、车联网等)将是智慧城市的重点投向。同时,智慧城市投资将会从物理延伸到数字世界,智慧城市基础设施将不再只是道路、高架桥、水电等,而是承载了城市管理的信息基础设施,这些信息基础设施将逐步与物理基础设施实现物网融合。

2. 医疗健康方面

近年来,随着互联网技术的不断纵深发展,大数据以及人工智能等的研发应用,医疗健康领域的数字化正迎来发展的"春天"。2018 年 4 月,《国务院办公厅关于促进"互联网＋医疗健康"发展的意见》发布,从健全"互联网＋医疗健康"服务体系、完善"互联网＋医疗健康"支撑体系、加强行业监管和安全保障等方面,全面布局互联网技术在医疗健康领域的应用。2023 年 3 月,中共中央办公厅、国务院办公厅印发了《关于进一步完善医疗卫生服务体系的意见》,提出要建设面向医疗领域的工业互联网平台,加快推进互联网、区块链、物联网、人工智能、云计算、大数据等在医疗卫生领域中的应用,加强健康医疗大数据共享交换与保障体系建设。建立跨部门、跨机构公共卫生数据共享调度机制和智慧化预警多点触发机制。推进医疗联合体内信息系统的统一运营和互联互通,加强数字化管理。加快健康医疗数据安全体系建设,强化数据安全监测和预警,提高医疗卫生机构数据的安全防护能力,加强对重要信息的保护,充分发挥信息技术支撑作用。

此外,湖北、河北、四川等省(自治区、直辖市)分别发布各省《关于促进"互联网＋医疗健康"发展的实施意见》。该政策内容覆盖加快全民健康信息平台及数据库建设、健全医疗标准体系、建立电子健康档案及电子病历等内容。云南、安徽等 13 个省(自治区、直辖市)分别发布了各地《关于促进和规范健康医疗大数据应用发展的实施意见》,提出要规范和推动健康医疗大数据融合共享、开放应用,实现促进跨机构、跨地区、跨行业的信息系统互联共享和业务协同、医疗健康数据精准汇聚和集成共享、推进健康医疗大数据应用创新等发展目标。数字健康发展兼具普惠性和国际性,既使全体人民共享数字经济发展的红利,又助力打造具有国际竞争力的数字产业集群,提升国际影响力。

3. 交通方面

近年来,在移动互联网、物联网、车联网等技术的驱动下,交通领域发生了颠覆性的变革,大力发展数字交通,形成以数据为关键要素和核心驱动,促进物理和虚拟空间的交通运输活动不断融合、交互作用的现代交通运输体系势在必行。

2015 年 7 月,《国务院关于推进"互联网＋"行动的指导意见》将"互联网＋流通"列为十一大行动之一。2019 年 9 月,中共中央、国务院印发《交通强国建设纲要》,提出应大力发展智慧交通,推动大数据、互联网、人工智能、区块链、超级计算等新技术与交通行业深度融合;推进数据资源赋能交通发展,加速交通基础设施网、运输服务网、能源网与信息网络的融合发展,构建泛在、先进的交通信息基础设施;构建综合交通大数据中心体系,深化交通公共服务和电子政务发展;推进北斗卫星导航系统应用。2021 年 12 月,国务院印发《"十四五"现代综合交通运输体系发展规划》,明确要稳步推进 5G 等网络通信设施覆盖,提升交通运输领域信息传输覆盖度、实时性和可靠性。在智能交通领域开展基于 5G 的应用场景和产业生态试点示范。推动车联网的部署和应用,支持构建"车—路—交通管理"一体化协作的智能管理系统。打造新一代轨道交通移动通信和航空通信系统,研究推动多层次轨道交通信号系统兼容互通,同步优化列车、航空器等移动互联网接入条件。

✎ **案例**

云南省智慧城市建设

自 2013 年住房和城乡建设部公布首批智慧城市试点以来,云南省合理布局、逐步发展,昆明市、玉溪市、弥勒市等在智慧城市建设方面取得了一定的成效。

强化智慧基础设施建设。云南省各地在加快智慧城市试点建设时,均强化了智慧基础设施建设,构建云数据中心。早在 2015 年,昆明市政府就与浪潮集团签订战略合作协议,由浪潮集团投资建设昆明云计算产业园,并以此为依托,与昆明市政府合作建设昆明政务云中心,整合全市政务信息资源,全面提升昆明市电子政务能力,对昆明市智慧城市的建设形成计算能力支撑。2021 年 6 月开始,弥勒市智慧城市项目建设结合弥勒市的发展现状和城市特色,坚持全市一盘棋一体化,着力构建"一云一脑一心"的智慧城市有机生命体,实现"一屏观天下、一网管全城"。

积极布局城市智慧应用。随着智慧城市基础设施的完善,试点城市也在积极布局智慧应用。昆明市结合精细化管理要求,市网格中心积极探索运用卫星遥感监测技术开展城市综合管理和生态环境保护。昆明市以网格为载体,以基层社区为依托,在兼顾城市规划特点和管理重点的基础上,将城市管理区域划分为三类,共计 1272 个管理网格。各级网格之间有机衔接,确保管理服务职能覆盖到各个角落,不留盲区和死角。目前,昆明市电子病历普及率达 100%,二级及以上的医院均采用了微信、移动 App 等形式的预约挂号系统。在推进智慧医疗建设方面,昆明市于 2016 年构建了区域卫生信息化体系,在市级卫生信息平台的支撑下,各级医疗机构均可以调阅居民的电子健康档案。

与此同时,云南省在打造智慧旅游、智慧政务方面,推出"一部手机"系列产品,包括"一部手机游云南""一部手机办事通"。如今,只需下载移动 App,就可实现查看景区情况、购买景区门票、旅游投诉、预约挂号、查询养老保险、申请补办身份证等多项功能。

目前,云南省智慧城市建设仍存在部分难题。一是推进智慧城市建设仍然面临数据采集难度大的问题。由于部分行业、部门之间存在信息壁垒,加之对政务信息数据共享政策、概念认知模糊,存在"不敢提供、不愿提供"的情况。二是由于各地数据立法的缺失,数据在如何脱敏、使用方面的标准不统一,存在数据安全隐患。

资料来源:中国大步跨入智慧城市管理模式.央广网,https://finance.sina.com.cn/roll/2019-01-18/doc-ihrfqziz8754244.shtml.

第三节　我国数字经济政策启示

加速数字经济发展,全力建设数字中国,不仅是构筑国家、地区、企业竞争新优势的必然选择,更是当今时代抢抓先机、抢占未来发展制高点,紧跟世界科技革命和产业变革潮流,在新一轮国际竞争中赢得主动与主导权的不二法门。因此,有必要剖析我国当前数字经济政策的问题,提出对未来政策发展的展望。

一、我国数字经济政策存在的问题

在党中央、国务院的大力支持下,我国数字经济政策由省市下沉到县区,政策覆盖人群不断扩大,政策着力方向日趋贴近人民日常的生产生活,但政策落地细化仍存在严峻挑战。

第一,顶层设计不足。当前,数字经济政策出台及实施以地方政府为主,各地倾向于结合自身对于数字经济的理解以及当地经济的发展特征开展政策部署,缺乏统一的政策口径。

第二,数字产业化的关键核心技术布局不足。我国对于数字产业化政策布局"重应用,轻研发"的现象依然存在,对于新模式、新业态政策的重视程度远高于对关键核心技术的布局。

第三,生产领域产业数字化政策落地困难。遵从数字经济的第三、第二、第一产业逆向融合发展规律,我国数字经济政策逐步由消费领域向生产领域拓展,但与消费领域不同,生产领域产业数字化转型面临的政策问题更加复杂,对政策分类实施的要求更高,推动实施更加困难。

第四,数字化治理政策面临诸多挑战。作为新生事物,数字经济对全球的数字化治理均提出巨大的挑战,政府监管体系不能适应新业态创新发展的需要,相继出现市场准入监管与数字经济发展不相适应等问题,这要求政策要能在实践中不断提升数字化治理能力。

第五,国际合作不确定性加大。当前,全球产业格局和金融稳定受到冲击,世界经济运行风险和不确定性显著上升,为数字经济国际合作带来诸多不确定因素,亟须加强数字经济务实合作,谋求互利共赢,解决全球数字经济的发展瓶颈。

二、我国数字经济政策展望

我国的数字经济发展取得了令人瞩目的成就,也探索形成了独特的发展模式,回顾中国数字经济政策历程,总结经验,并对发展趋势作出展望,有助于我们发挥优势、抓住重点,继续创造数字经济发展的更好成绩。

(一) 不断强化政策支持

数字经济政策落地实施不断深化,加强政策顶层设计支持,形成共识性的政策框架是至关重要的。国家应加快出台国家级数字经济战略,强化数字经济宏观战略布局,明确数字经济的发展目标、重点方向及政策举措,建立数字经济领导小组,统筹部署数字经济工作的重大决策;研究审议拟出台的数字经济相关法律法规、宏观规划和重大政策,督促检查数字经济有关法律法规及政策措施的落实情况,形成中央和国家机关有关部门横向协同、中央地方联动的工作推进机制,组织落实数字经济的相关政策,及时沟通交流工作推进中遇到的重大问题,保证数字经济落地实施的有效性;加强数字经济相关立法,在平台责任、知识产权保护、创新、税收、劳动就业、反垄断、国际规则、信息技术风险与安全等方面研究建立适应数字经济特点的新规则体系,加快重新构建符合数字经济发展规律、体现综合治理的数字经济立法体系,为数字技术的创新、应用和推广提供法治保障。

（二）统筹布局关键技术产业化

当前，新一轮科技和产业革命蓄势待发，其主要特点是重大颠覆性技术不断涌现，科技成果转化速度加快，产业组织形式和产业链条更具垄断性。在关键核心技术领域占据制高点，是世界主要经济体的战略目标。我国应进一步加大数字产业化领域基础研究，部署互联网、大数据、人工智能、量子信息、机器人和生命科学等前沿领域关键技术研发与产业化布局，支持人工智能应用、量子物质与应用、生物信息学、集成电路与光电芯片、机器人与智能制造、高超声速新型航空发动机、先进材料、地球系统科学等前沿领域研究，力争实现基础性理论突破；加强关键核心技术研发，加大对 5G、工业互联网、云计算、大数据等领域关键技术的研发支持，重点突破底层基础技术、基础工艺能力等问题，完善技术转化政策环境，助力研究成果加快向应用端转移；建立完善的知识产权管理服务体系，逐步建立全国统一的知识产权交易市场，积极运用在线识别、实时监测、源头追溯等技术，利用数字技术加强知识产权保护，鼓励和支持创新主体关键前沿技术知识产权创造，推动成果转移转化。

（三）精准制定产业数字化政策

近年来，产业数字化在数字经济中的比重逐年上升，互联网新技术新应用在全方位、全角度、全链条改造传统产业，提高全要素生产效率，释放数字经济潜力等方面的作用不断扩大。各行业的差异对于产业数字化政策制定与落地的影响也不断暴露。未来，应鼓励各地政府以分类实施、精准施策为原则，结合本地产业发展的实际情况，制定切实可行的产业数字化政策方案。对于产业基础好、上下游设施配套完备、行业集聚度高的区域，建议加大智能制造、工业互联网、智能工厂等高端制造业部署，探索利用数字化技术大幅提升生产效率、降低人员成本、提高产品品质。对于产业基础相对薄弱、企业运营管理能力较弱、数字化转型认识不足的区域，建议优先布局数字化转型服务环境，通过开展工业互联网改造升级、推进工业互联网标识解析应用等方式加强基础性网络部署，通过打造行业级、企业级工业互联网平台及提升工业互联网平台服务能力等方式提高企业数字化转型能力，通过大力培育数字化产品与解决方案供给、开展中小企业数字化人才培训等方式完善产业数字化环境，实现产业数字化政策精准化、务实化。

（四）推动多元数字化治理

伴随数字经济发展的不断深化，数字化治理日益成为全球广泛关注的话题。我国应顺应数字经济的发展趋势，坚持包容审慎治理的理念，在严守安全底线的前提下，鼓励新模式、新业态创新发展，对于新生事物留有"观察期"，同时密切跟踪数字经济的发展动向，适时制定并出台相应政策，推动多元共治深层次应用。一方面，要建立高效的政府协同监管体系，开展联合执法，使协同监管制度化、常态化，在平台治理、网络安全保障等方面形成监管合力；另一方面，要构建互联网行业多方参与治理机制，就热点、重点与难点问题进行研讨磋商，寻求共识，打造政府主导、企业自治、行业自律、社会监督的社会共治模式。数字化治理也要做好技管结合，利用数字化技术提升政府治理能力，不断优化治理手段与方式。例如，积极运用大数据、人工智能等新技术提高数字化治理能力，对典型平台的突出问题（例如交易类平台的假货问题、信息内容类平台的网络谣言等问题）进行精准高效的管理。各级政府要加快数字化公共服务政策实施,积极布局数字化技术在智慧城市管理、医疗健康、交通运输等领域的应用,切实提高人民生活的便利性,让人民共享数字经济发展福祉。

📖 本章小结

　　本章梳理了我国数字经济政策沿革和发展阶段,从产业数字化、数字产业化和数字化治理三方面阐述我国的数字经济政策体系,从而剖析了我国当前数字经济政策的制定问题,并对此提出了展望。紧跟数字经济发展趋势,聚焦政策重点,久久为功,持续发力,我国数字经济发展才会展现更多的亮点与优势,方能真正铸就各地的数字经济发展新优势。

✒ 巩固与提升

　　1. 简述我国数字经济政策的发展框架。

　　2. 什么是产业数字化? 简述产业数字化政策的主体内容。

　　3. 什么是数字产业化? 简述数字产业化政策的主体内容。

　　4. 什么是数字化治理? 简述数字化治理政策的主体内容。

　　5. 试分析当前我国数字经济政策存在的问题与发展动向。

第十三章 全球数字经济发展政策现状与启示

本章导读

根据《全球数字经济白皮书(2023年)》,2022年美国、中国、德国、日本、韩国等五个国家的数字经济总量为31万亿美元,数字经济占GDP比重为58%,较2016年提升约11个百分点;数字经济规模同比增长7.6%,高于GDP增速5.4个百分点。产业数字化持续带动上述五个国家数字经济发展,占数字经济比重达到86.4%,较2016年提升2.1个百分点。

从国别看,2016—2022年,美国、中国数字经济持续快速增长,数字经济规模分别增加6.5万亿、4.1万亿美元;中国数字经济年均复合增长14.2%,是同期美、中、德、日、韩五国数字经济总体年均复合增速的1.6倍。德国产业数字化占数字经济比重连续多年高于美、中、日、韩四国,2022年达到92.1%。

学习目标

通过学习,了解欧洲、美洲、亚洲代表性国家的数字经济发展政策现状;探究全球数字经济发展监管政策的动向;分析全球数字经济政策新动向和新趋势对我国的启示与影响。

第一节 欧洲主要数字经济发展政策

数字经济在整个世界经济构成中的比重持续上升,已经成为世界生产方式变革的重要驱动力量。本节对欧洲的相关数字经济政策进行总结和概括,为我国制定数字经济政策提供参考和借鉴。

一、欧盟主要数字经济发展政策

欧盟在数字经济领域发布了《欧盟人工智能战略》《通用数据保护条例》《非个人数据在欧盟境内自由流动框架条例》《可信赖的人工智能道德准则草案》等一系列政策。同时,欧盟各成员国也制定了一系列数字经济发展政策,促进加快推动自身数字化进程。

(一)人工智能立法,统一数据保护政策

2016年6月,欧盟在人工智能领域展现了引领姿态,率先提出了立法动议。该动议不仅要求欧盟委员会将日益先进、不断增长的自动化机器"工人"视为"电子人",更赋予这些"电子人"特定的法律地位,包括著作权和劳动权等权利和义务。这一立法不仅针对人工智能,还致力于统一数据保护政策。到了2018年5月,欧盟出台了备受瞩目的《一般数据保护

条例》，该条例堪称当前最全面的数据保护措施。依据此条例，任何公司在收集和使用个人数据时，都必须事先征得用户的明确同意，清晰阐述数据的用途，确保用户数据的安全与透明。

（二）提供行业特定业务咨询支持，提高企业采用数字技术的能力

为了增强企业应用数字技术的能力，欧盟的多个成员国纷纷推出了相应的业务支持措施。奥地利实施了中小企业数字计划，通过提供定制化的教育和培训，强化中小企业的数字技术应用能力。同样，法国也推出了 CAPTRONIC 计划，不仅提供技术研讨会、培训和咨询服务，还配备专家支持，协助中小企业采纳数字解决方案，并将软件嵌入其产品之中。德国的可信云项目致力于向企业推广云应用的潜力，通过识别可信赖的云服务提供商，鼓励企业特别是中小企业采纳云服务。为了应对数字化带来的挑战，一些国家还通过创新凭证的方式向中小企业提供小额且无须偿还的资助。这些创新凭证允许中小企业从公共知识提供者处购买服务，从而推动企业进行小规模的创新活动。例如，爱尔兰的交易在线代金券计划为中小企业提供了资金支持，用于提升其电子商务发展能力。荷兰则实施了中小制造企业服务设计凭证计划，旨在帮助这些企业开发与其产品相关的服务，从而在制造业服务化的趋势下保持其市场竞争力。

（三）财政支持工业数字化转型的研究和创新

欧盟的众多成员国已建立起多元化的财政支持体系，包括直接和间接的财政激励措施。在直接财政支持方面，奥地利等国家已实施了一系列计划。奥地利未来信息通信技术计划旨在资助 ICT 领域的技术研发和创新项目，以推动该领域的持续进步。此外，奥地利的智能和数字服务计划也提供了资金支持，重点关注数字行业的研发项目，特别是工业4.0 技术和区块链等前沿领域。除了直接资金支持，一些国家还采用了间接的财政激励手段，以吸引更多的私人投资投入与工业数字化转型相关的研究和创新中。例如，意大利的工业数字化转型商业加速器计划，不仅为专注于工业4.0 技术的新公司提供资金扶持，助力其建立和发展，还对创新型初创企业的投资者实施税收减免政策，进一步激发了市场的活力和创新动力。

（四）建立研究中心应对技术挑战

为应对特定的技术挑战，部分国家建立了研究中心，这些中心汇聚了来自不同学科的研究人员和企业团队，共同开展跨学科的合作。这些研究中心不仅为合作与共创提供了崭新的平台，而且其创新型的组织结构也备受瞩目。以荷兰的"智能工业实验室"为例，该实验室采用公私合作伙伴模式，为成员公司和研究机构构建物理或数字协作空间，共同研发、测试及实施先进的智能工业技术解决方案。目前，该实验室拥有 32 个现场实验室，这些实验室通常能够协助用户、供应商和知识机构寻找有效的解决方案，并积极参与协作研究、概念验证、原型制造、测试与验证等多个环节。

二、英国数字经济发展政策

全球经济从 2008 年金融危机的阴霾中复苏后，各主要经济体均实现了稳健增长。在技

术革新、供需关系变革以及国际竞争新格局的共同作用下,经济发展迎来了崭新的变革浪潮。作为转型升级的关键力量,数字经济正崭露头角,成为各国竞相争夺的战略高地。在这个充满机遇与挑战的时代背景下,英国敏锐地把握住了数字经济的发展机遇,积极调整经济战略。为了推动产业结构的优化升级,英国出台了一系列与数字经济紧密相关的战略举措,并取得显著成效。这些举措不仅彰显了英国对于数字经济发展的深刻认识,也为其在全球经济竞争中赢得了先机。

(一)"数字英国"战略

在英国传统经济增长动能渐显疲态的背景下,英国政府为追求经济的持续增长,改善国民的生活品质,于 2008 年 10 月启动了对"数字英国"计划的筹划工作,最终于 2009 年 6 月 16 日发布了具有里程碑意义的《数字英国》白皮书。该白皮书以信息技术为核心,为英国数字化通信传播设定了关键的阶段性发展蓝图,对公共传播服务的未来具有深远的影响。"数字英国"计划的核心战略目标涵盖以下七个维度。

1. 加速数字化进程,提高全民参与度

英国通信管理局致力于提升宽带、移动通信和数字电视等电子通信基础设施,确保包括弱势群体在内的广大民众能享受到更优质的公共数字服务。

2. 强化通信基础设施能力

英国通信管理局牵头,建立并优化现代化通信基础设施,保障 3G 及未来移动服务的广泛覆盖,为国家铁路网、伦敦地铁等公共场所提供稳定可靠的服务,同时促进移动服务市场的良性竞争。此外,还将为广播电视公司及公众提供数字化广播平台,制定数字产业升级规划,并提升数字音频广播的覆盖范围。

3. 保护数字知识产权,激励技术创新

白皮书对版权法律进行了调整,旨在降低成本,同时鼓励消费者合法获取数字内容。此外,白皮书明确了对创新项目的资金支持,并鼓励内容提供者和消费者推广包括微支付在内的数字产权模式。英国政府还将严厉打击盗窃知识产权的犯罪行为。

4. 提升数字公共服务质量

白皮书提出通过修订法律、调整公共政策和优化市场环境,确保公共服务的高质量和广泛覆盖。通过多平台提升数字内容服务质量,并对包括英国广播公司在内的相关机构提供资金支持。此外,政府还计划加大在新闻采访、收集、多媒体分配和同步上的投入,以提升国家、区域和地方的新闻质量。

5. 规划数字技术研究与培训市场

白皮书强调,政府将加快构建基于数字职业教育的再教育体系及高等教育技能体系,并持续投资于研发和创新,确保英国在数字技术领域的领先地位。同时,在学校课程中强化培养数字能力培养,为未来培养具备数字专业技能的人才。

6. 构建国家层面的数字安全框架

白皮书提出,通过企业与政府在线安全联动,提供一站式在线信息安全服务。在打击网络犯罪方面,英国公平贸易局将负责保护在线消费者权益,统筹各产业和行业打击在线诈骗。同时,白皮书还强调了对电子游戏和在线信息的严格管理,主要依据泛欧游戏信息系统执行。

7. 优化电子政务服务水平

白皮书建议设立"政府云服务"（G-Cloud），为政府业务应用提供云技术支持，实现服务器和存储虚拟化以及系统管理的自动化。英国政府计划将"云技术"广泛应用于电子政务建设，以提升政府服务的效率和质量。

（二）数字经济战略（2015—2018）

英国政府于2015年年初推出了《数字经济战略（2015—2018）》，旨在通过数字化创新推动社会经济发展，利用信息通信技术的创新、融合与扩散提升生产效率和交易效率，为英国成为数字化强国指明方向。为此，英国政府设立了"创新英国"项目，负责战略计划的执行，并制定了涵盖五大目标和二十一项具体措施的全面规划。其中，五大目标分别涵盖以下内容。

1. 激发企业数字化创新活力

确保发展中的数字化创新理念得到商业支持、鼓励和投资；促进初创型数字化企业、老牌企业和潜在领导型政府客户之间的合作；助力老牌企业获取数字专家建议，规划并实施数字化转型方案；支持数字化创新者引领变革，同时管理既有商业流程的风险。

2. 构建以用户为核心的数字化社会

鼓励数字化企业在产品开发全过程中考虑用户的需求和体验；指导企业设计具有弹性、隐私性和安全性的系统，以增强数字化产品的可信度；引导企业开发能够基于用户地理位置和周边环境智能提供服务的产品；建议企业采用包容性或适应性设计，提升用户体验的吸引力。

3. 支持数字化创新者

研发简化交易流程、自动、安全可信并能保护数字化资产价值的工具和系统；协助企业开发线上与线下相结合的创新技术和服务；提升数据资源的质量和适用性，与网络和移动业务设计者合作开发可利用这些资源的软件工具；帮助企业在创造产品商业价值和用户价值时建立信心。

4. 推动基础设施、平台和生态系统的发展

支持各类互联互通的基础设施、软件平台和使用设备，鼓励全行业共同拓宽市场；扶持初创型企业构建数字化生态系统，并助力其扩张规模；促进ICT企业、服务和应用提供商的合作，完整构建资本投资和用户解决方案；开展国际合作，支持英国数字创新型企业出口的统一平台和交易系统建设。

5. 确保数字经济创新发展的可持续性

与英国研究理事会紧密合作，鼓励跨学科合作，将研究与商业需求相结合；与政府及相关监管部门协作，确保数字化创新得到法律、法规和政策框架的支撑；与技术机构和教育机构合作，确保战略规划的部署和实施；积极采用并推广"地平线"框架计划；与其他支持机构和第三产业共同努力，平衡战略对商业和社会进程的支持。

（三）《数字经济战略（2015—2018）》的成效

英国在多个领域展现出显著的信息通信技术（ICT）发展优势，这些优势不仅推动了其经济增长和就业，也确保了其在全球范围内的重要地位。

首先,英国在 ICT 基础设施建设方面达到相当高的水平。英国拥有高度私有化的 ICT 服务供应商,提供价格合理的服务。这使得英国在 IT 环境、宽带普及、无线网络发达以及安全服务能力等方面均表现卓越。例如,英国在经济学人的"IT 产业竞争力"排名中被视为世界上 IT 产业的最佳落户地点之一,其宽带普及程度也明显高于经合组织的平均水平。此外,英国还是世界上认证公共 Wi-Fi 热点第二多的国家,仅次于韩国,并且在安全服务器数量上,欧洲排名第一,全球排名第二,仅次于美国。

其次,英国信息通信技术的发展在全球处于领先地位。在无线技术、计算与数据分析、软件开发、网络安全、用户体验和服务设计等方面,英国的通信行业均表现出色。这一点在世界经济论坛发布的《2016 年全球信息技术报告》中得到证实。该报告显示,英国在全球 2016 年网络就绪指数排名中保持在第 8 位的水平。此外,英国在过去的一年里通过提高"感知风险资本的可用性"和"政府采购先进技术的数量"这两项指标,进一步巩固了其信息通信技术发展的领先地位。

此外,英国的电子政务发展也走在全球前列。联合国经济和社会事务部发布的《2014 年电子政务调查报告》显示,英国在全球电子政务发展指数排名中名列第 8 位,公众参与度排名第 6 位。作为开放政府合作伙伴(OGP)的发起国,英国始终坚持透明化、公众参与和问责制原则,并积极开展了一系列数据开放行动。截至 2015 年 9 月,英国在其政府数据开放官方网站上共开放了 2.4 万个数据集,近 400 个移动应用。

这些优势不仅为英国的经济增长和就业带来显著的推动力,也进一步巩固了英国在全球信息通信技术领域的领先地位。到 2020 年,英国数字经济领域新增了 30 万个就业岗位,这充分说明了其数字经济的发展活力和潜力。

(四)2020 年至今英国数字经济促进政策

2020 年英国宣布启动《英国未来科技贸易战略》,旨在促进数字贸易发展,维护英国世界科技强国地位。该战略由四部分组成:一是通过签署自贸协定,推动数据自由流动和数据存储非强制本地化,促进数字贸易便利化;二通过建设"数字贸易网络",促进英国科技企业对亚太地区的出口;三是通过为英国科技企业扩展融资渠道,开设企业出海相关课程和活动,提高英国企业国际化经营能力;四是进一步吸引外商投资英国科技行业。

2021 年英国数字化、文化、媒体和体育部(Department for Digital,Culture,Media and Sport,DCMS)发布"10 点优先发展方向",为英国数字经济和数字贸易发展指明方向。政策主张包括:推进以千兆宽带和 5G 为核心的数字基础设施建设,确保千兆宽带覆盖全国的家庭和企业;进一步发挥数据对经济的驱动作用,消除数据共享和使用的障碍,使英国成为世界第一数据目的地;培养民众具备基本的数字和网络技能,帮助企业采用最新技术;维护安全清洁的网络环境,采取措施抵御网络威胁;加大对境外投资的吸引力度,将英国打造为最适合开启和发展数字业务的国家之一;挖掘人工智能技术的发展潜力,巩固英国在量子计算和其他变革性技术发展方面的全球领导地位;引领数字贸易新时代,确保对外签署的贸易协议包括最先进的数字条款,并在全球范围内建立新的数字合作伙伴关系;领导全球技术规则对话和制定,促进数字竞争,利用国际平台和七国集团轮值主席制,推动就如何管理科技公司展开全球讨论;支持全国各地区企业的数字化,将数字繁荣推向全国;利用数字技术推动实现"净零排放"目标等。

2022 年 7 月英国更新了《英国数字战略》(*UK Digital Strategy*)，重点关注数字基础、创意和知识产权、数字技能和人才、为数字增长畅通融资渠道、高效应用和扩大影响力、提升英国的国际地位 6 个关键领域的发展，通过数字化转型建立更具包容性、竞争力和创新性的数字经济，使英国成为世界上开展和发展科技业务的最佳地点，提升英国在数字标准治理领域的全球领导地位。

第二节　美洲主要数字经济发展政策

本节对美洲的相关数字经济政策进行总结和概括，为我国数字经济政策的制定提供参考和借鉴。

一、美国数字经济发展政策

自 2012 年起，美国政府便积极制定了一系列前瞻性战略，旨在推动技术革新与产业升级。美国首先于 2012 年发布"联邦云计算机计划"，该计划旨在促进传统信息基础设施向高效的 IT 服务转型。随后在 2013 年推出"先进制造业发展计划"，以加强制造业的竞争力。到了 2016 年，美国政府更进一步，提出"国家人工智能研发与发展策略规划"，这一规划不仅深化了美国在人工智能领域的研发实力，还为其在算法、芯片、数据等核心产业领域确立了全球领先的地位。通过这些连贯而精准的策略部署，美国在全球技术竞争中的优势进一步得到巩固与加强。

（一）信息高速公路战略

克林顿政府在 20 世纪 90 年代对信息基础设施建设和数字技术发展给予极高的重视，他们不仅率先提出了"信息高速公路"和"数字地球"这两个标志性的概念，还引领了全球进入全新的数字时代。为将这些概念落到实处，1993 年 9 月，美国政府正式公布了"国家信息基础设施行动计划"，标志着信息高速公路战略的正式实施。美国政府还特别关注农村地区的宽带建设，在 2009 年通过的《美国复苏与再投资法案》中，特别拨款用于推动农村宽带的扩展，2018 年的《综合拨款法案》又进一步为农村宽带计划额外提供了 6 亿美元的拨款。

（二）构建完备的政策体系

美国商务部作为信息高速公路建设的核心力量，在推动数字经济发展中发挥着举足轻重的作用。该部门将技术以及互联网相关政策的制定与执行置于战略优先地位，不仅发布了多份具有深远影响的报告，还出台了《数字经济日程》这一纲领性文件，并成立了数字经济咨询委员会，全方位投入资源，以应对数字经济带来的机遇与挑战。

2010 年，美国商务部提出了前瞻性的"数字国家"理念，旨在引领国家向全面数字化迈进。为深入践行此理念，美国国家电信和信息管理局（NTIA）与经济统计管理局（ESA）紧密合作，在随后的 5 年内连续发布了 6 份关于"数字国家"的详尽报告。这些报告聚焦于基础设施、互联网及移动互联网等多个维度，进行了全面而深入的统计与分析，为制定政策提供了有力支撑。2016 年 3 月，美国商务部国际贸易局牵头，正式启动了"数字专员"项目，旨在向美国企业提供全方位的支持与援助,帮助它们有效应对在外国市场遭遇的数字政策和监管挑战,从而减轻不利影响。通过这一项目,美国商务部致力于确保本国企业能够顺利融入全球数字经济体系,开拓更为广阔的数字经济市场。

(三) AI 的研究和创新

为实现人工智能领域的全面发展,美国采取了一系列战略措施,着重投资基础研究和应用研究,并积极支持试点项目。2016 年美国发布了国家人工智能研究与发展战略计划,为联邦政府的资助研究设定了明确的优先事项。这些优先事项不仅涉及开发人工智能合作的方法,还包括深入理解并解决人工智能所带来的道德、法律和社会影响,以及确保人工智能系统的安全性。为了进一步推动人工智能的跨领域研究,美国国家科学基金会特别制订了RI(robust intelligence)计划,旨在通过鼓励不同研究传统之间的协同作用(涵盖人工智能、计算机视觉、人类语言研究、机器人学、机器学习、计算神经科学等多个领域),并将其作为推动所有前沿领域研究的重要途径。这种跨学科的融合不仅有助于拓展人工智能的边界,也为解决复杂问题提供了多元化的视角和方法。值得一提的是,2019 年 2 月发布的《维持美国人工智能领导力行政命令》进一步强化了美国在人工智能领域的领导地位,为未来的研究和应用提供了更为明确的指导方向。

二、加拿大数字经济发展政策

(一) 法律法规

加拿大在数字领域积极推进法律体系的完善,为数字经济的蓬勃发展奠定了坚实的法律基石。在电子商务领域,加拿大实施了联邦与省两级并行的监管机制,其中联邦层面负责监管省际和国际业务,而省区则专注于本省区内业务的监管。2022 年《数字宪章实施法案》的出台,为数字领域的规范与发展提供了更为细致的法律依据。该法案由《消费者隐私保护法》《个人信息和数据保护法庭法》以及《人工智能和数据法案》三部分组成,旨在从多个维度保障数字经济的健康发展。具体而言,《消费者隐私保护法》进一步明确了在数据收集、使用及保护方面的规范,包括同意机制、例外情形、组织义务、安全保障措施以及加拿大隐私专员办公室的权责等。《个人信息和数据保护法庭法》则详细规定了法庭的管辖权、人员构成以及听证会的性质等,为个人信息和数据的保护提供了法律途径。而《人工智能和数据法案》则聚焦于规范人工智能系统的交易活动,确保其在合法合规的框架内运行。该法案已在加拿大下议院获得通过,标志着加拿大在人工智能领域的法律规制迈出了重要一步。

在数字平台监管方面,加拿大不断加大反垄断监管力度。2022 年,加拿大竞争局发布了《审查数字时代的加拿大竞争法》意见书,提出了针对国际"数字巨头"的竞争法修订建议,以更好地应对其对加拿大消费者和竞争环境带来的挑战。

在网络安全方面,加拿大同样采取了积极的措施。2022 年提出的《尊重网络安全法案》旨在加强金融、电信、能源和交通等关键部门的网络安全。该法案赋予政府必要的权力,以确保加拿大电信系统的安全,包括禁止加拿大公司使用高风险供应商的产品和服务。同时,法案还引入《关键网络系统保护法》,将关键服务和系统指定为至关重要的对象,并对其运营商施加数据保护义务。法案还要求强制报告网络安全事件,并促进相关方之间交换威胁信息,以共同应对网络安全挑战。

(二) 管理机制

在加拿大,负责数字经济的政府机构呈现多元化的分工与协作。其中,创新、科学与经济发展部扮演着核心角色,负责制定和实施加拿大的数字经济战略,致力于推动数字技术的创新与应用。其下属的竞争局则专注于制定和调整数字时代的竞争政策,以确保市场的公平性和透明度。与此同时,全球事务部在对外交流中发挥着重要作用,主要负责参与和推动数字贸易的谈判工作,为加拿大的数字经济在国际舞台上争取更多机遇。此外,数字政府部致力于提升政府服务效率和质量,负责管理并维护加拿大政府的信息技术业务,确保政府内部及与民众间的信息共享与服务更加便捷和高效。这些部门的协同工作,共同推动了加拿大数字经济的健康与持续发展。

(三) 促进政策

1. 深化数字经济战略规划与实施

为加速加拿大经济的数字化转型和可持续发展,加拿大政府于 2020 年发布了"重启、复苏与重塑繁荣:构建数字化、可持续与创新型经济的宏伟增长计划",即"三阶段计划"。该计划着重于"加拿大制造"产业战略,旨在构建以数字化、可持续性和创新性为核心的经济体系。该战略由四大支柱构成。

(1) 为实现数据驱动的经济目标,加拿大计划构建全球数字网络,推动数字社会的形成,并鼓励中大型企业采用数字技术,引领全球产业发展。同时,通过培养和引进数字人才,以及充分发挥知识产权和数据的价值,确保加拿大在数字经济领域的领先地位。

(2) 在创新和高价值制造业方面,加拿大政府将推动技术创新与应用,为制造业 4.0 培养数字人才,以打造具有全球竞争力的制造业体系。

(3) 为发挥农业领域的优势,加拿大将加快农村数字基础设施建设,加大投资,促进农业供应链数字化改造,以提高农业生产力和效率。

(4) 为支持中小企业数字化转型,加拿大政府于 2022 年启动了"加拿大数字化推广计划",计划在 4 年内投资 40 亿加元,帮助 16 万家中小企业发展在线业务,并采用或升级数字技术。

2. 积极布局与发展数字技术

在数字技术领域,加拿大政府采取了前瞻性的战略布局。2017 年推出的《泛加拿大人工智能战略》旨在增加 AI 研究者和毕业生数量,创建科学卓越团队,培养思想领袖,并支持国家研究团体,以实现 AI 领域的全面发展。为进一步巩固在量子技术领域的领先地位,加拿大政府于 2021 年宣布将在 7 年内投资 3.6 亿加元启动"国家量子战略"。该战略旨在提升量子研究能力,发展量子技术,并培育相关公司和人才。同年,加拿大还发布了《2050 路线图:加拿大半导体计划》,旨在将加拿大发展成为全球半导体市场的领导者。该计划将推动加拿大在半导体创新产品领域的研发、制造和供应,涵盖电动汽车、医疗设备、消费电子产品、精准农业等多个领域。

（四）国际规则主张

在数字贸易规则构建的过程中，加拿大对多个核心议题给予高度重视，包括数据跨境流动、本地化存储、个人隐私保护、数字知识产权保护以及关税与数字税等问题。

（1）加拿大在推动数据跨境流动的同时，坚守个人隐私保护的原则。在《美墨加协定》（USMCA）的谈判过程中，加拿大坚决反对删除"数据跨境自由流动"和"数据存储非强制本地化"的"例外条款"，此举将严重削弱个人隐私在跨境数据流动中的保护力度。这些"例外条款"是加拿大确保外国企业遵守其数据隐私法，并管制数据存储地的重要手段。

（2）在 2016 年签署的欧盟加拿大自贸协定（CETA）中，虽然没有直接涉及数据本地化的条款，但双方对隐私保护达成了高标准共识。该协定要求双方采取法律或行政手段保护电子商务用户的个人信息，并充分考虑双方共同加入的国际组织所制定的数据保护国际标准。

（3）加拿大高度重视数字知识产权的保护。在提交给 WTO 电子商务诸边谈判的提案中，加拿大明确提出，不应将技术、源代码、专有算法、商业秘密的分享或转让作为市场准入的条件。这一立场在 USMCA 和《欧盟－加拿大自贸协定》中也得到了充分体现，两者均对知识产权设定了严格的保护标准。

（4）对于电子传输关税和数字服务税的问题，加拿大主张免征电子传输关税，同时提出征收数字服务税的具体方案。在 WTO 电子商务诸边谈判中，加拿大主张成员方不应对电子传输的数字产品施加关税、费用或其他收费，但支持对此类产品征收国内税费。2021 年 12 月，加拿大公布了数字服务税立法草案，拟对符合条件的企业征收 3% 的税率，以确保数字经济的公平发展。

第三节　亚洲主要数字经济发展政策

本节对亚洲代表国家的相关数字经济政策进行总结和概括，为我国数字经济政策的制定提供参考和借鉴。

一、日本数字经济发展政策

在 2021 年 12 月 6 日的首次施政演说中，日本首相岸田文雄频繁提及"数字化"一词，高达 19 次，凸显了其重要性。他特别强调了新成立的实现数字田园都市国家构想会议和数字临时行政调查会，旨在全面推动社会的数字化转型。岸田首相呼吁，通过这一转型，不仅能够增强国家的经济塑造力，还能够有效解决地方人口减少和老龄化等社会问题，进而提升日本的数字竞争力。日本政府的数字经济战略致力于构建以行政主导、社会问题解决和数字竞争力提升为核心的综合体系。

（一）经济塑造

在数字经济的浪潮下，其"数字破坏效应"正深刻推动产业数字化进程，并塑造着网络消费的新习惯。日本政府在"无接触式社会"的构建和常态化疫情防控中，看到数字经济巨大的发展空间与增长潜力。利用这一契机,日本政府旨在通过"抗疫导向型经济"的繁荣,加速产业结构变革和生产要素革新,进而推动全社会数字化转型,构建大众创新体系。

然而,日本政府也认识到,在数字社会中,数字和数据资源的完善以及数据合作机制的创新尚待加强。数字经济和数字技术作为国家经济竞争力与国家安全的关键,在新冠疫情期间更加凸显其重要性。因此,日本数字经济发展仍具有巨大的潜力和空间,需要深入挖掘其经济潜力,提升发展动能。

数字经济的塑造力不仅在生产端产生深远影响,也在消费端塑造出多元化和灵活性的线上与线下相结合的模式。特别是新冠疫情的催化,使得这一进程显著加快。根据日本总务省发布的 2020 年版《情报通信白皮书》,新冠疫情改变了长期以来的惯例,使得数字化和远程化成为新的常态,为个人、产业和社会创造了新的价值。

展望未来,数字化将引领个人、产业和社会进入新的阶段。个人将融入新的生活方式和多样化的工作方式,产业将利用数据和线上资源实现灵活和韧性发展,而社会则将构建以数字基础设施和技术为前提的权力下放型模式。这种数字化联动模式,结合疫情带来的"新生活模式",将进一步推动日本经济结构转型。为此,日本政府正致力于通过远程办公等新型工作方式和数字技术缩小城乡差距、发挥中小企业优势以及构建"无接触式"社会,全面促进产业数字化变革,以重振日本经济。

(二) 行政主导

日本政府将数字化转型视为行政体制革新的关键,旨在突破垂直僵化的官僚机制,进而增强工作服务效率,并推动监管改革。制度经济学家普遍认为,政治制度与技术进步相互依存、共同促进,共同为经济社会的繁荣与发展贡献力量。新兴产业是推动国家经济增长与发展的核心力量,政府在此过程中需扮演适当的角色。

在行政层面的数字化改革中,日本政府采取了"多部门协同"与"数字厅主导"相结合的策略。其根本目标是通过行政机制的数字化、电子化转型,以适应数字经济蓬勃发展对政府服务水平和体制变革提出的新要求。同时,日本政府还致力于提升公务员群体的数字专业素养,增加数字 IT 人才在官僚队伍中的比例,以适应数字经济时代的需求。

(三) 社会问题解决

日本政府高度重视数字经济和数字技术在解决日本社会深层次问题上的潜力。当前,日本社会面临的主要挑战包括"少子老龄化"和地区发展不平衡两大顽疾。

针对"少子老龄化"这一难题,日本政府认为数字经济的发展是医治这一长期社会顽疾的良药。老龄化与少子化叠加,导致经济消费不足、劳动力短缺,以及医疗康养产业占用过多国内资本投资。而数字技术的推广和应用,不仅可以缓解这一结构性社会矛盾,还有助于优化资源分配,提高社会效率。在应对老龄化带来的医疗负担和老年人心理健康问题时,日本政府的数字政策发挥了积极作用。智慧医疗、远程医疗技术等数字化手段,提高了医治的精准性,减轻了医疗负担。同时,专为老人设计的数字设备产品也有效缓解了他们的孤独感。此外,日本政府还从教育和儿童保障两方面入手,利用数字技术改变年轻世代的"不婚不育"倾向和地区教育不公平问题。日本政府积极推广数字技术和人工智能,以缓解线下婚恋交友活动的困难,并为学生提供远程在线教育方面的支持。为了保障学生正常入学和远程教育的顺利进行,日本政府提出了一项重要措施:确保全国中小学生每人拥有一台上网终端设备,并配备数字专家提供专业支持。这一举措旨在帮助学生适应新的学习方式,提高教育质量。

二、新加坡数字经济发展政策

根据数字经济论坛、阿里研究院和毕马威联合发布的《2023 年全球数字经济发展指数》报告,新加坡在数字经济发展方面取得显著成就,位列全球第二。其数字公共服务、数字消费者和数字基础设施等方面的表现尤为突出。新加坡作为智慧城市建设的先驱,自推出智慧国家发展蓝图以来,便在政务、医疗和交通等多个领域积极推进智慧化建设,树立了全球典范。新加坡的智慧城市建设内容涵盖信息化基础设施的完善、贸易与物流领域的跨领域解决方案、空运领域信息化、智能交通系统以及综合医疗信息系统等多个方面。

新加坡的基础设施先进,每平方千米拥有 10 个 Wireless SG 公共热点。此外,新加坡还在建设专业的数据中心产业园。利用 ICT 技术,新加坡实现了贸易与物流行业的无缝连接,推动了空运货品程序的无纸化,并构建了强大的综合医疗信息系统。在智能交通系统方面,新加坡通过集成高速公路监控及信息发布系统、公路电子收费系统、优化交通信号系统、智能地图系统、停车指引系统及动态路线导航等,有效解决了交通拥堵问题,显著提升了城市的交通效率。智慧城市的构建正在逐步实现新加坡生活方式的智能化,为人们的工作和生活带来了极大的便利,进一步提升了新加坡的城市竞争力。

新加坡深刻认识到数字化转型对提升国民生产总值的重要性。为应对数字经济发展中人才短缺的挑战,新加坡致力于培养具备全新数字技能的劳动力,为数字经济的蓬勃发展奠定坚实的人力资源基础。在教育方式的革新方面,新加坡采用科技智能化技术,同时相关机构通过设立奖学金等激励机制,吸引和培养与数字化转型需求相匹配的专业人才。此外,新加坡政府还实施了放宽外籍专业人士移居政策等人才制度保障措施,积极吸纳全球数字精英。

新加坡在数字经济发展方面的经验为其他国家和地区提供了深刻的启示。

(一) 数字化人才的培养

新加坡政府在数字人才培养方面不仅提供资金扶持推动数字化学习,还设立了多个专门机构(如信息通信发展管理局和数字化学习标准中心),以全面管理数字化教育。据 2018 年 IMD 世界人才报告显示,新加坡已成为亚洲地区首屈一指的人才聚集地。在数字经济高端论坛上,新加坡政府亦强调,数字经济的发展离不开人才的培养。数字化转型已是大势所趋,培养具备全新数字技能的劳动力,对于数字经济的长远发展至关重要。

(二) 通信基础设施的完善

通信基础设施作为数字经济发展的基石,其完善程度直接关系到数字经济的健康发展。新加坡通过实施无线新加坡计划、建设数据中心产业园等措施,不断完善其通信基础设施,为数字经济的发展提供了强有力的支撑。

(三) 智慧城市的建设

智慧城市作为新加坡国家战略规划的核心组成部分,是推动其数字经济全球领先的关键因素之一。自2006年启动"智慧城市2015"计划以来,新加坡致力于打造一个以资讯通信为驱动的智能化都市。随后,该计划进一步升级为"智慧国2025"十年计划,以更全面地推动城市智能化发展。为实现"智慧国"的目标,新加坡推出了"国家人工智能核心"(AI.SG)计划,专注于城市管理、医疗护理和金融三大领域,利用人工智能等技术解决交通拥堵等社会问题,并通过数据科学、计算机科学和机器学习等手段提升医疗保健质量。在智慧城市建设中,新加坡积极推动产学研一体化和产城融合发展,为城市的可持续发展注入新动力。新加坡在此领域取得的显著成就,为我国提供了宝贵的经验。

第四节　全球数字经济监管新动向与政策启示

在全球范围内,数字经济的迅猛发展为经济注入了活力,但也伴随着平台垄断、无序竞争、数据滥用和算法歧视等一系列问题。这些问题在数字经济技术和应用日益复杂、网络效应显著、规模经济更易实现垄断的背景下,越发隐蔽和难以界定,给监管带来了新的挑战。面对这些挑战,世界各国和地区的数字经济监管实践在不断地规范和完善。相较于发达经济体,中国在数字经济监管方面相对滞后。通过深入洞察欧、美、日等国家和地区在数字经济监管方面的最新实践,不仅可以更好地了解中国的外部发展环境,抢占数字规则全球话语权,融入国际市场,打通外循环,还能够借鉴其他国家和地区在数字平台监管、法律法规等方面的具体规则和实际案例,为中国在数字反垄断、平台治理、数据保护等现实问题上寻求域外经验。基于这些经验和洞察,中国将逐步开创出适应自身发展的监管模式,既兼顾创新发展,又维护市场秩序,为数字经济的持续健康发展提供有力的支撑和保障。

一、全球数字经济监管新趋势

在数字经济的浪潮中,鉴于其独特的网络外部性和规模效应,其监管的核心要素——主体、意义与内容,均显著区别于传统的监管思维、模式、方式和重心。在数字经济发展的初期,众多学者曾着重强调反垄断在监管中的核心地位及其重要性。然而,随着数字经济的不断演进和监管实践的日益规范与完善,全球监管趋势正逐渐从高强度的反垄断转向更为基础规则的制定。在这一过程中,相对柔性的事前监管和临时性监管逐渐展现出更加重要的地位,为数字经济的持续健康发展保驾护航。

(一)监管力度趋稳趋缓

随着数字经济新业态、新模式的逐渐成熟,全球范围内的主导平台格局已趋于稳定,覆盖了从欧美发达国家到亚洲新兴经济体的电商、即时通信、短视频、在线办公、网上外卖、网约车等全领域,几乎触及所有潜在用户群体。这一转变不仅标志着平台发展策略的调整,即由过去的流量争夺转变为内容质量的稳健竞争,也为政府监管带来新的挑战和机遇。在监管层面,由于数字企业的"出格"行为逐渐减少,且相关监管措施逐渐从应急响应转向制度化、基础规则化,监管的重心也逐渐从传统经济扩展至数字经济,更加聚焦于新业态新模式下的新内容。这种转变意味着监管不再局限于市场集中度和价格歧视等传统分析框架下的普遍性监管,而是更加贴近实际发展态势。

近年来，各国和地区越发倚重数字经济，以稳定增长、促进就业，这在客观上提高了监管机构对新业态新模式的容忍度。因此，可以看到全球范围内对数字企业的高额罚款和拆分案例明显减少，强硬性监管措施也比前几年明显减少，这一变化体现了监管策略的灵活调整与数字经济的发展态势相契合。

（二）重视基础规则制定

在全球数字经济的浪潮中，各国和地区日益认识到制定数字经济基础规则的重要性。鉴于数字经济的发展态势渐趋明朗，相关问题逐渐浮现，同时回应式监管积累了丰富经验，各国和地区开始从长远角度出发，前瞻性地构建一系列基础性制度。

世界各地的反垄断机构亦纷纷调整监管策略，将重点从传统的反垄断执法转向为数字经济量身打造的新规则。特别是美国、欧盟、德国等国家和地区，均推出了针对数字平台的创新性竞争政策，旨在更好地适应数字经济的特性。以美国为例，2021 年出台了一系列数字经济新法案，这些法案凸显了行为中立和约束扩张等原则，为数字经济的健康发展提供了更为明确的指导。这一系列的举措和法规，为全球数字经济的监管提供了宝贵的经验和启示。

（三）国别性或地区性的基础规则

制定与数字经济特性相契合的基础规则，为本国或本地区服务，已成为普遍共识和行动。近年来，全球各国和地区纷纷推出针对数字经济的专门规则，作为对传统经济监管的有益补充，旨在推动本地数字经济的蓬勃发展，并提升本地数字企业在国际舞台上的竞争力。然而，在制定规则的过程中，不同国家和地区展现出了各自的特点和取向。美国以"美国优先"为旗帜，其数字经济反垄断政策往往涉及政府与大企业之间的激烈辩论和复杂谈判，历时长而效率低，结果往往难以令人满意。据研究，美国的产业集中度在过去 20 年显著上升了 75%。自 20 世纪 60 年代以来，美国的反垄断执法并未获得国民的广泛支持，更多的是技术官僚和监管者、法官、大企业之间非政治化的决策集合。欧盟在数字经济规则制定方面则展现出超越国家利益的地区性视野，但其核心依然是服务地区利益。欧盟的竞争政策对成员国政府的垄断行为具有直接规制作用，但各成员国在相关法规执行上享有较大的自由裁量权。成员国可以就不符合本国利益的条款提出异议，甚至行使一票否决权。即便是已经通过并实施的欧盟法规，各成员国在本国执法上依然具有主导权。与此同时，新兴经济体也在迅速跟进制订全球数字经济规则的大趋势。非洲等地区不仅加强了反垄断规制和数据安全立法，还通过举办数字经济国际大会、依托市场换取技术等策略，展现出"弯道超车"的雄心壮志。

二、全球数字经济监管的五大动向

在全球数字经济监管的实践中，通过梳理和分析各国和地区的最新经验模式与做法，可以总结出五大主要动向：加大对大型平台的监管力度，确保市场健康运行；强化行业合规性和公平性，维护公平竞争的市场环境；完善数据治理，保护消费者权益和数据安全；主要大国在重要关切问题上的分歧逐渐减少，形成更广泛的共识；加强国际合作并制定国际规则，共同应对数字经济带来的挑战。

（一）加大对大型平台的监管力度

各国监管机构的共识在于，必须严防超大平台利用不公平机会（如独家获取数据，却进行排他性使用）来形成数字生态系统的垄断。这一监管思路与反垄断原则相契合，但不同之处在于，"大"的认定不仅基于市场份额，还涵盖了用户数、数据量等维度。治理手段也不再局限于反垄断，而是扩展至制定全方位的专项治理细则。

具体而言，美国、欧盟和俄罗斯等经济体提出了对大平台的认定方法，这些标准主要基于平台的营业收入、股票市值等规模指标，同时纳入用户数量、数据存量等数字经济新业态特有的考量因素。美国称这些大平台为"覆盖性平台"，而欧盟则称为"看门人公司"。俄罗斯反垄断局在判定数字平台市场支配地位时，特别关注其是否拥有交易基础设施（如软件或计算机程序）、是否形成用户和数据网络效应、市场份额是否超过35%、年收入是否高于四亿卢布等条件。

与此同时，各国或地区正积极创新针对大型平台的监管工具。一旦平台被认为具有市场支配地位，监管部门将对其进行"特殊关注"，包括防止其滥用市场地位歧视客户、打压或并购竞争对手、未经用户允许推送广告或安装软件，以及不当使用用户数据等行为。欧洲议会于2021年12月通过了《数字市场法》，对被称为"看门人公司"的互联网巨头提出了严格的规范性要求，企业如有违规行为，将面临高达年营业额10%的罚款。美国众议院司法委员会在2019年对四大科技巨头进行了深入调查，并于2020年发布了《数字市场竞争状况调查报告》，强调了大型平台反垄断监管的重要性，并提出加强反垄断执法的建议。

近期，美国正讨论两部针对大平台垄断行为的法律草案。《美国选择与创新在线法案》重点关注平台"自我优待"行为，即平台优先推荐自身产品而非竞争对手的产品，如谷歌的比较购物服务。《开放应用程序市场法案》则针对移动应用商店和操作系统的捆绑销售、排他性使用行为，特别是旨在禁止"围墙花园"商业模式，即只允许用户通过官方应用商店获取应用，并强制收取高额费用的做法。这一法案旨在促进移动应用市场的开放和公平竞争。

（二）强化行业合规性和公平性

数字企业在新闻、金融等行业中的合规性要求相对宽松，形成了所谓的"监管红利"。以优步公司为例，其驾驶员和车辆管理常被质疑不符合交通服务规定。

近年来，欧美地区开始加大力度推动数字企业在服务内容责任、版权尊重、牌照获取等方面的合规性。2022年6月，欧盟为终结加密数字货币市场的无序发展，推出了地标性监管措施，即《加密资产市场条例》（MiCA），旨在构建全面的监管框架，使数字资产市场进入有序发展阶段。与此同时，欧洲消费者组织关注到非价格损害问题，如质量下降、选择减少和创新受限。2022年9月，欧盟委员会建议制定《网络活力法》，要求所有在欧盟市场销售的联网数字化设备和软件在生命周期的各个环节都必须符合欧盟设定的网络安全标准。这意味着全球的软、硬件数字产品在欧盟市场上市前，需自查或经第三方检查确认达标，并签署承诺书，获得CE标志后方能销售。一些欧美学者和监管者认为，鉴于互联网的基础性和公共事业属性，应将互联网和超大型数字平台的某些业务视为基础设施，并遵循公共事业规制。为此，英国和欧盟在金融业等领域实施了数据开放计划，要求银行、科技公司等公开用户的金融数据，以促进公平竞争。

此外,欧美地区也在探索电信基础设施的共享模式,如允许电信公司授权竞争对手访问其电缆,为客户提供电话和网络连接。这种做法已成功应用在其他基础设施领域,如德国法律允许其他铁路公司付费后在特定铁轨上运营。

在追求合规性的同时,欧美也重视监管与企业创新之间的平衡。2022 年 3 月,欧洲议会批准了一项五年试点计划,利用区块链技术测试金融市场的发行、交易及结算业务。这不仅使欧盟成员国能够测试新的加密应用程序,也展示了欧盟对推动金融市场更安全、更高效的新技术的开放态度。这一试点有助于现有金融法律适应数字化进程。

(三)完善数据治理

在数字经济中,企业收集的用户数据虽提升了服务质量,但也可能面临被收集者或第三方不当访问的风险,从而损害用户隐私。为了应对这一问题,对数据使用权利的规范成为确保公平竞争的关键。

欧盟在此领域处于领先地位,不仅于 2018 年实施了《通用数据保护条例》,还在 2021 年和 2022 年相继推出了《数字市场法》和《数据法案》。这些法规旨在确保数字环境的公平性,刺激竞争性数据市场的发展,并为数据驱动的创新提供机会。此外,2022 年 3 月,欧盟委员会提出了新的《网络安全条例》,旨在保护公共行政部门免受网络威胁。根据此条例,所有欧盟相关机构都需建立网络安全框架,进行定期评估,并实施改进计划。德国政府则通过构建全面的网络安全政策框架,特别注重保护德国企业的数据主权。英国则对数据信托进行了制度设计与实践探索,通过设立基于个人或企业数据财产权益的信托,结合第三方管理和隐私计算技术,确保数据在流通和交易过程中的隐私与数据安全。

美国也积极制定了一系列政策,以确保数据安全。比如,数字隐私控制标准化实施指南,可以确保基于居民个人信息的数据安全。2021 年 5 月,美国公布的《算法正义和在线平台透明度法案》要求在线平台保留算法使用和处理记录,以备审查。2022 年 1 月,美国通过《统一个人数据保护法》创设了"自愿共识标准",鼓励当事人通过自愿共识和契约安排进行数据交易。同年 3 月,美国时任总统拜登签署了一项行政命令,呼吁评估数字资产的好处和风险,确保美国在数字资产领域的全球领先地位。

(四)缩小对重要关切问题的分歧

随着数字经济监管规则的细化和国际谈判的增多,美、欧、日在数字经济监管方面逐渐达成共识,特别是在数字税和跨境数据流动等关键议题上的分歧显著减少。

欧、美在数字税方面取得重要进展。自 2018 年起,以欧盟和英国为代表的经济体推出了数字服务税,对大型互联网企业在这些地区的营业额进行课税,而不管其是否盈利或注册地是否在该地区。然而,由于这些企业多为美国公司,此举引发了美国的强烈反对。幸运的是,2021 年 OECD 宣布达成新的国际税收规则协议,既满足了欧洲国家征收数字税、分享跨国互联网公司税收的初衷,又避免了欧美之间的直接冲突。此外,还有学者提出了与收集数据量成比例的税收以及对机器人征税的设想,这进一步丰富了数字税的讨论。

美、欧、日在跨境数据流动上也取得较大的共识。过去,欧、美在数据跨境流动问题上存在严重分歧。美国主张跨境流动,认为这有助于其互联网企业发挥先发优势,掌握全球数据管理权。2018 年,美国实施《澄清海外合法使用数据法》,允许执法部门强制获取在美科技公司的数据,而不用管数据存储的位置。而欧盟则倾向于更严格的数据流动保护,2020年欧盟最高法院甚至驳回了与美国签订的数据跨境传输协议。然而,经过双方谈判,2022年3月美国与欧盟宣布原则上达成《跨大西洋数据隐私框架》,其中包括设立独立的数据保护审查法院,以审理数据流动和利用中的诉讼。与此同时,日本采取了灵活姿态,加强与美、欧监管框架的对接,推动跨境数据自由流动。2022年4月,日本修订了《个人信息保护法》,建立了数据跨境流动的白名单制度,允许其他国家的平台公司在满足一定条件下进入日本市场。

(五) 共同制定国际规则

随着全球数字经济的蓬勃发展和外贸新模式的不断涌现,数字经贸规则体系的内涵和外延正经历着深刻的演进。这一变化不仅体现在规则边界的拓展、核心目标的升级,还体现在协定形式的灵活多变。从初始的跨境电商保障、数字贸易壁垒降低,到如今的数字经济高质量发展、可持续推进,规则的目标逐步升级。同时,规则的适用范围也从传统贸易数字化拓展至数字经济的全领域,议题也从边境规则延伸到边境后的监管和发展政策。在形式上,数字经贸规则从单独的条款、专门的章节发展到专门的协定,签署周期缩短,形式更为灵活。

据中国信通院发布的《全球数字经贸规则年度观察报告(2022年)》显示,截至2021年底,已有119个国际经贸协定纳入数字相关规则,覆盖全球110个国家和地区。自2012年以来,超过90%的服务贸易协定都包含数字贸易条款或专章。WTO近年来也在进行大量改革,试图将数字经济纳入其监管框架。从2019年1月至2022年3月,WTO成员方共提交了83项提案,其中40项具有实质性内容,涉及跨境数据流动等议题。此外,数字贸易国际规则的发展也经历了从零星条款到专属章节,再到专项条约的演变。这一过程中,数字贸易国际规则体系逐渐模块化,谈判议题更加集中,共识更加深入,而数字科技等创新模块则为规则的发展提供了新的方向。

除了WTO,OECD、G7、G20、欧盟等国际政治经济组织也在数字规则上进行协调。例如,G20提出的"数字治理框架"旨在促进互联互通和建立全球治理制度和规范。然而,当前全球数字贸易体系仍处于初级阶段,如美国、德国、日本和韩国等国的数字经济产业主要服务于本国市场,其参与世界贸易的比重并不高。这反映出全球数字规则体系仍需进一步完善。

三、全球数字经济监管对我国的政策启示

在全球趋势与国际动向的深刻洞察下,中国正面临着完善数字经济监管、优化数字营商环境和提升创新能力的重要任务。为实现这一目标,需要采取一系列有针对性的措施。首先,应合理使用反垄断手段,确保市场竞争的公平与公正。同时,提高监管的精准性和专业性,以更有效地应对数字经济领域的复杂挑战。其次,多元主体应协同监管治理,形成合力,共同维护数字经济的健康发展。应与行业规制有效结合,实现监管政策的针对性和实效性。此外,建立与国际通行规则接轨的数字经济监管体系,是中国参与全球经济治理、提升国际影响力的关键步骤。这将有助于中国更好地融入全球数字经济体系,推动数字经济的全球化发展。最后,应积极参与数字经济监管相关的国际合作与交流,学习和借鉴国际先进经

验,形成并推行具有中国特色的数字经济监管方案和制度模板。这不仅有助于提升中国的国际话语权与影响力,也将为全球数字经济的繁荣稳定贡献中国智慧和中国方案。

(一)合理使用反垄断手段

在数字经济蓬勃发展的背景下,其网络外部性特征显著,容易形成"一家独大"的市场格局,因此反垄断监管显得尤为重要。主流经济学理论指出,垄断行为会导致效率损失、资源配置低效、消费者剩余减少和社会无谓损失增加。平台垄断更是损害了使用者的利益,破坏市场竞争秩序,并阻碍市场的创新与健康发展。然而,也有学者认为数字经济垄断在一定程度上促进了技术进步和创新。这一争议使在监管中合理、谨慎地运用反垄断手段变得尤为重要。

1. 精准认定垄断行为

在数字经济时代,垄断行为的特点包括高效性、隐蔽性和综合性,这使得其监管更具挑战性。不同于传统垄断,数字经济下的相关市场界定变得更为复杂,交易可能发生在非直接平台或双边、多边市场。因此,对滥用市场支配地位的认定需要超越过去的效果主义模式,更加注重动态和及时性。在监管过程中,需要借助技术手段,如更新 SSNIP 测试工具,或借鉴"规制沙盒"项目,开发更有效的规制工具。同时,无论市场如何变化,对垄断行为的认定始终应基于公众利益、社会效率和实质公平的原则。

2. 包容审慎的新型监管

为了平衡发展与规范的关系,需要构建新型的包容审慎监管模式。短期内难免存在市场垄断,而"一家独大"的企业未必会对消费者或创新造成负面影响。因此,监管应减少错误成本,避免过度干预无害的并购或经营行为。同时,应增强对新业态、新模式的包容度,采取适度监管措施,让数字经济在规范和秩序中健康发展。

3. 事前规范与事后监管

借鉴欧盟"数字守门人"的理念,优化反垄断事前监管,出台相关指南,完善基础性法规。建立符合数字经济特点的反垄断审查标准,实现监管机制的常态化和适度化。同时,应平衡市场秩序维护与创新促进的关系,推动传统反垄断监管向多元化目标体系转变。对于新业态、新模式和新问题,应灵活调整临时性措施,提高事后监管的灵活性。根据市场竞争特点,调整垄断认定规则和反垄断工具,确保监管的及时性和有效性。此外,也应尽快落实新修订的反垄断法提出的"安全港"规则,以更好地平衡市场竞争与创新发展的关系。

(二)提高监管的精准性和专业性

在数字经济的独特生态中,传统的监管模式已难以应对其特有的挑战,对监管的精准性和专业性需求尤为迫切。

1. 实施对大平台的定制化监管

参考欧美经验,制定大平台认定标准,并针对平台优待、围墙花园等特定行为制定详细的监管规则。探索平台基础设施监管规则,对金融清算、地理定位等环节进行专业化监管。加强对大型平台并购行为的监管,通过扩大消费者福利测试来防止其扼杀式并购,保障小企业的生存空间。强化对大平台数据使用的监管,规范其收集、使用消费者数据的行为,并加强对隐私数据的保护。深入研究数据课税,为大型平台制定数字服务税实施方案,以"净化"避税行为,鼓励数字企业专注于创新发展。

2. 平台分类与专业化监管策略

面对数字经济中种类繁多、行为各异的平台,应建立分类监管体系,实现精准监管。借鉴澳大利亚经验,设立专业的平台经济监管机构,与利益相关方共同规范特定的数字平台生态系统。引入第三方评估机制,利用专业评审机构作为行业监管的重要支撑。鉴于数据与算法的专业性,考虑设立专门的数据法院或法庭,以应对复杂的数据和算法争议。使用这些措施,可以更好地适应数字经济的发展需求,实现精准、有效的监管,促进数字经济的健康、可持续发展。

(三)多元主体监管和协同治理

随着数字经济的发展,中国乃至全球的监管思维和方式经历了显著的变迁和完善,从最初的平台垄断监管,逐渐拓展至个人工作与生活的各个方面。中国的市场监管实践可以划分为几个阶段,这些阶段反映了政府、市场和社会之间互动关系的变化,特别是从单一主体监管向多元主体协同监管的转变。尤其是在互联网平台实施分级管理后,超级平台需接受相应的超级监管,这标志着监管主体的多元化。同时,数字技术的赋能也催生了"以数治数"的新型监管方式,强调了平台自治的重要性,并促进了监管主体之间以及监管主体与数字技术的协同。

1. 打造数字政府,实现"以数治数"

在数字经济和技术的推动下,政府正通过数字技术赋能信息管理与服务供给,强化监管和服务的市场导向。数字政府不仅适应了数字经济时代的数字形态,还通过公共数据的开放共享和私人数据、个人隐私的严格保护,构建了多元主体的治理和监管体系。这一体系旨在推动协同治理和多主体共议的新监管路径,同时树立创新监管思维,强化监管的灵活性和动态性,实现数字技术与监管制度的动态协同。

2. 引导企业承担社会责任,实现内外共治

为降低政府和社会的监管成本,引导企业自觉自律至关重要。平台企业在享受流量红利时,更应谨慎行事,接受公众监督。搜索引擎的医疗广告竞价排名风波、出行软件的乘客安全和数据安全问题等事件都警示我们,在数字经济下,企业与利益相关方深度关联,互惠共生、竞合发展才是最佳策略。监管部门应通过约谈、座谈等方式,使企业认识到这一点。

3. 强化社会性监管,实现多元主体参与

传统经济学视角下的监管主要关注市场主体的行为,以减少市场失灵、保护产权和优化资源配置。然而,在数字经济深度融入人类生活的今天,衍生的问题已超越经济层面,涉及教育、健康、安全、环保、公平等多个领域。因此,公众、媒体、科教文卫单位以及行政、司法、公安等部门都应积极参与监管和治理,共同应对这些挑战。

(四)与行业规制有效结合

在数字经济迅猛发展的当下,尽管新业态、新模式带来了诸多挑战,但其核心依然是产业数字化和数字产业化的深度融合。鉴于当前数字经济监管资源的局限性,我国有必要与现有行业规制进行有效结合,以实现监管的高效与低成本。

1. 优化监管资源配置,利用现有行业资源

充分利用现有的行业监管机构和人才资源,依据行业分工协作原则,对数字平台的各类业务或竞争行为实施精准规制。可构建以特定行业主管部门为主导、其他部门协同参与的工作机制,实施"一业一评"的风险和信用评价体系,根据不同场景的特点调整监管方式。同时,推动信息共享平台的建设,加强工商、税务等部门间的信息与资源共享。此外,应逐步建立行业协会和零工工会,以强化行业自律,保护劳动者权益,并教育引导消费者。对于"数字弱势群体",如老年人可通过手机店、老年大学等渠道,配备"数字推进员",普及数字技能,帮助他们更好地使用智能手机和线上服务。此外,依据金融管制规则,将个人金融数据与平台企业分离,也是一种反垄断与行业规制协同的有效手段。

2. 加快行业标准制定,规范行业秩序

鉴于数字技术和产品迭代迅速,应用场景复杂多变,行业标准的制定在国内外均属于前沿议题。欧美国家凭借数字技术的领先地位,已主导了多项主流行业标准和贸易规则。而中国数字经济领域的行业标准尚显稀缺,急需与国际标准接轨,构建符合中国国情的数字经济行业标准框架和体系。明确的行业标准有助于规范市场秩序,促进技术扩散,降低交易成本。当前,中国标准制定的职责已纳入市场监督部门,但由于数字经济带来的行业融合和集聚效应,标准制定的综合性和复杂性远超传统工商行政监管范畴。因此,监管部门需要转变思路,通过实践学习,调动产、学、研、用多方人才共同参与,尊重市场和企业对技术的选择,制定符合中国数字经济发展的行业标准。

(五)建立与国际通行规则接轨的数字经济监管体系

在数字经济迅猛发展的当下,中国确实感受到它所带来的创新活力和经济增长的巨大推动力。然而,我们必须正视以下事实:在关键数字技术、数字贸易战略顶层设计以及规则标准制定方面,中国与发达经济体之间存在一定的差距。这种差距在欧美主导的数字贸易秩序下,可能演变为难以逾越的鸿沟,甚至成为制约我国发展的壁垒。因此,中国需要密切关注欧美及全球数字经济的监管动态,特别是在数字经济和数字贸易规则方面的新动向。欧美在数字经济垄断问题上已强化监管制度的顶层设计,包括数字税、数字货币等领域。对此,中国应积极参与国际规则的构建,借鉴他国经验,推动国际合作与交流,并推出符合中国国情的方案和制度模板。在不断提升技术创新能力和核心竞争力时,我国还需加强国际话语权,提升在国际舞台上的影响力,以更好地融入世界数字经济监管体系。特别是在跨境电商、数据流动与存储、数字税、知识产权交易、核心设备采购、跨境上市以及数字综合保税区等领域,应积极创新监管方式,努力营造国际一流的营商环境,为中国数字经济的发展创造更有利的条件。

🖳 本章小结

本章首先介绍了欧洲、美洲、亚洲代表性国家的数字经济发展政策现状,其次介绍了全球数字经济发展监管政策的动向,最后分析了全球数字经济监管新动向对我国的启示与影响。

巩固与提升

1. 欧盟的数字经济政策内容主要包括哪些方面?

2. 英国的"数字经济"战略有哪些成果?

3. 作为北美邻国的美国与加拿大,它们的数字经济发展政策有哪些区别?

4. 同为亚洲国家,日本和新加坡的数字经济发展策略有哪些区别与联系?

5. 了解全球数字经济发展政策,对我国有哪些方面的启示?

参 考 文 献

[1] 中国信息通信研究院.数据要素白皮书(2022年)[EB/OL].(2023-01-07)[2023-07-22].http://www.caict.ac.cn/kxyj/qwfb/bps/202301/P020230107392254519512.pdf.

[2] 中国信息通信研究院.数据价值化与数据要素市场发展报告(2021年)[EB/OL].(2021-05-27)[2023-07-22].http://www.caict.ac.cn/kxyj/qwfb/ztbg/202105/P020210527392862309670.pdf.

[3] 中国信息通信研究院.数据要素流通视角下数据安全保障研究报告(2022年)[EB/OL].(2023-01-04)[2023-07-22].http://www.caict.ac.cn/kxyj/qwfb/ztbg/202301/P020230104678966342520.pdf.

[4] 赵刚.数字经济的逻辑[M].北京:人民邮电出版社,2022.

[5] 戚聿东,肖旭.数字经济概论[M].北京:中国人民大学出版社,2022.

[6] 黄奇帆,朱岩,邵平.数字经济内涵与路径[M].北京:中信出版集团,2022.

[7] 王永进.数字经济学[M].北京:高等教育出版社,2023.

[8] 卢福财.数字经济学[M].北京:高等教育出版社,2022.

[9] 国家互联网信息办公室.数字中国发展报告(2022年)[EB/OL].(2023-04-27)[2023-12-22].https://cif.mofcom.gov.cn/cif/html/upload/20230524092441031_%E6%95%B0%E5%AD%97%E4%B8%AD%E5%9B%BD%E5%8F%91%E5%B1%95%E6%8A%A5%E5%91%8A%EF%BC%882022%E5%B9%B4%EF%BC%89.pdf.

[10] 国家工业信息安全发展研究中心.中国数据要素市场发展报告(2021—2022)[EB/OL].(2022-11-25)[2023-10-18].https://cics-cert.org.cn/web_root/webpage/articlecontent_101006_1597772759436365826.html.

[11] 赵易凡,关瑞玲.我国数据要素市场规模将突破1749亿元[J/OL].产业转型研究,2022(12).https://www.iii.tsinghua.edu.cn/info/1131/3361.htm.

[12] 孙新波.平台治理的逻辑[M].北京:机械工业出版社,2022.

[13] 邱泽奇.数字平台企业的组织特征与治理创新方向[J].人民论坛·学术前沿,2021(21):44-55.

[14] 柴宇曦,张洪胜,马述忠.数字经济时代国际商务理论研究:新进展与新发现[J].国外社会科学,2021,(1):85-103,159.

[15] 彭毫,罗珉.数字化平台战略[M].北京:经济管理出版社,2021.

[16] 汪存富.开放创新和平台经济[M].北京:电子工业出版社,2021.

[17] 清华大学社会科学学院经济学研究所.数字经济前沿八讲[M].北京:人民出版社,2022.

[18] 徐晋.平台经济学[M].上海:上海交通大学出版社,2007.

[19] 李宏,孙道军.平台经济新战略[M].北京:中国经济出版社,2007.

[20] 郑称德,于笑丰,杨雪,等.平台治理的国外研究综述[J].南京邮电大学学报(社会科学版),2016,18(3):26-41.

[21] 央视网.国家发展改革委首次明确"新基建"范围[EB/OL].(2020-04-21)[2022-01-31].http://news.cctv.com/2020/04/21/ARTI6QObJe1pP8e87BYyQ5fp200421.shtml.

[22] 何宝宏.数据中心:下一波技术创新的制高点[J].信息通信技术与政策,2020,46(6):1-3.

[23] 郭亮.边缘数据中心关键技术和发展趋势[J].信息通信技术与政策,2019,45(12):55-58.

[24] 吴美希,王少鹏,谢丽娜,等.边缘数据中心规划发展研究[J].信息通信技术与政策,2020(6):25-29.

[25] 王月,张一星,李洁.数据中心低碳发展分析与展望[J].通信世界,2021(15):42-44.

[26] 中国信息通信研究院,开放数据中心委员会.数据中心白皮书(2020)[R].2020.

［27］王月,盛凯,常金凤,等.数据中心基础设施关键技术应用及发展［J］.信息通信技术与政策,2021,47
　　　(4):27-31.

［28］谢丽娜,李洁.数据中心余热回收技术与应用研究［J］.中国电信业,2021(S1):35-40.

［29］吴美希,郭亮."新基建"数据中心能否摘掉"能耗大户"的帽子?［EB/OL］.(2020-05-09)［2022-01-31］.
　　　https://www.sohu.com/a/395100805_290250.

［30］谢丽娜,郭亮.对液冷技术及其发展的探讨［J］.信息通信技术与政策,2019,45(2):22-25.

［31］张一星,常金凤.双碳背景下数据中心企业发展与应用实践［J］.中国电信业,2021(S1):26-30.

［32］刘权,李立雪,孙小越.数字产业化［M］.北京:人民邮电出版社,2023.

［33］杨丹.智慧农业实践［M］.北京:人民邮电出版社,2022.

［34］滕桂法.智慧农业导论［M］.北京:高等教育出版社,2022.

［35］李守林,郭伟亚.智慧农业产业发展研究［M］.北京:中国农业科学技术出版社,2022.

［36］朱岩,田金强,刘宝平,等.数字农业——农业现代化发展的必由之路［M］.北京:知识产权出版
　　　社,2020.

［37］郭顺义,杨子真.数字乡村——数字经济时代的农业农村发展新范式［M］.北京:人民邮电出版
　　　社,2021.

［38］刘伦,高雪松.中国数字乡村建设报告2021——基于媒体大数据的评估［M］.北京:中国农业出版
　　　社,2022.

［39］梅燕,鹿雨慧,毛丹灵.典型发达国家数字乡村发展模式总结与比较分析［J］.经济社会体制比较,2021,
　　　(3):58-68.

［40］张继梅.我国智慧农业的发展路径及保障［J］.改革与战略,2017,33(7):104-107.

［41］何小钢,钟湘菲.数字化赋能企业"绿色升级"的机制和路径研究——基于中国工业企业的经验证据
　　　［J］.管理学刊,2023,36(4):127-145.

［42］胡海波,毛纯兵,周洁.中国工业数字化转型的演变逻辑与未来展望［J］.管理学刊,2023,36(4):
　　　112-126.

［43］陈玲,王晓飞,关婷,等.企业数字化路径:内部转型到外部赋能［J］.科研管理,2023,44(7):11-20.

［44］赵波,郭子宇,黄信灶,等.不同数字化路径对企业创新能力的影响差异——基于1035份工业企业调
　　　研问卷的研究［J］.当代财经,2023(6):94-105.

［45］陈玲,王晓飞,付宇航.制造业企业自生能力与数字化转型路径［J/OL］.科学学研究,［2023-11-19］.
　　　https://doi.org/10.16192/j.cnki.1003-2053.20230413.002.

［46］石建勋,朱婧池.全球产业数字化转型发展特点、趋势和中国应对［J］.经济纵横,2022(11):55-63.

［47］刘军梅,谢霓裳.国际比较视角下的中国制造业数字化转型——基于中美德日的对比分析［J］.复旦学
　　　报(社会科学版),2022,64(3):157-168.

［48］周嘉,马世龙.从赋能到使能:新基建驱动下的工业企业数字化转型［J］.西安交通大学学报(社会科学
　　　版),2022,42(3):20-30.

［49］杨栋,张宇婷,胡登峰.数字经济赋能高质量发展路径研究——基于长三角一体化中心城市的组态分
　　　析［J］.华东经济管理,2021,35(10):39-47.

［50］陈爽英,雷波,冯海红.发达地区和欠发达地区工业数字化的组态路径——基于"技术—组织—环境"
　　　的理论框架分析［J］.科学学研究,2022,40(3):410-419,453.

［51］刘祎,王玮,苏芳.工业大数据背景下企业实现数字化转型的案例研究［J］.管理学刊,2020,33(1):
　　　60-69.

［52］李雪平,万晓格.数字贸易争端解决的规则与程序——国际法与比较法研究［M］.北京:法律出版
　　　社,2023.

［53］中国信息通信研究院.数字贸易与新发展格局［M］.北京:人民出版社,2022.

[54] 徐德顺,程达军.全球数字贸易发展及规则变革[M].北京:人民出版社,2022.

[55] 中国信息通信研究院.数字贸易发展白皮书(2020年)[EB/OL].(2020-12-16)[2023-09-11].http://www.caict.ac.cn/kxyj/qwfb/bps/202012/P020201216506475945126.pdf.

[56] 商务部.中国数字贸易发展报告(2021)[EB/OL].(2023-01-16)[2023-11-21].http://images.mofcom.gov.cn/fms/202301/20230117111616854.pdf.

[57] 商务部.中国数字贸易发展报告(2022)[EB/OL].(2023-12-05)[2024-01-09].http://images.mofcom.gov.cn/fms/202312/20231205112658867.pdf.

[58] 赵向豪,刘亚茹.数字贸易对经济高质量发展的影响研究[J].上海节能,2023(10):1428-1434.

[59] 陈偲,贾映辉.积极应对数字经济风险营造良好数字生态[J].数字经济,2021(8):20-23.

[60] 唐金成,莫赐聪.数字经济时代网络安全保险创新发展研究[J].西南金融,2022(1):52-64.

[61] 张昉骥,肖忠意.数字经济法治体系建设重点领域与有效路径[J].人民论坛,2022(5):94-96.

[62] 陈兵.数字经济高质量发展中的竞争法治变革[J].人民论坛,2020(3):104-106.

[63] 郑安琪.英国数字经济战略与产业转型[J].世界电信,2016(3):40-49.

[64] 于晓,叶申南.欧日韩数字经济政策、发展趋势及中国策略[J].财政科学,2021(6):135-141.

[65] 汪明珠,耿瑶,姜颖.后疫情时代全球数字经济政策新动向及我国的应对措施.互联网天地,2022(5):3-7.

[66] 李西林,游佳慧.加拿大数字经济:回顾与展望[J].服务外包,2022(12):64-67.

[67] 姜莱.全球数字经济监管新动向与政策启示[J].北京师范大学学报,2023(3):58-65.

[68] 韦倩青,宋丹.新加坡数字经济发展经验对广西的启示[J].广西经济,2019(9):45-47.

[69] 王春宇.美国和欧盟的数字经济政策[J].新经济,2020(3):104-106.

[70] 陈友骏,赵磊.日本政府数字经济政策评析——基于"数字破坏效应"视角[J].经济研究,2022(2):63-75.

[71] 国家数据局.数字中国发展报告(2023年)[EB/OL].(2024-06-30)[2024-08-15].https://www.digitalchina.gov.cn/2024/xwzx/szkx/202406/P020240630600725771219.pdf.

[72] Henfridsson O, Mathiassen L, Svahn F. Managing Technological Change in the Digital Age:The Role of Architectural Frames[J].Journal of Information Technology,2014,29(1):27-43.

[73] Ghazawneh A, Henfridsson O. A Paradigmatic Analysis of Digital Application Marketplaces[J]. Journal of Information Technology,2015,30(3):198-208.

[74] WTO. Global Trade Outlook and Statistics(2024)[EB/OL].(2024-04-10)[2024-08-20].https://www.wto.org/english/res_e/booksp_e/trade_outlook24_e.pdf.

[75] 工业和信息化部.2023年通信业统计公报[EB/OL].(2024-01-24)[2024-08-20].https://wap.miit.gov.cn/gxsj/tjfx/txy/art/2024/art_76b8ecef28c34a508f32bdbaa31b0ed2.html.

[76] 国家外汇管理局.2023年中国国际收支报告[EB/OL].(2024-03-29)[2024-08-20].https://www.safe.gov.cn/safe/2024/0329/24185.html.

[77] 中国信通院.云计算白皮书(2024年)[EB/OL].(2024-07-23)[2024-08-20].http://www.caict.ac.cn/kxyj/qwfb/bps/202407/P020240723334151523502.pdf.

[78] 大数据:发展现状与未来趋势.中国人大网,2023年12月25日,http://www.npc.gov.cn/npc/c2/c30834/201910/t20191030_301783.html.

[79] 刘金瑞.数据安全范式革新及其立法展开[J].环球法律评论,2021(1).

[80] 覃庆玲,彭志艺,李晓伟.全球数字经济浪潮下数据安全保护体系[J].信息安全与通信保密,2020(2).